韦卓民论著选

韦卓民/著　王世鹏/编

華中師範大學出版社
HUAZHONG SHIFAN DAXUE CHUBANSHE

華中師範大學
CENTRAL CHINA NORMAL UNIVERSITY
1903 - 2023

华中师范大学120周年校庆丛书

华大经典文库

HUADA
JINGDIAN WENKU

新出图证（鄂）字 10 号

图书在版编目（CIP）数据

韦卓民论著选 / 韦卓民著；王世鹏编 .— 武汉 ：华中师范大学出版社，2023.8

（华大经典文库）

ISBN 978-7-5769-0135-1

Ⅰ．①韦…　Ⅱ．①韦…　②王…　Ⅲ．①韦卓民（1888—1976）—文集　Ⅳ．①C52

中国国家版本馆 CIP 数据核字（2023）第 091785 号

编 辑 室：综合编辑室
电　　话：027-67867370
责任编辑：罗　挺
责任校对：肖绪旭
封面设计：甘　英　胡　灿
出版发行：华中师范大学出版社有限责任公司
社　　址：湖北省武汉市洪山区珞喻路 152 号
销售电话：027-67861549
邮　　编：430079
网　　址：http://press.ccnu.edu.cn
印　　刷：湖北新华印务有限公司
督　　印：刘　敏
开　　本：710mm×1000mm　1/16
印　　张：32.25
字　　数：432 千字
版　　次：2023 年 8 月第 1 版
印　　次：2023 年 8 月第 1 次印刷
定　　价：129.00 元

目　录

CONTENTS

目 录

CONTENTS

概论康德哲学

一、康德和他的生平与时代

恩格斯在《自然辩证法》里面称为“有才能”的康德，是德国古典哲学的始祖。

恩格斯在他《大陆上社会改革的进展》这一篇文章里曾说道：“在法国发生政治革命（指 18 世纪说的）同时，德国发生了哲学革命。这个革命是由康德开始的。他推翻了前世纪末欧洲各大学所采用的陈旧的莱布尼茨的形而上学体系。”

在康德生活的时代，德国还是一个经济上和政治上十分落后的国家，封建的生产关系在国内依然占据统治地位。这种情况和早就由于资产阶级革命和工业革命而成为当时最大的资本主义强国的英国、法国比较起来，是瞠乎其后的。

大家知道，发生于德国而扩大成为国际有名的“30 年战争”是爆发于 1618 年而结束于 1648 年的所谓《威斯特伐利亚和约》，这一场 30 年的战争，表面上是天主教旧教和革新的基督教之间的宗教战争，其实骨子里它是一场经济上的和政治上的争战。在和约签订之后，从前名存实亡的神圣罗马帝国完全瓦解了，在它的废墟上只是在维也纳执政者名义上领导下的一群日耳曼侯邦而已。德国还没有形成一个统一的国家。我们能找到的不过是许多在形式上彼此独立的并保留着反动的君主专制制度的小国，而康德的祖国普鲁士是其中的一个。在这些独立的小国里，土地还是地主占有着，农奴制还存留着不少的残余。这种落后的情形束缚住资本主义的发展，妨碍了全国范围内资产阶级的统一。蒸汽机的推广，在英国、法国和其他国家的发展中已经起了巨大的作用，而在德国只是引起了手工业生产的破坏。1648年《卫斯特法里亚和约》是德国强邻法国的胜利，是法国国力向外膨胀的机会，而首当其冲的就是这四分五裂、内战频仍的德国。这就越发使德国封建制度内部资本主义成分的发展更加迟缓。所以恩格斯谈到德国历史的这个时期，是说"谁也不觉得好过"的。当时的情况是："手工业、商业、工业和农业都衰颓到了极点……一切糟糕、不满情绪笼罩全国。没有教育，没有启发群众智慧的工具；没有言论出版自由；没有多少大量的国外贸易；到处都是卑鄙和自私……一切都腐朽了，摇动了，眼见就要崩溃了，甚至不能有好转的希望，因为在民众中没有一种能够扫除这种过时制度的腐朽尸骸的力量。"① 因之，当时伏尔泰（Voltaire）曾浩叹地说过："德国是注定要永远贫穷的一个国家。"康德的生活时代，普鲁士发愤图强是比这种情况好一些，可是我们要记住，它还不是好得很多，这种情况是反映在康德的哲学思想里的。

18世纪德国的确是开始治好30年战争遗留下来的创伤了。尤其普鲁士的人民发愤图强，节约生产，某些新工业发展起来，商业也有了一定的起色。在17世纪末，曾有过德国启蒙运动的兴起，可是在这时候才兴起是很晚的了。德国所称的启蒙运动（Aufklärung）本质上就是其他国家的文艺复兴运动（Renaissance），这运动早在14世纪已兴起于意大利，逐渐扩大到法、英等国，而晚在17世纪末才来到德国。这也是受经济客观条件所限制，不由主观愿望所决定的。和文艺复兴运动或启

① 奥则尔曼：《德国古典哲学是马克思主义的理论来源之一》，上海人民出版社，1956年版，第8页。

蒙运动而来的当然结果，就是工业的发达和自然科学作为工业发达的结果而发展。启蒙运动在德国兴起比较晚，迟在17世纪末，所以和康德同时代的伟大文人和思想家是有的。例如诗人莱辛（Lossing，1729—1781）、诗人希勒（Schiller，1759—1805）、诗人歌德（Goethe，1749—1832）都是部分时间和康德同时的。他们的著作是有不朽价值的，在世界文学史上占有重要的地位的。在康德之前曾有过伟大哲学家莱布尼茨（Leibniz，1646—1716），他死在康德出生的前8年，大大地对康德发生过深刻的影响。可是他的思想体系是继承法国笛卡尔（Descartes，1596—1650）和荷兰的斯宾诺莎（Spinoza，1632—1677），是属于前一时期的陈旧形而上学系统，是为康德所批判的。而且就是以思辨哲学来讲，在康德之前杰出的哲学家也只有莱布尼茨一人而已。至于谈到自然科学，康德以前就寥寥无几人了。我们拿恩格斯在《自然辩证法》一书里所提到的自然科学家来讲吧，在这书里恩格斯的旁征博引是惊人的。他所提名的英、法等国的自然科学家，生活和工作在康德之前的，不胜其数。而在康德之前的德国自然科学家除开普勒（Kepler，1571—1650）之外，仅仅提过克里卜施坦（Klipstein，1747—1808），他是个地质学家和古生物学家，但生于康德出世后23年。康德的第一部《批判》出版时，他只有34岁，从我们手边所有的材料，又无从证明康德曾受过他的影响。可是我们要指出的不是这一点，而是从恩格斯在《自然辩证法》所用的材料来看，在康德以前，德国的自然科学是十分贫乏的，因之恩格斯在《社会主义由空想发展为科学》一文里是说："在康德时代，我们对于自然事物的认识，还是……残缺不全的。"我们从当时德国的经济基础来推测，也应该是这样。这又是明显地反映在康德的哲学思想里边的。文艺复兴运动或启蒙运动，在法国引起了剧烈的政治思潮。法国的伟大思想家如伏尔泰、卢梭（Rousseau，1712—1778）和历史上称为"百科全书"的伟大人物，如拉梅特利（La Mettrie，1709—1751）、狄德罗（Diderot，1713—1784）、霍尔巴赫

(Halbach，1723—1789)、霍尔维修（Helvetius，1716—1771）等都是提倡政治的改革，反对宗教的统治，趋向于人文主义，甚至强调唯物主义的。英国 17 世纪是资产阶级革命的时期，意味着中世纪的结束和近代的开始，推翻封建制度而建立资产阶级自己的统治。在思想战线上早就有了培根（Bacon，1561—1626）和霍布士（Hobbes，1588—1679），继而就有洛克（Locke，1632—1704）这些唯物主义的杰出人物。自然科学上牛顿（Newton，1642—1727）划时代的成就是人所共知的。这一些哲学家和科学家都可以说是文艺复兴开花所结出的果实。我们可不再去提到大家所知道的意大利的达·芬奇（Da Vinci，1452—1519），波兰的哥白尼（Copernicus，1473—1543）等人了。

总而言之，文艺复兴的特点，不仅只是希腊、罗马的古典文化在欧西各国的复兴，引起各国的社会发展，而且特别的是，由于社会的发展把个人引向到政治、经济上对于反封建的斗争。因而在当时封建制度内部形成了新兴资本主义。但是在德国来讲，启蒙运动的影响却不是这样。由于人民内部还没有形成革命斗争的力量，这个运动影响所及，只局限于知识分子当中，而经济落后的资产阶级软弱无能，人民群众觉悟还没有提高，受到启蒙运动影响的知识分子，把注意转向于个人在宗教上、精神上的解放，而把社会和政治的问题置之不理。这无非是思想上对于实际的逃避，是思想不结合当前实际的结果。这个情况在康德的哲学中是突出地反映出来的，可以说是他的哲学思想的主要特征。

在这个时代生活着的康德，其生平的事实是很简单的。他在 1724 年生于普鲁士王国当时算是大城市的哥尼斯堡（Konisberg)。据 1904 年的调查，哥尼斯堡人口有 18 万 8 千，在学术上没有重要的地位，相当于我们之前的汉阳吧。可是在 18 世纪中叶康德哲学思想活跃的时候，哥尼斯堡是东普鲁士最大和繁荣的商业中心，居民虽只 5 万，但是按民族成分和种族来说是形形色色的，提供给康德不少关于人类学和心理学的研究资料。

康德的父亲是一个做马鞍和马具的手工业者。在当时的情况下，能让康德去上中学和大学，说明他的家庭经济状况是不十分差的。家庭中的宗教气氛很浓厚。父母都是崇奉称为“虔信派”的基督教徒。这个教会宗派是反抗当时德国正宗教会的路德派的。它认为路德派太过分地倾向于理性主义而变为形式主义，束缚了信仰的自由，失掉了马丁·路德宗教改革的精神，太过尊重教权，流于形式。因之为了排斥偏重理性的流弊，这虔信派鼓励信徒的个人宗教生活，强调宗教应该以感情为主。康德在家庭中，受了他父母这种宗教的熏陶。而在中学的时期，他的校长是叔尔茨（Franz Albert Schultz），也是虔信派的信徒，更加深了康德在这方面的思想，对于他后来的哲学思想是影响很大的。

康德 16 岁便入哥尼斯堡大学，他的大学导师就是他中学的校长叔尔茨。叔尔茨当时在大学任神学的教授。康德的父母本想他学习神学，但是他志不在此，只选修神学而主要听马丁·克努真（Martin Knutzen）的哲学课。克努真在哲学上是莱布尼茨通过伏尔夫（Christian Wolff）的流派，而在物理上是服膺牛顿的。于是康德的思想基础就在这样的一个时代中为各种客观因素所形成。从他 1745 年毕业论文可以看出他初期的思想是倾向于自然科学的。这篇论文的题目是《关于活力的正确估计》（*Gedanken von der wahren Schätzung der lebendigen Kräfte*），是他受了导师克努真的影响，潜心研究牛顿物理问题的结果，是企图调和于他的前辈笛卡尔运动力属于死的一种和莱布尼茨主张运动力属于活的一种这两者之间的。这也就显示出康德思想的主要方法，处处是要调和矛盾的两面的。

在大学学习了 5 年之后的 9 年，康德一直是在三个私人家庭中担任家庭教师。这三个家庭中有两个是东普鲁士的贵族。可是康德这个时期所教的学生，好几个后来成为普鲁士解放农奴运动的领袖人物。由此也可以看到康德的教学成果和他个人的思想形态的一方面吧。

1755 年，康德 30 岁的时候，回到哥尼斯堡大学，提交博士学位论文，取得德国大学称为 Privatdozent 的资格。Privatdozent 是德国大学未经过当局正式聘任的教师；经过 15 年之久，他才受任为教授。那是在 1770 年，提交著名的《就教授职论文》的那一年，也是他的哲学思想转变的一年。关于这点，我们在后面是要着重地谈到的。从 1755 年康德 30 岁的时候起，一直到 1797 年他退休的时候为止，经过 42 年长久的岁月，康德自始至终在一所大学里，勤勤恳恳地过着教学的生活，担任过哲学、数学、物理、地理、人类学等多种学科的讲授，同时写成了不少的科学和哲学著作。根据所有的记载，他早年曾在哥尼斯堡王家图书馆担任过图书馆馆员。在他任教授时期，并曾任过校长。但须知欧洲各国的大学校长（德国也不是例外）不是专任的，大都是教授中推选出来，任期很短，而且职务很轻的；不过是教授会主席，不管例常的学校行政的。康德于 1797 年退休时已是年老体衰，虽然还继续着他的著述工作，但在他晚年的著作中没有什么出色的了。他死于 1804 年，享年 80 岁，一生未结过婚，他是以学校和学术为家的。

二、康德的主要著作（以发表的先后为序）

1746 年：《关于活力的正确估计》（*Gedanken von der wahren Schätzung der lebendigen Kräfte*）。这是论文的主题，其全题是《关于活力的正确估计并且对于莱布尼茨和其力学者们在这争端上所用的证明加以讨论，附加上一些关于一般物体的力的意见》（*Gedanken von der wahren Schätzung der lebendigen Kräfte und Beurteilung der Beweise，deren sich herr von Leibniz und andere Mechaniker von dieser streitsuche bedient haben uebst einigen vorhergehenden Betrachtungen，welche die Kraft der Köper überhaupt betreffen*）。

1755 年：《火论》（*De Igne*）。Ignis 是拉丁文的“火”；“de igne”是“关于火”的意思。这篇文章是驳斥笛卡尔的火说而采取牛顿的光说的。

1755 年：《形而上学认识的第一原理的新解》（*Principiorum primorum cognitionis metaphysicae nova dilucidatio*）。这篇文章是证明康德开始摆脱莱布尼茨的形而上学学说，而以牛顿的学说来补充它的。

1755 年：《自然史及天体论》（*Allgemeine Naturgeschichte und Theorie des Himmels, oder Versuch von der verrfassung und dem mechanischen ursprunge des ganzen weltgebäude nach newtonschen grundsätzen abgehandelt*）。前两篇论文是以拉丁文为题的，而这篇是康德匿名用德语为题的。全题可译为《自然通史和诸天论，即按照牛顿的基本原理关于宇宙构造的形成从力学上来说的发生这问题的探讨》。这篇论文以牛顿引力的原理为基础，把牛顿的学说应用于说明天体发生，并说明天体的发生是根据力学的原理的。关于这篇论文的重要性，恩格斯在《自然辩证法》里称它为“划时代的著作”，并指出：“康德把旧的僵硬的自然观打开第一个缺口……关于第一推动力的问题被取消了；地球和整个太阳系显现为在时间进程中所形成的某种东西。”① 后人把康德在这篇文章里的说法和法国大天文学家和数学家拉普拉斯（Laplace，1749—1827）的学说并称为康德拉普拉斯星云说。

1756 年：《物理的单子论》（*Monodologia physica*）是企图调和莱布尼茨的单子论与牛顿的引力说的。以上的几篇文章都是康德关于物理和数学的著作，表现他在大学时期学习中吸收牛顿物理学思想而用来修正莱布尼茨的学说的。足见他是深深受到这两位伟大思想家和科学家的影响的。

在上面已经提过的《形而上学认识的第一原理的新释》一文中，康德已表示他脱离莱布尼茨派形而上学的色彩，但还没有确定逻辑和形而上学在思维中的区别，因之还没有把逻辑上的理由和事实上的原因这两个观念区分开来，但是在 1762 年和 1766 年之间的各种论文中，这个区

---

① 恩格斯：《自然辩证法》，人民出版社，1955 年版，第 8～9 页。

别就明白地表现出来了。

1762年：《三段论或四格的诡辩》（*Die falsche Spitzfindigkeit der vier syllogistischen Figuren*）。这是批判学究式的逻辑的一篇文章，把认为形式逻辑三段式通常所讲的四格，除M—P，S—M，S—P这第一格外，其余的三格都不能得到正确的判断为其结论的。这是形式逻辑的问题，就是传统的、古老的形式逻辑。在讲到三段论式的四个格时，总是要把第二、三、四这三个格改变为第一格的形式，来证明它们的正确性。这就说明讲形式逻辑的人，一向对于它们结论的可靠性是有问题的。关于这一点，我们在这里不必详细地来说明，我们要指出的就是康德在这篇文章里表示，他对于形式逻辑一般上虽无异词，但是对于它的烦琐和理论上许多的毛病是反抗的。尤其是要指出只靠形式而不问实际上的经验，许多推论是作不出来的。这就表示康德早在1762年就已经倾向于经验论，加强他前一年发表的《新解》一文里所指出“同一律”“无矛盾律”和“充足理由律”在应用上的重要区别。这对于他后来的思想是起很大的作用的。同一律和无矛盾律是局限于原有观念的范围，是用分析的方法的，不能把思维扩充到这范围之外，而充足理由律是根据新加上的经验，把原有的经验和新的观念结合起来的。它所用的是综合的方法。这种结合怎样成为可能，就是康德的批判哲学的主要问题了。这是我们在后面要详细地谈到的。

1763年：《把负量这个观念导入哲学的探讨》（*Versuch den Begriff der negativen Grössen in die Weltweisheit einzuführen*）。所谓“负量”，即“—A”的意思。康德把这个观念和“非A”即“non—A”这观念严格地区分开来。他认为“非A”是逻辑上的否定，与应用于自然科学和心理学中的负量（—A）不同，不能混为一谈。因后者是表示某种性质的缺乏，不能像“非A”能从理论推出来的，而必须经过实际的经验的。这就说明他主张的理由和原因这两个观念的分别，也就显示出休谟（David Hume，1711—1766）的因果论对他思想的影响。他还认为理论的证明和形而上学的证明不是同一回事。许多哲学上的混乱是从这两个观念的混淆而来的。

1763 年：《神的存在——一种证明的唯一可能根据》（*Der einzig mögliche Beweisgrund zu einer Demonstration des Daseins Gottes*）。这篇文章和在它之后第二年发表的下述文章是同一旨趣的。

1764 年：《自然神学和道德的根本原理之明晰性的研究》（*Untersuchung über die Deutlichkeit der Grundsätze der natürlichen Theologie und der Moral*）。康德认为不能只从逻辑的定义与命题而成立事物的认识，而必须从所与的，即从经验而来的概念的分析才能成立关于事物的知识的。从这也就看出康德和旧的形而上学绝缘的态度了。这是康德得奖的一篇论文，第一次提出分析判断与综合判断的分别。这两种判断的不同，我们在后面是要说明的。在这里只指出它在康德思想中出现的时代。

1764 年：《美和崇高的感情论》（*Beobachtungen über das Gefühl des Schönen und Erhabenen*）。这篇文章显示出法国思想家卢梭和英国伦理学家沙夫兹堡（Shaftesbury，1671—1713）的感情主义对康德的影响，而这影响是在康德的《实践理性批判》中，尤其是在《判断力批判》中起着重要的作用的。

1766 年：《通过形而上学的梦来说明视灵者的梦》（*Träume eines Geistersehers erläutert durch Träume der Metaphysik*）。从标题的字面上来看，这是一篇很奇怪的文章，可是它是具有重要的意义的。康德写这篇文章是有相当实际上的教育意义的。1764 年在哥尼斯堡出现一个奇形怪状的人，他身上披着山羊皮，手上拿着基督教的《圣经》，披着头发，赤着脚，带着一个 8 岁多的小孩，在街上念着不懂的话语，抽出《圣经》的章节来判断吉凶。这种现象博得当时人们的信仰。康德认为这是他讲实践伦理学的一种很好的材料。他认为这称为山羊的预言者完全是一个疯子，他就发表一篇关于精神病的论文。同时还有瑞典堡

(Swedenborg)这个人。他自称是一个视灵者，神通广大，能眼见天堂地狱，可以叫人和阴间的灵通话。康德经过细心考察和研究之后，断定这是骗人的事，非常愤恨。同时他又对旧的形而上学不满，于是把这两个问题合并为一而写了《视灵者的梦》这篇文章，一方面讽刺视灵者，同时又对于伏尔夫一派歪曲了莱布尼茨哲学的形而上学加以驳斥，认为是和视灵者一样荒诞不稽的。

关于康德哲学思想的发展，在这篇论文里已看到二律背驰这个观念的萌芽。他感觉到在试图解答某些思辨的问题时，是会碰见二律背驰这个困难的。但他还没想到何以这一类的问题会在人们的思维中发生的，足见他的批判问题还没有在这时期具体地提出来。他的哲学思想主要还是以实际经验为根据说明在这个时候即1766年这个时候，休谟的因果论还没有把他从“独断论的睡眠中唤醒过来”。在这篇《视灵者的梦》的文章里，他的立场，用他自己的话来说，乃是“我不理解的东西是如何的多，而我不需要理解的东西也是如何之多呵”。这时，他主要的思想是“消极的哲学”。

1768年：《论空间中部位的不同的第一个根据》(*Von dem ersten Grunde des Unterschiedes der Gegenden im Raume*)。这是他明晰地采取批判立场以前的最后一部著作。在这部著作中，康德是讨论空间的。他认为空间的确定方向的差别，物体左右面的区别，不是通过逻辑抽象的概念能引申而来，而是世界上一切事物和它们一切关系的感性知觉的普遍基础。作为整体的空间不能从对于个别空间的经验或对于事物空间的特殊关系引申出来，而我们是先有整个空间的观念，然后才能感觉到在空间的这些事物和它们空间的关系的。这个思想在《纯粹理性批判》一书里就成为康德的认识论的主要组成部分之一，这是我们在后边要详细谈到的。

以上这些著作称为康德批判前的著作，在这些著作中我们明显看出康德的思想是怎样很迟缓地逐渐初步地予以确定，但还没有找着主要的线索，还没有纳入一个思想的体系中来。走入新的立足点，一般研究康德哲学的人认为是从 1770 年开始的。

康德从 1755 年开始在哥尼斯堡大学担任讲师的职务，经过 15 年讲师的工作之后，是在 1770 年才升为教授的。按照欧洲各国几百年来的习惯，一直到我们的今日还是这样，大学教授在正式就职的时候，必须提出一篇学术上的论文，作为公开的讲演，声明他的学术观点和立场。康德在 1770 年提出的教授就职论文，对于他的哲学思想体系来说，是十分重要的，是他的哲学思想发展过程中划时代的一篇文章。在哲学史上一般称为他的《就职论文》，简单称为《论文》。这篇论文提出之后，康德的哲学思想称为“批判时期”的思想，成为康德在西洋哲学史上一个突出的思想体系了。这篇论文的题目是《关于感性世界和理性世界形成为原理的论文》（*De mundi sensibilis atque intelligibilis forma et principiis*）。题目和全篇论文都是用拉丁文写出的。拉丁文是欧洲当时学术界所通用的语文，可以说是当时学术界的世界语，而康德在中学与大学时期熟习了古典文，尤其是精通拉丁文。这是我们在研究康德的原著时所要记住的。他不但经常引用拉丁文学中的名言，而且在他的名词使用中，常常是根据词的原意的。例如，physiologie 这个拉丁文的词，我们现在一般是翻译为“生理学”，可是康德使用这词时，是按他的原来拉丁文意义，更上推而至它的希腊文的原意，根据希腊文的 phuis 和 logos 这两个词的并合而理解为“自然的科学”。在康德的著作中，这种例子是很多的。这也是我们翻译和注释康德的著作时不可不注意的一点，否则是会闹笑话的。在这篇论文中，最重要的一点是康德对于空间与时间所提出的新见解。他认为空间与时间不是独立存在的东西，也不是客观事物本身具有的属性，而是人们对事物感性认识的条件。在他来说，这样对于时空的见解是极其重要的，是他研究认识能力的第一个成果，而认识能力的研究，从而确定在思想中什么是验前，即在任何经验之前，可以认为是普遍可靠，不以个别出现的人，不以任何的时间地点和特别情况为转移的，这就是哲学“批判”的任务。他称他的哲学为“批判”哲学，是根据这一点的。不认清楚这一点，而肤浅地把“批判”认为是对某种学说或思想的批评，或者认为是抱着批评的眼光来对待一切问题，就会像日本的一位教授桑木严翼，在余又荪翻译的《康德与现代哲学》一书里所犯的错误了（参看该书，商务版第二章，尤其是第17页和29页）。

进入了他的“批判”时期，康德写成的著作有下列各种，主要是他的“三大批判”。这些著作主要是：

1781年：《纯粹理性批判》第1版（*Kritik der reinen Vernunft*，*Erste Aufldge*）。

1783年：《任何未来形而上学的导论》（*Prolegomena zu einer jeden Künftigen Metaphysik*）（后简称《导论》）。《纯粹理性批判》一书出版后，迦尔惠（Garve）在*Göttingen Geleksten Auziegen*学报上批评康德的哲学是贝克莱思想，康德极为愤怒，写出这篇《导论》来答复他。

1785年：《道德形而上学基础》（*Grundlegung zur Metaphysik der Sitten*）（唐钺译为《道德形而上学探本》，商务1958年版）。

1787年：《纯粹理性批判》第二版。

1788年：《实践理性批判》（*Kritik der praktischen Vernunft*）商务印书馆有两种译本。

1790年：《判断力批判》（*Kritik der Urteilskraft*）。在这部批判中康德讨论审美判断和目的性判断。康德认为人们在这些判断中，通过感情，就能意识到主体和客观对象的一致而且是超出知识的范围，故《判断力批判》是前二批判的综合与提高。

康德晚年的著作还有：

1793年：《在纯是理性范围内的宗教》（*Die Religion innerhalb der Grenzen der blossen Vernunft*）。

1795 年：《永久的和平》（*Zum ewigen Frieden Ein philosophische Entsohluss*）。

1797 年：《权利与道德的形而上学基本原理》（*Metaphysische Anfangsgrunde der Rechts und Tugendlehre*）。

1798 年：《实用意义上的人类学》（*Anthropologie in pragmatischer Hinsicht*）。

1800 年：《逻辑》（*Logik*）。

1821 年：《形而上学讲义》（*Vorlesungen über Metaphysik*）。这是康德死后才出版的。

此外关于康德哲学的研究很重要的一部分材料，还有近人搜集而编成的《康德的书简》（*Briefe Kants*）、《康德对于〈纯粹理性批判〉一书的回思录》（*Reflexionen Kants zur Kritik der reinen Vernunft*）和《康德的活页遗著》（*Lose Blätter aus Kants nachlass*），这三种，都是有助于了解康德的思想活动和他关于各种问题的意见而未列入书刊中的。

关于康德的著作我们只指出这么多了。

三、康德的思想体系

关于这个问题，我们打算只约略地谈谈，作为一种概论。至于他的三个《批判》中所涉及的主要问题，将在后面分别比较详细地介绍。

我们试试从他的著作来概括他的思想。从 1746 年他 22 岁时，他的第一部著作发表，而直至 1800 年，他已是年老力衰的 76 岁时才发表他的《逻辑》一书为止，这 54 年长久的岁月之中，康德的思想活动和他所写出的著作，即使是从数量上来说，也是惊人的。大体地说，他初期是努力于自然科学的研究，而其研究的立足点是根据伏尔夫流派的莱布尼茨哲学的。可是很快，他的注意力就转向到认识论的问题上来。在

1755年就有他的《新解》一文发表。但同年他又有伟大的《天体论》出现，和紧接着的后一年《物理的单子论》出版。然而6年之后，他又开始研究形式逻辑的问题，表示他是在思想方法论上进行探讨，从1762年到1768年这几年中发表的文章都是有关于方法论和认识论，而逐渐地初步确定了他后来哲学体系中的几个重要观念的。

他在家庭和中学的时期深深地受到了基督教虔信派宗教信仰的熏陶，已经建立了他唯心主义世界观的基础。在大学时期虽是潜心研究过数学和自然科学，尤其是牛顿的学说，但是当时德国的经济发展落后，自然科学还没有大量发展，而且在大学的几年中受到业师克努真这位莱布尼茨—伏尔夫唯心主义形而上学忠实信徒哲学思想的影响，康德自己的思想路线就变成摇摆于唯物主义与唯心主义之间，而究竟是唯心主义占着上风的。可是康德以他的治学方法而论，纵然是受到时代与环境的限制，一般说来，还是认真细致的，也不能轻易漠视自然科学所发现的真理而且不得不承认这些真理是客观的，这是他的思想一个方面。而另一方面，莱布尼茨—伏尔夫派的唯心主义哲学是唯理论的哲学。只有通过思想的最高逻辑规律，即同一律和毋矛盾律。而毋矛盾律也不过是同一律的变体，那么思维活动的可靠方式只有分析的方式，如说“物体是有延扩性的”这个命题是真的，普遍可靠的，因为在“物体”这个概念里，原来就已包含着“延扩性”这个概念的。但是分析的方法是不能超出原有的概念的。既不能超出原有的概念，就不能获得新的知识，人类知识就永远不能发展，科学的知识就成问题。莱布尼茨固然是提出了充足理由律来补充根据同一律的传统形式逻辑的不足。充足理由律是说有了充足的理由，就能有某一事实。就是说，如果有A，而A是充足的理由，那么就必定有其结果B，就是说“凡A都是B”。这就超出原有A的范围而把它和B联系起来，得出“凡A是B”的崭新知识，这是人类知识的扩大，是科学。这显然是因果律的表现。可是主张唯理论的莱布尼茨能同时又主张有这样超出原有知识范围的科学原理？说是根据因果律吗？而因果律是从何而来的？大概在 1762 年不久以前，康德回忆到苏格兰哲学家休谟的《人类理解研究》一书，就从“独断主义的酣睡中觉起来”。因果律既不能得之于以同一律为基础的传统形式逻辑，又不能得之于经验的重复，因为经验的概括不能保证未来一定要照着既往的形式，所以就不能保证科学知识的普遍可靠性，但是没有知识的普遍可靠性，就没有科学的预测，没有科学的预测，就没有科学，这是康德思想的一个主要问题。他始终没有否定过数学和自然科学中是有普遍可靠的知识的。他的问题乃是：普遍可靠的数学和自然科学（物理）的知识是怎样成为可能的？他的主要问题不是关于这种知识的存在，不是关于它的客观存在。用他自己的话来说，这种知识存在是他绝不否认的，而他所要研讨的是这种存在的理由（ratio essendi），并且我们怎样认识到这个理由（ratio coguosondi）。康德是一个不可知论者，可是他认为不可知的不是数学和自然科学的东西，而是“自在之物”（Ding-an-sich）。什么是“自在之物”，我们将在后面谈到。

正如我们在他 1763 年至 1766 年的几篇论文中所看到，思维的正确必须首先把概念弄清楚。例如不能把负 A 和非 A 混淆起来。不能认为逻辑上必然的东西就是实际上存在的东西，这不是贬低逻辑推理的价值，存在是一定符合逻辑的，但不是凡符合逻辑的都是存在的。逻辑推论的结果可能是空洞无实的，必须依靠经验的实践才能使逻辑的结论得到应有的内容。逻辑的理论能够指导我们的实践而不能代替实践，这是康德哲学的一条重要原理。

但是经验怎样产生普遍可靠的知识？康德反对后来马克思列宁主义教导我们的反映论。而反动地，主张在其当时还未认识到是错误的唯心主义，说可靠知识是符合主观条件的知识，符合于他所谓“先验”条件的知识。康德的“批判哲学”过分强调人类知识的主观能动性，夸大了这主观能动性，而硬把主观的条件加在客观的事物上面去。他所谓“批判”的方法，就是要确定这种知识的主观条件的方法。这是在他的

1770年《就职论文》中已见其端倪而在他1781年出版的《纯粹理性批判》一书中详细地甚至很烦琐地加以阐明的。在这部《纯粹理性批判》中，他认为人类的知识是两种因素的有机结合，一种是必须是感觉而来，另一种是人类的知性在感性受到外界刺激时所发生的。这两种因素是人类知识所不可或缺的。他有一句名言是："没有感性直观，概念是空洞的。而没有概念，直观是盲目的。"这里所谓的"概念"是知性（Verstand，一般译Verstand为悟性）的作用，即是使客观而来的直观出现在人们意识中的空间和时间的形式，和使这种感性的直观成为知识一部分的"知性概念"，即所谓范畴。这两者按知性的想定得到结合，才产生知识。这种知识康德称为经验的知识，由于它是从客观而来的，所以是有内容的。而由于他是符合主观的形式的，而这些形式是人所共同的，所以它是普遍可靠的，对于每人来说都是如此的。科学知识属于这种知识。

但是康德认为人类除感性和知性之外，还有理性（Vernunft），理性是不断推动知性向前发展的，它不满足于经验知识这个有限制的范围，它推动知性使之越出经验的范围以外，来求得知识的绝对完整，它是以无限为其终极的。因凡有限的必有它成为有限的原因，由果而推因，因上又有因，至于无穷，但无穷是不能达到的。因之如果把适合于有限知识的概念使用在无限的上面，势必遇见矛盾，这就是康德的二律背驰所以产生，是《纯粹理性批判》一书第三部分的题材。从理性性质的研讨，康德就过渡到道德实践的问题范围中去了，那就是《实践理性批判》所研究的。

科学知识是抽象的知识。凡科学所谈的都是属于某概念系统内某一类的东西，科学所谈的是"玫瑰花"而不是在我们面前的"这一朵白玫瑰花"这个具体的个别东西。可是人们生活中所要做的事情都是具体的个别事情，因之不是纯粹理性所能说得清楚，必须上诉于实践理性。科学知识是根据因果的必然性的，而人的行动不是必然是如此的。如果是必然如此，就无所谓应该与不应该，而“应该”这个观念是道德的骨髓。没有“应该”，就没有道德的问题发生了。康德认为“应该”，认为道德问题，不属于知性，而是属于理性的范围的。

那么，知性和理性，必然和自由，《纯粹理性批判》和《实践理性批判》是不是相互矛盾的呢？康德认为不是的。知性和理性同是人的认识能力，人的行动被必然的因果律机械地控制住，属于自然界，但同时他的行动的道德方面是自由的，主观自主的，否则无所谓在道德上负责。人在种种客观条件限制的范围内自由地抉择他的行动，在这一点上来说，他不属于自然界，而是超出自然界，属于理智的境界的。可是在他抉择了他的行动之后，他的一切行动和行动的后果，又为自然界因果律所控制。这样，人的知性和理性在道德行为上是分工合作的。

不但如此，康德按照当时的机能心理学，把人类的机能三分为知、情、意。知是《纯粹理性批判》所研讨的。意是关于道德行为的，属于《实践理性批判》讨论的范围。他的《判断力批判》就探讨人类情的方面，不只涉及审美的判断，而且在审美的活动中看出人是怎样主观和客观融合为一，人怎样和整个宇宙打成一片，表示着康德神秘主义的世界观，尤其显出他透顶的唯心主义的哲学。

我们在这个介绍中，打算只谈到这些。康德哲学关于其他的问题，如社会政治问题、法律和国家问题等，就不作介绍了。

最后，我还想指出康德哲学在人类思想史中所占的地位。上面已经说过，康德是德国古典哲学的始祖，他在西洋哲学中所产生的影响是极其重要的。他死后一百多年，可以说一直到现在，谈哲学的人们，无论是赞成康德的或者反对他的，都要注意到康德。费希特（Fichte，1762—1814）、谢林（Schelling，1775—1854）、歌德（Goethe，1749—1832）、黑格尔（Hegel，1770—1831）、费尔巴赫（Feuerbach，1829—1880），哪一个不深刻地受到他的影响？尽管他们有些地方是极端反对他的。新康德派哲学在资本主义国家中还有相当大的势力。尽人皆知，马赫是一个康德主义者。最近二三十年至现在我有时还翻开来看的某些科学家所写关于自然科学的书籍，如艾丁敦（Edington）的《物理哲学》（*Philosophy of Physics*），林西和马根纽的《物理学基础》（*Foundation of Physics*）那一类的书，无一不是康德的思想。想要从辩证唯物主义批判他们，首先还得要从批判康德入手。列宁在《唯物主义和经验批判主义》一书里是这样为我们树立了一个辉煌的榜样的。

尤其重要的是，德国古典哲学是马克思主义的理论来源之一，谁也不能否认这一点的。诚然，恩格斯曾教导我们说："但是要从康德那里学习辩证法，却是一个白费气力的和极少报酬的工作。"[①] 可是康德关于知识过程的研究，虽然漠视了实践而走了歧途，陷入不能自拔的唯心主义泥沼里面，而他深入细致地钻研分析人类的认识能力和认识过程，是不是还有一点合理的核心可以为我们吸取的呢？他所提出的问题，是否还有可以加以研究，从而对康德的思想加以批判的呢？这就有待于我们的研究了。

① 恩格斯：《自然辩证法》，人民出版社，1955年版，第26页。

康德《纯粹理性批判》解读*

康德是我在西洋哲学史中着重研究的四个哲学家之一，而断断续续研究花时间最多的则是康德。由于多年中许多其他的工作把我的哲学史研究常常打断了，而且更重要的是，由于我思想水平的提高还很慢很慢，所以一直到现在，我对康德的哲学还不敢作什么批判，而学校领导叫我在政治系讲授康德的哲学，我只能如实地把我所知道的一点点向大家介绍，其挂一漏万的地方，由于我业务水平低和时间的限制，是在所难免的，希望大家批评指正，帮助我进一步地学习。

一、《纯粹理性批判》的主要问题

1.《纯粹理性批判》一书的标题和主要内容

介绍康德哲学，主要是介绍他的三部“批判”，即《纯粹理性批判》《实践理性批判》和《判断力批判》。其中以《纯粹理性批判》为最重要，可是又是最难读的，但是我们又不得不从这本书入手。

这本书难读，首先是因为它所讨论的是比较困难的问题。其中所用的概念不容易捉摸，非常抽象。

* 20世纪50年代至60年代，韦先生围绕康德哲学尤其是《纯粹理性批判》中的哲学思想举办了多次讲座，其中有阐述自己最新研究成果的，也有通俗性的介绍。每一讲，都准备有相当充分的讲稿。这里节选的是一篇幅较大的讲稿《康德哲学》（六讲）中关于《纯粹理性批判》的三讲，内容有删节，标题和小标题略有改动。

其次，康德谈到一个问题的时候，他是从各方面来研讨这个问题，尽量把别人对这个问题的意见一一地提出来，而且替这些意见辩护，怕有丝毫对不起这些意见和忽略了他们里面所含有的合理成分，绝不马上拿出自己的见解来驳斥他们。换句话说，在康德阐述一个问题的时候，我们感觉到是在百家争鸣。康德自己的主张是什么，必须比较全面地看他的著作才能理解，而比较全面地看，不是很容易做到的。我们读书，每每偷懒，求终南捷径。当知研究是一点也不能马虎的，研究康德尤其如此，必须耐心细致。抓住一两本别人谈康德哲学的书来想理解康德总是隔靴搔痒，因之以讹传讹的说法是在所难免的。我们要记得康德是一位老教授，写《纯粹理性批判》的时候，他 57 岁，在大学讲授哲学已是 26 年，很难改变他老教授的作风，而当时又没有知识分子思想改造和教学改革运动来帮助他改进他的教学方式方法。他写作的时候，还是用课堂讲课的一套，把读者当作他课堂上的学生，主要不只是传授知识，还要培养、锻炼学生的哲学思想方法，不是要学生教条主义地接受问题的解答，而是逐渐引导学生去得出自己的结论。这样一来，他的书就难读了。何况在康德写《纯粹理性批判》的时候，他潜心反复思考这个题目，已经是十一二年，在课堂讲这个课程，已是多次，大家都等待着这书的出版，他自己也好像忽然想起自己快要到 60 岁，时候不多了，而要写出成书的东西多，内心急躁起来，一下子花了四五个月的功夫，就写出了一部 856 页的《纯粹理性批判》来。我们很可以想象，每天讲课之后，拿出空余的时间来写上大约 5 页的稿子，当然难免是多年笔记和讲稿的堆砌，前后不一致，材料欠整理的地方，比比都是。虽然这书第一次刊出 6 年后有修正的第 2 版，但是在这 6 年之中，康德还照常每周讲 15 小时的课。在这 6 年之中还刊出其他两部重要著作。第 2 版刊出后，紧接着的第二年，即 1788 年，又刊出他的《实践理性批判》，再过 2 年，又刊出他的第三部名著《判断力批判》。那么他的《纯粹理性批判》，焉得不是难读的呢？因此想要阅读一遍之后便能理解它、掌握它，是很难的。

现在我们来谈谈这本书的标题。标题中“批判”“纯粹”和“理性”这三个词都是要加以解释的。

德文 Kritik 即“批判”这个名词，原是法语中的 critque，源于希腊语的 κριτικη 这词。作为批判的一种技术来讲是用希腊语 κριτκόδ 这个词，意思是对于某一个题目的仔细彻底分析。该词从作为审查判定的裁判者的 κριτή́δ 这个名词转变为一个形容词。在用语的过程中由形容词变为名词，由属于审查判定的而变成审查判定的本身。据康德的注释专家康蒲·斯密的研究，康德所用“批判”（德文 Kritik）这个词是从英文来的。我们检查牛津英文大词典，critque 这个词是从原来 critick 这个词在 17 世纪至 18 世纪的时期里逐渐变更成为现在的词形的，原意是指“批评”的技术或“批评”的活动。1856 年，英国学者米克约翰（Meiklejohn）英译《纯粹理性批判》的时候是用 critique 来译德文的 Kritik 的。斯密认为在德文中康德是用这个名词的第一个人。他在他得意的英国诗人蒲白（Pope）的诗集中看见这个词，就“把它从美学的范围推广到一般哲学的范围”里去，而在如此广泛的范围上使用该词则是英人荷姆（Home）1762 年出版的《批判原理》一书所暗示的①。

康德的所谓《纯粹理性批判》是指对于纯粹理性进行批判，含有消极批评纯粹理性，即指出其限度和缺点的意思，但是在书中某些地方，“批判”又常常带有积极的意义，即判定纯粹理性的能力与作用，而不是限于对它消极结果的研究。有时候，如斯密指出，这个名词，尤其是在“辩证论”里，是指纯粹理性的一种锻炼，使它限制于应有的范围内。康德使用这词通常是作名词用，很少把它变为“批判的”这个形容词来用。他用形容词时，不是用 kritisch 而是用“先验”这个词来代替它。可见康德所谓“纯粹理性批判”是指判定纯粹理性的

---

① 斯密著，绰然译：《康德〈纯粹理性批判〉解义》，商务印书馆，1961 年版，第 44 页。

限度，决定它的能力所及，并使之不越出它的范围而起应有的作用的①。

“纯粹”是德文 rein（变格为 reinen）之译。意思是“很确定的，它就是绝对‘在经验之先的’。从消极方面讲，它是指独立于经验的。从积极方面讲，它是指出于理性自身，以普遍性和必然性为其表征的。所以康德的‘纯粹理性’的意思，就是从其自身，独立于经验，而提供出来，以普遍性和必然性为其表征的先验因素之理性”②。

根据德国康德注释家的看法，“纯粹理性的”这短语有三方面的意思：（1）有时它是一个文法上的所有格的变格。批判的研究是以纯粹理性为其对象的。这就是说，所批判的，即判定其作用和用途的限度的，是纯粹理性。因之“批判”是一种方法。（2）有时康德把批判的研究认为是由纯粹理性所作，而且是通过纯粹理性来做出这研究的。这就是说批判本身可视为纯粹理性的知识的一种体系。（3）还有别的时候，康德又把 der 这个所有代词作为文法上的反身的意思来讲，并且是批判的方法或工具。这样说来，“纯粹理性批判”是纯粹理性自己所作的批判性考察。“第一种见解好像是标题的原来和主要的意思。第二种见解很早就和第一种见解并列起来而出现在许多段落里面。第三种见解是康德对标题的最后解释。整个说来，这是最足以表示《纯粹理性批判》一书的实在内容和范围的，因为这书不仅是关于方法的一本著述，它又是纯粹理性的知识的一种体系。它声言要以详尽而最后的方式来建立其决定纯粹理性的知识的可能性、条件与限度的诸先验原理。”③

说明了标题之后，我们再来分析《纯粹理性批判》一书的主要内容。这内容可列表如下：

① 斯密著，绰然译：《康德〈纯粹理性批判〉解义》，商务印书馆，1961 年版，第 44 页。

② 斯密著，绰然译：《康德〈纯粹理性批判〉解义》，商务印书馆，1961 年版，第 44 页。

③ 斯密著，绰然译：《康德〈纯粹理性批判〉解义》，商务印书馆，1961 年版，第 45～46 页。

（1）关于认识因素的分析

①感觉论

②逻辑

a. 分析论

b. 辩证论

（2）关于先验的方法

上表中的第一大部分“关于知识因素的分析”是讨论先验方法运用在经验的范围之内，而第二大部分“关于先验的方法”占全书大约五分之一的篇幅，是谈先验方法运用于经验范围以外。

这是《纯粹理性批判》一书内容的安排。康德把“分析论”和“辩证论”作为逻辑的手段，而和感性论并列为知识的因素，同时又认为第二大部分“关于先验的方法”不能导致知识，因而两部分截然分开了。但从另一方面来看，“分析论”是关于经验范围以内的知识，而“辩证论”是关于超出经验范围以外理性的运用的。是不是应该把“分析论”和“感觉论”同是在经验范围以内的放在一起作为第一大部分，而与“辩证论”区分开来？所以我们又可以把《纯粹理性批判》一书内容作这样的划分：

（1）关于认识因素的分析

①分析论

a. 感觉论（感性）

b. 逻辑（理性）

②辩证论

（2）关于先验的方法

依据康德的哲学体系，把《纯粹理性批判》一书的内容按上面第二种方法来安排，是比较合理的，因为在第一大部分，先谈知识的两个主要因素，即感性因素（感性论）和理性部分（逻辑），这是认识的两个阶段。感性认识和理性认识，都分析出其先验的因素来，所以列为“分析论”这部分。可是人类的理性是有其超出经验范围以外的倾向的，正如康德曾用过一个很富有意义的比喻来说明感性认识和理性认识不可分割的这条原理，他说一只鸽子飞在上空，感觉到必须用两个翼膀来打击空气，才能向上飞腾。而感觉到打击空气的费力，就企图在没有空气的地方来飞腾，殊不知空气没有了，鸽子也飞不成了，翼膀不起作用了。感性是理性的基础。康德认为超出感性认识范围之外来运用理性所得到的知识是没有根据的。他称这种理性的运用为“辩证法”，是他用这个名词的特殊意义，是带有批评柏拉图的哲学的意味的，和后来黑格尔用这个名词的意义又完全两样，无共同之处，这是我们必须注意的。

2.《纯粹理性批判》的主要问题

《纯粹理性批判》一书的主要问题，用康德自己的话来讲，就是“验前综合的判断是怎样成为可能的?”

在这句话里，有几个名词是要首先说明的。

什么叫综合的判断?“综合”是相对于“分析”而言的。一个判断要么是综合的，要么是分析的。在传统形式逻辑里面，一般是不谈这个分别的，因为传统形式逻辑只谈判断的形式而不涉及判断的内容。如果谈到判断的内容，“综合的”和“分析的”这个分别是很重要的。

“三角形是有三边的”，“人是动物”，这一类的判断是分析的。在“三角形是有三边的”这个判断里，是拿“三边的”这个宾词来述说“三角形”这个主词的。可是“三边的”这个属性原来就是“三角形”的一个本质属性，是包括在主词的概念之内的。我们说“三角形是三边的”，无非是把主词所指的对象所原有的一个属性抽取出来，用来述说这对象，因之称这判断为分析判断。很明显，分析判断是不会错的，一定是对的，而且是有必然性的。这种判断在数学里是最突出的。但是说“三角形是有三边的”，对客观事物的知识有什么增加呢?如果确定了三角形是什么，并确定了它一定有三边才成其为三角形，再说它是有三边的，并没有增加关于所认识的东西的知识，这是很明显的，不可置疑的。说“人是动物”也是一样。大凡分析判断都有这样的性质特征，即必然、可靠，但是对于知识是没有任何扩充的。康德认为形式逻辑的演绎推理大都是这样。分析判断是必然性的，勿须等待通过经验就可确定它是正确的。不须等待通过任何经验就可确定它的必然性，所以说它是验前的，就是说，在任何经验之先，就可确定它的正确性。

“验前的”这个名词，在西洋哲学里，从公元开始的前后，当希腊哲学的著作翻译成拉丁文的时候，就用 a priori 这词来表达“在经验之前”的意思。但是在康德的著作中，还有德文的 Transzendental 这词，一般中译是“先验的”，必须把它与“经验之前的”区分开来。这分别我们在后面还要谈到。在这里只说，我们提议把“经验之前”的 a priori 译为“验前”，而保留“先验的”作为德文 Transzendental 的中译。分析判断是“验前的”判断。这是清楚的。

所谓综合判断就是把原不包含在主词所指的对象中的一种属性作为宾词和主词联系起来而形成的判断。与分析判断相比，综合判断具有扩充性的特点，即它扩展或推进了知识，因为经验给我们“天鹅是白的”知识，而“白”原来不在“天鹅”这个概念之中。可是，天鹅不一定是白的。经验知识不能超出经验所到的范围，是局限于这个范围的。经验没有什么理由是必然如此的，那么，科学往哪里去了呢？

结果就是唯理派哲学强调的判断是分析的、验前的，所以是必然的。但不能扩大知识，只在概念中兜圈子。经验派哲学的判断是综合的，能扩大知识，可是不是必然的，是靠不住的。今天在这里经验是这样，明天在那里可能不是这样，不知道是怎样。我们固然一直看见雪是白的，金子是黄的，但是为什么一定会总是这样？我们可能有一套理论说，事物必须是这样，但是有什么保证说客观事物必定照着我们的理论那样呢？换句话说，客观何以是和主观一致的呢？

这就是康德《纯粹理性批判》的主要问题。他对这问题的提法是：验前的综合判断是怎样成为可能的？这是科学归纳法的问题。

我们要注意康德问题的提法。他不是问：能不能有验前的综合判断。他从不怀疑这类判断的存在。他研究过数学和自然科学，关心自然科学的发展。在科学中不断有必然性的（就是验前的）、能扩大知识的（就是综合的）判断，他并不怀疑这是事实。他提出的问题是：这一类判断怎样或如何成为可能？问题的着重点是“怎样”而不是“能不能”。他是已经肯定了实际上有验前的综合判断，然后才提出怎样能有这种判断这个问题。在《纯粹理性批判》一书第1版的序文里，他肯定地说，数学、物理这些科学是有其牢固的基础的。这些科学的思想方法是不成问题并行之有效的。但他却要问：这种思想方法有什么必然性的不可辩驳的根据呢？这就是“怎样能”的问题，是认识论的问题。

二、先验感性论

康德的认识论是以反对休谟的怀疑论为其出发点的。休谟根据洛克的经验论，认为我们被动从外界接受的感觉都是零零碎碎、互不联系的。所谓因与果也是互不联属的，我们只是主观地、由于习惯而把它们联系起来，称之为前因后果。换言之，因果联系是习惯性的联想①。依休谟的说法，因果关系是主观的产物，与客观毫无关系。

康德所受的科学教育当然叫他不能接受休谟的这种说法，但是他又不得不承认事物的因果关系是不能在认识过程中作为经验的一种因素分析出来的。同时又不得不承认因果关系这个观念能使我们的思想超出原来已有的经验而推测事物未来的发生，正如自然科学那样。那么，问题怎样解决呢？怎样答复休谟的问题呢？

康德的答复是：当我们认识任何客观事物的时候，譬如认识橘子是黄的或者这墙是白的，所认识的不只有外物所提供的客观成分，同时也有认识能力本身加入的主观成分。在认识过程中，我们并不是消极地认

① 休谟：《人类理解研究》，商务印书馆，1957年版，第7章第2节。

识，单纯地接受从外界而来的经验。我们总是积极地、主动地把所提供的纯感性材料和我们意识中原有的形式结合起来。譬如说我们认识到“这个是橘子”。当种种纯感性的东西在我们意识中成为“这个”时，就已经是按照我们认识中的空间和时间的方式，把外来的材料形成“这个”，才到我们的意识中来的，这是认识的感性作用。到我们认识“这个”是“橘子”的时候，是我们的主观意识已经把“这个”新来的材料纳入意识中原有的某一定的模型，作出“这是橘子”的判断。这是意识的知性作用。这两种作用都是按照我们意识中原来具备有的原则，否则经验是不可能的。任何经验成为可能，是依赖主观的这些原则的。在康德看来，经验之成为可能，是从人的天性中引申出来的。这就是康德哲学唯心的最重要原因。

何以康德不说认识能力的基本原则是从总结过去多次重复的经验得出来的呢？康德认为这种说法，根本是先后倒置的。问题是，能使任何经验成为可能的原则从何而来？你说，从经验总结出来；但是要知道，没有任何经验之先，就要有使经验成为可能的原则。而你说这些原则是从经验总结出来，就是说，先有经验，然后有原则，这不是先后倒置吗？康德说，这些原则，感觉所需要的空间和时间，和在下一讲中所要谈到知性需要的范畴，是验前存在于人的意识之中的，是认识的先验因素，不可能从经验得出来的，只有它们是先验的，所以它们才是必然的。从经验抽出来的东西，总是局限于已有的经验的范围，因之对于他方未来的事物是不可靠的。

依康德的说法，在认识事物过程中，人们意识所原有的先验原则。就是认识的主观成分。这个主观成分是决定经验成为可能的条件。不按照这些主观所决定的条件，外界事物就不能成为我们认识的材料，根本就不能到我们的意识中来。因之，康德说，从外界来的经验是必须遵照主观意识原来规定下来的种种条件的。

可是我们要注意，康德并不主张客观事物是主观意识所创造的。因为他一直把“事物存在的原因”和“认识事物的原因”严格地区分开来了。他虽然没有在任何地方明白地说过，客观世界在人类意识之先而存在，但是如果我们拿他早年关于星云说的著作来质问他，他不能不承认物质是先于意识的。但是他会说，《纯粹理性批判》的问题不是事物存在的问题，而是认识事物的问题。然而康德毕竟是个二元论者。意识是心，世界是物。心能认识事物，并能理解事物。但是他要确定心之能感知事物、理解事物的必然性之所以为必然。他的问题的提法，早就决定了他对于问题的答案。他认为我们不能用心理学观察人类心理活动、分析心理活动，再从观察、分析中抽出一般原则那种科学方法。因为他所提的是关于先验的原则，是在任何经验发生之先就已经存在的原则。这是不能从经验抽取出来的。他的问题的提法使他必须在还没有任何经验的认识之先，预设下来认识的主观条件，使客观服从主观，使心在认识过程中先之于物。原因就是他作为认识出发点的心物二元论，先肯定心和物是绝对分开的，而从认识上来讲，只有心是靠得住的，所以要以可靠的主观作为标准，确定客观认识的可靠性。虽然他没有明白地说出来心先于物，可是他认定了：没有主观就不能有认识中的客观，而且客观不经过主观，根本就不能到认识中来。这就决定了康德哲学的唯心主义性质。

上面我们曾把《纯粹理性批判》的主要内容列成一个很简单的表。从表中可以看出，至少在表面上，康德把认识过程分为两个截然不同的阶段，即感性认识和理性（或称知性）认识。他称感性认识为直观，知性认识为概念作用。我们首先得要解释一下这两个名词。

直观的德文是 Anschauung，这词是很难翻译的。在用英文译德文时，有的康德翻译家，如斯密译它为 intuition，有的如华尔生和凯尔德译为 Perception。依英译 intuition，当然译为“直观”，依英译的 Perception，则应译为“感觉”。我个人认为“直观”较妥当，因为德文这词的原义是说一看便知道，有总观的意思，不包括在任何抽象的概念之下。这显然与概念的作用不同，概念作用是知性的活动。

康德认为：凡客观事物刺激我们的心，而成为感性的材料时，必须依靠空间的形式，才能得到它的各部分按位置安排的秩序，否则不能成为感觉的对象。而这感觉对象出现于意识之中，又必须有其先后出现的顺序，这就要按照时间的形式。内心的感觉必然是按照时间的形式，但外界的感知又一定要到内心来，所以也必定有它的时间的形式。因之，内感觉必定有时间的形式，而关于外界事物的感觉除原有有空间的形式外，还要有时间的形式。

那么，空间与时间是什么呢？这是《纯粹理性批判》的“先验感性论”所探讨的两个主要问题，亦即“先验感性论”中“形而上学阐明”所要解决的问题。

康德认为，空间与时间不是从外界经验抽象出来的属于经验的概念。因为如上所说，在任何经验之先，就必须预先有空间和时间，经验才成为可能。空间与时间都是不依附于客观事物的，因为康德认为我们可以想象一个完全没有任何事物在它里面的空间或时间，可是不能想象空间或时间的不存在。其次，空间与时间都是纯粹的直觉，而不是涵盖一类事物的概念，因为空间只有一个，时间也只有一个，所谓各个空间、各个时间，不过是唯一的整个空间或时间的部分而已。最后，康德还指出，空间和时间是独特的并能表象无限的，它们与概念不同，因为概念不能包含无限的东西。

总而言之，在人类的经验过程中，康德肯定人的心是外界大自然的立法者，它把我们所认识的世界的形式和世界成为我们认识的世界的种种条件与规律都规定下来。这样一来，我们所知道的就必然是验前可靠的，因为一切都必须遵照我们心所规定的形式或条件。如果我们戴上一副蓝色眼镜，所看见的整个世界一切都将是蓝色的，因为我们的眼镜是蓝的，它必然把蓝色一律加在外界东西上面。

康德说感觉的空间和时间的形式是验前的，这是否可等同于笛卡尔所说并为洛克所曾批判过的天赋观念、与生俱来的东西呢？是不是空间与时间一直在有经验之先就存在于人心里面呢？依康德的说法，只能说，我们人类认识的能力本来是这样的性质，在感觉时，一定通过空间与时间的形式，而不是在任何感觉的同时，心就发生空间与时间的直观的。空间与时间不是在时间的先后顺序上先于感觉，而是在逻辑的意义上为感觉的先决条件。空间与时间并不能独立于感觉而存在，上面所谓"没有事物的空间与时间"，只是想象中的东西，而不是实际经验上的东西。我们在觉知对象时，连带觉知到空间与时间。可是空间与时间不是觉知的对象中单独存在的对象。我们对空间与时间能够有直观，而不能有感觉。

在读到"先验感性论"时，我们看到"空间概念的形而上学的阐明"，"时间概念的形而上学的阐明"和"空间概念的先验的阐明"，"时间概念的先验的阐明"等标题。那么，什么叫作"阐明"？"形而上学的阐明"和"先验的阐明"有什么分别呢？

这里康德的所谓"阐明"，就是"定义"的意思。康德在谈到空间与时间的意义时，不用"定义"而是用"阐明"的字样，是有他的一定理由的。他在《纯粹理性批判》的"方法论"里（第2版第757页）曾说过，"我宁可用阐明这词，而不用定义这词，因为阐明这词是更慎重的一个名词……因为经验上的概念和验前所与的概念都不容许有定义的，剩下来能试用下定义这种心理操作的概念，只有任意制造的概念"。因之，对于空间与时间，康德认为不能下什么定义，而只能阐明。

"形而上学的阐明"，依康德的用法，是确定空间与时间这两个概念的性质或本质，确定空间与时间是验前的直观。而"先验的阐明"则是说明空间与时间的作用，即说明它们作为验前的直观看，是能使我们理解验前的综合知识是如何成为可能的，说明数学的综合判断是怎样成为验前的即普遍地有效的这条原理。这两种阐明的分别就是这样。

三、先验分析论

1. 几个重要概念辨析

依康德的说法，认识必先有所与，即有和认识相应的对象，然后心（Gemüt）才发生感触。在这种场合之中，心的功能的结果，作为直观，再加上种种经验的材料，就特称为感觉。

直观受了对象的感触而得到表象（Vorstellung）的这种能力，康德称它为感性，依靠感觉来和对象发生关系的直观，是属于经验的，康德称之为经验的东西。

由于某一对象而成的直观，即直接的认识，必须存在于一定的场所和一定的时间之内，就是说，它是一定有空间性和时间性的。空间与时间是感性认识不可或缺的形式。这些在上一部分已有交待。

《纯粹理性批判》第二部分谈的是心对于物的理性认识阶段，即比感性认识更高级的一个阶段。在这部分里，康德谈到心怎样构成概念，使通过感性来到认识中的外界所与按一定形式为心所理解而作为思辨的种种对象，而且能在判断中得到关于对象统一性的认识。康德称认识的这种能力为 Verstand，一般译为“悟性”，我们采用“知性”这个译词。

《纯粹理性批判》的第三部分谈 Vernunft，这词常被中译为“理性”。理性与知性比较起来，在含义上是更高级的，是把知性的原理概括为更广泛的原理，提高认识的统一性，使其对象达到一个完整的统一体。这是康德把心的活动分为三个阶段的说法，即感性阶段、知性阶段和理性阶段。

上面已经提过，康德所谓“心”是用 Gemüt 这个名词，相当于英文的 mind。心是能够为人们经验得到的，所以是在经验中的，而不同于超出经验范围以外的灵，康德还说到灵，是用 Seele 这个名词，即英文的 soul。

可是心又不可和现在心理学中所用的意识混为一谈。康德谈到意识时，是用德文的 Bewuβtsein 这个词。意识完全是现象的，而心是能对于自己起作用而产生康德称为内觉这种感觉的，所以又好像心是有其超经验的存在，很难和灵分辨开来。康德常常强调用词必须要严格、精确，而他自己所用的词又常常叫人不能辨别清楚。这是一个例子。

康德把心的活动大致分为理智、感情（愉快或痛苦）和意志三类。与此相应，《纯粹理性批判》《实践理性批判》和《判断力批判》这三本著作分别对理智、意志和感情进行批判。因之三种批判就包括了全部心理活动。

理智分为被动方面即感性和理智的更高级的、积极的、主动的活动，康德将后者称为智力的认识活动能力，即思维的活动能力，这是理智的主要部分。康德时而用 Verstand 这词，时而用 Vernunft 这词来表达理智。在《纯粹理性批判》一书里，Vernunft 是包括着感性即感受性的先验成分的。可是，严格地说 Verstand 乃是理智三种上层活动之一。理智的三种上层活动分别是知性、判断力和理性。

2. 范畴的意义、来源与本质

《纯粹理性批判》中的“先验分析论”是这部批判的第二部分，又是比较起来最重要的，在篇幅上却只占全书的 28%。它是谈理性认识问题，是要解决心之所以能够把感性的东西联系起来而有其必然性的这个问题的。联系必须通过一定的关系，依康德的说法，理性中的关系，正如感觉的形式——空间、时间一样，不是从我们实际理解事物的实践过程重复多少次之后总结出来的。因为康德认为在任何理解之先，必须有使知性能够理解的一些方法，就是说，必须有先验的方式。康德称这些先验的方式为 Talegorien，通常中译为“范畴”。范畴是把知识的感性材料在理性阶段上联系起来，使之成为有意义的思想的这种形式。理性认识是以感性的所与为其基础的。没有感性所提供的材料，理性阶段上的认识活动“无用武之地”。巧妇难为无米之炊，思想无内容，就完全是空洞的。但是徒然有感性的材料而没有理性的思维使之按理性的形式联系起来，也是无意义的，康德称之为“盲目的”（blind）。《纯粹理性批判》德文第1版第51页（即第2版第75页）有一段话，说明感性和理性的性质和两者的关系，是值得我们注意的。康德在那里说：“心的接受性使我们称之为感性，它是心受到刺激时，接受表象的能力。另一方面，理性是我们产生表象的能力，是知识的自发性。人的禀受（Natur）是这样的：直观一定是感性的，是我们受到对象刺激的方式。使我们去思想感性直观的对象的乃是理性。感性和理性这两种功能是不能有所畸重畸轻的。没有感性，就没有对象的给予，没有理性，就没有什么来把所给予的材料加以思维。”紧接着这几句话之后，就是许多人喜欢传诵的康德两句名言：“思想没有内容是空洞的，直观没有概念是盲目的。”我们在这里要格外注意这句话里面的形容词，感性直观的本身只可能是盲目的、无意义的，而不会是空洞的。思想的材料完全靠感性来提供，所以没有感性来供给材料，思想就没有内容，成为空洞的了。理性的思维活动，就是把感性提供的材料联系起来，使之成为有意义的，为人所能理解的，所以才称之为知性。这种联系的工作是通过范畴的，范畴就是知性作用的形式。

大家知道“范畴”这个名词原来就是“称谓”的意思，古希腊哲学家已经用过。亚里士多德的《逻辑六篇》中就有一篇即《范畴篇》。亚里士多德、康德和后来黑格尔用“范畴”这名词都是多多少少意味着“基本的重要类”。现在有人用“范畴”这词就太泛了，是哲学中一件不幸的事，名词的意义固然是不断发展的，但是我们不应该滥用。

古希腊语 Katigoriw（κοτηορεω）这词原有在法官面前起诉的意思，在诉讼时，把犯罪的事实归入法律一般的规定下而判定其罪状，就是纳入“范畴”，后来转变为一般叙述的意思。亚里士多德第一次在哲学上使用这词并确定它在逻辑上和哲学上的意义，并把范畴分类。“范畴”这个译词是借用我们古书，即《尚书》“洪范九畴”这词的。亚里士多德分范畴为 8 或 10 类，是根据语言中的分类，而相互之间没有什么关联的。康德有 12 个范畴，是判断的形式，相互间有一定的联系。康德“范畴”的意义，和亚里士多德的所谓“范畴”是不同的。

根据《纯粹理性批判》原文第 1 版“先验分析论”第 1 卷第 1 章的范畴分类，有下列的表：

（1）按判断的量分为：
普遍的，即全称的；
特殊的，即特称的；
单一的，即单称的。

（2）按判断的质分为：
肯定的；
否定的；
无定的。

（3）按判断的关系分为：
直言的，即直率的；
假言的，即加上条件的；
选言的，即有所选择的。

（4）按判断的模式分为：
盖然的；
实然的；
必然的。

大凡知道一点形式逻辑的人，都能清楚地看出这个表不过是传统形式逻辑所用的表，康德是沿用这表的。康德在许多地方对于传统的形式逻辑表示不满意而指出它的缺点，从他 1762 年至 1763 年的论文中便能看出，而在别的地方还表现得很清楚。在他研讨他自己的认识论的时候，特别是当他思考人们怎样能作出验前的综合判断的时候，他首先认定形式逻辑的思维都是根据概念分析的原理，不能把人类的思想扩大而推进知识的，如果有科学知识的发展的话，必须还得使用综合的原理。这是他批评形式逻辑最重要的一点，是从科学知识的观点出发的。其次，他认为知性的心理活动，都是以判断的形式出现的。传统的形式逻辑，从分析的观点出发，先讲概念，认为把两个概念联结起来而成判断，判断的联系就成推理。康德认为这种看法是不符合客观事实的。我们先有判断，把判断抽象地来分析，才有概念，而且推理不过是判断的根据。既然知性的基本活动都是判断的作出，那么知性活动的先验形式就必须在判断的形式中来发现。因之他就在亚里士多德的判断形式中来寻找知性活动的基本形式，而作出他自己的范畴表，作为知性活动所必须采取的先验形式。可是我们必须注意，康德的范畴虽然表面上是传统形式逻辑的 12 种判断的形式，但是其中的含义是不同于传统形式逻辑的判断形式的含义的。在这里，我们会提出一个问题，是研究康德哲学的人大都要提出，而且曾经提出过的问题，那就是，在康德采用传统形式判断分类的时候，他有什么理由认为这种分类穷尽了判断的一切形式，而没有遗漏什么呢？康德对这个问题并没有作过任何答复。

康德范畴的提出，完全是他对于休谟的怀疑论的一种答复，又一次显示出休谟对于康德思想的重大影响。休谟不是认为我们从外界接受的，无非是一些零碎、互不联属的印象吗？怎能有统一性的知识呢？康德的范畴论对于休谟的答复是说，虽然如此，当知这只是感性的知识素材，这素材由外界对象提供给我们的意识，是要我们按感性的形式接受下来而由知性加以理解，才成为我们有意义的认识对象。他认为范畴就是知性的一些形式，用来给认识对象以其意义的。

康德每一类的范畴分类都是用三分法，如第一类按判断的量，分为普遍的、特殊的、单一的这三种。康德的《判断力批判》一书的“导论”里，说明他采用三分法的理由。他在那里说：“验前的划分，要就是按无矛盾律的分析法（凡物不是 A 就是非 A），要就是综合的。从后一种分类法而得到的划分……为了满足一般综合的统一所要求的，就（1）条件；（2）为条件所限定的东西；（3）从受条件所限制的和条件相结合而发生的概念，这三种，因之划分就必须是三分的了。”①

从这 4 类 12 种判断的形式，康德就得出与之相应的 12 个范畴，列成一表如下：

（1）关于量的有：　　　　（2）关于质的有：

单一性　　　　　　　　　实在性

① 康德：《判断力批判》，英译本，第 39 页。原稿未注明出版者、版本、版次。——编者注

多数性	否定性
总体性	限制性
(3) 关于关系的有：	(4) 关于模式的有：
依附性与存在性——实体与偶性	可能性与不可能性
因果性与依存性——原因与作用	存在与不存在
交互性——主动与被动之间的相互作用	必然性与偶然性

我们曾说过，康德的认识问题原本是科学的知识问题，而科学知识不是概念分析的知识，乃是事物联系的综合性知识。问题是：纯粹的思维怎能对于实际的经验成为综合性的呢？康德原想在纯思维中找出验前的认识原理和根据这些原理而得出的纯粹知性的基本概念，他首先想在亚里士多德的范畴中来寻找，可是亚里士多德的范畴远远不是他所需要的。于是他就分析思维的性质，而发现思维的最基本形式是判断，他就在判断这个思维活动中去找他的范畴。传统形式逻辑原来是有一种判断分类的表的，他把这表加以修改而得出他的范畴表来，如上面所开列的。

我们首先拿这个范畴表和前面的判断分类表比较一下，有必要指出其不同之处。

第一，判断分成 4 类 12 种只是按判断的形式而言，并不去管它们的内容。但是他立刻就发现，只看形式而不管内容，是不能得出判断的种种分别的。例如谈到判断的量，结合知识的量来讲时，不看内容，是不能从判断的形式而区分为仅仅全称与特称的，因之他就在传统的二分法之上，加了单称这一种。

可是，按内容而不是仅按形式，这样把判断按量而分为普遍的、特殊的、单一的就有问题了。我们在初级的形式逻辑中知道，如果只以量的形式来划分判断，只能有两种，即主词的周延与不周延。主词周延的包括全称判断和单称判断；主词不周延的是特称判断。再按主词是类词或是个体词而把第一种再分为全称的与单称的。原来亚里士多德的划分都是二分法的。

但康德说过，“单称判断对于全称的关系是像统一性对于无限性的关系一样的”[①]。这就是有问题的了，因为全称性（即普遍性）是统一性的一种形式，在他的范畴表里，单一性是从全称判断得出而与之相应的。

关于这点，日本的康德哲学研究者桑木严翼，在他的《康德与现代哲学》一书里便提出疑问，并主张修改康德范畴表的顺序，把关于量的范畴列为下面的形式：

判断	范畴
全称的（凡甲为乙）	全体性（我们译为“总体性”）
特殊的（某些甲为乙）	杂多性（我们译为“多数性”）
单称的（此甲为乙）	单一性

桑木旁征博引，著为论文，证明这种修正是正确的[②]。但是我们不敢苟同于这种见解，因为我们认为桑木和他书上所引的其他康德哲学研究者，像是忽略了康德思想的原意。我们试把康德原来的判断分类表关于量的一类和与之相应的范畴列表如下：

按判断的量分为	关于量的范畴有
普遍的（即全称的）——凡甲为乙	单一性
特殊的（即特称的）——某些甲为乙	多数性
单一的（即单称的）——此甲为乙	总体性

我们必须看到判断的意义，而不只看它表面的形式。只有这样，才能理解康德的两个表是怎样相适应的，因而无需像桑木等人那样主张要加以修改。

所谓“凡甲都是乙”的意思是：乙表示一种条件或原理，甲表示符

① 康德：《纯粹理性批判》，1781 年德文第 1 版，第 71 页。以下只注作者、书名、版本、版次和页码。——编者注

② 桑木严翼：《康德与现代哲学》，商务印书馆，第 85～86 页。——译者注

合这种条件或原理的事物，纵然符合这种条件或原理的事物只有一个实例，我们便可说，凡甲都是乙，这是在个别中发现普遍原理的实现，可能只是一个实例。所以是属于单一性的范畴。某些甲是乙，就是发现在现实中原理实现不只一单个例子，而是有多数的例子，所以是属于多数性的。等到我们发现全类的整体都是毫无例外地实现所说的原理，那么这整类都一致属于原理的范围，因之是属于总体性的范畴的。如果像桑木那样，把全称判断作为指整个类而言，因之就认为属于全体性的范畴，把单称判断作为单个的事物而言，因而认为是属于单一性的范畴，这实际有失判断的真谛，是不妥的。所以我们主张保留康德的范畴表的原形。

在把范畴分成四类之后，康德又进一步把它们分为数学的和力学的范畴两类。什么叫作数学范畴和力学范畴呢？它们不是谈论数学和力学的，而是康德借用这两个名词来表示两类范畴在性质上的分别的。他在《纯粹理性批判》第 2 版第 110～111 页上这样说：

> 范畴表叫我们考虑的首先就是，虽然表中包括有知性概念的四类，而最先又可把这四类划分为两组：第一组的诸范畴是关于纯粹的和经验的直观对象的；而第二组的诸范畴是关于那些对象的存在的，关于它们存在中相互的关系和它们在存在中对于知性的关系。
>
> 第一组的范畴我称为数学的，第二组的范畴我称为力学的。第一组的范畴是没有相关物的；这些相关物只在第二组中才碰见。这种分别必是在知性的本质中有着某一种的根据。

在数学的范畴里，谈到思维的量和质，谈到事物是单一的或多数的，和谈到事物的有或无时，我们是有着一定的思维形式的，而无需等待实际经验来证实它，就可以确定，并且确定的结果，是对于一切经验都有效的，因为对于事物的认识一定有它量的大小和它质的深浅。但是在力学的范畴里，我们必须不只根据我们思维的性质，而且要根据事物的相互关系才能知道它们的依附性或因果性，知道它们的交互性。至于知识的必然性等，也得要根据我们对于事物认识的发展，可见后两类的范畴表示我们对事物的认识比前两类范畴的认识更为深入。数学范畴和力学范畴的分别主要是这样。

我们拿“太阳把石头晒暖了”这个判断作为一个例子来作一分析。我们感觉到的，始初只是热和光。热和光是感性的东西，有空间性和时间性。我们感觉到某一些东西，也是有空间性和时间性的，感性把它们接受下来，再按知性的一定形式（范畴）即“实体”范畴，把这些东西联系起来称为“石头”这个对象，正如把热、光等感性的东西，按范畴即“实体”范畴，把这些东西联系起来，称为“太阳”。由于太阳的热是在某时间之后跟着有石头由冷变为热这种认识，按“因果律”这个“范畴”，我们就说：“太阳把石头晒暖了”，从而形成了一个“必然性”的判断。而必然性又是一个范畴。知性是这样使用种种范畴，叫感性的东西成为在我们的意识中统一起来的东西而得到可理解、有意义的对象的。

范畴的作用是综合的作用，统一的作用，亦即是在人们的意识中发挥综合和统一的作用。它使感性的东西统一起来，在我们的意识之中，成为我们认识的对象。知性的活动，不过是思维。思维可能是空洞的。必须有感性的直观，即我们的心受到外界的刺激，再由知性按它的纯粹形式，即范畴，使之成为我们意识中有意义的对象，为我们所认识，才是知识，才是经验。康德所谓知识，是指这种知识说的。他所谓知道，是这样知道的，所谓可知之物，是可以通过这种过程来到我们意识中的。所谓不可知的东西，是缺乏这种条件的东西。首先是缺乏认识基础的感性材料的东西。这些东西因为缺乏感性的材料，可能为我们所思维到，不能为我们所知道，不管是关于外界，即我们之外的东西，或内界，即我们意识内部的东西，都可以这样说。

3. 范畴与直观的结合：科学知识的形成

再来看看在这种认识过程中直观和概念作用，即感性和知性，是怎样互相发生关系的。直观，即感性的东西，可说只是特殊的一些事实，通过知性，纳入范畴之后，这些直观就为概念的形式所确定，成为一定普遍原理的实例，而归入某一定的知识系统里面来，成为我认识的东西。

感性杂多的东西必须在一个意识中，按一定的一般原则得到结合，而且为我的意识认识到它们是这样按原则结合起来的，才和我、我的意识有关系，否则总是我认识以外的东西，对我的意识来讲，是没有存在的。我的意识，我的知识系统，是这样接纳外界的东西，逐步扩大其自身的。没有对于外界东西的认识，意识即我的意识亦即我的自我意识是没有的。外界意识和自我意识是互相依存的。

意识的统一是使认识成为可能的最基本条件。意识的统一性为什么如此重要呢？首先，感性的杂多，结合成表象，是通过直观的领会到意识面前的东西。这个领会的过程是有时间性的。领会的契机，一个接着一个，一个过去了，又一个来到，要把过去的一个契机，和当前的一个契机联系起来，但过去的已不在当前，得要通过想象力的活动，把它再生出来，而和当前的契机相联系，可是这过去的契机再生之后，必须由同一的意识认识这再生的也就是过去的直观，然后联系才有可能。所以意识的统一是使认识成为可能的最基本条件，康德称这个意识的统一为“我思”的意识，即“我意识”，也就是笛卡尔一句名言“我思故我在”中的“我思”。意思是说，意识中的对象的表象，是我所有的表象。这样，由我意识的统一，才能有认识事物的统一。

但是康德认为这个统一不是由表象的材料而来的，也不是从感觉的形式生出来的。它是人的意识原有的性质，是一切经验的基础和最基本的条件。没有它，感性认识和知性认识都是不可能的。他称这个基本的统一为“纯粹统觉”又称“原始统觉”，又称“先验统觉”也就是“自觉的先验统一性”，而统觉就是通过范畴为其工具而达到综合的知识的。

由此可见，康德所谓正确认识是观念（表象）符合于对象的这个

“对象”，不是指外界的对象，而是指在意识中得到了先验统一的对象。它是意识中的东西，是现象！不是离开人们的意识而在客观世界中独立存在的东西。“太阳晒，石头变暖”这个判断对于每个人来说都是一个经验判断，因之是普遍有效的，根据人类经验的性质必然是这样的，他就称为客观的，所以他说：“判断是把所与的认识纳于统觉的客观的统一中的方法。”依他的说法，普遍有效的就是客观的，只是一个人的想法才是主观的。

依康德看来，统一性不是在于对象本身，而是由于知性的活动而来的，因为他认定知性是验前综合的能力，能使所与的观念杂多统属于统觉的统一。

康德认为，当一般人谈到意识的时候，谈到意识中的对象的时候，每每把作为意识的主体忘记了，每每把对象与主体隔离开，而把主体忽略了，忘记了对象是对主体来说的对象。没有主体，就没有对象，不依照主体限定的条件，对象就不能成为主体的对象。所以依他的说法，我们说对象是主体的对象，在主体的意识中才成为其对象，并不是在“对象”之上硬加一种新的条件，而是对象原来就有的条件，不过把它还原罢了。关于主观的意识和“客观”的对象两者的关系，康德的说法就是这样的。

用另一种话语来说，问题可以这样来提。关于自我的意识和认为不是“我”的这个东西，原是相对的。就是说，只有认识到有作为不是“我”的那种对象在那里，我们才认识到我们自我的意识的。关于对象的认识愈是发展，自我的意识就越发清楚，两者是同时进展的。可是康德始终是认为对象和认识对象的我是对立的。这是他的哲学的二元论的表现。那么，在认识中活动的我和我所认识的对象怎能取得一致呢？困难就来了。他认为二元论的前辈如笛卡尔不能解决这个问题，洛克不能解决这个问题，康德自己因为这个问题也一样碰到一些无法解决的困难。在他的哲学中到处都可以见到这种困难，尤其是在后面要谈到的二律背驰中，我们将更清楚地看见这种困难怎样苦恼着他的思想。

在这里我们只需指出，依他的二元论来讲，一方面是对意识进行刺激、提供感性认识材料的事物，另一方面是在认识过程中表示活动的我。我们在认识中知道有客观事物的存在而又有主观的我的存在，但是依康德的见解，我们不能知道这个在认识中活动的我本身究竟是什么，而且所知道的是客观事物的现象，至于表现现象的本身是什么，是怎样的，我们一无所知。结果就是，呈现在我们意识中的只是两者的关系，而关系各项本身是无法知道的。康德的二元论终于使他陷入不可知论的原因就在于此。我和与我对立的物，各自提供我们经验的一种因素而使我们的经验有其可能，但我和与我对立的物始终不能到我们的意识中来。

这一来，另一个问题也就发生了。知性是纯粹的综合能力，接受到感性提供出来知识的素材时，知性自发地由它本身提出纯粹属于知性的形式即范畴，从而丝毫不杂有经验成分的形式使知识的素材综合起来成为对意识是有意义的这样的结合。这一来，问题便出现了：感性素材和纯粹知性的形式怎么可能结合呢？在分析性的认识中，特殊归到普遍的过程是容易理解的，例如把铁归到金属的概念范围里去，而作出“铁是金属”这个判断是容易理解的，因为“铁”这个概念原就包含有“金属”这个类概念，所以自然铁是金属。这是普遍有效的知识，是以分析判断来表达的。可是综合的判断，尤其是验前的综合判断就不同了。怎样把知性的纯粹形式或不掺杂任何经验成分的形式使之和从经验直观而来的感性素材相结合呢？譬如说“太阳把石头晒暖了”这个判断，是因果关系判断。怎样把因果关系这个纯粹知性的概念用于当前的经验性现象，而得到具有普遍有效的判断呢？

首先看看康德是怎样解决范畴用于经验上这一问题的。康德要我们区分两种不同性质的判断。例如“太阳照在石头上，石头变暖了”，他称这种判断为“知觉判断”。它是我们个人感知到而作出的判断，对个人来说是真实的。另一种判断，如“太阳把石头晒暖”，他称为“经验判断”，对每个人来说，都是普遍有效的，是通过范畴，在这里是通过因果关系，而把所与的认识纳入统觉的客观的统一中去的。因为它是普遍有效的，康德就称它为“客观的”。他把“因为是客观的，所以是普遍有效的”倒转过来，说“因为是普遍有效的，所以是客观的”。

我们再具体地看看康德怎样把范畴用在经验上。感性材料和知性形式之能结合，是通过想象的。在感性方面，想象力把所与的杂多即零碎无序的东西联系成为意象，然后才呈现在知性的面前，在知性方面，想象力通过康德所谓“图型”（Schemata）而使知性的范畴有可能和感性的杂多材料相结合。

什么叫作图型呢？图型是构成的规则。例如，在我们研究三角形时，我们作出一个三角形的图型。这个图型无论我们怎样构成它，它是不能完全表现三角形这个概念的，因为“三角形”这个类概念是包括“钝角三角形”“锐角三角形”和“直角三角形”这三种概念的。可是在实际上我们作出一个三角形的几何图形时，是无法完全在一个几何图形里面同时表示这三个种概念，因之就不能完全表示“三角形”这个类概念。然而在思维中我们并不把所作出的具体几何图形作为三种三角形的某一种来看，而是把它作为类概念的图型来看，这是图型的功用。在认识过程中，康德认为想象力通过图型而把感性和知性结合起来，也就是这样。图型是“构成的规则”，譬如所作出的三角形的图型是思维中实际上形成三角形这个概念的规则一样。像这样来使用知性的范畴，范畴就能应用于感性的材料上面了。

范畴怎样通过想象力作出的图型应用于感性的材料呢？

康德认为一切知识都是以判断的形式出现的。判断有其量、质、关系和模式四种类型，经验必定有时空的形式，而时间有时间的系列、时间的内容、时间的顺序和时间的总括，和判断的形式对比起来，就像下表那样：

时间的系列——判断的量

时间的内容——判断的质

时间的顺序——判断的关系

时间的总括——判断的模式

以时间部分的积累就产生量的概念，如占时间序列的一部分的就是单一的，占几部分的就是多数的，占时间全部的就是总体的。时间有无内容，就是时间里面有没有事物的发生。有事物的时间是实在的，空无一物的时间是空虚的、不实在的。因时间的顺序而决定事物的因果、相互关系。如时间的常住是实体，连续是因果，共在是相互关系。有时存在是可能性，在某一定时间存在是存在（现实性），无论何时都存在是必然性。由此，和时间结合起来，范畴就变为时间的形式，以图型而出现了。

我们在这里主要是谈知性的活动与其方式。上面已经讲到，依康德的看法，人的心灵受到外界的刺激时，才有主观的活动。主观的心灵是想要达到那外界的东西的。它通过感性和知性的种种活动，却只能意识到意识里面的现象，而始终无法达到刺激心灵使之活动起来的东西。这东西始终是在意识的外边，可是康德一直不肯放弃这个意识外边的东西，将其称为自在之物，指经验在人意识中发起的东西，给人的感性以刺激的东西，但始终不能纳入人的意识中来的东西。康德认为它不仅是人未知的，而且是人绝不能知道的，是不可知的东西，因之它永远是超经验的。就它是超经验的而属于人的知识以外另一种境界的东西而言，康德又称它为 Noumenou（本体）。这词原是希腊语，康德借用来作为与现象对比的东西，作为是表达认识对象的完全思想，表达认识对象一切可能之外而另外自身存在着的东西。这东西只能为我们思维，而始终不能纳入我们的知识体系中来。关于这究竟是什么东西，研究康德哲学的人曾作过许多不同的解释。恩格斯认为这是“康德哲学中最不值得保存的那一部分”（《自然辩证法》第 25 页）。我对康德的研究太过肤浅，但我也有一种想法，供大家参考。

我个人认为康德的所谓知性的认识是科学的知识。科学的知识都是抽象的，都是在一个比较完整、自成一套的观念系统里面的，而不是直接关于个别具体的东西的。个别具体的东西，如这一个别的人，这座个别楼房是不能纳入科学的知识系统里面来的。我们可以拿科学的知识及其规律规则等来帮助我们去认识这个个别的人、这座个别的楼房。但这样来认识的却只是这个个别人、个别楼房的某一方面或某些方面，而不能认为这样获得的知识是能代表这整个个别的人，或整个个别的楼房的。我们在科学知识系统里没有这个个别的人、这座个别的楼房，因之就说它不能纳入我们科学知识系统中来。正是在这种意义上，它是不可知的，始终是在科学知识系统以外的。我们对于这个个别人、这座个别的楼房，可以有我们的思想，可以有对它的欣赏感情。但以我们对它的科学知识来讲，是不得不把它放在我们科学知识系统以外的。对于康德的“自在之物”，我初步是这样想的，可能是很不正确的。只能作为学术研究中所提出的很不成熟的见解，必须经过讨论和进一步的研究，加以修正发展或放弃。

四、先验辩证论

1. 形而上学与先验幻相

我们在上两讲中已约略地探讨了《纯粹理性批判》的“先验感性论”和“先验分析论”。现在我们要谈谈第三部分，即“先验辩证论”。“先验辩证”是什么意思？要回答这一问题，必须搞清这部著作的性质、意图和研究的范围。

关于《纯粹理性批判》的性质、意图和研究范围，我引用斯密教授的话来说明。斯密教授在他的《康德〈纯粹理性批判〉解义》一书（中译本第 97 页）中是这样说的：“这批判乃是深入我们先验的和经验的知识之根源、条件、范围与限度的一种研究，其结果是在于构成一种内在形而上学的新体系。从所获得的一些结论来看问题，它又提供其作为自然倾向与作为被宣称的科学之超越形而上学所应有的先验幻相之分析与解释。”

有人对我说，斯密《解义》这书的中译本很难读。这译本的难读，部分是译者应该负责，而部分是由于比较复杂、不容易运用浅显通俗的文字来述说问题和问题的解答。上面所引的一段是一句话，中译的字数达到107个之多。我曾仔细地把译文和原文校对过，觉得绰然先生的译文是可信的，如果想要这段译文更畅达，使读者易于了解，也是很难的。斯密的《解义》还得要再加上注解才行。其大意是这样：

人类知识有的是从经验得来，可称为经验的知识，例如“今天天气冷”就是。有的知识是先验的，在这里应该说是验前的，即在任何经验之先就有的那种知识，例如“任何发生的事物都是有它发生的原因的”。从经验得来的知识也好，在任何经验之前的知识也好，必定有它发生的根源。就是说，从何而来的，都必定有它发生的条件。没有这些条件，它是不会发生的；两种知识，无论哪种，都必有它能适用的范围；而且又必定有它所能达到的限度，过此，它就不适用。《纯粹理性批判》就是要深入地研究这些问题，即知识的根源、条件、范围和限度。

这样的批判研究在“先验感性论”和“先验分析论”中已完成了。它分别弄清了感性认识和知性认识的根源、条件、范围和限度，所得出的一些结论就构成康德的所谓内在形而上学。

什么叫作形而上学呢？一般说来，依康德的见解，从经验得来的知识，都分别门类，称为科学的知识。不是从经验得来，不依靠经验而是经验所依赖，没有它就不能有经验的可能的那种知识，康德称之为“验前的”或“先验的”。可是这种知识，虽然不是从经验得来，但可运用在经验的范围里边，例如空间、时间、范畴等种种的知识的形式和基本原理，都是属于形而上学。因为它是在经验范围以内（虽然不是从经验而来），所以它就被称为内在形而上学。康德称他通过批判而构成的内在形而上学为新的形而上学。过去那种不先拿人类理性加以研究、分析、确定其能力的性质、运用的条件、范围和限度，而武断地运用理性，为所欲为，这种形而上学为旧的形而上学。康德甚至把他自己的形而上学体系比之于哥白尼天文学的革命，是对旧形而上学的否定或扭转。

然而，《纯粹理性批判》的研究不止于此。这部“批判”还有它的“先验辩证论”。他认为：由于纯粹知性的概念使用在经验的范围以外，超出经验的范围，完全没有感性知识为其基础而全凭知性思维的活动，所以它的结果是靠不住的，没有根据的，康德称之为幻相，列入超越的形而上学里面。虽然这种超越的形而上学有人称之为“科学”，但它的本质与科学无共同之处。

但是，既是幻相，何以人们长期醉心于这样的探讨呢？康德认为是由于人类理性的一种自然倾向，可以指出它的幻相性质，使人对之加以提防，不为它所迷惑，然而想要根除它是徒劳无功的。所能做到的只是尽量把这种幻相加以分析和解释，叫人知道而且了解这些幻相是什么，怎样发生，指向哪里，从而善于对付它们。

在“先验辩证论”的导论里，康德首先说明了“先验幻相”（transzendentalen Schein）。“幻相”这中译词是德文 Schein 的翻译。这词与“表现”（Ercheinung）能混淆。幻相可能在梦中也有，完全没有现实上的对象，如“三头六臂的人”，但是“表现”是所与的对象在我们意识中按知识一定的规则表现出来的。我们不能苟同于有的翻译康德的人译这个名词为“表象”，因为“表象”一般是用来翻译德文 Vorstellung 的即英文的 representation 的。

何以会有幻相的出现呢？上一讲已说过，知性使感性所提供的素材成为有意义的，必须要使用知性的纯粹概念即范畴。这些范畴只有在感性素材的基础上使用在经验的范围内，才是有效的。而由于理性的一往向前发展的自然倾向，把这些范畴推广出去，用在经验的范围以外，没有照顾到知性能力的一定限度，就产生超出知性限度的幻相了。

2. 理性与知性

我们在上面曾经提到过，而在这里再请大家注意的就是“知性”和“理性”这两个名词在《纯粹理性批判》一书里使用上意义的不同。“知性”一般译为“悟性”（Verstand，英文为 understanding），“理性”是德文 Vernunft，即英文 reason 的翻译。知性是了解事物的知识活动，而“理性”是催促“知性”不断地扩大它的综合知识的范围，等到把综合的活动推广到一切可能的经验范围以外，幻相就从而产生了。须知，人类的经验是局限于感官所能及的范围的。这是康德从最狭窄的意义上对知性和理性的理解和规定。但是还应注意，康德使用的名词不是很严格的。他有时又把知性和理性作为同义词用，而有时他又把理性作为包括着知性在内来使用。我们读《纯粹理性批判》一书时，不能不留意到这些分别，由于有时不敢随意解释康德的意思，在翻译成中文时，只得按照原来德文的字样直译过来。

我们这里要着重研究的理性是知性之上的一种认识能力。康德说：“和知性一样，理性可能只在形式上，即在逻辑的方式上来使用。而在这种使用上，它是把知识的一切内容都抽掉了的。但是它也能有其实际上的用途，因为它在自身里面包含有一定的概念和原理的根源，不是从感官或从知性得以假借过来的。……在我们先验逻辑的第一部分里，我们曾把知性作为规则的能力来解释；而在这里，我们把理性称为原理的能力来和知性区别开来。”①

规则的能力和原理的能力这种分别，是要加以解释的。斯密教授在他的《解义》一书中有一段谈到这个分别是很清楚的。我们节录下来，并附以说明如下：

理性有两种用法，即形式上又称逻辑上的用法和实在的用法。理性

① 康德：《纯粹理性批判》，1781年德文第1版，第299页。

逻辑上的用法是用在逻辑的间接推理，就是从两个以上的前提推到结论的这种推理，在形式逻辑中是常见的，例如，“人是动物，某甲是人，故某甲是动物”。理性实在的用法是产生概念和原理的。这里说的概念和原理……严格上称为原理的是绝对先验的，不能丝毫含有直观的成分的。从经验而来的“原理”只可称为“规则”。一条真正的原理，在它下面包括着一切特殊，所以就能提供知识，而且不假借于推理，而能够直接从它自己内部的蕴藏提供这种知识。换言之，在实在的用途上，理性能产生验前的综合知识。人们通过知性而获得的知识，不是这样的知识。知性知识的各种原理只能作为可能的经验之条件而有效，而且只适用于在感性知觉中出现的那种对象。例如知性规定：凡发生的东西必有其原因，根据这条原理里面的概念，不能使这原理建立起来，它只是感性经验的可能之所必需的一种先决条件。由此可见，理性的原理不是知性的原理所能同日而语的。知性的种种规则是应用于表现的，规定凡一切经验必需的统一性所能由之而得到的那些条件。理性的原理则不同，它们不直接用于表现，而只用在知性身上，规定知性的活动必须遵照的标准。如果想要得到完全统一的经验就要符合于这些标准。理性为它自己原有的性质所决定，因而规定现实的东西应该是怎样。知性按照经验必须具备的条件，只能产生关于感性经验必须具备的条件，只能产生关于感性经验的东西之知识。理性的统一性是理想的；知性的统一性是属于经验的。原理是由理性的自身确定而来；知性的规则是说感性是不得不如此的。理性的统一性是更完善更完整的统一性①。

根据这种说法，康德就认为知性是规则的能力，而理性是原理的能力。知性产生规则，理性产生原理，知性局限于感性世界，而理性则推广到一切可能的经验以外，不为经验所局限。

知性和理性同是综合性的能力。在“先验分析论”里，康德说明知

① 斯密著，绰然译：《康德〈纯粹理性批判〉解义》，商务印书馆，1961年版，第462～463页。

性是怎样利用范畴作为综合的工具来确定经验中的对象。理性不是用范畴来作综合的活动，它所使用的是理念。通过理念企图把综合活动推广到不受条件限制的东西。把经验的知识和关于自在之物的意识联系起来，成为比知性知识更完整的体系。

这种理性的活动，不加以提防，便是理性的滥用，产生上面所说的幻相，使人陷于迷惑，想入非非。但这种理性的活跃也有它积极的一方面，即它替经验范围内的各门各类的科学指出一个远景，树立一个目标，叫它们向前推进，作为它们前进的向导。

那么，纯粹理性本身是否包含着一些验前综合的原理和规则？如果有的话，这些原理和规则又是什么呢？

知性在推理过程中通过大前提与小前提的结合而得到结论，结论的形式是“S是P”，P是限定S的。我们总是要问，这里的P有没有它的限定呢？推理前进一步，就得到P是X，再进一步，就到X是Y，Y是Z。这样一步跟着一步，由被限定的东西去求限定它的条件，这条件又有它自己的条件，一直要推进到无条件的条件，才到尽头，推理才算是完整的。理性的性质就是处处都要追求这种无条件的条件，追求知识的完整。可是这无条件的条件，这种完整的知识，不是在经验的范围内能得到的，因之理性就把知识的发展推到经验范围以外。在经验范围以内，理性为知性指出一个远景，树立一个目标，指导并催促知识的前进。这是理性的积极作用。但是超出经验范围以外，缺乏了感性的材料为其基础，这种理性的活动是不能叫人获得什么知识的，只是想入非非，一切在这个范围内的争辩，无非是和空气打架，白费力气的。这就是康德的“先验辩证论”所讨论的。

3. 理性的纯粹概念与旧形而上学及其批判

从上面所讲的，我们可以理解到，理性由受条件限制的东西去追求限制它的条件，从而再进一步追求条件的条件，一直要达到无条件来限制它的条件，“因之理性的先验概念不是别的，而只是任何作为受条件限定而在现实中给予出来的东西的条件的总体这个概念而已。可是只有无条件的条件，才使条件的总体成为可能，反之，条件的总体本身也总是无条件的；因之，一个纯粹的理性概念，一般说来，可以说是无条件的东西的概念，因为这个概念是包含着受条件限定的东西之综合的一个理由的”①。

纯粹理性概念，像知性范畴一样也有不同的功用。按关系来说，判断有直言的、假言的和选言的三种。从直言判断的性质来讲，是关于主体的直率肯定，是主体的综合之一切条件的总体。从假言判断的性质来讲，是条件与受条件限定的东西两者的关系，推而到其极，就是整个世界。从选言判断的性质来讲，选言判断的各支是一方面穷尽其体，各目的总和穷尽其纲，而各支在体中是共存而又相互限制的，是涵盖一切而没有余剩的。以主体的绝对统一来说，就是心灵，研究心灵的学说就是心理学；以整个世界为对象的学说，就是宇宙论；研究涵盖一切的这种学说就是神学。可见康德在这里是本着当时把神学来结合研究心灵现象的心理学和研究外界的宇宙论，而达到以神学为一切学问的总汇这种荒谬的唯心主义企图的。但是他又用他的认识论来证明这种意图是不能实现的，证明凭纯粹知性的概念的分析是无法建立关于心灵、整个宇宙、神的存在的学说的，证明“先验心理学”“先验宇宙论”和“先验神学”不能提供关于所研究的心灵、整个宇宙、神的可靠知识。这些所谓先验的理论科学，即不能通过感性认识而全凭知性的思辨而构成的学说是不堪批判检查方法的一击的，因为它们所提出的证据都是不健全的、站不住脚的。

康德指出，这些思辨学科的基本困难，不是在于逻辑推理的不健全，不是在于思维过程有什么缺点，而是在于推论的前提没有经验的根据，而推出结论来的时候，又认为这些结论有可靠的客观性，因而成为一些迷惑人的幻相。这就是诡辩，康德称之为辩证术。

康德说，有三种理念（即心灵、世界和神），因之就有三种理性的

① 康德：《纯粹理性批判》，1922年德文版，第262页。

辩证推理。在第一种中，从主体的先验概念，推论到关于它毫无什么概念的主体自身的绝对单一性。第二种辩证的推理，是推论到任何所与现象一系列条件的绝对总体这个先验概念的。在这里，由于关于一系列的无条件综合统一体之概念总是自相矛盾的，其同样为我不能想象的相反统一体，据我的论证，就必须是正确的了。在这种辩证推理形式中，理性的处境称为纯粹理性的二律背驰。在第三种也是最后一种的理性诡辩推理中，我是从只是通过先验概念而不能认识得到的东西，推论到一个一切存在的存在，而关于这个一切存在的存在，我们知道的更少，因为它的先验概念并不说明它的存在和它的无条件的必然性。康德称这种辩证推理为纯粹理性的理想。（引自“先验辩证论”第 2 卷导论）

先看纯粹理性的谬误推理。依康德看来，这种推论是对于“我思”这个概念，或者说这个判断的曲解。在一切概念的作用里都含有“我思”，这不过是说，一切思维都必须属于意识。我们不能设想概念的作用不是意识的活动。心理学研究意识的活动，可是只研究这些活动的种种现象，而不去在具体上确定“我”是什么，把它作为经验的某一个对象。关于心灵的理性学说是确定这个“我”，而它唯一的根据只是“我思”，而企图在这薄弱的基础上形成一种纯理性的科学。这能站得起来吗？康德肯定它是不可能的。

他先概括了这种理性心灵学的观点和论证：给予我们的东西是作为思维着的我。那么，我们就从实体这个范畴开始，而说思维的我是一个实体。因之就说：

（1）心灵是一个实体。

（2）以质而论，心灵是单纯的。

（3）心灵存在于各个时间之中而在数目上是同一的心灵，就是说心灵是单一的。（不是多数）

（4）心灵是和在空间一切可能的对象有关系的。

有心灵这四个要素，因之就有心灵先验理论的四种论证。须知“我思”中的“我”单纯的观念是一个完全空洞的观念，甚至不能称之为概念，只是伴随着一切概念的一种意识而已。思维的我，或他，或它这个东西，不过是思维先验主体这个观念，等于 x。我们只能说，没有这个作为主体的我，我就不能对什么进行思维。我，我的我，他的我，任何思维的人的我，只是进行思维的一个条件，是一个先决的条件。如果要认识我自己作为一个对象，只意识到我是在思维着，那是不够的，那不能把它，即思维的我，构成一个认识的对象。要认识它作为一个对象，必须在直观中，在感性认识上意识到它和思维的作用确实有一定的关系。下面分别考察一下理性心理学对心灵的四个规定。

(1) 心灵是一个实体。实体这个范畴是什么意思呢？就是说，实体只能在思维中作主体用，而不能作附属于别的东西的一种属性用。那么，思维的我是一个主体，这是不待说的。我是在思维着，当然我是主体，但是这不等于说，我是这样地意识到有“我”在那里，而能确定“我”是靠自己存在着的实体。要这样确定下来，只意识到“我”是伴随着任何一个思维活动的意识是不够的，还得需要有另外的材料，而这种材料是不可能在“我思”中找到的。因此“心灵是实体”这个观点在康德看来是站不住脚的。

(2) 心灵是单纯的，就是说不是混合的。诚然在思维过程这个概念中，是意味着思维的主体，逻辑上讲，必须是单纯的，不是好几个主体混合在一起进行思维，这也是不言而喻的。可是，这并不意味着“思维的我”是一个单纯的实体。“思维的我是一个单纯的实体”这个判断是一个综合判断，既然没有感性认识，怎能得到这个综合判断，而肯定心灵是单纯的呢？显然是不可能的。

(3) 心灵是单一的。康德认为，这也是难以成立的。因为在“我思”这种意识里面，我是意识到一切思维活动之中，思维的是同一个主体，这并不等于说有一个直观，在它里面表现出来有一个对象是我们认识为一致同一的。无论怎样对“我思”这个命题进行分析，也不能证明直观表现有一个同一的主体；因为要这样，就必须有一个从对于自我的现实直观得来的综合判断。

（4）心灵是和在空间的一切可能的对象有关系的。康德指出：在前三项要素中，主张心灵学的人们，企图证明心灵是一个实体，而作为内感官对象、不占空间的实体必须是非物质的；作为单纯的而不是混合的实体，心灵就必须是不可毁灭的；作为自相同一的实体，心灵就必须是一个人格。这三种说法，康德都证明是站不住脚、毫无根据的。这一来关于心灵所能根据四种判断的类型而提出的命题都不能成立，因而旧的形而上学的理性心理学或心灵说就完全崩溃了。

第四种关于心灵的说法，是要肯定心灵按前三种说法，既然非物质的，不可毁灭的，具有人格的，它必然是灵性的，而作为一个心灵和空间的一切对象有关系，那么它就在宇宙的物质界中作为生命的一种活力而起作用。既然是不可毁灭的，心灵就是不死的了。可是，我把我这个思维的东西和在我以外的东西区分开来，也不过是利用一个分析的判断，因为所谓“在我以外”，无非是说“和我不同”，“不是我”而已。然而如果不是在直观中有在我以外的东西提供出来，我也不能知道有我，并且无从知道我是不是亦作为思维的我而存在，还是同时作为感性的我而存在。那么，如何能证明我的非物质性而永远不死呢？

总而言之，康德指出：所谓“自我”即“我思”的“我”，只是伴随着一切思维的意识作用，是思维的一般形式，毫无实体的意义。企图从主观认识的我，直接推论出一个实体的我之存在是不可能的。心灵存在这个问题，依康德的认识论来说，是超出知识范围以外，不能用知性的范畴来述说它的。

康德指出，主张心灵学的人的四类论证是以肯定心灵是一个实体为其基本的论证的。实体的定义是：一个只能作为主体而不能作为属性的东西。心灵学者们利用这个定义就形成一个三段论式说：

凡是只能作为主体而被思维的东西，必须作为主体而存在，因而就是实体。

思维的东西从它的本性来说，是只能作为主体而被思维的。

所以，思维的东西只能作为主体而存在，就是作为实体而存在。

康德指出，这里的推理犯了四名词的错误。因为在大前提里，“只能作为主体而被思维的东西”是泛的，而在小前提里“思维的东西”是特指“思维的”，所以在大小前提中所用的名词是指不同的对象的，因之是“四名词”错误。

二律背驰：我们采用“背驰”这个译词，而不用“背反”，是觉得蓝公武先生用这个词大概是因为“背驰”是汉语中原有的，而“背反”比较生硬，虽然康德著作的中译本一般是用“背反”的①。

二律背驰是第二类辩证论。正如上面所讲的论证是关于思维的主体那样，二律背驰是关于思维对象的总体、关于整个世界的。

依康德说来，正如上面已经讲过，世界只是现象的总体。一切现象就是世界，世界就是我们经验范围以内一切现象的总体。

一切被我们认为有意义的东西都是通过知性的纯粹概念，通过范畴的。知性的纯粹概念都有只能在经验范围使用这个限制。知性企图取消掉这个限制，而把这些概念、这些范畴，推广到经验的限度之外，虽然仍然保持着和经验的联系。理性想要求得限制事物一切条件的绝对总体，穷尽一切条件而达到无条件，即再无别的限制的条件，这样来使经验的综合得到绝对的完整。理性所根据的一条原理就是：如果拿任何受条件限制的东西来说，必须有限制这东西的一切条件，就是一切这些条件的总和，那就是无条件的东西，这样才有完全的综合。

从条件方面看，条件之上还有条件，循此上溯，一步一步就追求更高的条件，这是康德称为追溯的综合过程。由条件而去找条件所产生的后果，进而又去找后果的后果，逐步前进，康德称这为前进的综合过

---

① 韦先生在讲授《纯粹理性批判》时所用的是蓝公武译本。

程。前者是由果求因，后者是由因索果。从任何一个个别现象来追求它的极因和极果，就得到世界全体这个概念。

不是一切纯粹知性概念都可以拿来这样研究的。康德认为只有四个范畴可以这样研究。因为要研究的是无条件的条件，不受限制的限制，那么就只有（1）空间与时间中无限制的量；（2）空间之中实在东西不可分割的单纯性这种无限制的质；（3）表现的无限制的即绝对的因果作用；（4）表现的无限制的即绝对的必然性。因之，就有四种绝对总体：

（1）一切表现所与的全体的合成之绝对完整。

（2）某一表现中所与的全体的划分之绝对完整。

（3）一般的表现的起源追溯到它的绝对完整。

（4）表现中变化的东西之依附性的绝对完整。

什么叫作“背驰”？康德的说明是：“如果独断论的任何体系称为正面的主张，则背驰论（Antithetik）所指的可以这样来了解，不是反面的独断说法，而是表面上看来是独断知识（正题与反题）的学说的冲突，其中没有一种说法是能取得优势的。所以背驰并不是有关于一方面的说法的。它所处理的只是理性的学说之冲突和发生冲突的原因。”

背驰有四种，如上面所列出的那样。

（1）先验理念的第一种冲突

正题　世界在时间上有一个起头，在空间中是为限界所包围住的。	反题　世界在时间上没有起头，在空间中没有限界，而在时间和空间两方面都是无穷的。

这是世界在时间上有始或无始，在空间上有限或无限的问题，是关于世界的量的问题。

（2）先验理念的第二种冲突

正题　世界里边每个组合的实体都是由单一的部分构成，而且除单一的或者由单一的组成的东西	反题　在世界里边没有由单一部分构成的组合的东西，在世界里，没有地方有任何单一的东西存在着。

之外，在任何地方都没有任何东西存在。	

这是关于世界的质的问题，是说世界是由原子构成，而这些原子是再不能分割的，或者世界的组成部分是可以无限地分割的。

（3）先验理念的第三种冲突

正题　依照自然律而成的因果作用并不是世界上一切表现都能由之引出的唯一因果作用。为了解释这些表现，必须假定还有另一种因果作用，即通过自由的因果作用。	反题　没有自由，在世界里边一切发生的东西都完全是按照自然律的。

这是世界里边有没有无制约的超自然因果律的原因，是关于世界中关系的问题。

（4）先验理念的第四种冲突

正题　有一个绝对必然的存在，属于这个世界，作为它的部分，或者作为它的原因。	反题　在世界之中或在世界之外，都不存在一个绝对必然的存在，作为它的原因。

这是世界有没有制约它的一个绝对必然的存在，是关于世界存在的样式的问题。

在这四种冲突里，康德证明每一个冲突的正题和反题都是按照论证的形式，持之有故，言之成理，并无逻辑推理的错误或缺点的。可是两题既然是相反的，那么两者怎么可能都得到成立呢？可见宇宙论是不能成为一种科学的。

康德在“先验辩证论”里把每一个冲突正题和反题的论证都说得很清楚，从逻辑上来讲，是毫无可责难之处的。由于时间的限制，我们不全部引证，只摘录其第一种冲突正反两题的论证作为一个例子，其余就得由大家去看参考资料了。

第一种冲突：

正题的证明

如果我们假定世界在时间里没有开始，那么上溯到每一所与的瞬间，一个永恒都已经过去了，而在世界里，就有无限系列的继续着的事物的状况过去了。可是，一个系列的无限性，就在于它永远不能通过继续的综合来完成。因此，一个无限的世界系列已经过去了，乃是不可能的，从而，世界的开始就是世界存在的必要条件。这是要证明的第一点。

关于第二点，我们仍然假定反面，就世界是一个无限的所与的共同存在的一个东西的整体。一个所与的总量，在直观中不是作为在某些界限之内被给予的，那么要思想它的大小，只能通过把它的部分综合起来，要思想这样一个所与的总量的全体。那只能通过由于一个单位一个单位地反复增加而达于完成的结合。所以，为了把充满一切空间的世界作为一个整体来想，必须认为一个无限的世界的各部分的继续的综合是完成了的，也就是，在列

反题的证明

我们假定世界有开始，由于所谓开始就是一个存在，在它以前有一时间，在那时间里，这东西还没有，那么，就必须有一在前的时间，在这时间里，世界还没有，那就说是空的时间。而一个东西不可能在空的时间里发生，因为这种时间的任何部分同任何别的部分比较，都不具有存在而非不存在的特殊条件。不管我们认为这个东西是自己发生的，还是由于其他某种原因发生的，都是这样。固然，在世界里，许多个事物系列能够开始，但是世界本身不能有开始，所以在过去的时间方面是无限的。

关于第二点，我们先假定反面，就是，世界在空间中是有限的和有界限的，从而就是存在于一种被界限的空的空间里面。因此，各样东西不只是在空间中关联着，并且是同空间关联着。可是由于世界是一个绝对的整体，在它以外没有直观的对象，因此就没有世界与它关联的那个相关的东西，世界同空的空间相关联就是它对无有对象的

举一切共同存在的东西之中，必须认为一个无限的时间已经过去了。可是这是不可能的。因此，不能认为实在的东西的无限的集聚是一个所与的整体，从而也就不能认为是同时存在的所与。所以，世界在空间中的广延方面，不是无限的，而是包围在界限里面的，这是争论的第二点。

关联。但是这种关联，从而世界为空的空间所限制，都是空无。所以，世界不能在空间中有界限，也就是说，世界在广延方面是无限的。

在每一种冲突即背驰之后，康德加上了比较长的一段解释。解释的大都是说明正反两题中他所用的名词和观念，不是背驰本身的意思，所以他所用的解释这个名词，德文不是Erklärung而是Anmerkung，意思是观察所得的见解。例如在第一种冲突（或说“背驰”）之后的解释，关于正题，是说明他提出这论题时所采用的方式，说明他用“无限性”这词的意义，说明这词不是指极量说的，说明无限性这个真正先验概念是说，要一一数出所需要的单位来构成这无限的量，是永远不能数尽的。在这个正题的第二部分，他说明这里的困难就不是像第一部分的困难那样，在于单位的不可尽数，因为谈到世界的空间方面，它的整体是作为所与的，其各部分是同时并存的。这里的困难不是尽数它的构成部分而成整体的困难，而是部分的继续综合来成功这整体这种困难。因为这个综合的过程是永远不会完成的。所以在综合之前不能有整体，而用综合来构成整体又不可能，因之世界在空间上是无限的这个概念是不可能的。

这是康德对于背驰之所谓解释。我们只举这一个例子来说明他的解释的意义，余可类推。

下面我们再来看看他的证明是怎样的。二律背驰是说正反两题都可按正确的推理形式予以有效的证明。第一种背驰的正题是主张在世界有时间上的起头，空间上有界限，而反题是主张世界没有起头，在空间上也是无限的。两题恰恰相反，那么，正题的对就应该按推理证明反题的错，反题的对应该证明正题的错。可是正反两题都证明了是对的，这岂不是矛盾吗？因之是“公说公有理，婆说婆有理”，但是不能同时都是有理的，所以称为“背驰”。

且看正确的证明。第一点证明，显然是把“过去了”作为“继续综合的完成”的同义语来用的。可是，如果过去的时间，无论从哪一点算起，是继续综合的完成，而过去的时间既然是无限的，又怎能完成它的继续综合而过去了呢？这显然是不能以“过去了”作为“继续综合的完成”来理解的，因之，康德这里提出的证明是错误的。

关于正题第二点，“世界在空间上是有限的”是说**我们不能想象**怎样“通过由于一个单位一个单位地反复增加而达于完成的综合”，这样来得到一个“无限的世界”。“所以世界在空间中的广延方面，不是无限的”，而是有限的，但是康德不只在一处指出，我们不能认为思维中不可能的东西就是不存在的东西。尽管在认识上无法证明无限的时间已经过去，因为无限世界各部分的继续综合是不可能的。但是能够根据这就说无限世界在客观存在上也是不可能的吗？从逻辑上来讲，这种论证，正如斯密在他的《解义》一书（中译本第503页）所指出的：是“遁辞的谬误”（直译为“认错货色”，即文不对题）。

关于第一种背驰的反题和其他三种背驰，由于时间的限制，我们就不详细说了。总的说来，四种背驰的几个正题都是从理性方面的说法，而反题都是从平凡经验得来的。从经验上来立论是容易博得人们的相信的。可是，世界上是否一切都能局限于一般的经验而说得通呢？因之理性就大胆地提到它的看法而超出经验的范围了。理性所说的几个正题不是在表现于经验中的东西所能证明的，纯然属于思辨，它和经验中所表现的东西没有直接关联，是平凡经验不会有什么兴趣的。“例如，我们假定物体是单一的部分所构成，或者假定它是由组合的部分所构成，而这些组合的部分是可以无穷地分割的，都不会叫我们把物体在我们的经验中的表现解释得更好，或者解释得不同。因为单一的东西和可以无穷地分割作为表现来说，都不会出现于我们经验之中的。经验中表现的东西所要求的解释只限于直观中所能有的种种现实条件。然而把这些现实条件作为一个绝对整体来说，就不是在直观中所能出现的了。可是，理性的先验问题所要求的也就恰恰是这种整体的解释”①。背驰是这样发生的，是理性和知性的要求性质上的不同而引起的冲突。迁就理性，则知性觉得所要求的太多，而迁就知性，则理性又觉得所要求的太少。但是我们应该以能得到的经验为标准，不能说人的身体太长，只能说裁缝做的衣服太短。（参看“纯粹理性的二律背驰”这一章的第5节）

究竟有没有二律的背驰呢？正反两题是否正面冲突发生矛盾呢？依康德说来，实际上，矛盾是不存在的，因为以世界的整体来说，正反两题都是错的，由于所说的世界不是自在之物，不是世界的本身，而是我们在思维中从某一个经验中给予出来的东西而由果求因得出来的条件整体，可是这个整体纯是我们思维所构成的东西，如果我们把只是对于自在之物才有效的绝对整体这个理念，用之于在我们经验中所表现的东西，那就有冲突了。（参看上引章的第7节）

可是纯粹理性的理念，例如世界整体，不是完全无用的废话，它们对知性提出问题，树起了无止境追求的目标，并指导知性在科学研究中尽其所能穷追到底。绝对整体在经验中不能获得，但是经验应该穷追，并可以无限地扩张。这就是纯粹理性诸理念对于知性活动所应起的作用。这些可参看“二律背驰”这一章。该章占“辩证篇”35%的篇幅，而“辩证篇”是全书的40%，所以这章比较长，而内容极其丰富而复杂，值得我们去好好钻研。

“先验辩证论”这篇的第三章是讨论纯粹理性的理想的。我们打算简略地谈谈。

---

① 康德：《纯粹理性批判》，1787年德文第2版，第511～512页。

什么叫作理想？康德说，上一章的理念，如世界整体，比范畴离开实在的东西更远，因为理念是完全不能在具体的经验中表现出来的。可是理想就离实在的经验更远了。他说："我所谓理想，是指单纯由理念就可以能确定，并且是已经确定了的一个个体的东西。"他又说："为了完全知道一个东西，就必须知道一切可能存在的东西，而要以我们的理想为标准，确定面前的一个东西，不管是肯定地确定它或否定地确定它。""一切事物只能或多或少接近这个理想，而始终是和它有着一个无限大的距离的。"① 因之，理性摆在它自己面前作为理想的目标又称为原始存在。既然没有什么是高于它的，它就称为最高的存在。它还可称为一切存在的存在，以表示一切其他的存在都是为它所限制而且从属于它的。但是康德说，这一切并不叫我们有权来说实际上有这样的一个对象，在客观上是这样和其他东西有关联的，不过是有一个理念是和我们关于东西的概念这样联系着而已。

康德指出，这个最高的存在也就是神学所讲的神，又称上帝，对于神的存在，神学家曾提出过三种证明，也只能有这三种证明，其第一种称为自然神学的证明，第二种是宇宙论的证明，第三种称为本体论的证明。康德认为前二种证明归根到底还是根据第三种证明的，而这第三种本体论的证明也是不能成立的。其理由是：本体论的证明是说，有一个概念，而且只有一个，如果否定其对象的存在，就是自相矛盾的。这个概念就是绝对必然的存在。这个存在，以概念来说，是包含一切实在的，因之必然是包含着存在，所以它是必然存在的。可是康德指出，"存在"不是构成概念的属性之一种。从概念来说，"100 元"这个概念和"在我口袋里的 100 元"是完全同一的。唯一的差别就是"在我口袋里的 100 元"有直观的表现，而仅只"100 元"这个概念就没有。所以两者是不能等同的。概念中的神和实际上的神也是这样，因之本体论的神之存在的证明是站不住脚的。其他根据这个证明的两种所谓证

① 康德：《纯粹理性批判》，1787 年德文第 2 版，第 601、604 页。

明，也是这样。因之理性在其纯思辨的使用上是完全不能证明最高存在的实际存在的。这就最后说明理性离开经验的范围就会使知性误入迷途。

上面所说的是康德《纯粹理性批判》“先验辩证论”关于理想的第三章。我们对这部“批判”的讨论就此结束。

《实践理性批判》研究

《纯粹理性批判》曾把人类理性在理论知识方面的限度断然地决定下来了。在康德看来，理论的理性只能认识出现①所组成的那个世界。《实践理性批判》要探讨的是，同样的限度对于实践理性是否也是有效，或者说作为具有实践理性的人是否能超出感官的世界。

一、《纯粹理性批判》中所谈的自由

在讨论第二种批判之前，我将对第一种批判中某些段落作一番检查，因为在这些段落里，康德所讨论的一些问题，实际上是在实践理性批判里面才得到解答的。这里我所想到的乃是康德关于自然因果作用和自由这个问题的讨论，以及他关于自然因果作用和自由这两者的相容性这个问题的讨论。以前我们在研讨康德关于二律背驰这种学说的时候，我们并没有考虑到第三种二律背驰，即因果作用与自由之间的二律背驰。现在我们有必要探讨一下康德对这种二律背驰的论述②。

康德把宇宙论的理念划分为两类：（a）数学的理念和（b）力学的理念。前者所涉及的无非是世界的大小和世界所含的一切对象。在康德的论述中，我们看到，凡是宇宙论的理念，都和一个所与对象的条件有

① 即通常所说的现象——编者注。
② 康德：《纯粹理性批判》，1787年德文第2版，第556～586页。

关。在第一种和第二种的二律背驰的情况下，那不受条件限制的和它作为等条件的那个东西同是属于感官世界而且是同质的；而这个系列就称为数学的系列。可是上面曾说明过，那些条件的系列并不独立于回溯的综合而存在的。那么，所提出的各种证明全属无效，就不足为奇了。我们既不能证明世界在时间里有一个起点，又没法证明世界在时间上没有一个开端。既不能证明自然对象是单一部分所构成的，又不能证明它们不是这样的。所有这些主张都包含着名词的自相矛盾，因为所假定的是在我们的世界里应该有某种不受任何条件限制的东西存在，而这明明是不可能的。可是力学的理念（我们在这里只谈到自由和因果作用这两种理念）至少就其所提出的论点来说是比较合理的，因为力学的理念是把不受任何条件限制的东西放在同质的感性条件的系列以外的。这些所谓不受任何条件限制的东西在种类上不同于受条件限制的东西；它们是和受条件限制的东西毫无共同之处的一种超感性的力。这样一来，理性和知性的要求就同时得到满足了；因为理性要求有一种不受任何条件限制的东西，而知性则要求感官世界没有什么东西是不受条件限制的。可是一个力学的理念断言不受任何条件限制的东西属于和知性无关的范围。这就不和它的原理相冲突了。“所以在各出现的系列的数学联系里边，除了感性的条件以外，其他的条件都是不容许的，那也就是说，凡本身不是该系列的一部分的，都是不容许的，力学的系列就不同。在感性条件的力学的系列里边，本身并不是系列的部分的一种异质的条件，而是纯然智性的条件。而作为这样的一种条件来说，是在这系列之外的，这种条件就能够在被容许之列的了。这样，理性就获得到满足，而那不受任何条件限制的东西就被安放在一切出现之先，然而出现的总是受着条件限制的那种性格依然是不含糊的。这些条件的系列，也并没有违反知性所规定的种种原理而被打断。”①

① 康德：《纯粹理性批判》，1787年德文第2版，第558～559页。

康德区分出两种的对立：（a）分析性的对立和（b）辩证的对立[1]。两个分析性对立的命题之中，一个必定是真的，而另一个必定是假的。对于辩证的对立来说，情况就不同了。两个命题可能彼此对立，但可能同时是真或者同时是假，如世界在量上是有限的，和世界在量上是无限的，这两个命题是相互矛盾的，但是它们乃是辩证地对立而不是分析地对立的，因为这两个命题都是假的：世界既非有限，亦非无限，因为世界之大小的量不是我们所能确定的知识的可能对象。

力学的理念具有这种特性，即它们所涉及的不是作为一种大小量的对象，而只是涉及对象的存在。“这些理念抽掉了大小量，而涉及的只是条件对于受这条件限制的东西的力学的关系。”[2] 如我们曾看到：一个力学的理念，乃是一个并不属于感性条件的系列的、不受任何条件限制的东西的这种理念。如果一切出现都是事物本身，那就是说，如果出现在其里面存在的空间与时间是事物本身存在的形式的话，那么感官世界以外就无不受条件限制的东西可言。假使是那样，力学的理念就都是根据一条错误的原理，而既然像我们所曾看到的那样，数学的理念又是包含有自相矛盾，即一种不受任何条件限制的而属于感官世界的东西，那么就完全没有理性的理念是可能的了。但是按照先验哲学的原理，世界并不是自在之物。直观的形式和范畴只是适用于纯是出现的这个世界的，因之独立于我们感性世界的一切条件的某东西这种想法至少也不是不可能的，所以（a）必须有一种通过自由的因果作用的存在和（b）自由是没有的，这两个命题可能同是真的，虽然他们的真是在不同的关系上的（即第三种二律背驰的正题与反题）。第一个命题可能在对于超出我们感官世界的一个世界的这种关系上是真的，而第二个命题可能在对于我们的世界，也就是对于自然的世界这种关系上是真的。

康德并不认为他这样就证明了实践自由的存在，这是显而易见的。

① 康德：《纯粹理性批判》，1787 年德文第 2 版，第 530 页。
② 康德：《纯粹理性批判》，1787 年德文第 2 版，第 563～564 页。

其实他在《纯粹理性批判》一书中所关心的并不是这个问题。它要说的是自由的因果作用这个理念与自然因果作用的原理并无冲突。其根据就是它已经证明了我们的世界是一个纯然出现的世界，而且已经证明了，认定自在之物的世界之存在不但是有其可能而且甚至是必要的。

因果律对于经验的所有一切对象，不管是自然事件或者是人的动作，都是有效的。在这个世界里面，没有事物不依赖一种先行的有确定作用的根据。人的行动也是如此。如果人的行动在其里面发生的时间是自在之物的话，如果时间果能绝对地确定人的行动的话，那么自由的行动就一定是不可能的；因为假使是那样，一切行动就都是为它前面的所有行动所决定了的。如果空间与时间是自在之物的属性而不是纯然出现的形式的话，那么我们乃至不能承认自由的可能，因为如果空间与时间确定了一切可能的对象，那么行动的一切可能的条件都得要属于空间与时间的这种世界，而且自然因果作用这条规律就成为一条绝对的规律，没有什么对象能不受它的限制的了。这样一来，所有可能条件都受因果律所限制，都是在时间上受先行于这条件的其他种种条件所限制；而一种绝对的起头，一种独立于自然律的起头，就出现了自相矛盾。但是既然先验哲学能够说明知性的种种范畴和原理不是绝对有效而只对于出现才是有效的，而且又能说明因果律乃是知性的这些原理之一，那么当然就可推定，因果律并不排斥自由的可能性。如果把绝对的实在性归之于出现的世界，我们就不能主张有自由。只有在我们承认可能有独立于我们的感官世界和决定那世界的一切规律的时候，我们才能合理地假定自由这条超感性的原理的存在。出现具有绝对的实在性这种通常可是谬误的预先假定在这里就显出它的有害影响，使得理性极其狼狈。因为如果出现是自在之物，就不能主张有自由。那么自然就是一切事件的完全而足够的决定性原因。事件的条件就将这样的，只能在出现的系列中才能发现它：它和它的结果都将是按照自然的规律成为必然的了。如果不是这样，我们只把种种出现如它们实际那样来理解它们；如果我们不把它们看为自在之物，而只作为按照经验的规律联结起来的一些表象，它们就必须还有其不是出现的那种根据。这样的一个智性的原因所产生的结果是出现的，因而也就能通过其他的出现而被确定的，可是它的因果作用不是这样被确定的……所以其结果，就其对于智性的原因来说，是可以看为自由的，而与此同时，就出现的方面来说，是按照自然的必然性，作为从那些出现而来的后果的。在这种很一般而抽象的方式说出来的时候，这种分别，看来一定是极其微妙而含糊的，但是在它的应用过程中，它将逐渐变得清楚。康德说："我的意图一直只是要指出，在自然的脉络中，一切出现的彻底联结尽管是一条坚决不移的规律，但如果始终坚持着一切出现的实在性，其结果就必须是要毁灭一切自由，那些如此遵从这通常理解的人们一直是不能得到自然与自由的调协。"①

在许多段落中，康德像是说了一些和他自己的哲学的基本原理不能相容的东西。如"智性的原因"这个名词本身看来就是自相矛盾的。此外还有许多奇怪而显然前后不一致的论证。尽管他加了一些说明，但他的所谓说明比他的一般叙述更加难懂。其中一些是我们不懂而没有理由去相信的。不过我认为找到这种情况的理由并不困难。据我看来，这一切的问题原本不能在《纯粹理性批判》这书中得到充分的讨论。而康德在这里加以研讨，无非是因为他实在热衷道德哲学的种种问题。究竟有没有自由，如果是有自由的话，自由是怎样成为可能的——这些都是《实践理性批判》所要讨论的问题。康德在《纯粹理性批判》里关于实践的自由所说的话，其所以不能理解，理由就是这些话的性质是临时性的。

二、《实践理性批判》中所说的自由

依康德的见解，《实践理性批判》的任务并不是提出和解决实践的

① 康德：《纯粹理性批判》，1787年德文第2版，第564～565页。

自由究竟存在与否这个问题。它所要做的第一件事，就是说出一件事实而不是去解答一个问题。这事实就是，道德律是存在的。依康德看来，否认这个事实是不可能的。道德律是摆在我们面前的。在任何一个人的理性里边，都有道德律的存在。必先假定有道德律，然后才有道德行为和关于道德的判断，否则这种行为和判断都会没有根据。所以《实践理性批判》的问题不是道德律是否存在，而是道德律怎样影响人们的行动。“道德律乃是作为纯粹理性的一种事实，给予我们而为我们验前意识到的，而且是不容置疑地确定的。”①

“但是如果有人要问，什么才是真正纯粹的道德性，使我们必须依从（如试金石一样）考验每一种行为的道德含义，那么我就必须承认，只有哲学家才使这个问题的解决发生疑问，因为在普通人的理解方面它早已被解决了，正好像左右手的分别一样；不过这却不是借抽象的概括公式，而是借习惯上的运用解决了的。”②

从道德律是被给予出来的这个事实看，而又从确定有理性者的意志这个能力乃是属于这种规律的本性的这个事实来看，我们就可以知道承认道德律的意志乃是自由的。“关于这种自由，那本身不需要任何辩解理由的道德法则［律］，不但证明了它的可能性，而且还证明了它现实存在于那些承认这法则对自己有束缚力量的存在者方面。”③ 虽然道德律和跟着它一起的道德自由，的确是给予我们的，但这两者中哪一个最先给予出来，这则是有待解决的问题。一经予以考察，就立刻说明我们只有通过意识到道德律，才能意识到自由。因之就可知道，首先给予我们的是关于道德律的意识。这种规律是存在的，而且我们应该按照它而行动，这事实就使我们意识到我们是能够按照着它而行动的，也就是

① 《实践理性批判》(36；47)。这里的数字是作者写在原文中的。作者专门指出，在引用《实践理性批判》时，括弧内的第一个数字是指 Abbott 的 Kaut's Tueaty of Ecthics 页数，兵第二个数字是指《实践理性批判》关文运中译本的页数。本文中随后出现的这类数字皆是如此，不再说明（编者注）。

② 《实践理性批判》(253；157)。

③ 《实践理性批判》(137；48)。

说，我们是自由的。就理论的理性来说，那完全是空洞而没有意义的自由的这个理念，现在就得到实在的意义了。我们乃至可以这样说：理论的理性，就其本身来说，绝不会想象到自由这个理念，而只是因为我们是道德的存在者，我们才想到要假定自由的存在。因为自由这个理论上的理念，对于理论的理性在其所要做的工作上来说，是毫无价值的，因为理论的理念，其任务是自然的研究，而自由既然不能是属于自然的，所以自由这个理念是不能被用来解释在自然中的事件的。康德说："这就是我们种种概念的真正主从关系，只有道德才给我们初次发现出自由概念来，因而也只有实践理性才用这个概念初次向思辨理性提出了最难解决的问题，而使它处于极大窘境。这个说法从下面的情形就可以看出：就是在现象界中，任何事情都不能用自由［这个］概念加以说明，而在这里总得以自然的机械作用作为导线；此外还有，当纯粹理性——试图在原因系列中上升到'无制制者'时，它就陷入二律背反之中，而在左右两面都纠缠在不可思议境地；至于后者（机械作用）则至少在说明现象方面是有用的——既然如此，所以假如不是道德法则［道德律］和实践理性（伴着道德法则）前来，把这个自由概念强加于我们之上，那么原来就不会有人鲁莽灭裂把自由采用到这门学问之中。"① "因为只要我们对于道德和自由还没有构成任何明确的概念，那么我就不能猜测，一方面人们凭什么作为本体，作为所谓现象的基础，而另一方面人们也不能决定，我们是否毕竟可以对它形成任何概念，因为我们先前已经把纯粹知性在理论应用方面所有全部概念都完全归在现象方面了。"②

有鉴于此，我们就可以说：康德起初曾把他的问题过分简单化了，而后又不必要地把它复杂了。他首先告诉我们说，道德律和自由是给予我们的，因而我们就毋须去问它们是否存在。而他又提出一个看来是不必要的问题，问到这两者之中哪一个是首先存在的，更确切地说，我们

① 《实践理性批判》(118；29～30)。
② 《实践理性批判》(91；4～5)。

对于这两者首先意识到哪一个。因此我们得要问：康德态度的这一种改变是否有其正当理由？在解答这个问题时，我们发现有一个重要的论点是我们所一直没有考虑到的，即康德断言关于实践自由的理论知识是完全不可能的，换言之，自由乃是一种超感性的对象，是人心在理论方面不能认识的。康德认为：自由又作为一条实践的原理是确实的，但在理论上又是不可思议的。康德在《实践理性批判》一书的许多段落里说明了理论理性和实践理性之间的区别，通过理论理性的知识和通过实践理性的知识这两者之间的区别。我们只选出这些段落之一，使得我们有所依据而进行研究。

我们所要研究的一段的标题为“纯粹实践理性基本原理演证”①。我们首先对这段里所提出的论证作出一种简明的概述。《纯粹理性批判》一书曾经证明：我们关于对象的理论知识只限于经验的对象，但超出经验界而关于一个对象的理念是有其可能的，而且形成这样一种理念，对我们来说，又是必需的。不过实践理性在把道德律作为一种不能否认的事实呈现在我们的面前时，就把我们引入一个纯然理性的境界里边去了。纯粹理性能够而且实际上必须想象到一种原始的自然，这个理念和我们的感官世界形成对照，把感官世界看作只是它的一种影像，或者作为以它为模型的对象。理论理性留下了一种空白，因为理论的知识是不能在感性经验的世界以外确定一个对象的。可是实践理性，由于它能够想到一种确定的超感性的规律，因而就能把剩下来的空白填满，可是得要注意，实践理性想象到一个认为对于感性世界起作用的超感性的即智性的世界，无非是要使得有理性的存在者的种种行为能在感性世界中为其所确定，而不是为着理论知识起见的。事实上，实践理性对于这种知识是毫无兴趣的，而且它直率地承认它不能知道一种超感性的原理是如何能够影响感性世界里边的行动的。关于超感性世界和感性世界这两者之间的因果关系我们是毫无理论的知识的。“因为思辨理性如果想这样扩

① 《实践理性批判》(131起；42起)。

充原因性概念，那它就必须指明，根据和结论［和后果（Falgc）——本译者］的逻辑关系如何能够综合［地］应用到异于感性直观的另外一种直观上，那就是说，［它必须指明］本体界的原因是如何可能的。”①

在康德的论证的基础上的一般原理是清楚的。他再次告诉我们说，他在《纯粹理性批判》一书里曾经证明由纯然思维而知道的一个智性世界这种理念是没有任何矛盾的。然而我们关于这样的一个世界不能有理论的知识是因为我们不能够只靠思维，那就是说只靠知性而确定一个对象，我们也不能确定智性世界与我们感官世界这两者之间的因果关系。可是在实践理性的范围里边，智性的因果作用这个理念是可能的而且甚至是必需的。由于道德律就是给予我们的，所以我们不得不假定我们作为道德的存在者是为属于一个智性世界的原理所确定的。我们现在就能明白，那个当我们始初想要在《纯粹理性批判》一书里弄清楚的智性因果作用，看起来像是悖理，而且是和先验哲学所根据的一些原理相矛盾的。康德所持的概念，在《实践理性批判》这书里获得了与我们指望得到的意义完全不同的一种意义。如果康德相信我们关于智性的因果作用这个理念能有任何理论的知识，乃至如果他相信理论的理性跟它有什么关系，那么，这种理念确实会和他的哲学的基本原理相冲突。可是这恰恰是他所否认的，因为一方面他固然深信在实践方面智性的因果作用是实在的，即我们能自由地按照道德律而确定我们的行动，另一方面他却坚持我们关于这样的一种关系毫无理论的知识，坚持我们人类的心灵是不能洞察智性的因果作用这个概念的。我们对之能有任何知识的唯一的因果作用乃是自然的因果作用。自然的因果作用就是对自然事件加以确定的知性规则。我们不能了解为什么还有另外完全不同类的一种因果作用；我们也毋须去了解这种因果作用，因为它对于我们作为道德的行动者来说，是毫不相干的，由于我们关于超感性的道德律是不能而且不必要去知道的。

---

① 《实践理性批判》(139；50)。

对于康德关于人属于经验的又属于智性界的这种性格，关于原始自然（natura acletypa）与模型的自然（natura letypa），以及关于现象（phenomena）与本体（noumena）之类所说的话之重要性，我们很容易作出过低的估计。其所以如此，是由于他所用的专门名词。这些名词无疑属于他写作的那个时代。但是我们不应该因为这样就无视这种事实，即这些名词所表现的是有他自己风格的道德理论。这种道德理论是其先验哲学的一部分，必然和任何不承认其基本先验原理的道德理论有所不同。由于康德的道德理论是以这些原理为基础的，所以他的道德哲学一方面固然主张道德律不可否认地是实在的，而且对于一切有理性的存在者［不限于人类］都是有其束缚力的一种绝对的规律。而与此同时，又宣称从道德律必然推断出来的意志自由，对我们来说，一直是不可解答的一个问题。康德坚持说，如果我们对一个人的一切动机有足够的了解，那么我们就应该能够预测其行为。其准确性会像我们预测日月之蚀那样，因为人的每一种行为都是自然原因所确定而且是完全依赖这种原因的。可是康德还是深信人的意志是自由的，这种主张看来像是不合理的，然而其实不是这样的；因为它是发生于一种的哲学体系，其基础是这样的一种坚信，认为所有一切自然对象，毫无例外，都从属于必然而不能变动的规律，而与此同时又主张这些规律只是在其对于出现的事物这种关系上才有效，而不适用于自在之物。基于此，康德就可以相信道德律能把我们从我们的经验世界引到超感性世界里边去。我们能够按照不属于我们自己世界的一种规律而行动，因为这规律使我们担当这种责任，即使我们自己不依赖我们的世界，也就是自然界为所确定的种种原因。可是我们不能知道，这样的一条规律是如何能存在的。我们所知道的只是道德上的自由不是不可能的。但它如何可能，则超出了我们的理解。在《实践理性批判》和《道德形而上学基础》这两书的许多段落中，康德曾提出过他对于意志自由的见解。如他所说：“如果不是这样给纯粹实践理性的最高原理作出演绎，也就是不去说明这样的一种验前知识的可能性，那么我们所能做的顶多只是指出：假使我们看到了一个发生因［指意志说］的自由的可能性，我们就会不仅看到作为我们以意志因果作用的那种自由归于他们的那些有理性的存在者的最高实践规律的这种道德律的可能性，而且还会见到乃至这种道德律的必然性了；因为这两个概念原是那样不可分地结合在一起，那我们就尽可给实践的自由下定义说，实践的自由就是意志除了道德律以外并不依赖任何其他东西。不过我们并不能知晓一个发生因的自由的可能性，尤其在感性世界中是如此；我们如果能有充分的保证，它的不可能性是无法证明的，而现在我们又被设定这种自由的道德律所迫使来假定这种自由，因而也就有权利来假定它，那我们就万幸了！”① “因为一条规律怎样靠其自身能直接成为意志的决定性原理（道德的本质正在于此）这个问题，乃是人类理性所不能解决的问题，正与自由意志是怎样有其可能的问题是一样的。”② “但是，如果理性企图去说明纯粹理性怎样能够成为实践的，那么理性就会越出它的界限了，因为这个问题恰恰就是与说明自由怎样是可能的为同样的问题。因为我们能够说明的东西无非是我们能够使之和规律一致的东西，而且这些规律的对象是能在某种可能的经验中被给予出来的。但是自由是一个纯然理念，其客观实在性是绝不能按照自然的规律指出来的，因而就绝不能在任何可能的经验中指出来的；而且为着这种缘故，我们永远不能理解或了解它，因为我们不能用任何一种的实例或类似的东西来证实它。”③ “而这样，即令我们并不理解道德的命令宣示之在实践上的无条件必要性，可是我们还是理解它的不可理解性的，而我们对于一种努力把它的一切原理开展到人类理性的最大限度的哲学所能适当要求的，也不过是这样而已。”④

---

① 《实践理性批判》（187；95～96，中译引文是依关译，本译者又据英译加以适当的修改）。

② 《实践理性批判》（165；73～94）。

③ 见康德：《道德形而上学基础》，中文新译，第79页。

④ 见康德：《道德形而上学基础》，中文新译，第84页。

三、道德律的普遍性

只要我们把康德对他的道德学说而提出的各种不同形式所根据的一条在这些形式基础上的原理加以考虑，这些不同的形式都会变为完全可以理解而前后一致的。通常对于康德的道德学说所提出的反对意见是说他主张道德只是依赖于一些形式上的普遍性规则。我们不妨把这种反对意见作为一个例子加以考察。可是在讨论这点以前，我必须请读者记住，我只是要把康德的学说加以阐明，而不涉及他的哲学的基本原理是否能站住脚这个问题。我认为我能够这样说：所说的道德规则只是形式的、普遍性的这种学说是必然从康德哲学之一般原理推论出来的，而且是准备承认他的一般立场是可维持的人所不能抗议的。很显然，康德既然相信道德律是不依赖自然界的一种绝对而普遍的规律，他也就必须保持道德规则是不依靠自然的原理的这种态度。因为因果的规律适用于自然的事件。因而涉及道德律的规则当然和那些因果的规律没有关系。如果我们假定关于道德的规则是以欲望的自然对象为转移的，那么我们就能立刻看到经验的对象就是我们行动的根据，而且行为与其对象的关系是一种普通的因果关系。这样一来，我们的行动就会从属于自然的因果律而就不能是自由的，也就是不能和道德律相一致。因为道德律的本性是规定我们应该使我们自己独立于那些只在对于感官世界的关系上才是必然的规律，而且又规定我们应该按照一种超感性的规律而行动的。在这些事实面前，康德的问题便是：有什么东西同时能属于超感性的世界而又属于发生于感性世界中的行动呢？他的解答就是有这样的东西，那就是动作者意志的决定。能够这样属于两个世界的不是行动所产生的结果（即它的内容）而是意志的决定（即它的形式），因为这是属于感性世界（由于行动是发生于这世界的）而同时又属于智性世界（由于产生行动的意志是认为它本身是不依靠自然界与其一切规律的）。道德的动作者决定其意志时，确实和它的行动可能在自然界所产生的结果无关。由此就可推断这行动者必须把决定他的意志的那个东西想象为一种普遍规则，因为这意志是和经验的对象无关的；而依康德说来，经验的对象纯是直观给予我们的特殊的东西，而就其是这样的东西来说，它们绝不是完全为知性的规则所决定，而总是包摄在这些规则之下。某一特殊对象是否为某一特殊的人所想望是以所说的人的特殊性质为转移的，而从对某一特殊的对象的欲望而行动的人，对于他人想望的是不同的对象这种事实是满不在乎的。可是，如果行动者决定其意志是按照道德律，那么他就不得不认为他决定其意志是和他自己个人的性质无关，也就是说，他必须认为他的意志为一条普遍有效的规则所决定，而这规则是其他任何个人所一致承认为有效的。现在我们就能了解，为什么一条绝对的而且普遍的规律能为一个属于感官世界的存在者所想到这个问题，是《实践理性批判》一书的基本问题了。

四、普遍的东西和特殊的东西

为要比我们到此为止所了解的更好地来了解康德对于上述问题的解答，我们试看看两段很重要的文字。第一段在“关于纯粹实践理性对象的概念”这一章①。在这里康德说明实践理性所有的对象不过是善与恶这两个概念而已。这两个对象和我们可能欲望的自然对象两者之间的基本分别，就是产生前两个对象的乃是规律。道德学的哲学家们一直犯的基本错误就是他们首先去寻找意志的一个对象，例如，幸福，是他们能够使之成为规律的内容和原理的；其实他们应该首先去寻找在验前决定意志的规律，然后才去寻找意志的对象。在道德对象的情况下，产生对象的乃是规律；认为意志的对象得要首先存在，而道德律能够从这些对象推论出来，这种看法是完全错误的。

① 《实践理性批判》(163～184；58～73)。

但是我们可以这样问：规律怎样能产生它自己的对象呢？理由在于知性的规则：范畴或原理与实践规律的分别。知性的种种范畴，以其本身来说，都是纯然的作用，其所能做的只是把直观中所与的杂多联系起来，因而要有其对象的存在是依靠在自己范围以外的某东西，即依靠感性。而实践的规则则不同，它们完全不依赖于经验性的对象。因为与之有关的不是它的对象在自然中的存在，而是意志的纯然形式的决定。意志只按照一种形式上的规律而决定自身。为着它所要知道的对象之存在，理论理性有赖于感性的特殊。可是就实践理性来说，原是有了验前普遍规律被给予出来，因而它就毋须在其自身之外别有所求，它用属于理性本身的验前普遍规律就能直接决定意志，而这样就产生其对象。“这些自由范畴（我们要这样称谓它们，以别于作为自然范畴的那些理论概念）比起后者（即自然范畴）来，有一种显著的优点，即后者只是借普遍概念在不确定方式下给每一种对我们可能的直观标记出一般对象来的一些思想形式，反之，前者则有关于一个自由意志的决定（对于这种决定，诚然不能给予任何与之完全相照应的直观，但是这种决定却先天［验前］就有一个纯粹实践法则为其基础，至于我们的认识官能在其理论的应用中所使用的各个概念便不是这种情形），这些自由范畴因为是实践的基本概念，所以就不以直观的形式（即空间和时间——它们并不存在于理性自身以内，而是必须由别处——即感性——取来的）为其基础，而以理性中（因而在思维官能自身中）所含有的一个纯粹意志形式为其基础。因此，就发生了下面的一种情形：就是，在纯粹实践理性的规矩中，重要之点只在于意志的如何决定，而不在于实践能力完成它的意图时所有的自然条件。既然如此，所以在最高自由原理方面所有的先天［验前］实践概念一下子就成了知识，而无需等待直观就可以得到意义。［这种情形所以可能］还是由于下面这个明显理由，就是，它们自己就产生了它们所涉及的那种东西（意向）的实在性，至于理论概念，则完全不是这种情形。”①

这一段文字又一次指出康德在《实践理性批判》一书里的论证是如何紧密地和他的哲学一般问题相联系的。诚然，如果把康德的道德哲学作为一部孤立的关于道德的著述来对待，如果不考虑到它在整个先验哲学中的地位，那么这一段文字和许多其他各段就完全不可理解。为了了解刚才所引的一段文字而看到康德的问题是什么，我们只需回想《纯粹理性批判》的一种基本学说，就是，所有一切人类知识都依靠直观中所与的特殊和其作用是联系这些特殊的一些普遍规则。我们从我们对于《纯粹理性批判》的考察并知道康德认为理性按照它的本性必须要求种种特殊能够完全为普遍概念所确定，乃至认为特殊要靠普遍概念才有它们的存在。我们曾看到这种主张的结果就是康德不得不假定理论理性不过是和知性有关的。

我们曾看到，在理论的范围里，理性不能达成其意图，因为知性的概念并不具有独立的存在而必须依赖直观的。一切范畴，作为范畴来说，都是纯然作用，只有受到图型化，也就是和直观发生关系，才能有其实在的意义。可是必须注意，图型化的范畴再不是在纯粹思想范围以内的范畴了。这样的范畴不是纯然普遍的规则；它所具有的普遍性质是在于它是直观的普遍规则。既然理性的概念所具有的普遍性和我们必须以之归于图型化的范畴那种普遍性不是属于同类的东西，那么理性就不能达成它的目的。它不能把图型化的知性概念看作完全为它的理念所确定的，因为图型化的知性概念，现在是属于理性与之毫无关系的范畴的，也就是属于感性的范畴的。

说到实践理性，情况就完全不同了。因为所有先被给予出来的乃是道德的普遍性规律，这规律所命令的乃是我们的行动必须只为它所决定。这样，在道德律里似乎就有了如纯粹理性所要求的，即特殊完全为普遍所决定。但是，既然我们所有的行动都是发生在感官世界里面因而

---

① 《实践理性批判》(157；66～67)。

就是要受这个世界的条件所限制的，于是问题就发生了：在人类行动里是否有任何东西不一定属于自然的范围而可以完全独立于自然界。意志的决定似乎是可以具有所需要的属性的；因为虽然所想望的结果之为我们的行动所引起是完全靠着自然的条件，但是意志的决定也就是意志不问后果是什么而对于道德律的屈服，这只是为那普遍性的道德律所决定的，这种的自我决定就是在实践的领域里唯一重要的事情，因为道德律所命令的并不是某一行动应该在感官世界里发生，而是行动应该是按照道德律的命令而决定其自己的那种意志所作的。能够当作独立于自然条件的只是意志的决定，因为只有在决定意志时，理性才毋需超出纯是理性的范围。这样被决定的乃是行动的形式而已；而这种形式是实在的，因为在实践的领域里，我们不是要知道一种行动是怎样成为可能而是它怎样能被决定。

如果实践理性关心从理论上指导行动，那么它就要离开它自己纯然思想的范围而投靠感性的直观了；因为每一种行动作为自然中纯然的事件来看，那它就像每一个其他的理论对象一样，是属于感官世界的了。除了把它看为一种自然事件以外，我们别无他法能获得关于一种行动的理论知识；而作为这样看时，行动是要受到时间的条件限制的。可是在时间中发生的每一个行动，必须看作依赖作为在这行动本身那瞬息之前的那个先行时间的内容的那些发生的事件。既然是这样，那么不能控制其过去所曾做过的事情的这个动作者就不能看为自由的了。每一个行动，就其作为一种纯然的发生事件来说，是为时间所决定了的，因为它无非是自然中的一种事件。在《纯粹理性批判》一书里曾经证明过，每一个自然对象都是依靠作为直观的一种形式的时间的。但是，《纯粹理性批判》又曾指出，时间不是自在之物的条件，而只是出现的东西的条件，那就是说，只是理论理性所能知道的对象的条件，因此我们就能承认，实践理性在它不对理论知识发生兴趣时，是可以全不依靠自然条件的系列而确定行动的。理论理性不能否认行动不依靠在它前面的条件而被确定的这种可能性，就是不能否认自由行动的可能性。实践理性则给我们保证自由行动的实在存在，因为它使我们意识到道德律，而道德律是独立于感性世界的规律。《纯粹理性批判》使我们能够从两个不同的观点来考虑同一个行动和同一个行动者。我们可以把行动看作完全依靠其自然条件的，而把行动者看为完全依靠他自己过去的行动，依靠他的经验性的性格，这性格确定他现在的行动正像它曾确定他以前的行动一样。行动像这样来看，就是自然中纯然一种事件，而行动者就纯然是一种现象。至于第二种观点，可以用康德的话来描述："这个主体在另一方面也意识到他是一个自在之物，并且看他的存在在这个范围内也是不受时间条件所支配的，而他自己只是自己通过理性给自己所立的法则决定的；在他的这一种存在中，任何东西都不是在他的意志决定以前发生，而且他的一切行为，还有一般说来的存在的一切变状（即依照他的内感官变化的那些变状），甚至他（作为一个感性存在者）的存在的整个系列，在他的超感性的存在意识中，都只能看作他（作为本体）的原因作用的结果，而绝不能看作他的原因作用的决定原理。"① 为了了解这一点，我们必须记住康德的一个观点，即只有纯然的特殊才是在时间中给予我们的。这些特殊固然是可以包摄在知性的普遍概念之下，但这并不取消它们作为特殊的性格，因为知性不能绝对确定它们，可是那正是道德律所要做的；而在我们问到一条绝对的道德律所能决定的是什么时，不用说，它必然本身就是一种普遍而且独立于直观的尤其是独立于时间的某东西。决定意志的规则就是这样的一种普遍，因为它是独立于时间而这样也就独立于直观的全部范围的，实践的普遍规则是独立于感官世界的。它不同于理论的规则，是和时间中的杂多综合毫不相干的。这样，实践理性就能做到理论理性想要做而没有成功的事情。它借助于一条普遍的规则或理性的纯然作用，就能确定一个对象。因为，如我们

① 《实践理性批判》(191；100)，依英将关译略加修正，可参看张铭鼎中译本，关于所修正的一句，即 D130。

所曾看到的，实践理性叫我们意识到道德律；而这样，意志就有了一条普遍性的规则，并且能够产生实践理性的对象。须知，我对于康德讨论实践理性对象这个问题的这一段文字的解释远不够圆满，而且一种更令人满意的说明则有待于许许多多问题的讨论，而这许多问题我还没有提出来。因此我应该指出，我们企图要做的不过是再次指出普遍与特殊两者之间的关系这个问题乃是康德在《纯粹理性批判》一书里的基本问题之一。我之所以强调这一点，是因为它是为康德的许多解释者所没有注意到的。

五、感性的东西和超感性的东西

我们现在就可以检查一下上面所提到的两段文字的第二段了，其标题为“纯粹实践判断力的范型”①。我认为这一段文字对于了解这第二个批判是极其重要的；但它很难了解，因此我不敢肯定我能够把它成功地说清楚。

康德的问题可以这样提出：所有的人类行动都是在感性世界里发生的，那么我们怎能这样来断定一种行动而使得我们能够认为它是和实践规则相符合的，而实践规则，作为一条全然普遍的规则来说，是纯然抽象的，和行动所发生的感性世界毫不相干的呢？如果我们要把那包含在抽象的规则里的东西应用于从属于它之下的一个具体的实例，我们就必须具有实践判断力。康德认为判断力是使我们能够叫特殊和普遍发生关系的那种心灵的能力，因之在《实践理性批判》一书里，他主张介于抽象规则与具体实例之间的乃是判断力，这是不奇怪的。关于理论的判断力，我们如何能使特殊和知性的普遍规则发生关系这个问题，已经在第一种批判里讨论过了，主要是在关于图型法那段里讨论的。

《实践理性批判》面临好像是更困难的一个问题；因为如康德所说，

① 《实践理性批判》(159～163；68～73)。

指望我们会在自然律所决定的感官世界里发现一种实例，使我们能够应用“善”这个超感性的范畴，这好像悖理的。《纯粹理性批判》一书已经把面临理论判断力的种种困难取消了；因为关于理论知识的考察已弄清楚了；（a）为了有一个理论经验的对象呈现出来，我们必须使概念和直观发生关系，并且（b）我们能这样做是用知性概念图型化的方法，即不把知性概念当作纯然抽象的概念而是当作使特殊直观从属于普遍规则的普遍规则。要了解一个知性概念如何能在直观中呈现出来，这似乎不是一种不可克服的困难，但是要了解一个道德的概念，即一个按其本性是属于超感性世界的概念，如何能在感官世界表现出来，那就像是完全不可能的了。

其实这种困难是表面的。我们只需记得在我们得要把一种行动包摄在一条纯粹实践规律之下时，我们与之有关的不是作为感官世界里一种事件来考虑的那个行动的可能性。诚然，为着判明一种行动的物理可能性，我们必须应用知性的范畴作为一切自然对象所必须与之符合的普遍规则；例如我们得要使用（属于物理概念的）物理因果作用的原理。但是康德认为知性的纯粹概念能够而且事实上必须图型化，但是物理概念就不是如此。“不过我们在这里与之有关的不是一个按照规律发生的事件的图型，而是一条规律自身的图型照顾，因为意志（不是说和它的结果有关的行动）并没有任何其他原则来决定它，而单只为［实践］规律所决定的这事件，是把因果作用这个观念和完全与构成物理联系的那些条件不相同的条件联系起来的。”[1] 这的确是难以理解的。首先，我认为必须提出，向以康德认为“图型”这词在道德行动包摄在道德之下这种情况下，或许是不可用的。我以为其答复就是，在道德的行动里对我们有兴趣的，不是使这行动成为某一个人所做的某一行动的东西，而是在那行动中使它成为普遍的那个东西，我们对于特殊的行动有兴趣，只是就行动者的意志是为规律的决定这一点来说的。就意志按照着来决定

---

① 《实践理性批判》（160；70），引文按英译对英译有所修改。

其自身的这条规律所有关的是在自然中发生的行动这点来说，它就可看作自然的规律。但是它和自然的理论规律完全不同：因为理论规律，只要它只是形式的，是毫无实在意义的。每一条要产生关于对象的知识的理论规律必须和直观的杂多发生关系，而这是要为形式的普遍的规则所决定的。实践规律则相反，实践规律无关于对象在直观中的出现，因而就不能图型化。所以就实践规律来说，“图型”这个名词是不适当的，因为在其应有的意义上，一个图型乃是概念借助于想象在直观中的表现。善这个概念，固然被表现出来，但是我们必须注意，我们所包摄在它底下的不是在直观给予出来的特殊行动而是行动者的意志以之得到决定的形式规律。我们现在就能看到，判断力在实践理性的领域内发现某东西是它可以看为提供一个超感性的概念以其充分的表象的。这就是意志按照作为自然的普遍规律看的形式规律而作出的决定，而这个规律一方面和道德律有其共同的东西，而同时在另一方面和认为这规律所要决定的行动有其共同的东西。“物理规律，由于它是感性直观对象，作为这种对象，所服从的，是必须有一个图型与之相应……但是自由规律（也即一种完全受感性制约的原因性的规律）。因而还有无条件的善这个概念，不能有任何直观，因而也不能有任何图型，以便把自己应用具体事物上去，因此，道德律除了知性以外，没有别的能力（一定不是想象力）来帮助它应用于物理对象；为了促进判断力起见，知性并不能给予理性的观念以一个感性图型，而只能以一条规律来给予它，虽然所给予的只是就形式来说是规律；可是这是能够具体地在各感官的对象里呈现出来的这样一条规律，因而也就是一条自然规律。”①

如果我们想要理解这段文字，我们就必须首先弄清康德为何相信唯有知性才能涉及理性与其关于善的概念。要答复这个问题，我们必须记得，按康德的说法，理性的概念要绝对地确定从属于它的是什么。可是能够完全为一个普遍概念所确定而且能被看为一个普遍概念的充分表象

① 《实践理性批判》（160～161；70），所引关译按英译加以修改。

的，其本身就一定是某种概念。理性的普遍概念和包摄在其下的东西，必须属于一个同质的范围，不然的话，想要被包摄的就不能适当地表现理性的普遍概念。由此可以推定，它不能为心的任何其他能力所产生而只能为知性所产生。因为除了理性之外，只有知性是能产生普遍概念的一种能力。此外，我们还知道，康德在这里所谈的问题不是关于行动可能性的问题（因为这个问题和实践理性是毫无关系的），而是这个问题，就是怎样才能判定一个发生于感性世界中的行动，以致使它像是为一条超感性的实践规律确定的，康德指出知性是这种判断所需要；因为知性能够从行动抽去一切属于直观的东西，抽掉它的感性条件。这样，它就能想象到行动的一种普遍确定这个概念；而这无非是意志的纯然形式，能包摄在理性的概念之下。

可是必须注意——而这是很重要的一点——康德并不相信行动者的意志是为自然的形式规律所决定的。他肯定地说，行动者的意志是为道德律所决定而不为任何其他东西所决定的。他的问题是：属于自然世界的一个有限的存在者怎能这样判定他的种种行动，以致认为它们是一条超感性的规律所确定的？他的答复就是：他能这样判定，乃是由于他认为他的意志准则都是符合自然的普遍规律的。“因而他这样用自己的行为准则与一个普遍自然法则来互相比较，那还不是他的意志的动机［决定原理］所在。”①

康德称那表现道德律的自然普遍规律为道德律的“范型”，而称这种一般程序为“范型法”。如果用“符号”这个名词，会更适当地表达他的意思，他自己也使用过这词。他要指出的是，有限的道德存在者，是能用自然普遍规律这个概念来作为符号以表示超感性的规律的。可是我们必须记住，他又认为有限的存在者并不这样就获得关于超感性对象的任何理论知识。我们不能用一种使我们在理论上知道智性世界的方法来表现智性世界，但是实践理性和理论知识无关，而我们去表现超感性

① 《实践理性批判》(161；71)。

这个理念，不过是为着使我们能够在实践上使用它而已。“因此，我就可以把感性界的自然秩序用为理性界的自然秩序的范型，只要我不把直观和有关于直观的事情转移到理性界［按：应译‘超感性界的自然秩序’］，而只把一般合法则性的形式［按：应译‘规律的一般形式’］。这个概念也出现于理性［最］寻常的运用中，但是除了供理性的纯粹实践运用外，它在别的方式下，并不能先天［验前］地、确定地被人认识到了。”① 康德接下去还说明一种不把属于概念的“范型法”的东西错看为概念本身的“判断力范型法”，那就是说，一种把自然普遍规律看作道德的善的纯然符号的方法能防止经验主义而同时又能防止神秘主义；因为经验主义是把善看作经验的纯然产物，而神秘主义则在其把只作为符号用的东西变为一种图型时，就打算给道德的概念提供现实的直观，“可是这些直观（不是无形天国的）感性直观，而这样就钻到超越界里去了”②。“只有判断力方面的理性主义适合于道德概念的应用，这个主义从感性界所取来的东西，也就只是纯粹理性自己所能够思想的东西（即是合法则性），同时它所感到超感性界的东西也是可以经由行为（依照普遍自然法则的形式规则）返回来现实呈现于感性世界中的。”③

我希望我对范型法一章的阐述至少完全弄清楚了一点，即在这章里所讨论的问题和先验哲学的一般原理是结合在一起的。我曾一再说过，依我看来，超感性的世界和感性的世界这两者之间的关系这个问题，是康德哲学的基本问题。《纯粹理性批判》一书指出，人类理性必定要产生出意味着超感性对象的存在的普遍概念（即超越的理念），但是关于这些对象的理论知识是完全不可能的。因为我们的所有一切知识都依靠直观，而超感性的对象是不能在直观中显示的，因为由于它们作为纯粹理性产物的本性，它们是被思考为和感官世界以及感性直观完全无关的。

① 《实践理性批判》(162；71)。
② 《实践理性批判》(162～163；72)，对关译略加修正。
③ 《实践理性批判》(163；72)。

但是我们作为道德动作者的立场是不同于我们目的在得到理论知识那时所处的立场的。因道德的存在者对于一条绝对的规律是有着一种绝对的意识的。《实践理性批判》并不否认这点。他甚至于承认有可能在感官世界里表现超感性的东西，但是它仍然必须固持批评哲学的基本原理，也就是借助于理念，我们的理性是不能有理论知识的。一个有理性的存在者能够这样来表现一种超感性对象这个理念，以致他能够以按照着它来决定自己的意志这种方法去在实践上使用它。但是这就是我们所能做的而无其他了。我们必不可把一种符号错看为一个图型，并且必不可想象，我们能够发现相当于我们道德概念的直观，否则我们就会和批判哲学的基本原理相矛盾；因为［这样一来］，我们就会否认一切人类知识的有限制的性格。

六、有限的意志和规律的敬重

在纯粹实践理性的分析论第三章的开头，康德指出，如果把道德律看作决定一个按自己的本性就会遵照它的存在者的意志的规律的话，那么道德律就是一条神圣的规律了。可是有限的有理性的存在者的意志，按其本性是不遵照道德律的。与此相反，道德律即自由的规律是命令有限的存在者反于他的本性来行动的，而这就引出了这样的问题，即什么东西诱发一个有限的存在者来按照这道德律而行动，也就是说，什么主观原理使他服从道德律的要求。

康德的答复是：引起这种主观动机的是对于道德律的敬重的感情。这种敬重的感情对我们指出有限的存在者，作为一种受造物来说，所具有的下述特别性质，即他属于不同的世界：自然的有限世界和自由的无限世界。因为对于一种无条件的规律之敬重使这一种存在者感觉到，一方面他绝对服从道德律，而同时另一方面，他还觉知到他的有限性质，意识到这种事实，即作为属于感性世界而为自然条件所限制的一个存在者，他永远不能完全和道德律相一致。那就是何以对道德律的敬重，同时是提高有这种感情的人而又使他感到惭愧的。

我们现在必须提出敬重的感情是否产生道德感这个问题。康德的答复是否定的；因为首先对我们给予的乃是对于道德律的意识，而敬重的感情只是那种意识的后果。严格地说来，敬重并不是一种感情，它乃是理性的产物，而它的发生，是因为有限的存在者把他自己受条件限制的本性和无条件规律的绝对要求来互相比较，这不过是一个感性存在者在发现自己为客观规律所决定时的心理主观状态。“由此可见，对于法则的敬重并不是道德的动机，而就是在主观上视作动机的道德自身。”①

我们必须注意，对于道德律的敬重这种感情并不是人类心灵的特性。不能把它和经验心理学有关的那些心的属性作为可以与之比较的，因为那些心的属性只能通过经验的观察而发现。康德说它是一种能在验前知道的感情，而它的验前必然性是我们能够了解的；并且这就证明他并不把它看作人类心灵的特别性质，而是看作每一个为一条超感性的规律所决定的有限存在者必定具有的一种感情。在他说敬重的感情是愉快与痛苦构成的时候，我们不能理解这是心理学的观察。他一再说明一个神圣的意志不同于人类意志的。这种意志不会感到对道德律的敬重，对这种意志来说，职责这个概念不会存在，而且这种意志不会用命令式来决定自己。但是把这一切属性归之于人时，他并不认为它们就是人类本性的特征。他所要指出的乃是人类意志作为一个有限存在者的意志来说，在本质上是必然有别于道德律是其本性的规律的一种意志。康德并不相信敬重这种感情，职责这个概念和道德律的命令最为必须遵守的这种意识是由于人的心灵的特别组织而来，这是他明白表示的，因为他说这些东西都是每一个有限的有理性的存在者的意志的必然特征。“对于人类和一切被造的理性存在者说来，道德的必要性就是一种强制，一种义务，而以此为基础的一切行为都当被视作一种职责，而不能被视作自

① 《实践理性批判》(168；77)。

然使人中意或可能中人之意的行事方式。”① “因为道德法则对于至善至美的神明意志说来，乃是一个职责、法则，这个法则具有道德的强制力，而且它使一个存在者的行为可以被其对这个法则的敬重和对自己职责的敬畏所决定了。”②

正如当康德说知性范畴必须对每一个有限的有理性的存在者有效，而他的意思绝非是说这些范畴是心理的特性而总是认为它们是思维的客观必然形式那样（见上文），同样地，虽然有许多地方，他所说的好像是这样暗示着，然而他从没有认为对于道德律的敬重，对职责的感觉和对命令必须遵守的觉知是人心的偶然性质，而是深信这些是必然的且是验前的属性，它们为每一个有理性的存在者所具有是能在客观上证明的。“为着达到这个目的起见［就是要证明一种无条件命令的存在，即证明绝对发出命令而遵守这命令就是职责的一种实践规律的存在］，极其重要的是记住我们切不可想要从人性的某些特殊属性把这条原理的实在性推论出来。因为职责必须是行动的实践的、无条件的必然性；所以它必须对一切有理性的存在者来说都是有效的（对一种命令能使用的存在者来说都是有效的），而只为了这种缘故，它又必须是对一切人类意志的规律。反之，凡是从人性的特殊自然特征推论出来的东西，凡是从某一定的感性和倾向推论出来的东西，乃至如有可能的话，从人类理性所固有的任何特殊趣向推论出来的东西，都不一定是对每一个理性存在者的意志有效的；这种东西固然可以给我们提供一种准则，而不能提供一条规律；可以提供一种主观的原则，为我们可以有一种倾向和欲求来行动的根据，而不能提供一种客观的原理，即令我们一切的倾向、欲求以及一切自然的意向都是反对的而还是命令我们去行动的。事实上，主观的冲动越是不赞成它而越是反对它，然而并不能丝毫削弱规律的义务

① 《实践理性批判》(174；83)。
② 《实践理性批判》(75；84)。

或者贬低它的有效性，职责中命令的崇高与其本有的尊严就越发明显。”①

七、实践理性的辩证——至善

现在我们考察《实践理性批判》辩证论中康德的论证。这不是一种轻而易举的工作，因为康德在这里所用的术语是这样不同于我们所习惯的术语，以致我们可能常常觉得他的论证好像完全依赖他所属时代的那种术语而毫无独立的哲学价值。下面就是他的论证的概述。

和理论理性一样，实践理性想到不受条件限制的东西这一种理念，即至善（summum bonum）。至善作为意志的对象来说，是同时包含着德性与幸福的，但是这并不意味着德性是依靠幸福的。相反，实践理性必须把幸福当作完全依靠于德性的。

康德为什么认为至善必须同时包含德性和幸福呢？实践理性的分析论已经说明，对于幸福的想望决不能看为意志的决定原理；因为这种原理会破坏我们动作的道德价值，道德律下命令是无条件的；如果我们使行动依赖幸福作为它的对象的话，那我们就使它依赖一种条件了。这样一来，行动就不是为了服从道德律，而是为了和道德的原理毫不相干的某东西（即幸福）。

然而又不能把道德的价值看作至善。因为作为属于自然界的一个存在者的人，是必然想要使其自身成为是幸福的，这种欲望是每一个有限的有理性的存在者的意志的一种属性。实践理性必须预先假定他追求德性而以这种追求来使他自己成为幸福的人（这是每一个有限的存在者自然的目标），因而他并没有被剥夺享受幸福的权利。实践理性固然不容许有限的存在者为着幸福而追求德性，但是这并不致使它不假定有限的。有理性的存在者的尽善尽美的状态是一种状态，在其中这有限的、

① 见康德：《道德形而上学基础》，中文新译，第43页。

有理性的存在者是有道德而又有幸福的，“因为人如果需要幸福，也配享受幸福，而却无福可享，那么，这种情形是不符合于一位既有理性而同时又具全能的存在者的圆满意欲的”①。

康德假定德性单独不能就是至善，理由是如果一个有限的存在者有能力引起他自己的幸福，他是不会抑制自己这样去做的。但是我们已看到，康德相信这样一个存在者，在设想它自己存在的完善状态这种理念时，必然是要使它的幸福依靠它的德性的。德性与幸福相结合使得幸福恰恰与德性成比例，这个理念乃是理性的一种必然理念。幸福为德性所产生时，就是达到了理想的状态，这样一种状态就是至善，就是实践理性的完全对象。“一个人既然在把德性和幸福结合起来以后，才算达到至善，而幸福也必须精确比照道德（道德就是人的价值和其配享幸福的属性）分配出去，才构成一个可能世界的至善；所以在这个范围内而论，这个至善就意味着一个全体意味着圆满的善，而在这个善里面，作为一个条件看的道德总是无上的善，因为在它以上再没有别的制约者；而且幸福对于享福之人说来虽然总是愉快的，可是单就它本身而论并非面面都是绝对善的，而总要以道德的、合法的行为，作为先决条件，才成为善的。”② 康德认为至善这个理念是一个对象，在里面，道德的生命和自然的生命是一致的这种最高圆满的理念，必须为实践理性所设想。这是不难理解的，只要我们记住；对康德说来有两个世界，即自然世界与自由的智性世界。人是同时属于这两个世界的。依康德的说法，理性在进行工作时，总是想到一个绝对不受任何条件限制的对象这个理念的。就实践理性来说，这个意味着理性不能设想智性世界对自然世界毫无影响。它把智性世界作为所有一般事物的绝对条件；它把智性世界看作为万有之源，所以决定智性世界的表示原因的原理，也就是通过自己的因果作用，就被认为是不只决定智性世界而且又是决定自然世界的

① 《实践理性批判》（206；113）。
② 《实践理性批判》（206～207；113～114）。

原理了。这样，理性在追求一种绝对原理的过程中就取消了两种因果作用，即通过自由的因果作用和自然的因果作用这两者之间的基本区别，而使自然的因果作用成为依靠通过自由的因果作用了。

凡是在我们的理性设想一个理念的时候，它都假定受条件限制的东西是完全为那不受任何条件限制的东西所决定的。就实践理性说来，受条件限制的就是自然界。有限的有理性的存在者是要求在自然界中享福的。另一方面，这个存在者的理性，一定设想到一个绝对不受条件限制的智性世界，其原理是他遵照决定自己行动的这种理念。因此，他只得相信，由于这个缘故（就是在决定行动时，他并不考虑到他作为一个有限的存在者所有的需要），他将要得到他幸福的份儿，而且所得的幸福，其多少是以他按照智性的规律决定其行动的程度为转移的。换句话说，有限的有理性的存在者把自然的世界看作完全从服于自由的世界，把他在自然世界中的状况（他的幸福）看作依靠他的道德性（他的德性）的。“它作为纯粹实践理性也［像理论理性］一样为那在实践方面受制约者（这是依靠于好恶和自然需要上的）寻求无制约者，而且这个无制约者还不是作为意志的动机，而是在这个原理已经被发现之后（在道德法则中），它还在寻求纯粹实践理性的无制约的对象全体，那就是所谓至善。”①

八、实践理性的二律背驰

然而至善这个理念好像把实践理性卷入一种二律背驰里去，正如理论理念把理论理性卷入种种的二律背驰里去一样。《实践理性批判》的任务正是要提出实践理性的二律背驰，而且如有可能，就要解决它。

康德关于实践理性的二律背驰的讨论一开头就指出斯多葛和伊壁鸠鲁两派关于至善的理论都是基于错误的假定的。两派都一样相信德性与

① 《实践理性批判》（203；111）。

幸福是能由分析而互相取得的，其理论的唯一的差别是前者认为对于一个人的德性的意识就是幸福，而后者则认为一个人对于自己准则便导致幸福这种意识就是德性。康德认为：两种主张都是不对的，必须把德性和幸福看作至善的两种互不相同的要素，它们形成一种综合的统一。

由于它们是完全互不相同的，理性在没有想到包含着它们两者的这个至善的理念时，就陷入了一种二律背驰。因为至善这个理念既然是必要的，既然它又把幸福与德性结合在一起，我们于是就面临着这种两者不可兼得的情况：要么是对幸福的想望产生的德性，要么是德性产生幸福。

很明显，前一种情况是不可能的，因为分析论已表明一种使行动依靠幸福的意志是完全不为道德律所决定的。后一种情况也是不可能的，“因为尘世上一切实践方面的因果联系，作为意志被决定以后的结果看，并不遵循意志的道德意向，而是遵循对于自然法则的认识，并依靠于利用这种知识求达自己幸福的物理能力上，因此，我们纵然极其严格地遵行道德法则，也不能因此就期望，幸福与德性能够在尘世上必然地结合起来，合乎我们所谓至善”①。既然至善的两种要素——德性和幸福——两者之间没有任何必然的联系，那就可以推断至善完全是不能实现的；因而就像是：“谕令我们增进至善的道德法则，也就必然流于狂想，施于空虚幻想目的，其本身也就是虚妄不实的了。”②

康德是以下面的方法解决实践理性的二律背驰的。第一个命题，即幸福能产生德性，是绝对错误的。第二个命题，即德性可能增进幸福也被驳倒了，理由就是，道德律不可能对于自然世界有任何影响，因为自然世界是完全为自然的因果律所决定的；所以，认为有德的行为，也就是按照一种智性的因果作用而被决定的行为，是完全不可能在任何方式上决定行动者的自然状态的，因为这是完全依靠自然的种种规律的。可

① 《实践理性批判》(209～210；116～117)。
② 《实践理性批判》(209～210；116～117)。

是，这实在不是一种正确的论证，因为只有我们把自然的因果规律当作一种绝对的规律，我们才必须要相信自然的世界不能为任何其他种的因果作用所决定。可是，自然对象的世界，既然是纯然出现的东西，那就有可能，另一种因果的原理，即通过自由的因果原理，不但决定智性世界而且也决定自然的世界，亦即出现的东西的世界。

认为两者之间有一种联系至少不是什么不合理的假定。理论理性不否认这一点，因为不管它是怎样大力坚持在自然世界里每一种变动都是依靠自然的因果律，而它同时也觉知到自然纯是出现的东西这个事实，而且觉知到存在着另外一种因果作用的可能性。从理论理性不能提出任何抗议，以及实践理性使我们意识到一种超感性的规律，而这种意识又使我们设想到我们在感官世界上的状态为这个超感性的规律所决定这个理念，也就是从这种事实，我们就推断说实践理性所想到的理念，在理论上不是不可能的，在实践上是实在的。

将康德对于实践理性二律背驰的解决和他对于理论理性的二律背驰的解决相互比较是饶有兴趣的，比较可以表明：虽然在两种情况下所用的解决方法是相同的——方法就是指出二律背驰之发生只是因为我们把出现的东西当作了自在之物，但两者有相当大的不同。在《纯粹理性批判》一书里，康德所能做的，不过是指出超感性世界这个理念并不是自相矛盾的。《实践理性批判》则不同，它能在实际上证明这样一个世界的实在性，因为在实践的范围里，那超感性的规律是给予的，而作为这事的后果，实践理性就必然设想一种理念，即自然世界与自由世界的统一。一个遵照一条绝对的规律来决定他的行动的存在者觉得不可能相信他所属的两个世界是毫不相干的。他的理性必然会想到结合着自然世界与自由世界的至善这个理念。

九、实践理性的设定

接下来我将要考察的是实践理性辩证论中标题为“灵魂不死作为纯

粹实践理性的设定”这一章。康德的论证要点是：能为道德律所决定的意志，其必然的对象就是至善的实现。可是至善的最高条件是行动者对道德律的完全顺从。而这是有限的理性存在者此生所不可能做到的事情。所提出的要求乃是属于感性世界的存在者要成为绝对完善的，要具有一种神圣的意志。既然这是一个有限的存在者绝不能完全实现的事，那就只有在无止境的进行中才能发现。“但是它虽然作为实践上必要条件而被要求着，可是它只能在趋向那个圆满契合的无止境的进步中发现出来，而且依照纯粹实践理性原理来讲，还必须假设那样一种实践上的进步，以为我们意志的真正对象。”①

可是，这样的一种无止境的进步是不能假定的，除非我们假定那有限的、有理性的存在者的生存的无限延续，即他的灵魂的不死；既然假定前者是实践理性的一个必要的理念，那么就必须假定后者。可见灵魂不死乃是纯粹实践理性的一种设定，这种设定乃是“一个在理论上还不能证明，但是不可分地依靠在一个先天而无制约地有效的实践法则上的命题”②。

由上我们不难明白康德赋予这些理性的理念的特别意义，尤其是他以之归之于它们的客观性的性质。我们在这里所看见的论证又是一种先验的论证，那就是说一种论证，其所以为基础的原理是完全不同于独断论哲学或怀疑论哲学所提出的原理的。怀疑论的原理完全否定灵魂的不死，而独断论的原理则把它看作理论上能证实的。先验哲学采取一种完全与之不同的观点。既然圆满的德性是不能达到的，既然我们只能接近它，而永远不能完全实现它，那么，如我们所曾看到的，就必须假定灵魂的不死。但是这种假定并非一种理论上的教条。灵魂的不死不是我们能知道的一种超感性的对象；它是我们能按照着来行动的一种理念。我们是毫不去问它的理论知识而想到这种理念的。我们被命令去实现它，

① 《实践理性批判》(219；125)。
② 《实践理性批判》(219；125)。

但是我们永远不能完全实现它；我们只能努力于逐渐接近于完善。再则，圆满的德性是斯多葛派相信能在尘世上实现的。康德否定这点，［他认为］圆满的德性乃是一种理念，而这就意味着我们永远不能达到它。一个理念是关于一个超感性的对象的，而它的功用是使有限的存在者能够按照着它来决定自己，也就是说，使他在这有限的世界上为着它的实现而奋斗，虽然他知道他永远不能完全实现。在实行这种功用时，理念是实在的，不管它是一种理论的理念或者是一种实践的理念。理念之给予我们，不是为要使我们可以想象我们能超出感性世界之上，而是为要使我们能在感性世界里按照着它们来确定我们自己，圆满德性和灵魂不死这两个理念给予我们乃是为着使我们能尽其所能成为有德性的。我们只有在无止境的进步中才能达到圆满的善行与神圣的品质。如果看漏了这种事实，“则人们不是把道德法则看得可以随心所欲，迎合人的方便，因而损害了它的神圣性，便是强己所难，夸大任务，期望达到那个可望不可即的使命，妄冀求得意志的彻底神圣性，因而陷在完全无自知之明的通神家的热狂幻梦中。这两种偏差都只有妨害人的不断努力进步，使人不能准确彻底遵行一个严格而不徇情，现实而不幻想的理性命令罢了。对于一个有理性而却有限的存在者说来，只有由低级道德圆满至高级道德圆满的无限进步，才是可能的”①。

人不能在任何当下达到道德的圆满这个结论，如果我们不能从别处得出来，是能从这个事实得出来的，那就是，人的行动都是在时间中发生的。《纯粹理性批判》一书曾经说过：理性在形成它的概念或理念时，是不考虑时间的。我们永远不能对于超感性的对象有理论上的知识，其原因是这种对象完全与时间无关。由于我们的知识是依靠直观与知性的，所以它总是前后相随的。我们对于与我们前后相随的领会无关的对象，以及与时间无关的对象，是毫无所知的。只有一个或者具有智性的直观，或者具有直观的知性存在者，才能获得关于超感性对象的知识。

① 《实践理性批判》(219；125～126)。

在实践理性的种种理念的形成中，同样是忽视了时间的。在形成神圣性这个理念时，我们并没有估计到这个事实，即人的行动是在时间里发生的，或者有限的存在者向着圆满的进步，乃是在时间中的进一步，一系列的人类行动，即令是从比较坏的到道德向比较好的不断的进步，也是完全不同于神圣性这个概念的。这个概念只有一个无限的存在者，即独立于时间的存在者，才能了解的。对这样的一个存在者说来，累进的系列就会是一种不可分割的全体，是这种存在者所能在一单个智性的直观中掌握得住的。“那不受时间条件所制约的无限者，在我们所见为无止境的这个系列之中，可以对［意向和］道德法则的契合全部一目了然；至于神圣性是不徇情地为‘他’的命令所要求，以便一秉大公给各人分配至善的——这种神圣性［的大小等级］也是可以被他对诸有理想性的存在者之存在所有的唯一的理智直观一览无余的。”①

我们从这里可看到，第一个设定即灵魂不死的设定，直接导致第二个设定，即有一个超感性的存在者亦即上帝的设定。康德的论证是从至善含有两个要素，即道德与幸福这个事实开始的，因为在道德律本身并没有任何东西能给我们什么根据来相信这两者之间的必然联系。但我们又必须预先假定这样一种联系，我们就唯有假定包含着这种联系的原理的一个最高原因的存在。我们不得不假定有一个不同于自然而使我们实际的状态按照我们道德性格而决定的这种最高存在者的存在。“因此，只有在我们假设一个无上的自原因具有与道德意向相契应的原因性的范围以内，然后世界上才会有至善存在。”②

十、实践理念的客观性

我们无需深究康德论证的细节，因为我们在这里所感兴趣的只是一

---

① 《实践理性批判》(219；126)。
② 《实践理性批判》(221～222；128)。

般的原理。然而有一点是我们必须考虑的，即康德关于实践理念的学说像是含有许许多多矛盾。例如，他告诉我们，假定上帝存在的必要只是主观的①，而又说，我们觉得不可能假定在道德世界与自然世界之间有一种必然的联系而不假定一个最高存在者的存在，只是由于我们理性的主观条件②。

如前所述，康德关于理论的理念也有同样的困难。有一些说法好像是暗示着康德认为理念是主观的原理，而又有别的说法则暗示着他认为它们是客观的原理。他还以一种特殊的客观性归之于理论的理念。现在我们又将看到，他关于实践理念的学说，也是一样的。

关于这一论点，康德在实践理性辩证论第二章里讨论到。问题是：实践理性的一个理念，一个实践的设定怎样能在一种实践的意义上扩充理性的知识，而又同时增加它的理论知识？从一个理论对象的本质就可以知道，利用实践的理念以增加理论知识是不可能的。理论知识的对象不能由实践理性所确定，如果我们要在理论上知道一个对象，这个对象就必须在直观中给予我们。反之，实践理性在设想到实践理念所能做的不过是证明有我们意志所必须指向的对象的存在。我们不能认为一般对象的这种概念是足以给我们理论知识的。由此可见，实践理性并不能给我们理论理性以关于超感性对象的理论知识。但是，虽然我们关于对象的理论知识没有用那方法而得到增加，然而理论理性自己有了实践理性的帮助在其关于一般超感性的东西的知识方面是有所收获的。因为理论理性靠自己是不能对超感性的东西说什么的，而只能说，不能否认超感性的对象是可能存在的。可是现在理论理性实际上知道实有这样的对象，形式就完全不同了。既然是因实践的理由而又为了实践的用途，那些对象是给予理性的，那么，理论理性就必不得想象它是能够认识这些对象的；但是可以说，在实践的范围内，这些对象不但是超越的而又是

① 《实践理性批判》(222；128)。
② 《实践理性批判》(243；147)。

制约的，并且是内在的、组织性的原理。“这里，这些理念就成了内在的、组成的，因为它们是纯粹实践理性的必然对象（至善），所以是可能实现的根据；同时，它们若离了这个对象就成了超越经验的，只成了思辨理性的单纯调整［制约］的原理，这些原理并不强使它假设超出经验以外的一个新对象，而只是使它在经验中的运用更近于圆满罢了。”① 实践理性的理念，在什么意义上，能被说成是组成的并且是内在的原理，这是容易明白的。

就康德来说，实践理性是完全与超感性对象的理论知识无关的；它的唯一兴趣所在就是感性存在者应该按照超感性的理念来决定他的行动，而且应有超感性对象来在感性世界中指导其行动。正是为了这个缘故，在实践的范围里，只是想到超越感性对象便是理性所能需要的了。在理论的范围里则不同，一个理念决不能给我们以关于超感性对象的知识这个事实得要看为是一种不利，因为理论理性所感兴趣的是在理论上确定其对象，实践理性所感兴趣的无非是行动，而我们的行动是能通过单纯思想而被决定的。它只需想到理念而就按照着理想而行动。实践概念不同于理论概念；实践概念不是思想的单纯形式。实践理性的对象，即至善，如何能对我们被给予，这不是实践理性所要提出的问题。有了这样一个对象，那就够了。单纯对象的一个概念，一般说来，是满足了实践理性的，因为理论知识并非它的兴趣之所在。反之，理论理性是不能利用它的理念的。这些理念不能给它所指望的客观知识，因为像在第一种批判里所曾指出，理论概念全是思想的单纯形式，不能给我们以关于对象的知识。

如果我们想要了解理论理念和实践理念在客观的有效性方面的基本区别，我们只需把康德“制约性原理”这个名词完全照字面上来了解就可以了。这个名词是指为我们提供规则的原理的意思。这就很清楚了，理论理念和实践理念都只是制约性原理；因为它们都不是组织性原理，

① 《实践理性批判》（233；137）。

像我们了解知性的范畴那样。这两种理念之间的根本不同就是实践理性在提出一条规则时，恰恰是提出它的意图所要求的，而理论理性就不以单纯一条规则的产生为满足，它只能做到这么多就应视之为一种不利。一个实践理念可称为一条组织性的或内在的原理，因为实践理性所要求的就是它能据以决定其自身和它所得要实现的对象。实践理性完全不顾及它的对象所谓客观的存在的，它并不去理睬灵魂是否不死或上帝是否存在。它假定这两者，而在这样假定时就作出一条行动的原则了。它所需要的只是一条制约性原理来使有限的存在者为超感性对象的实现而努力，来鼓励他遵照道德律而行动，并在他的行动中实现那至善。可是在实践的领域里，观念性的规则真正是内在的或者说客观的原理；可是由于理论理性只能提供一条规则而不能知道超感性对象或者产生象知性的原理那种组织性原理，就必然认为这是一种不利之处。

十一、道德与超感性的东西

在最后，我想再一次指出的是：我的上述分析所企图要说明的是，两种批判之间有一种必然的联系，而这种联系又奠基于感官世界不是自在之物的世界这个先验的预先假定。《纯粹理性批判》已经说明理论理性不能认识超感性对象，它所想到的超感性对象这种理念只是制约性原理，其所能够做到的只是提供一些原理，为着使我们的经验知识系统化。《实践理性批判》已经说明，在实践的领域里，我们能超出感官世界，而且能实现超感性的对象。但是这部批判也证实了第一部批判的见解，即关于超感性对象的知识是没有可能的。

还有一点是我认为十分重要的，我们曾看到，在《纯粹理性批判》里，康德不只否定关于自在之物的理论知识的可能，而且还肯定这不应被看作一种不利。因为这种知识，依他的意见，是不需要的而同时又是有危害性的。他认为，如果人类理性是能给我们以这种知识的话，它就很有可能被诱来放弃钻研感性世界的性质这种原属于它的工作。这样一来，错误意义上的形而上学，即企图从超感性理念得出感官世界来而不去在感性世界里体会超感性对象的那种形而上学，是会败坏科学的。在《实践理性批判》里，我们学到，关于超感性对象的理论知识，如果有其可能的话，不只会毁灭我们科学的知识而且还会毁灭我们的道德。这里我将以实践理性的辩证论中标题为“论人类认识能力与其实践本分的巧妙配合”结尾的一段结束本文的探讨：“现在假定，大自然在这一点上对我们称心如意，而以我们求之不得（或有人幻想自己确实具有）的那种洞见能力或圆满正觉赋予我们，那么多半会有什么结果呢？只要我们的天性不在同时全部改观，则偏好总是首先发言的，这些好恶初来还只是要求满足，而在合理反省支援之下，它们就要在幸福这个招牌之下要求最大而经久的满足的；至于道德法则，则是后来才发命令。要把这些好恶纳入适当范围，甚或使它们全体都服从于那个毫不徇情的较高目的。因此，现在道德意向与种种好恶是必须进行斗争的，而且在这场斗争中，在几经挫折之后，也总会逐渐养成心灵的道德力量；但是［照我们现在这个假设说来，则这种斗争就要停止］而令人敬畏的神和永生就毫不间断地出现在我们眼前了（因为我们所能完全证明的事情就与我们亲眼所见的东西一样确实可靠）。要是这样，则犯法之行当然可以避免，受命之事当然可以实行；不过发动行为的意向原不能以命令注入人心，而在这里促动行为的鞭策既然近在手边，在我以外，因而理性就无需力求，亲切体认法则的尊严，借以发扬蹈厉，平压好恶了；因而合法行为的发生，就大都来自恐惧，很少出于希望，绝无本于义务的了；因此，那在大智眼中维系人格价值甚或世界价值的道德行为价值就完全不存在了。只要人性还维持现在的样子，那么他的行为就会变为单纯机械动作，就如傀儡戏一样，虽然装模作样，惟妙惟肖，可是人物形象全无生命。但是人类的情形既然完全两样，而且人类虽然极其努力奋发，也只能有一个很为模糊可疑的来世展望，而且世界‘元宰’对于‘他’的存在和‘他’的严威，也是只允许我们加以推测，不允许我们亲眼观察或明白证明：而在另一方面，则我们内心的道德法则，虽不确实预许我们什么，或以什么恫吓我们，却向我们要求一种不计利害的敬重。而且只有当这样敬重心积极得势之后，它才能够允许我们展望一个超感性的世界，而就在这里，我们的视线也很为微弱；既是这样，那直接奉献于法则的真正道德心向就有存在余地，而一个有理性的被造物，就可以有资格依照他的人格的价值，而不只是依照他的行动，来分享至善了。由此可见，关于自然和人类的研究在别处所谆谆教导我们的道理也很可以应用到这里：就是，我们所借以存在的那个不可测度的‘大智’，不但因为它赐予人的东西，而可以赞美，而且在它所不曾给予人的那些东西方面，也一样可以赞美的。”①

① 《实践理性批判》(245～246；149)。

《判断力批判》研究*

一、泛论《判断力批判》

《判断力批判》是康德的三部“批判”的第三部，而且是其最后的一部。第一部“批判”是康德的认识论，而第二部是他的道德哲学，其最后一部《判断力批判》，一般人只说它是关于审美学的，正如第一部是有关人类知识，第二部是有关人类的道德行动和道德意志的，这第三部是有关人类感情的。但是这种说法虽是大致正确，然而我个人却认为是说得不够充分的。我个人认为，康德在《判断力批判》这部极其重要的著作里，不只谈到审美的问题，而更加重要而且为了揭露和批判康德的整套哲学来说是更加严重的，那就是他在这部著作里暴露他的世界观。他的世界观固然在前两部“批判”里已经有所暴露，但不如在这部《判断力批判》里，尤其是在其最后一部分里显露得那么突出，那么明显，所以我们为了更好地分析康德的全部哲学思想，从而对之进行彻底批判，特别是彻底批判在现代为资产阶级和帝国主义服务的所谓新康德主义这个哲学流派，我们不可满足于只分析他的《纯粹理性批判》（多数人只看这部“批判”就算了的）或者最多只分析他的前两部“批判”，即《纯粹理性批判》和《实践理性批判》，而且还得要进而去分析他的

* 该文是韦先生关于康德哲学的系统评介的最后一部分，完成于1972年1月4日。

《判断力批判》，才能大致窥其全豹，使之完全暴露无遗。

一般说来，“判断力”这词是用来表示人类进行判断的活动的能力说的，而作出判断，就是对于事物形成一种关于价值与关系的知识。在这种一般意义上，康德在前面两部“批判”和其他著作里是曾多次使用过“判断力”这个词的，但是在《判断力批判》里，他特别指出，判断力是这样的一种机能：在一切情况下是介于知性和理性之间，或者说介于知性和感性之间，或者还可以说，介于作为一个机械的系统来着想的世界和从一种有机的统一性观点来看的世界两者之间的。所以他就认为判断力批判在其范围里包括着：（1）作为介于自由本体和现象世界两者之间的判断力；（2）在它对于愉快和痛苦的特别感情的关系上，这种感情是发生于美丽和崇高的静观的；（3）最后，这种特殊意义上的判断力是使用意图或者说最后原因的限制性原理的一种判断力。

《判断力批判》除导论（导论的大意就是上面一段所说的大意）之外，分为“审美判断力批判”和“目的论的判断力的批判”这两大部分。

a. 名词的解释

我们在研讨这两大部分之先，首先还得要弄清楚康德在他的哲学著作里，尤其是在他的三部“批判”中所使用的几个概念和名词。

第一，他认为对象可以从两个观点来看，即从理论的观点来看和从实践的观点来看。所以哲学通常是划分为理论的哲学和实践的哲学的。但是康德在这里所谓“实践”是指人类理性在人类行动上的这种实践说的，而不是指把理论哲学应用于某些问题上这种实用说的，因而“实践”和“应用”不是同一意义的名词，不把这两个名词的意义区分开来，就会对康德的哲学思想弄不清楚。康德指出，既然把哲学划分为理论的哲学和实践的哲学，我们就必须小心地把这两种哲学根据于实在相互排斥的概念来加以区分。

康德郑重地强调，理论哲学只是关于自然的概念的，是用知性的纯粹概念，即范畴，来处理现象有秩序的系统的结构的，而实践哲学是关于道德律的意识和从而发生的意志自由的。如果不先把这些概念和它们依康德的用法来搞清楚，我们就会把理论的哲学和道德的（即实践的）哲学混淆起来。“除了从一个自由的道德主体出来的那些行动之外，没有什么东西是‘实践的’。”这句话比较难懂：康德的意思是说，意志不过是实践理性，而反过来说，实践理性是表现为人类的意志的。所以，凡不是从自由意志作为动机而发生的行动，都不是实践理性的行动，也就不是实践的。

结果就是：一切技术上的实践规则都只是理论哲学对特别情况的应用。它们包含有艺术和技能的规则，这是能使我们影响别人的。但是在它们的本身来说，是和道德上实践的东西毫无关系的，因而就不是属于实践哲学的范围的。所谓“实践的”技术如测量、政事、耕作等等，而且甚至于借以可得到幸福的那些明达的规则，都只是技术上的实践规则，因而是属于理性理论的范围的。像这样，我们就明白实践哲学和道德哲学是同一的，以自由的超感性原理为根据的；而理论哲学是限于现象的联系的。这都是康德的先验理论的一些说法，是我们要留意从而予以批判的。

如我们早就谈过的那样，康德是按人类心灵的活动划分为知识、感情和欲望这三种机能，从而进行他对于知性、理性和判断力的探讨的。依他探讨的结果来说，知识的规律是现象借以得到构成的知性原理的；欲望的验前规律（有别于心理学的经验性规律）是理性在验前所规定的道德律。那么，既然愉快和痛苦的感情是介于知识和欲望之间的，按康德的说法，我们就必然指望介于知性和理性的判断力有它自己的一条验前的原理，指望它在某种方式上要规定支配愉快和痛苦的规律的。可是，愉快与痛苦是和行动联系着的，所以我们就必须指望判断力是使自然的区域和自由的区域成为调停知性与理性的，而且它又是对愉快与痛苦的感情有关系而作为知识与欲望的中间环节的。

b. 判断力的活动

现在我们集中注意力于判断力的本身活动。

关于判断力这个机能。

在一切情况下，判断力是把特殊带到普遍下边来的能力，例如把黄金这种特殊物带到金属这种普遍物下边来那样。但是，普遍的类，可能是在我们所知的东西当中就是已经有的，也可能不是直接包含在我们的知识里面而有待于去寻找的，例如我们可能不知怎样把当前的一个特殊现象归属于哪一类。在规律或原理是属于前一种性格时，康德称它为决定的判断力。因为它是从普遍出发而以知觉的详细情节为标准而详细说明它或确定它的；在后一种情况下，得要寻找规律，所以就称为反思的判断力。然而在反思的判断力里，必须使用某一条原理作为引线，而判断力是以这引线为标准来活动的。康德认为他是在意图或说目标里面发现这个引线的。那么，决定的判断力不过是那判断力，这种判断力是使用那些在《纯粹理性批判》里所已经提出的知性各种原理的，即使用所谓直观的公理、观察的预测、经验的类比和经验思维的公准的。关于这些各种原理，我们在分析《纯粹理性批判》时，是已经谈到的，而在这里就毋须赘述了。另一方面，反思判断力是特别的各门科学在发现自然的特殊规律过程中所使用的判断力，而在那些特殊情况下予以研究的。

但是，康德着重指出，在判断力应用了知性所提供的各种原理之后，我们还远远没有得到对自然的一种完备的知识，因为自然是一个体系，它的各部分是为因果作用的原理所联系着的，但是在一定的对象和事件的联系中，其所表现的形式是无限多样的，因之就必须寻找那些特定现象的规律。比如说，反思判断力在其寻找自然的特定规律的过程中，感觉到自然作为好像是一个有机整体似的，其一切部分都是为一个不同于我们的理智的一个理智所决定的。可是我们不能肯定现实上确有这样的一个理智；我们所能说的只是判断力在其寻找自然特定规律的过程中必须按照这样的一条原理而进行，才能理解当前的一切自然现象。

这就是说，反思的判断力，在某一些特殊的自然现象面前，总得要按照着一个概念，按照着一条原理，来进行活动，才能理解这些现象。这条原理就是，自然的特定规律可以看为好像这些现象是一个有意图而活动着的理智的表现似的。

这样，康德就在他的《判断力批判》里引入唯心主义的目的论作为这部“批判”的结论，同时也作为他的全部批判哲学的结论。其详要在后文适当的地方予以揭露。

二、康德的“意图”这个唯心主义先验论的观念与其原理

且先看康德是怎样企图说明“自然的形式含有意图的意味这原理就是判断力的先验原理的”。

康德根据他当时的自然科学的发展程度，认为自然作为有意图的这个概念是一条先验的原理。这一点是这种事实所证实的，即科学研究工作者在习惯上按照着来行动的某些准则，而这些准则，依康德说来，是明白意味着自然好像是有意图似的（注)。例如说，“自然采取的是最短的途径”，即“节省率”；“自然是不跳跃的”，即“自然的连续率”；“自然有许多规律而甚少原理”，即“除必要时，原理不增加”。因而康德就认为这些说法都含有这个意思，即可以把自然看为对着一个明确的目标而工作，而且使用最适合于达到那目标的手段的。这就是杂多的东西适应于统一性的观念，于是康德就硬认为适应这个概念就是判断力的主要概念。而“适应”是意味着意图的，也就是“含有目的的”。判断力按照着来进行活动的这条原理不是得自特殊事实的原理，而是先行于特定规律的发现的一条原理，是一条先验的原理。康德认为，我们其实必须预先假定自然是要看为好像它是一个统一体似的；因为不然的话，我们的经验就会变成零碎的，而我们就会没有知识的联系系统了。

a. 愉快感在科学工作中的产生从而就有审美的能力

康德还指出，使用意图这个观念作为一种指导时，科学工作者就会发现他能在某些情况下把许多特殊从属于一条规律，或者把许多特殊规律从属于一条更高的规律。这种发现也是自然的适应性的表现，即杂多是适应于统一性的。其结果就是在科学工作者的心中激起一种愉快感，这又显然是发生于在某种意义上自然是适应于我们知识的机能的这种坚信的一种感情，这种愉快是有一种很显著的性格的，甚至在人们对这种发现的规律久已熟悉之后还继续存在着的。

这也就是自然中意图的审美的意识。在我们有着一个感觉的整体的表现时，就在我们里面发生一种愉快的特别感情，那时，想象的对象就说是美丽的，而判断它为美丽的能力就称为审美力。

可是，我们怎样来解释这种特别的感情呢？康德的答复就是，它是发生于主体的知识的各种机能之间的和谐。这个答案也就决定了康德主观主义的美学了。

b. 崇高感的产生从而就有崇高的意识

美学的意识还有另一种形式，即崇高。上面所说的美丽感是从静观一个看为美丽的对象而发生的愉快，而这种愉快是由于对象的形式和反思判断力的一种适应的。所谓崇高感是发生于主体对于对象的形式或无形式性的另一种适应的，而这种适应的意识是含有主体对这种意识有着一种反冲的情绪的，所以就和美丽感有所不同。因之判断力的批判就有两个主要部分，第一部分是处理美丽的，而第二部分是处理崇高的。

三、审美判断力的批判

审美判断力批判又分为两部分，即分析论和辩证论。分析论又划分为两卷，其第一卷是研讨美的分析论的，而第二卷是研讨崇高的分析论的。

我们现在首先简介美的分析论的主要内容。

康德认为，断定一个对象是美或丑，不是因为知性理解它是知识的一个现实对象，而只是因为它对于主体有关系，它在主体里面激起一种愉快感或痛苦感。在这种情况下，起作用的特别能力是想象力，即在心的面前提出意象的机能，或者更确切地说，起作用的是想象力和知性结合着在工作。因之鉴赏的判断就不是关于知识的一个判断，不是对于所知的对象的性格作出任何肯定的。我们说判断是审美的，意思就是说，美或丑这个述语只表示主体在受到称为美或丑的对象影响时是怎样感觉的。所以在审美判断的情况下，而且唯有在这种情况下，我们才发现完全是主观的一种观念的关系。

关于这点，拿愉快的东西和善的东西与美的东西相比较就显得更为明显了。愉快的东西和善的东西都是对于欲望机能有关系的。愉快是通过一种外来的冲动在感性的主体里面所产生的满意，而善是发生于主体对通过意志而变为存在的对象的一种关系。比如说，我们饿了就想吃饭，吃了饭就觉得满意，这就是愉快；我们决意要完成一种工作，工作完成了，就是意想的对象变为存在的对象了，于是我们就称之为善的。所以说愉快和善都是主体和对象的一种利害的关系。但是鉴赏的判断就不同：它是静观的；它的对象是主体把它摆在自己心面前而在它里面觉得有直接的满意的某东西，而且主体对于这个对象的静观不是要获得关于它的知识的；因为鉴赏的判断力不是根据一个概念，也没有什么概念作为它的目标：它不通过知性而动作，也不通过意志而动作，只根据于从对象的静观而发生的满意或不满意，完全不管主体对它具有任何利害关系的。这种满意的对象就称为美的。

在确定了美的质的观念后，康德按他一贯的作法，又从量、关系和模态这三个方面来讨论鉴赏判断。

从量的方面来说，我们意识到我们关于美的东西所经验的满意，完全不是由于我们自己的倾向而是完全不是私人的性格的，所以我们就判定这对象对每一个人都是会给以满意的，也就是说，每一个人在同样的对象面前都会有同样的经验的。可是，鉴赏的判断不是逻辑性的，因为它并不是像逻辑性判断那样依据概念的，而是依据对对象的直接直观，依据对对象的纯粹静观的。它是一种普遍有效的判断，但是不同于逻辑性的普遍判断。

还有一点，鉴赏判断在量上乃是单一的，因为这种判断总是对于直接在直观或想象里，在我们面前的个体对象有所陈述的。

可能有人提出反对的意见说，“一切玫瑰花都是美的”这种判断，其中的量不是普遍的吗？康德的答复是，虽然无疑这个判断在量上是普遍的，但是它不是一个审美判断，而是一个真正的逻辑性的判断，依据着许多审美的判断，其中每一个都是在量上是单一的。换句话说，“一切玫瑰花都是美的”这个判断是一个总结性的判断，通过知性而得出的。

从关系方面来说，鉴赏判断是关于目的的。

这里所说的目的，并不是指一个对象，其存在只是借助于一个概念才成为可能的，因为如果是这样的话，它就在主体里面造成一种利害感，而判断就以这为其根据，然而鉴赏的判断并非以利害关系为根据的。但是纵然是在没有关于一个目标的明显概念时，如果不引进一个有意图地活动着的原因，我们就不能说明它的存在，那么一个对象，或心的状态，或者甚至一个行动也可以说是有意图的。而在这种情况下，我们就有了“没有意图而有意图性”的一例。康德认为在这种意义上，鉴赏判断可说是关于目的的，因为虽然在鉴赏判断中，我们不能说有一种有意图的这种概念在起着作用，不能肯定对象（在这里就是愉快感）在现实上是为一个意志所产生，但是我们别无他法来把这愉快的存在弄得使我们可以理解，而只有在“没有意图而有意图性”那方式上来设想它。这就是说鉴赏判断是关于目的的意思。固然，关于鉴赏判断的性质，我们是说它发生于我们知识的各机能的相互关系，因而就必须依据一种纯形式的或者说主观的适应，但是何以在这种审美的判断中我们有着知识的各机能的相互关系而且从这种关系就有主观的适应，除非是有着一种最终原因在那里起着作用，那也就是“没意图而有意图性”的意思。

最后，康德还从模态方面来说鉴赏判断。

他认为美的东西就是被看为含蕴着对我们的满意有一种必然的关系这样的东西。但是这个必然性，依康德的说法，是一种特别的必然性：它不是一种理论的或者说客观的必然性，依赖着知性在它对于直观种种因素的关系的基本结构的，不是经验对象通过因果律的一种必然的或不变的联系。在断定一个对象为美的时候，我们不能验前地说，事实上每一个人都要感觉到同样的满意，像它是由于自然律而来的满意那样。这个必然性也不能同一于道德的义务，像发生于对一切有理性的存在者都有效的一条规律或规则那样。在鉴赏判断的情况下，其必然性必须称为示范的；就是说，在这个对象出现时，个人应该一致地断定它是美的。但是在这里的应该又不同于道德义务的应该；因为后一应该是无条件的，而前一应该是有条件的；道德义务的应该是对一切可能的理智而且对人在一切可能条件下都是适用的，而鉴赏判断的应该是假定个别的实例是正确地包摄在同意的规则之下的。

这就简介完了美的分析论。下面就开始介绍崇高的分析论了。

崇高的分析论是“审美判断力批判”第二卷的内容。

崇高的分析论也是分为两个部分来处理的：甲、数学上的崇高，和乙、自然在力学上的崇高。

上面我们已经简介过美的分析论的主要内容。在谈到崇高的分析论之先，康德首先拿美和崇高进行比较，使得读者对于崇高能有一般的观念。

他指出在一些地方美和崇高是相同的。第一，美的东西和崇高的东西都是本身令人愉快的，都是根据一个反思的判断的，而不是根据一个感觉的或逻辑上决定的判断的。这就是说，在美和崇高感的情况下，判断是这样的，其中的对象是直接被呈现出来，但是对象所包摄在其下面的规则不是在判断之先的，所以对于崇高的满意，如对于美的满意一样，不是依赖感觉而且又不依赖任何确定的概念的。这是崇高感和美感相同的第一点。

第二点，在崇高感的情况下正如在美感的情况下一样，其反思的判断对概念有某一种关系，虽然这种概念是不明确的，因而审美的愉快发生于只是一个对象的表象，或者对表象的机能（即想象力）有关系的。

第三点，美的判断和崇高的判断都是单一判断，然而这些判断却自认为是对每一个人都普遍有效的，但并不把它们的要求根据于关于对象的性格的任何一定的知识的。

可是虽然崇高和美有上述的那些相同或者说相一致之处，但是两者之间还存在着一些差别。

首先，自然的美是和准确有限制的对象相关联的，如一朵玫瑰花这样的对象相关联的，而崇高感则发生于和一个没有一定限度的而且甚至完全无形象的对象相联系的，譬如在狂风怒号、海浪澎湃的时候人们感到的崇高那样。所以美的东西可以看为含蕴着知性的一种隐约的运用，这是由于知性是以特定的概念来确定对象的；而崇高则可以看为由于理性的一种隐晦的运用，因为理性的特性是追求一个无条件的总体的。所以在美的东西里面，满意是和对象的质的意识相关联的，而在崇高的东西里面，满意是和量的观念相关联的。

此外，美的意识和崇高的意识又在种类上不相同。在美的东西的情况下，有一种愉快感，发生于生命活力的自由流露，因而可能和感觉性的魔力与幻相的活动有联系。另一方面，连同崇高感而发生的愉快不是直接的而是间接的。崇高的对象之第一个影响是阻止生命活力的流露，而随着这个有活力的更强烈的流露，这只是第二性的。因之，崇高排斥直接的感觉性魔力而含有想象力的剧烈而庄严的运用。既然发生于崇高的愉快感是间接的、第二性的，它是一种消极的愉快多于一种积极的愉快，类似伴随着道德律的意识的崇敬感的。

还要注意的就是：自然的美是在于含蕴在对象的形式里各因素的和谐，而这种和谐在我们里面激起一种愉快感，这是审美判断所根据的；结果在美的东西的情况下有一个直接的判断，像是依据对象对我们知识各机能的直接适应的。反之，在崇高的东西的情况下就不同，对象的形式或无形式性有点像是否定了意图，结果是判断不是直接的而是间接的。想象力努力于表现超过它的能力所能表现的。对象的性格既是这样，因之就不能把它压缩在限度的里边，它是逃出一切表现它的企图，因而判定对象是崇高的这种判断是间接的，而且，它越是挫折想象力要表现它的一切力量，它就越为人看为更崇高。因之看来在这里像是有对象和我们知识各种机能之间一种对立而不是相互间的直接适应。

于是康德就又一次暴露他的崇高感之唯心主义的说法。这是我们要进行批判的。他认为，严格地来说，我们不能称自然的一个对象，其实不能称任何对象的本身为崇高的，因为在崇高的东西的情况下，没有对象的形式和主体的机能两者之间的直接适应，像含蕴在美的东西的情况下那样。所以我们对于我们称为崇高的自然对象不能有一种直接的满意感，因为它和我们的机能的直接运用说是和谐毋宁说是不和谐。在心灵中唤起崇高感的，正是在感觉上呈现出来的对象的不足以实现理性的观念。为狂风激起而怒号的大海，在其本身不是崇高的而简直是可怕的，而只有当心灵充满着理性的观念时，才对于感性的本性从威胁到它毁灭的东西自然的退缩而引起一种反作用，因之心灵就对外来的对象反作用，被冲动到高升于一切感性的东西而纯然从事于观念。可见在崇高东西的情况下，有意图性是在主体里面，而且其实是在有理性的主体里面，而不是在对象里面。

康德的唯心主义审美学说在这里就十分露骨了。美感也好，崇高感也好，不是对客观事物的反映而是心灵的作用，尤其是关于崇高的对象是这样。照这样说，客观事物就没有可称为崇高的了，只有是可怕的，令人见之而退缩的。可是在这种情况下，当人的心灵充满着理性的观念时，引起一种反作用，而在这种反作用的心情被冲动到高升于一切感性的东西而纯然从事于观念的时候，才有崇高的出现的。这是充分表示着康德在其18世纪末叶典型地代表当时德国资产阶级对于专制政治的不满，然而由于资产阶级的软弱无能，就不敢而且不能从事于革命而只有如康德所说，退回到心灵里面去“从事于观念”，在那里自认为是“崇高的”，从而聊以自解自慰。这种学说是极端反动的，难怪在康德70岁时，在他再版他的《纯粹理性范围内的宗教》一书的时候，普鲁士国王威廉二世给他警告，勒令他不得支持违背新教徒正统信仰的言论，他就毫不敢反抗而支持当时为即令反动统治者所容许的言论出版自由。他在那以后3年便退休了，离他死时也不过10年，又何必这样在反动统治面前畏缩而不敢为知识界和学术界作正义的斗争呢？他的这种表现和他的《实践理性批判》所表示的道德责任感何啻天壤？可见言行的不一致是知识分子的一种可耻的特性，而康德是其一个典型例子。

让我们再来看看康德是怎样继续在他的崇高分析论里谈崇高的。

正如我们在上面已提到的那样，康德是把崇高分为两种来进行研究的。他有所谓数学的崇高和所谓力学的崇高。数学的崇高是大小的崇高，而力学的崇高是力或能的崇高。

我们先介绍数学的崇高。

甲、数学上的崇高

“崇高”这词是应该怎样解释的？

据康德的说法，绝对伟大的称为崇高。绝对的大是超过任何一定的量的，是无可比拟的大的。如果我们说一个东西不只是大而且是绝对大或者说是崇高的，而想在这东西以外寻找一个比较的标准，这显然是无用的。所以，崇高是那个东西，和它比较起来，一切其他东西都是渺小的。因之就没有感官对象能够是崇高的。这又是唯心主义的康德在说话了。他的企图又是要崇高只归之于思想而不属于客观事物。他说，想象力却永远不断向前突进，力图表现某一个无限的或绝对大的东西，而想象力的失败就表示理性要求有绝对的总体；因为如果我们没有无限的这个观念，我们就不能意识到想象力表现无限是失败了的。所以我们也可以这样来表达崇高的性格，那就是崇高的，只是能够想到它，就证明我们具有超出感官任何标准的一种能力。

康德谈到数学上的崇高时，还把它和数学上另一个观念来比较，那就是无限的这个观念。他说，无限也不只是比较上大而是绝对大的。因之同类的一切其他的量和它比较起来都是小的。在感性上要表现无限，就需要一种理解的力量，在它里面所用的标准，是和认为可在数目上表达出来的无限有一定的关系的。这显然是不可能的。但是仅仅能思维到无限的这种力量而不带有矛盾，这也就意味着在人类心灵中有一种超出直观的机能。只有引起一个本体的观念的机能，才能在思维中完全掌握得住感性世界的无限性，虽然依靠使用数目概念的数学方法是不能理解它的。关于崇高的这个观念，也可以同样地这样说。

康德一直是认为理性的规律是要求有现象的完整综合这个观念的，因为理性的性格总是不能满足于任何达不到无条件的东西的，而既然想象力甚至尽到它最大的努力，还永远不能达到这样的一个整体，因而就永远不能成功地表现一个够得上理性的观念的对象，所以它就露出它自己的限度和不完全性来，而与此同时，它证明一直指导着它的理想，就是理性的观念或者说理性的规律。所以对我们之归于自然的崇高的这个感情，正当地是对我们自己作为有理性的性格的尊敬。所以我们是用一种暗中窃取的方法，把严格说来只属于我们自己人格里的人性的东西，转移到自然那里去。换句话说，崇高本来是属于我们的，而我们只把它转移到客观自然的现象那里去罢了。

这就是康德关于数学上的崇高的分析所作出的唯心主义的结论。包含在我们关于崇高的判断里面的满意也就是这样的。

乙、自然在力学上的崇高

什么叫作自然在力学上的崇高?

康德的答案是:“自然作为不压服我们的一种力量来着想,就是在力学上的崇高。”

这是什么意思呢?某些自然现象确是令人可怕的,好像是要压服人似的。“比如黑云密集,雷电交作,狂风怒号,海洋澎湃,我们对之是惧怕而不敢仰视的。可是当我们感到安全的时候,这些现象越是可怕,它们的光景就越是引动人;我们便立刻称它们为崇高的,因为它们引起心灵的一种稀有的力量,而在我们里面同时透露出完全不同的一种抵抗力,使我们把自己和看来是自然的万能,作一种较量。这就是自然在力学上的崇高对我们所激起的满意情绪。这种情绪使我们深深觉得我们物质存在的种种限制,但是它又揭示给我们这个事实,即理性有一个标准是高于任何在现象中能对我们出现的东西的。自然的无边力量究竟是够不上绝对统一性这个观念,而和这相对比,自然里边的一切都显得是渺小的了。我们作为个人在自然的不可抵抗的力量面前,是觉得软弱无能的,可是理性,叫我们从人类的观点看,是依然未屈服的。这样一来,就开始把自然看为不是可怕而是崇高的了。”①

康德的这段话虽是激昂慷慨,然而也是18世纪末叶普鲁士王国资产阶级知识分子软弱无能、不敢革命的腔调,对于自然来说,可能是向自然大进军的科学气派,但是以康德个人在当时的政治情况面前所树立的标准就太过反动了,因为他毕竟是个残年的独身主义老教授,一生是脱离实际而在书斋和课堂里大谈理论的。

在这里和他在谈到数学上崇高的问题时一样,是以崇高归之于心灵而否认它是属于客观世界的。他写道:“所以在任何自然对象里都并没

① 见康德:《判断力批判》,上卷,第28节。[编者附注:对这段及后面的引文,韦先生加了注释,放于篇末,可惜遗失。编者在宗白华译的《判断力批判》上卷(商务印书馆1964年出版)中找不到对应的文字,说明韦先生的引文像其他许多引文一样是根据原文自己译出的。这里只能根据意义判断引文所在的节数。下同。]

有崇高性，而只在我们自己的心灵里边才有，这是就我们能意识到我们高于我们里边的自然而言的，而因之又高于我们外边的自然，这是就自然对我们的影响而言的。”①

是不是每个人对于自然的某种如上述的现象都有同样的感觉呢？康德认为“只有受过某种程度的培养的人才能上升到超出自然呈现为可怕的那个第一相而判定自然是崇高的”②。可是我们不可认为这种判断完全是由于文化和社会上的习俗而来的；它的基础在于人性，而且事实上是在于我们有权认为尽人都有的东西，像一个健全的知性一样的。那就说，谁对于我们判定为崇高的一个对象无动于衷，谁就是缺乏感情的。

康德的这种解答是诉诸空洞的人性论的，是一种无可奈何的解答，不能叫人满意的。

康德关于审美判断力批判的分析论部分之主要内容就是以此为结束。下面还有辩证论部分，我们得要简单地介绍一下。

审美判断的辩证论

“下面的二律背驰是和鉴赏力原理连带发生的：

(1) 论题：鉴赏判断不是根据概念的；因为如果是的话，它就引起纠纷而不能有证明。

(2) 反论题：鉴赏判断是以概念为依据的；因为不然的话，纵然有它的分歧，仍不会有纠纷，像是当我们要求别的人必须一定在我们的判断上和我们同意那样。”③

康德对于这个二律背驰的解决是这样的：困难是由于“概念”这词分别用在正题与反题的不同意义上。肯定鉴赏判断不是根据概念的正题，在不是根据明确的概念这个意义上，它便是真的；但是反题肯定鉴赏判断是根据概念的。在把“概念”这词理解为一个不定的概念，即超

① 见康德：《判断力批判》，上卷，第28节。
② 见康德：《判断力批判》，上卷，第29节。
③ 见康德：《判断力批判》，上卷，第56节。

感性的基质或者说本体的概念或理念时，反题也在同等程度上是真的。作出了这个区别的时候，表面上的矛盾就消逝了，所以这两条表面上矛盾的原理是能互相协调的。

这也就结束了审美判断力批判的辩证论部分。接着就是目的论的判断力的批判了。这批判只分为两节，第一节是讨论目的论的判断力的分析论的，而第二节是讨论目的论的判断力的辩证论的。

目的论的判断力的批判

a. 目的论的判断力的分析论

据康德的说法，只是在我们没有其他方法来说明事实的时候，经验才迫使我们把意图这个观念应用于自然对象的。可见康德的目的论这种唯心主义的说法，只是在自然科学还没发展到能令人满意地说明自然现象时才主观地把目的或者说意图这个观念引入对自然现象里的。

康德拿这样一个实例来分析。松树繁殖于一片沙土之上。这大块沙土是海洋从波罗的海海岸退缩时留下来的。这块沙土帮助松树的繁殖，而对松树是便利的。问题就是，海洋的退缩是否要看为是为了松树的滋养的。如果是的话，那么就要把沙土看为一种相对的目标，而海洋的退缩作为一种手段：正如松树是一个目标而沙土是一种手段一样。不管把意图这个观念这种应用的合法性是说成怎样，至少很明显［这是唯心主义哲学家康德在说话］，在这里我们有了一个纯是相对的或说偶性的意图；因为意图不是归于松树本身，或者归于沙土，归于海洋，而只归之于这些不同现象之间的外部关系。这样就很明显，只有我们假定有某一种是自然预定的绝对的目标，我们才能辩解外部自然目标这个观念；不然的话，我们就永远达不到手段以外，而且事实上就会无止境地前进。但是为了成立这样的一个绝对目标的存在，我们就必须完全超出自然，因为从物质方面来考虑，自然不过是特殊现象的总和。所以，相对的意图虽然暗示着自然是有意图的这个假设，但它永远不能为一个绝对的目的论判断作辩解；为了获得这样一个判断，我们必须是能够说明有些现实事物是得要设想为本身是有意图的。

那么，哪些现实事物是必须看为其本身是有意图的，才能说明它们的呢？康德说，只有在一个东西是它自己的原因而又是自己的结果的时候，就是说，只有在它是自为原因的时候，而在这是这样时，即种是如此，个体是如此，个体的各部分也是如此这个时候，这东西才是一个自然目标。拿一个例子来说，康德依然是拿树做一种实例。

一棵树产生另一棵树是按照人所熟悉的自然律的。所产生的树和产生它的树是属于同样的种的，因之我们可以正确地说这树是自繁殖的，即是自己的原因而又是自己的结果。其次，个别的树是自产生的，通常称这为成长；但是成长不只是大小的增加，这是可以由机械的规律说得清楚的。当然树是从外边得到为它成长或者说为它的自产生的资料的，但是它对这个资料运用一种分开、结合和形成的活动，把资料变为它维持自己的手段。最后，树的每一部分都是自产生的；因之，除非每一部分显出同样的自保持的力量，树本身就要死的。例如接种在另一种树的小枝上的一个树芽不显出另一树的特征而产生本种的树。所以我们可以正当地说，同一棵树的每一小枝或每一块叶，在某种意义上，都是接种在树上的，而自成一棵独立的树，只是外在地附加于另一树上而为它所滋养的。但是一方面小枝和叶为树所滋养，而另一方面，它们又对树供给营养，这也是属实的，因之假使重复地剥去它的叶，树是会枯死的了。

康德的对树的这种论述，严格说来是比较幼稚的，但是在他写这些话时，是在法国拉马克和英国达尔文这两位伟大的自然科学者之前好几十年，而能这样生动细微地描述树的生长，还是有动人之处的。可是他的用意竟在于成立他的目的论，那就得要加以批判了。

让我们首先再看他的目的论是怎样建立起来的吧。

他说，知性所想到的因果联系是构成一个回溯系列的原因与结果的；因为这里原因在结果之先作为它的条件；而由于这原因本身又是一个结果，在它之前又有另一个原因，而这本身又是结果，如此类推以至无穷。这种联系称为充足原因的联系。但是有一种因果联系不在同样的意义上含蕴着一个回溯系列的。它可以回溯，也可以前进的，因为以因果联系着的各因素是并存而且相互依赖的，所以原因一样正当地可称为结果，而结果称为原因。因果联系的这个形式是最后原因的联系。

一个物体是一个自然目标，只是在它的各部分在它们的形式上和在它们的结合上都是互为依赖的；而反过来，整体的观念可以看为按一条原理作为这物体的原因。在这个情况下，所以就有了充足原因和最后原因的结合，就是充足原因被想象为最后原因借以得到实现的手段。在一个自然产物里面，不只每一部分是借着其他部分才存在，而且是被想象为为了其他部分和为了整体而存在的，因之每一部分都是一个工具或者说一个机件，不但是这样，而且这些机件是彼此交互产生的。所以唯一的自然目标是发现于自组织的存在者里面。

但是，不引入意图这个观念，就没有判定一个对象之为可能，这并不等于说自然是有意图的。要作出后一种断言所需要的，不只我们是被迫来使用意图这个观念作为我们判断的一条原理，而且我们要具有关于自然本身的一种知识，叫我们有权来把意图归之于自然。可是这就意味着我们必须对自然作为一个整体具有一种理解；而由于我们经验的种种条件，使我们不能有完整的或者说无条件的知识，显然在这里我们就被驱使完全超出经验而进入超感性东西的区域里边去了。甚至一茎草叶都是我们不能理解的，除非我们把它作为内部有意图的来设想。但是这件事所指出的不过是从我们的有限知识这个观点来看，我们除了把它设想为内部有意图的这看法外，我们就不能在任何其他方式上理智地来说明一茎草叶。然而一经得到这个概念时，即得到乃至一茎草叶都是内部有意图的东西这个概念时，我们就不能排斥自然是目标的一个系统这个观念，因为在有组织的存在者必须存在这假定上，我们有权来肯定它们存在所需要作为手段的东西也要存在，这样一直穷追到最后，我们就得到自然的整体作为目标的一个系统的这个观念，那就是说，自然作为一个整体必须设想为有机的这个观念。

然而康德指出，这是一条限制性的原理。所谓限制性的原理，是这样的原理，是我们谈到某些对象时不得不用的，因为不用它，我们就不能解释这些对象，但是这原理本身是根据超感性的东西这个观念的。所以意图的原理只把一个指导的概念放在我们手里，利用它把已经在机械上确定的自然对象包摄在最后原因的原理之下。然而，既然机械的因果作用这原理适用于经验对象本身，而最后原因的原理只是我们关于自然必然地从属于一个超感性的观念这个概念，我们就不能说，在自然里有任何东西本身是有意图的了。

当目的论判断对于有组织的存在者的应用，引导我们把自然的整体作为有机的设想时，我们就开始看到甚至自然的美，即自然和我们知识各机能的自由活动的和谐是可以合法地对待为好像这是自然有意图地预定了的——虽然这样想象自然和人之间的关系当然只是主观的。

上面所说的就是目的论的判断力的分析论的主要内容。剩下来还有《判断力批判》的辩证论。

b. 目的论的判断力的辩证论

首先我们要弄清楚康德之所谓组织性的原理和限制性的原理。

我们在上面已经说过，据康德的说法，限制性的原理只是一条原理，在我们谈到某些对象时不得不用的，因为不用它，我们就不能解释这些对象。组织性的原理就不同。组织性的原理是这样的：在它里面我们把经验的特殊东西包摄在知性的一条规则之下，因而它只是在经验的限度里边适用的，是决定关于对象的性质的。反思判断力关于自然有意图的对象所用的是限制性的原理，而在科学研究中所用的是组织性的原理。

所以，关于自然对象有两个判定的不同方法，即决定性判断所采用的方法和作为反思判断特征的方法，于是一种二律背驰就可能发生了，因为在假定了判断的这两种形式都应用于经验的对象而且是在相同意义上应用于它们的，一种辩证的矛盾就不可避免地发生，因为假定了反思的原理是组织性的，像决定性的判断的原理一样。

判断力的第一条准则就是这个立场：一切物质的东西的产生和它们的形式必须按照纯然机械规律判定它为可能的。

第二条准则是反对的立场：有些物质的自然产物不能按照纯然机械的规律，而需要有完全不同的因果作用规律，即最后原因的规律，来判定它们是可能的。

这样叙述出来，这些都是限制性的原理，可以使用在自然的特别规律的研究中的，如果改变为组织性原理，确定自然对象成为可能的各条件，它们就是这样的：

立场：一切物质东西的产生，按照纯然机械的规律，都是可能的。

反对立场：有些物质东西的产生，按照纯然机械的规律，是不可能的①。

如果我们拿最后两个命题作为组织性的，或者说作为确定自然对象的性格的，它们显然是互相矛盾的。所以我们在这里就有一种二律背驰，这是从判断力的性格发生的。理性不能证明两者任何一个，因为理性纯是处理超感性的东西的，因而它不提供组成感性东西的任何验前原理②。

可是头两条命题则不同，它们只表达反思判断力的准则，因而实际上不是矛盾的。在我们增进我们关于特种科学的知识时，我们必须在一切情况下，看对象好像它们纯是自然的机械产品似的，但是，虽然如此，没有什么东西妨碍我们。在我们碰见一些对象时，在它们作为自然机械系统的部分得到确定后，显然没有得到完全解释，那我们就以最后原因为这个概念的导引线，而用它作为一条主观的或说限定性的原理，

① 康德著，韦卓民译：《判断力批判》，下卷，商务印书馆，1964年版，第38页。
② 康德著，韦卓民译：《判断力批判》，下卷，商务印书馆，1964年版，第38页。

借以推进我们关于自然特定形式的知识[1]。

康德最后又说到，只要我们是处理现象，我们就必须应用机械的规律，因为这些规律就是唯一的规律，适用于在空间与时间中出现的对象的；但是特殊规律和自然的形式的和谐与统一性不因之而被排斥，因为自然的机械作用只适用于现象的。自然的超感性根据纯是理性的一个对象，而在我们碰见带有现象本身的不同性格的现象的超感性根据这个观念时，我们只得利用最后原因这个观念来协调这两者。这样一来，自然就得要按着两条不同的原理来确定，即机械的原理和目的论的原理，它们是彼此不冲突的，因为前者适用于纯然作为现象来看的对象，而后者是有关于超感性的和感性的可能和谐的。这样一来，就很明显，在自然产物的一种机械派生这种原理和目的论原理之间是没有矛盾的[2]。

这就是可以作为康德的《判断力批判》“目的论的判断力的辩证论”的结束，也就是他的《判断力批判》全部著作主要内容的结束了。康德的三部“批判”当中，叙述的重复是很多的，而且附带的论述也是很多的，例如在《判断力批判》的结尾上又加上“关于方法的附录”，都是我们在这里所不必提及的。因此，我们就此结束康德的《判断力批判》了。

---

① 康德著，韦卓民译：《判断力批判》，下卷，商务印书馆，1964年版，第39页。

② 康德著，韦卓民译：《判断力批判》，下卷，商务印书馆，1964年版，第40～41页。

[编者附注] 在本段和上段之间，韦先生还用铅笔写了“引文：41～43、152、158、163”的字样，可能是作者想插入这些页码中的内容作为他的解说的引证。可参阅。

康德哲学的介绍

一、康德在马克思主义前西洋哲学史中的地位

以康德对于西洋哲学发展过程中的贡献来讲，研究康德的人们意见是不一致的。仔细地分析起来，康德对于哲学的贡献是不很多的。他的哲学系统中，不能说有什么很重要、很有价值的论点是前人没有提出过的，提法尽管不同，内容大都是承继前人所已经讲过的。可是拿这个标准来衡量马克思主义以前的哲学家，许多杰出的人物也可以说贡献不大，就以古希腊的哲学家柏拉图和亚里士多德来讲，发前人之所未发的还是很少。康德以后的伟大唯心主义哲学家黑格尔岂不是一样吗？能在前人的基础上把前人的东鳞西爪的东西，组织为一个系统而提出，并由之而提出问题，分析问题，就是问题得不到很好的解决，却能指出问题解决的方向，或者引起更重要的问题之提出，就是对于哲学发展有价值的贡献，康德在哲学史的地位，显著的是在这一点。

何况康德的影响太重要了。他死后一百多年，可以说一直到现在，谈哲学的人们，无论是赞成康德的或反对他的，都要提到康德。裴希特（Fichte）、雪林（Schelling）、歌德（Goethe）、黑格尔（Hegel）、费尔巴哈（Feuerbach），哪一个不深刻地受到他的影响？尽管他们有些地方是极端反对他的。新康德派哲学在资本主义国家中还有相当的势力。最

近二三十年我所读过的不少自然科学的哲学书籍，如艾丁敦（Eddington）的《物理哲学》，林西（Lindsay）和马根纽（Margenau）的《物理学基础》那类书籍，无一不是康德思想。康德在西洋哲学史中的地位是可以肯定的。

我知道康德的东西是肤浅的，许多是别人的见解，拿来和大家漫谈一下，作为很简短的介绍，约略地摆摆材料。由于个人的思想水平低，批判还有待于大家的分析。

二、康德的生平和著述

康德的生平是很简单的，近代第一流的哲学家之中，他是第一个以大学教授的身份从事哲学的研究的。他生于公元1724年，出身于东普鲁士康尼斯堡的一个手工业家庭，在本城的中学、大学念书，所念的是欧洲的古典文学、数学、自然科学和哲学，他精通拉丁文，对科学理论造诣很深，从他的最早（1755）的著作《一般的自然史和天体的理论》（*Allgemeine Naturgeschichte und Theorie des Himmels*）就可知道。这书是康德31岁时写的。其内容是不满意于牛顿的原理之只在天体的现在状况中说明天体系的构造，而康德是从宇宙生成的问题上，说明天体是如何从气云状态按其原有的旋转运动发生发展出来的，在法国天文学家拉普拉斯（Laplace）的《宇宙系统说明》（*Exposition des Systeme du Monde*）（1796）这名著41年之前就提出了宇宙的星云说，是天文学的一件大事，为恩格斯所称道的，说这是保守的自然观打开的第一个缺口（《自然辩证法》中译本第159～160页）。可是康德虽然是以哲学闻名，但他研究别人的哲学是不够的。从他对于莱布尼茨、柏克莱的批评，都可证明他没有深入研究过这两个人的原著。他自己曾说过“休谟把他从武断的（教条主义的）睡眠唤醒”，可是他对于休谟哲学的体会，从他自己的著作上来看，是不够全面的。他在康尼斯堡大学里，他的导师克努金（Martenkuntzen）教他的哲学和物理。克努金是追随当时二元论唯理派哲学家伏尔夫（Wolff）的忠实信徒，所以讲的是伏尔夫的哲学，这对于康德的思想发展起了重大的作用。克努金所教的物理是牛顿的物理，以万有引力说明一切物理现象，对于康德的哲学思想有很大的启发。由此我们可以知道一个教师的思想对于青年一代的影响是怎样大。

康德22岁起当了9年的家庭教师。31岁才回到康尼斯堡大学任教师的职务，还是一个辅导教师（Privatdozent）。46岁才升教授，那时他已经有了十几种著作出版，可是他的哲学名著都是在当了教授之后才写的。在他升教授那一年，即公元1770年，他出版了用拉丁文写的《感性和理性世界的形式与原理》（*De mundi sensibilio atque intelligibilio forma et principiis*），这书是他升教授时的讲演，大概是1769年写成，因为人们后来发现他的书信和笔记中，康德认为这一年是他的哲学主要思想形成的时候。他曾说过，“在这年代才看清楚问题”。他晚年的时候，也只承认这年以后所写的东西，因为他说在这一年，他才搞清楚了“这些形式与原理是任何东西要成为我们知识对象的条件，所以对于一切经验都是必须的”。这是他唯心主义的形成，是他从唯物主义的思想逐渐蜕化，到了他自己认为他的思想成熟的1769年，他就完全陷入唯心主义的深坑里去了。在这以前，在他的认识论里还谈到只有感性认识是和主观的形式、主观的条件分不开，所以感性认识的只是现象。通过悟性我们就能从现象上升到物自在（Ding-an-sich）的认识。我们在他18世纪70年代的笔记和书信里面，充分地看出，他是在1769年之后才真正认为悟性和感性一样，有它的主观形式与条件，思想的境界和感觉的境界一样都是现象的，因之科学的知识也不能超出经验的现象境界范围之外，因为思维和感觉照康德看来，都是综合的过程，都是要遵照综合的心理活动过程的形式和条件，而这些形式与条件是主观的，不属于外界的客观事物的。

从1770年到1781年这11年之中，康德没有出版过一本著作。陷入彻底的唯心主义之后，他反复地整理他的哲学思想，到1781年他的最重要的、最为他自己所欣赏而又确是代表他在哲学史的地位的一部著作出来了。那就是他的《纯粹理性批判》（*Kritik der reinen Vernunft*）。从1781年到1790年，他就出版了6部著作：

1781年《纯粹理性批判》（*Kritik der reinen Vernunft*）第一版

1783年《未来任何一种形而上学的前序》（*Prolegomena zu einer jeden Künftigen Metaphysik*）

1785年《道德的形而上学之基本原理》（*Grundlegung zur Metaphysik der Sitten*）

1787年《纯粹理性批判》第二版（是修正版）

1788年《应用理性批判》（*Kritik der praktischen Vernunft*）

1790年《判断力批判》（*Kritik der Urteilskraft*）

上面的5种是康德的主要著作。在这以前的著作是康德自己不大愿意承认能代表他的思想的。在这以后的著作，包括他死前4年（1800）所出版的《逻辑》（*Logik*），在康德的思想体系中，按一般研究康德哲学的人们的意见，是次要的。

上面列举的几种著作，其《纯粹理性批判》第一、二版和《未来形而上学前序》是关于认识论的；《道德的形而上学之基本原理》和《应用理性批判》两种是关于伦理学的；最后一种《判断力批判》是关于美学的。康德认为认识论属于理性问题，伦理学是道德问题，属于人的意志方面的，美学是属于感情范围的，而美的判断是目的判断，涉及主观和客观的一致，超出知识范围以外，在这，康德的唯心主义已经发展为神秘主义了。

康德的兴趣是多方面的。他所涉及的问题不只是自然科学和哲学、逻辑，还有数学、地理、伦理学、美学、人类学。他很爱读游记一类的书；他关心时事，对于美国的独立战争和法国的大革命非常留意。他同情德国新兴的资本主义，反对封建制度。在其时这种思想是进步的。但是他的生活很单调，一生过着学校的生活，形成一种非常机械的生活形式。据说每天下午他出来散步的时候，街上的居民就按着他的出行来对准他们的钟。虽然他活到80岁的高龄，死于1804年，但是他晚年，大概由于神经的硬化，思想和身体都不大健康，72岁就不能讲课了。除了他的书信和许多零星笔记是后人搜集起来供研究康德哲学的人们参考之外，他的遗著一共有21种。德国柏林科学院出版于1900年的《康德全集》有12册。我这简短的介绍只限于他的《纯粹理性批判》一书，而旁及其他两个“批判”，其余都不在介绍范围之内。

三、《纯粹理性批判》主要问题的提法

介绍康德的哲学，主要是介绍他的三种“批判”，其中以《纯粹理性批判》为最重要，可是又最难读，但我们又不得不从这本书入手。

这本书难读，因为它所讨论的是比较困难的问题。其中所用的概念都不容易捉摸，非常抽象，而康德又不喜欢用例子来说明，间中用一个例子，这例子大都又需要解释的，这是难读的原因之一。

其次，康德阐述一个问题的方法是不清楚的。一方面，他写这本书，是经过11年的思想发展。他的思想发展过程中，种种看法不止一次的变动，前后不大一致，不像关于康德哲学的教科书，作者抓住一个思想，认定这是康德的定论，但是这是不是康德的定论，每每很成问题。我们回到康德的原著来看，甚至核对他原著德文的词句，常常又觉得康德不是这样讲的。究竟他是怎样讲的，从书上又常常看不出来，想不出来。这是困难的第二种原因。

再次，康德谈到一个问题的时候，他是从各方面来研讨这个问题，不是一下子拿出他自己的定见。可是他谈到别人的意见，他也尽力替这意见辩护，怕有丝毫对不起这意见，忽略了它里面所含有的合理成分，

换句话说，在康德阐述一个问题的时候，我们感觉到是在百家争鸣。康德自己的主张是什么，必须比较全面看他的著作才能理解，而比较全面地看，不是容易做到的。我们读书，每每是偷懒，求终南的捷径，当知研究是钻研出来的，尤其是研究康德要这样。抓住一两本别人谈康德哲学的书来理解康德总是隔靴搔痒，因之以讹传讹的说法是难免的。要记住康德是一位老教授，写《纯粹理性批判》的时候，他是 57 岁，在大学已经讲了 26 年的哲学，很难改变他的老教授作风，而当时又没有知识分子思想改造和教学改革运动。他写作的时候，把读者当作他讲堂上的学生，主要不只是传授知识，还要锻炼学生的哲学思想方法，不是要学生教条主义地得出问题的结论，而是引导学生去得出自己的结论。这样一来，他的书就难读了，何况康德写《纯粹理性批判》的时候，他已经思考了十一二年，在课堂上也讲了许多年，大家都等待这书的刊出，他自己忽然想起自己快 60 岁，时不我待，而要写的东西多，一下子花了四五个月，就写出了一部八百多页的《纯粹理性批判》。他每天讲课之后拿出空余的时间来写平均六页书，当然难免有多年笔记和讲稿的堆积，前后不一致，材料欠整理的地方，在在皆是。虽然 6 年之后有修正的第二版，但在这 6 年中，他还是照常每周讲 15 点钟的课，6 年中还刊出其他两部重要著作，跟着第二年又出版他的《实践理性批判》，再过 2 年又出版他的第三部名著《判断力批判》。那么他的《纯粹理性批判》写得不难读？我记得哈佛大学一位名教授写过这句话："康德是世界奇观之一，却是不要人去懂他的。"说这话的是劳斯教授（Royce），他的博士学位论文是关于康德的《纯粹理性批判》。他说这句感慨的话的时候，已经在哈佛大学讲过康德哲学 15 年了。《纯粹理性批判》之难读，主要原因乃是它不但是一部哲学，而且是要教人怎样进行哲学思维的一部哲学书。批评他的这本书，还得要从这方面看。它的内容是唯心主义的，这是另一问题。

《纯粹理性批判》的主要问题是什么呢？

用康德自己的话来讲，问题是：“综合先验的判断怎样是可能的？”

在这句问话里，有几个名词须得说明的。

什么叫作综合的判断？“综合”是和“分析”对比，而且是矛盾的。一个判断要就是综合的，要就是分析的。“三角形是有三边的”“人是动物”这一类的判断是分析的。“三角形是有三边的”这判断里面，是拿“三边的”原来就是“三角形”的一个属性，包括在主词的概念之内的。我们说“三角形是有三边的”，无非是把主词所指的对象所原有的一个属性抽取出来，来述说这对象，因之称这判断为分析判断。很明显，分析判断是不会错的，一定是对的，而且是必然性的。三角形既然是原来包括有“三边的”这属性，我们作出“三角形是有三边的”这判断，那得会错？它必然是对的。这种判断在数学里是最突出的。但是说“三角形是有三边的”对客观事物的知识有什么增加呢？如果确定了三角形是什么，并确定了它一定有三边，才成其为三角形，再说它是有三边的，并没有增加所认识的东西。这是很明显，不可置疑的。说“人是动物”也是一样。大凡分析判断都是这样的性质，必然的，可靠的，却对于知识是没有进展的。康德认为形式逻辑的演绎推理大概都是这样。分析判断是必然性的，不须等待通过经验就可确定它是正确的。不须等待通过任何经验就可当确定它的必然性，所以说它是先验的。“先验的”这个词在西洋哲学里，从公元开始的前后，当希腊哲学著作译成拉丁文的时候始，就用 a priori 这个词。分析判断是先验的，这是不成问题的。

康德以前，欧洲大陆派的哲学家，主要的如笛卡尔（Descartes，1596—1650），斯宾诺莎（Spinoza，1632—1677）和莱布尼茨（Leibniz，1646—1717），一百多年推演唯理派哲学，就是用先验的方法。根据这派哲学的理论，认识过程基本是分析过程。我们看笛卡尔、斯宾诺莎、莱布尼茨的著作都是着重数学的形式，其基本概念是数学的概念，方法是演绎的方法。我们试看斯宾诺莎的主要著作《伦理学》一书，从头至尾是用数学的几何学形式，他的思路是几何的思路。笛卡尔是分析几何的发明人，莱布尼茨和英国的牛顿是同时而各自独立地发明微积分的。莱布尼茨还是数理逻辑的先驱者。数学是从定义起，确定了定义，再确定一些原始命题，那么数学就一步一步地推演出来，复杂起来，成为有条有理的一整套。在初中学过欧氏几何的人，都可以体会这是什么意思。

可是我们要问：分析的先验知识是从何而来的？笛卡尔的答复是："我们的意识里原来就有这些天赋的观念（idées innées 即 innate ideas）。只要发展这些天赋的观念，知识就出来了。"这种说法可以说是从古希腊柏拉图就开始的。柏拉图的认识论岂不是他的有名的回忆论吗？因为时间的限制，我们不要谈得那么远了。分析演绎的方法是哲学家爱用的一套法宝，它是很能说服人的。

可是用分析演绎的方法的哲学家，每每只谈什么是应该这样。应该的，所以是必须的，必须的是意味着必然的。必然的是有可靠根据的，从确定的原始原理、所谓不待证明的公理推演出来，逻辑上没有错误的。如果问这些原始原理从何而来，唯理哲学不能说是从经验积累总结出来，因为这样一来，便放弃了唯理的立场，不成其为推理了。从经验总结出以指导经验的原理这说法，谈到康德解答怎样能有综合的先验判断这问题的时候，还要讨论的，这里暂且不谈。

唯理派的致命伤是碰到客观的事物而不能从它的原始原理来说明。例如何以糖是甜的？糖是一种用某一公式来表达的化学物，可是这公式只表达这化学物的结构，而没有说明何以我们尝着它是甜的。这是客观的一件事实。碰见这类的事实，正如牛顿发现了万有引力一样，他说："我不作任何假说（hypothesis nonfingo）。"牛顿的意思并不是说假说在科学上没有地位，乃是说，他肯定客观的万有引力是一事实，可是没有材料根据来解释它，所以不敢，也不能随意作出任何假说。这就是无法从原理推出的客观事实。

然而人类知识的进展，科学的推进，是这种事实的发现，而唯理派在这种事实面前就完全无能为力了。结果，欧洲大陆的唯理派到了莱布尼茨，甚至是博学多能的莱布尼茨，就陷入神秘主义了。宇宙究竟是不能完全以理喻的，只得说有些东西是“人同此心，心同此理”。唯理哲学陷入了穷途！

康德在大学所受的哲学教育是特种的唯理哲学，伏尔夫的二元唯理哲学，从莱布尼茨走回到笛卡尔的唯理哲学，含有某些唯物因素的唯理哲学。康德在他自己的思想发展中这种哲学变了质，完全抛弃了伏尔夫哲学的唯物因素，只在主观意识中来找综合的判断。

另一派在英伦三岛发展，可以说从法兰西斯·培根开始的哲学，是经验派哲学。这派哲学，一般人在西洋哲学史上是从洛克说起，通过贝克莱而演变到休谟。这一说就是50年的演变，从洛克的《人类悟性论》（*Essay Concerning Human Understanding*），出版于1690年，到休谟的《人性论》（*A Treatise of Human Nature*），出版于1739到1740年。有人说（如薛格洛夫主编的《西洋哲学史简编》中译本第170页），休谟的主要著作是他的《人类悟性之研究》一书。这是不正确的，因为这书出版于1748年，只是《人性论》第一卷的通俗本，内容虽有增删，却不能代表休谟的思想体系。但是直接影响康德思想的确是1755年译成德文的休谟《人类悟性研究》，而康德知道休谟的《人性论》是间接通过卑阿特耶（Biattie）的《真理性质的不变论》的。

洛克虽然有些地方是和笛卡尔同调，尤其是他的哲学二元论，可是他首先就否定笛卡尔的天赋观念。并且把笛卡尔的物质性质分析为两种，第一性的性质如占空间等，和第二性的性质如颜色等。第一性的性质是属于物质本身的，而第二性的性质是依赖人类意识才有的。物质是第一性性质的负荷物。柏克莱根据这点就指出，没有第一性的性质是离开第二性的性质而能为人所感觉得到的，所以根本就没有第一性性质和第二性性质之分。性质的负荷物既非性质，就不是人所能感知，既非为人所感知，根据洛克的说法，经验既为一切知识的来源，则物质是幻想。洛克不彻底的唯物论，就是他的二元论，在柏克莱手中就变成彻头彻尾的主观唯心论了。

休谟更进一步。洛克是说，经验所得的都是互不联系的印象，通过意识的活动，把这些互不联系的印象联系起来，才有作为认识对象的东西。橘子是黄的、圆而扁的、软的、香的、甜酸味道的，这一切等等都是印象。我们在意识中把这一切等等联系起来，才有橘子这观念。可是香、黄、圆、软等是在经验之中，而联系是主观的活动，属于主观的意识，而不属于客观的物。但联系才有物，否则只有印象。印象本身是互不联属的。因之经验得来的只是印象、现象，不是物体。

因果是联系，而联系是意识的活动。甲与乙两印象本身并无联系，经验中的甲和乙是互不联属的。只有意识把它们联系起来成为因果。因果是完全主观的，属于意识而不属于事物的，休谟这样说。

联系既是主观的而不属于客观事物，那么，综合判断之把原来不包含在主词所指的对象中的一种属性作为宾词和主词联系起来，是靠不住的，不是必然的。固然，在经验中它们是碰在一起，却本身没有必然性的联系。所以，综合判断是推进了知识，因为经验给我“天鹅是白的”知识，而“白”原来不在“天鹅”这概念之中的。可是天鹅不一定是白的。经验知识不能超出经验，是限于经验，而在经验中又没有理由是必然的。那么，科学到哪里去了呢？

结果就是唯理派哲学的判断是分析的，先验的，所以是必然的，但不能扩大知识，只在概念中兜圈子。

经验派哲学的判断是综合的，能扩大知识，都不是必然的，是靠不住的。

关于康德哲学再一次试行简介

我曾于最近向哲学组汇报过关于康德哲学的简介，但太多引用康德的原文而不够通俗，兹遵照组长的指示，再次尝试，尽量用自己的语言，只在关键处，才摘录康德的原话，予以中译。可是，由于自己的思想和业务水平太低，错误和不到之处，总是难免的，希老师们多多指正，以便提高。

这次我不多谈康德的生平、社会背景、一般的著述和他在德国与欧西哲学史中的地位了，而只介绍他在《纯粹理性批判》《道德形而上学》《实践理性批判》和《判断力批判》这四部书中的基本哲学观点，而且重点是放在《纯粹理性批判》这书的前半部上面的，因为康德的认识论主要是在这书的前半部论述的。

康德自称他的哲学体系为批判哲学。什么叫作“批判哲学”呢？

康德在他的《纯粹理性批判》的第一版序言的一个脚注里曾说过：“我们这个时代可以称为批判的时代，没有什么东西能逃避这批判的。……只有经得起理性的自由的公开的检查的东西才博得理性的尊敬的。”

从这段话里，我们首先就知道康德之所谓“批判”就是“检查”的意思，检查什么东西呢？譬如说，关于纯粹理性的批判，就是要检查纯粹理性的这种能力，是人们在一般思维中，即在其运用思想中，是怎样进行的，它的作用是什么，它的对象是什么，它的对象是怎样获得的，它的运用有什么一定的范围，它如果越出这个范围，其结果会是什么，等等。

康德认为，如果我们不首先解决这些问题，而就去运用我们在哲学思想中进行活动的纯粹理性，那就会发生种种毛病，并且不能得出正确可靠的结果。

黑格尔曾批评过康德的这种办法，指出康德是企图不下水而去学会游泳。我个人认为黑格尔的这种批评是不适当的，我们当然不能在陆地上学会游泳，可是，如果我们不去考虑到自己的身体情况，不考虑到水性，以及当前的水势，而就没有指导地跳入急流之中去学习游泳，哪能不发生事故呢？康德如果有机会来答复黑格尔的批评，我谅想他是会如上那样答复的。他在《纯粹理性批判》的第二版序言中曾指出其当时的数学（主要是几何学）和物理这两门成效卓著的科学能获得良好结果的原因，那就是“理性只有在按照自己的计划而产生的东西里，才有它的洞见，而且它自己必须用以固定的规律为根据的各种判断的原理在前领导着，而迫使自然答复它的各种问题。……来发现它能够从自然学习的所有一切”。

康德写这段话的意思是说，人的理性这种能力的活动，是先有一定的计划，而不是贸贸然去乱闯的。按着这种计划，理性就产生某种东西，而对这些东西发生了解。怎样了解呢？理性活动的过程是这样的：它有一些固定的规律，以这些规律为根据而得出各种判断的原理，作为它活动的向导，从而对自然提出问题，像一个小学生似的，硬要自然答复它的问题，这样从自然学习。理性所“产生的东西”，也就是它对自然提出问题的内容。没有这样的问题之提出，理性是不会有任何良好结果的。理性的这种进程是否是一种先验性质的进程呢？答复是肯定的，但是还要加以说明。

康德在他的《纯粹理性批判》第二版的序言里写道：“形而上学从来没有那种幸运，能踏上科学稳步前进的途径，而一向是在那里摸索，而且只在观念中摸索。”所以就说是得不到效果而失败了。

我认为这段引文是无需解释的，只需指出，这里的所谓“形而上学”不是指反辩证法的看事物的方法，而是指一种纯思辨的学问，其对象不是人们所能感知的。那么，康德就提出这个根本性的问题来：“究竟形而上学，作为一种科学，有没有可能呢？”他的答复也是肯定的，但是形而上学必须加以改革。从前搞形而上学的一些哲学家们，总是失败了，其原因就是，他们认为，人们一切的知识必须顺应对象，那就是说，外界的对象是怎样，我们的思想也就照着是怎样。可是，康德认为，在我们还没有认识外界对象之前，我们的思想怎能照着那些对象的样子呢？我们能不能颠倒过来，“假定对象必须顺应［按照］我们的知识”呢？“那就是要验前［在实际经验发生之前］确定种种对象的性质，或者说，在种种对象实际上出现之先就确定它们的性质。”

这确是先验的办法，但是“先验的”是什么东西呢？是在实际经验之先而肯定一些知识吗？这不是康德的原意，他在本“批判”里的“先验感性论”和“先验分析论”里详述他的所谓“要验前地确定种种对象的性质”的意思，而我们在这里只能预先地说，他的所谓“验前地确定”，乃是确定接受对象进入我们意识中来的先决条件和进行了解这样进入我们意识中来的对象的一些先决条件，有如我们如果想要和远离我们的人对话的时候，我们必须预先安装好电话设备那样。安装的电话，不是验前，即对话之先，确定对话的内容，而是安排好对话的条件。康德的“验前确定对象的性质”，我认定乃是指这样的意思说的。他以哥白尼的天文学说来类比他的先验哲学，也是这意思。当然，这个类比，在严格的意义上来说，是不确切的，但是所有类比都不能十分确切，因而是会引起误会的。

上面只是企图说明康德的“先验”这个名词的原意，其详情还有待于后面的解释。

首先，康德在《纯粹理性批判》这书中的“绪论”里，说明纯粹知识与经验知识的分别，他写道：“我们的一切知识都是从经验开始的。

如果不是对象刺激我们的感官，部分由它们［对象］自己在我们里面产生种种表象，部分又开动我们的知性，使之把这些表象加以比较，并且进行联结或分开而把感觉印象的粗糙材料变为关于对象的知识，即称为经验的，我们的知识能力怎能被激发，因而活动起来呢？所以按时间先后说，在经验之先，我们是没有知识的，我们一切的知识都是从经验开始的。”

这是康德认识论的唯物主义成分，认为首先存在着外界（不知是怎样的）对象，对我们的感官进行刺激从而在我们意识里产生种种表象，可见这些在意识中的表象不是意识自发地产生的，而是由外界对象刺激我们的感官才发生的，这就是知识的感性阶段。而且他并肯定，由于外界对象对我们感官的刺激，又开动我们的知性，使知性把这些表象加以比较，并且进行联结或分开而把感觉印象这种粗糙的材料变为关于对象的知识，这就是经验的，是我们知识过程的知性阶段。

我们在这里把康德所用的德语名词中译为“知性”而不译为“悟性”，因为“悟性”这个原出自佛书中译的名词是含有豁然贯通的意思，而康德的这词，只是“了解”或“领会”的意思，而且康德这词又不应译为“理性”，因为在这里他原用 der Verstand（即智力，或理解力），而不是他又常用的 die Vernunft（即理性），虽然他在使用这后一词时，有时是包含知性在内的理性的，因而康德是把人们对事物的认识过程分为感性、知性和理性这三个阶段的。

照康德的看法，我们的一切知识都是随着经验而开始，这是毫无疑义的，但是他又肯定地说：我们却不能说，一切知识都是从经验而来的。“因为很有可能，经验本身是由两种要素构成的，一种是得之于感官的印象，而另一种是在那些印象发生时，由于知识能力，为经验自身所提供的。”这后一种要素，康德认为常常为人们所忽视，“得要经过长时间的实践，我们才注意到心所增加的要素，从而认识到把它和加在其上面的原始材料区分开来，并隔离开来”。

紧接着，康德就提到“验前知识”和“验后知识”的区别这个问题。

他假设一个疑问：“有没有什么知识是独立于经验，独立于甚至感官一切的印象的。这样的知识叫作验前的，以别于经验知识。经验知识的来源是验后的（a posteriori），其来源是在于经验。”所谓验前知识，……是指绝对独立于一切经验的知识。譬如有人提出“没有无原因的变动”这个命题，说这就是验前的，因为它是概括一切变动的，而经验是不能包括所有一切变动的。但是又有人，例如休谟，是不承认这种命题的真实性的。康德却指出：“如果经验所根据的一切规则都只是从经验上得来，因而都是可以是这样又可以不是这样的，经验又从何得到它所具有确实性呢？”所以康德认为验前的知识是有的。这些知识的标准是两个，即必然性和普遍性，而且这两种标准又是互相不可隔离地联系着的。那就是说，每一个验前命题都是必然真的而且毫无例外的。

既然是在实际上有验前的知识的，那么，康德就问道：“这一切的验前知识我们是怎样得到，它的范围、意义和价值究竟是什么？”

为了解答这个问题，康德首先指出有两种的知识，他用分析判断和综合判断来说明。

什么叫作分析判断？什么又叫作综合判断？康德是指形式逻辑的主谓判断说的。主谓判断有一个主词，代表所要说到的东西，而又有一个谓词，是用来说到这主词所代表的东西的。例如A是B这个命题，其中A就是主项而B就是宾项。这是就命题的一般公式说的。“中国共产党是个伟大的党”，其主词是“中国共产党”而宾词是“一个伟大的党”。在这里，“一个伟大的党”这个宾词原本不是包含在“中国共产党”这个主词之内的，而是经验证明是应该加在这主词之上的。可是“中国共产党是一个政党”就是不同性质的一个命题，因为在这个命题之中，“政党”这个宾词是包含在“中国共产党”这个主词的意思之内的。前一种命题康德称为综合命题，而后一种命题他称为分析命题。判断也是这样划分的，因为命题只是判断的形式。分析判断又称为“解释判断”，因为其宾项对于主项并不增加什么，而只把它分开为它的逻辑成分。综合判断又称为“扩大判断”，因为它的宾项增加了在主项中原来没有包含着的东西。

依康德的看法，经验判断总是综合的。譬如说，“在党领导下的政治学习［主词］是能提高人们的思想水平的［宾词］”这个命题里，其宾词原来不是包含在主词之内的，但是经验证明它们都是同一经验的两个部分，而经验本身是一个整体，在这整体之中这两部分结合起来，成为一个判断而表达为一个综合命题。在经验前不知道这是确实的，而经验却证实了它，所以说它是综合的。

在验前综合判断里就不是这样。就拿凡事件必有它的原因这个命题作例子吧。……原因的概念完全是在事件这个概念之外的。……我们完全能够想到一个事件而不涉及原因这另一个概念。我们怎能知道这两者之间是有其必然的联系的呢？不是知性所能答复这个问题的。经验也不能保证这命题的普遍性。康德指出，“纯几何的任何命题也不是分析的。物理所根据的一切原理都是先验综合的判断”。可是，康德写道：“形而上学是要扩大我们验前知识的，所以它必须设法指出有一些判断是能在一个概念之上加上它里面还没有包含着的某一东西，纵然得要冒险进到经验追不上的一个境界里面。例如这样一个命题，说世界必然有过一个绝对的开始，所以形而上学（至少就目的来说）的命题完全是验前的综合命题。”

这就是纯理性的问题了。“纯理性的真正问题可以这样提出——怎样可能有验前综合判断？”

康德继续写道：“理性总得要可能达到确实性，不管它是用什么方法：我们必须能够确定理性是能或者不能知道它所追求的对象；我们必须找出一个无争论的答案来解决这个问题，究竟纯理性能否确定那些对象的性质，因而确定可否有把握把它的范围扩大到经验的限度以外，或者必须被限制在经验的范围之中。因之，从纯理性的一般问题得出的第三个，亦即最后一个问题，便可以这样提出：怎样可能有形而上学的科学？可见理性的批判归根到底必然导致科学，然而没有事先的批判，武断地使用理性，只导致毫无根据的一些主张，与之对立的又可能总是有同样似是而非的别种主张，其不可避免的结果就是怀疑主义。”

康德在结束他的《纯粹理性批判》的“绪论”时写道：“从上面所说的一切，我们获得一门独一无二的科学之理念，这门科学可称为纯理性批判。纯理性批判不是一种学说，而是纯粹理性的批评，而且它的思辨价值完全是消极的，因为它并不扩大我们的知识，只叫我们看清楚我们理性的本性，而使我们能够叫它不犯错误。所谓先验的知识是指这种知识的，一切这种知识所涉及的不是对象而是验前可能限度内用来获得关于对象的知识的方法。……我们所要提出的……目的不是扩充知识的范围，而是纠正它，并且给一切验前知识的价值提供试金石。”

最后，康德略略提到纯粹理性批判的纲目。他关于这点写道：“在这门科学的系统划分中必须首先有原理的学说，其次是纯粹理性方法的学说。至于分目，不妨这样说，人类知识有两种根源——感性与理性[注意：这里康德是把‘理性’包含着乃至代替‘知性’说的]。……从感性来的有对象，从理性来的是思想。那么，如果发现感性含有验前的要素，没有这种要素，我们就不能有对象，那种要素的性质之研究便成为先验哲学的任务之一。感性认识的这个先验要素的学说将是原理论的第一部分，因为必须考虑人类知识对象被给出的种种条件，然后才研讨对象被思维的条件。”

这段话的大意是可这样列为一种表的：

纯粹理性批判

1. 原理的学说

（1）知识的根源

甲. 感性——对象所由给出——先验感性论

感性的验前要素：

空间

时间

乙. 理性(知性)——对象所从而得到了解——先验逻辑的——先验分析论

知性的验前要素：

范畴

(2) 知识的范围——现象与本体的区分——先验辩证论

2. 方法的学说

一、《纯粹理性批判》的先验感性论

感性，或者说人的接受印象的能力，在实际上受到外界对象刺激的结果就是感觉。感性的直观就是经验的直观。这样，直观的未确定对象就是出现①。

康德接着写道："在出现中，与感觉相应的因素我称之为质料，这种质料本身原是杂多的，而使这种杂多的质料在一定方式上彼此之间得到安排的要素，就是出现的形式。没有这种形式，感觉就不能有其秩序的形式，所以这种形式决不能是感性的。可见，出现的质料是验后的，而其形式却是验前就存在于心中的，因之就是可以离开感觉而被考虑的。"这也就是感性的纯粹形式。

感性的纯粹形式又称为纯粹直观。

感性一切验前原理这种科学称为先验感性论。我们先要研讨先验感性论，然后进而研讨称为先验逻辑的纯粹思维原理的科学。

感性直观有两种纯粹形式，即空间与时间。

---

① 德文的enochsinung，又中译为"表现"，但译为"现象"是不妥的，因为"现象"是另一名词的中译。

空间：一切外部对象都是在空间里面的，外部对象的形状、大小和相互的关系，都是在空间规定着的。

我们又意识到我们能够进行反思。这种反思的能力称为内感官，由内感官我们意识到自己的状态，作为直观的一定对象出现于我们里面，而这些内感官的对象是相互在时间中有关系的，一个跟着一个而出现的。

空间与时间，依康德的论证，不是实在的东西，也不只是事物的确定，或只是事物的关系，不是在我们没有直观到事物的时候，它们依然属于事物本身的，而只是作为直观的形式，属于我们自己心的主观结构的。“我们没有权利把我们感性所特有的一些条件，看为事物可能性的条件，而只能看为事物向我们出现的条件，因之，虽然说空间笼罩着一切能作为外面的东西的我们出现的事物，这说法是正确的，但是我们不能说空间笼罩着一切自在之物本身。……因为我们无从判断，其他的思维者是不是为我们同样的而对我们来说是一律有效的条件所限制。……我们只谈到我们自己的感性直观。”

我们要注意，在康德论述空间的性质时，就已替他的唯心的不可知论立下基础了。

再看他是怎样谈时间的。

时间：时间是感性直观的纯粹形式，是一切出现的必然的验前条件，不是从任何经验得来的经验概念，不是由理论推出来的一般概念。

“不同的时间只是同一时间的各部分。时间只有一个向量；不同的时间不能并存而是相继的，正如不同的空间不是相继而是并存的一样。这类命题不能从经验得来的。经验永远不产生严格的普遍性或可证明的确定性。”

康德又认为，时间不是一种独立的实体，因为独立的实体在其不是人们意识的对象时，依然是实在的。时间无非是内感官的形式。“毫无例外，时间是一切出现的形式上之验前条件。空间作为一切外部出现的纯粹形式只是外部出现的验前条件。但是一切直观的对象，不管是外部的或者内部的，都是心灵的确定，而从这点看来，都是属于我们内部状态的。既然这内部状态从属于时间，而时间是内部直观的形式的条件，则时间便是一切出现的一种验前条件了：时间是内部出现的直接条件，因而是外部出现的间接条件。……一切出现都是在时间里面，而且必然地在时间的关系里面。”

关于先验感性论，康德总结地写道：“可见在先验感性论中，我们有了先验哲学一般性问题的解决所需要的因素之一。那一般性问题就是：验前综合命题怎样是可能的？这一类命题是以空间与时间为基础的，而空间与时间就是纯验前知觉的使我们在验前判断中能超出某一概念，我们发现必须有某一东西，不是包含在那个概念里面，而是在直观之中与之相应的，因而是可以综合地和那概念相结合的。但是这种判断既以直观为根据，就永远不能超出感官对象范围之外，因而只对于可能的经验之对象才有效的。”

先验逻辑

在先验逻辑这部分里，康德又重复地写道：“我们得到知识是从两个基本源泉来的：要就是我们以印象的形式接受表象，要就是通过自发的概念能力来借助那些表象以认识对象。在前一种情况下，对象是给予我们的；在后一种情况下，对象是和发生在我们意识中的印象相关联着而为我们所思维的。所以，直观与概念是组成我们一切知识的两种要素。凡概念都有某种直观与之相应，而直观没有概念则不能产生知识。”

“直观与概念都可能是纯粹的或者是经验的。”

“如果它们包含着感觉，它后就是经验的，而感觉只是在对象实际出现时才能有的；如果没有感觉混在一起，那它们就是纯粹的。”

“感觉可称为感性知识的材料。所以纯粹直观只包含着用来直观到某东西的形式，而纯粹概念则只包含着借以思维一般对象的形式。”

康德替感性和知性下简短的定义如下：“如果感性是在某一印象被

把握住之中的心灵之接受性，则知性就是知识的主动性，即靠其自身产生表象的能力。”康德又写道：“……知性就是把感性直观的对象施以思维的能力。”

康德有一句名言：“思维无内容是空洞的，直观无概念是盲目的。”他接着并说：“这两种能力不能互换其功用。知性不能直观什么，而感官又不能思维什么。”只有两者的联合作用才能有知识的发生。……所以我们把感性论（感性一般规则的科学）和逻辑（知性一般规则的科学）加以区别。

康德认为有普通逻辑，又有各门科学的专业逻辑。专业逻辑又称为工具。这种称法符合于培根的《新工具论》的说法，但不符合于古希腊逻辑创始人亚里士多德的说法，可是我们在这里只顺便提出，不必深加讨论了。

普通逻辑又有纯粹的普通逻辑和应用的普通逻辑之分。“但是在严格意义上，只前一种才是科学。”康德的这种区分是符合科学的定义的，但是近代以来，一般谈逻辑的人们没有注意到这点，于是就引起关于形式逻辑是科学抑或是技术的争论，这是十分无谓的。

康德又写道：“谈到纯粹的普通逻辑时，总要记住两条规则：(1) 作为普通逻辑讲，它是不管思维的一切内容，不管对象的一切区别，而只问思维的纯粹形式的。(2) 作为纯粹逻辑讲，它是没有经验的原理的。心理学并不影响知性的规准，所以它并不像有时人们认为那样，对纯粹逻辑有什么贡献的。”关于康德在这里谈到的一点，也是为近代一般搞形式逻辑的人们所常常忽略的。一方面，有人说康德把逻辑形式化了，而又有些人企图用心理学来“丰富”形式逻辑的内容，都是不正确的。

但是我们也不去对这些问题多加讨论了。我们在这里的任务，只是要弄清楚什么是康德的所谓先验逻辑。

康德写道：“我们有一种纯知性和纯理性的科学这个观念。这种科学的目的乃是考察我们由完全验前思维对象所得到的知识的。这样一门科学说明纯粹概念的来源、范围和客观的有效性，我们称之为先验逻辑。”

康德把普通逻辑划分为分析论与辩证论。

我们首先要弄清楚分析论与辩证论的内容。

他写道：“分析论提供真理消极的标准……但不能积极地使我们确定关于对象的任何东西。”看来，康德的所谓分析论的普通逻辑部分，就是我们近代之所谓形式逻辑。形式逻辑是关于思维形式的科学，它只提供一些思维的形式，来检验思维过程之合乎规定与否的，而不能发现关于事物的真理的，所以就是真理的消极标准，而不能积极地使我们确定关于对象的任何东西的。后者乃是康德所谓专业逻辑的任务。

康德在说明分析论的内容之后，接着就写道：“可是与此同时，在这能使我们把一切知识变为知性的形式的一种技术之中，故无论它的内容上是如何空虚与贫乏，总有一点东西是这么能吸引人，因而普通逻辑虽只是判断的规范，很容易叫人把它用为借以获得新的真理，或者应该说获得似是而非的真理的一种工具。当它这样被错用为好像工具时，逻辑便称为辩证论。”我们要注意，这是康德使用“辩证论”这个术语的意思，他在这里是沿袭古希腊哲学的惯例的。

康德在《纯粹理性批判》第二版的第 87～88 页，关于先验分析论和先验辩证论，就写得更清楚。我们把它摘录如下：“讨论属于知性的知识之纯粹要素和没有它就任何对象都不能加以思维的那些原理，那部分的先验逻辑就是先验分析论。……如果原来只是在经验上用作批判知性的规范，认为是可以普遍地毫无限制地用为一种工具，而且让知性敢于冒险作出关于一般对象的判断，对于它们有所决定，则这规范是错用了。那么纯粹知性便是在辩证作用上使用了。所以先验逻辑的第二部分必须是辩证幻相的批判。这部分称为辩证的”，就是先验辩证论。

在第 8 页上，康德又写道：“先验分析论第一部分讨论纯粹知性的概念，第二部分讨论纯粹知性的判断。”

“先验哲学的任务和它的特权就是按一条确定的原理来进行寻找它的概念；因为……一定是在单个概念或观念之统一上联系在一起的。”

康德在“知性的逻辑运用”这节里写道：“至于知性所能使用这些概念的唯一方法，就是通过概念来进行判断。……其方式是通过直观或者通过另一个概念。”我们试以举例来说明这句关键的话：比如说，“这张纸是白的”，在这个判断里，判定“这张纸”是“白的”，这个判断是通过直观的，即直观到这张纸是白的。在“国家是剥削被压迫阶级的工具”[①] 这个判断里，其判断是通过另一个概念的，即通过“剥削被压迫阶级的工具”这个概念来判定“国家”的。

康德于是总结这一节时便写道：“只要我们能找出判断中的统一性之一切可能的作用是什么，我们就因而发现判断的一切可能的作用了。”康德的这样说，因为逻辑学者都承认，判断的功用是在于它的统一性的作用，因为思维的作用是在于把事物进行统一。

在紧跟着的一节里，康德写道：“如果我们把一个判断的一切内容都抽取出来而只注意到知性的形式，我们就要发现思维在判断中的作用可以归结为四个项目［即量、质、关系和样式这四个项目］，而每一项目又包含有三个子目。”

这四个项目是指什么说的？所谓“量”，是指一个主谓判断的主项范围而言的。比如在“多数人都承认中华人民共和国是起着伟大的作用的”这个判断里，其主项“人”是指某些的人说的，所以，它是特称的，即全部“人”的部分范围的。“质”是指主谓判断是肯定与否而言的。“关系”是指系词是怎样把判断的宾项和其主项联系起来的；比如在“中华人民共和国必定在联合国里起其重要的作用”这个判断里，是把“在联合国里起其重要的作用”这个宾项以“必然”的关系同其主项“中华人民共和国”联系起来而组成这个判断的。“样式”是指判断所表

① 列宁：《国家与革命》，人民出版社，1971 年版，原文第 12 页。

达的主观形态的样式而言的；比如，如果系词是“或者是”，那么这判断是主观或然形态的表现；如果系词只是“是”，即是“实然的”判断了；如果系词是“必是”，则判断就是“必然的”判断。

在康德的时候，传统形式逻辑关于判断的量、质和关系一般只有两个子目，而不加入其第四项，但康德不但加上“样式”这第四项，而且在每一项里都有三个子目，而不止两个（除“关系”这项是一向有三个子目之外），而指出其第三个子目是第一和第三目的统一，这是他的辩证思想的萌芽表现，对后来黑格尔的唯心主义辩证法的体系是有显著的影响的，兹把康德的判断表写在下面：

（一）判断按量的划分：

全称的——凡 A 都是 B。

特称的——有些 A 是 B。

单称的——这个 A 是 B。

（二）判断按质的划分：

肯定的——A 是 B。

否定的——A 不是 B。

不定的——A 是非 B。

（三）判断按关系的划分：

断言的——A 是 B。

假言的——如 A，则 B。

选言的——A 或是 B，或是 C。

（四）判断按样式的划分：

或然的——A 或是 B。

实然的——A 实是 B。

必然的——A 必是 B。

我们现在就要看康德是怎样从判断的形式得到他的范畴的。

他在《纯粹理性批判》第二版第 102 页上，首先证明，先验逻辑是有其验前感性的杂多，如空间与时间的杂多那样的，否则纯粹知性的概念就会是毫无内容的。“然而概念是来自思维的自发活动的，因而必须首先考察纯粹知觉的杂多内容，吸取它到思维中来，和它结合起来，才能有知识的，这种活动我称之为综合。”

他接着写道：“所谓综合……是指把不同的观念放在一起，而在一个意识中把握着它们之中的杂多这一种活动。……我们第一次得到知识乃是由于不同要素的综合，不管那些要素是经验所给予或者是验前给予的。……所以如果我们想要知道知识的真正根源，我们就必须首先注意到综合。”

综合是人们内心的一种活动，但是，它是什么的一种能力所进行的呢？依康德的说法，是“完全由于想象力之作用而来的。想象力是心灵的一种盲目的而又不可或缺的机能，没有它我们就不能有任何知识，可是我们很少意识到它”。这还是在上引的第 103 页。

我们到这里为止，就已经看到康德为了得出他所需要的唯心主义的思维范畴这个纯知性概念，已经搬出至少三种的东西来了，那就是“验前感性的杂多”“综合”和“想象力”。然后，他才总结，应该更确切地说，小结一句说：“知性的作用就是把这个综合加之于概念，并且是用知性的这种作用，我们才能获得真正称为知识的东西。”

康德在紧接着的下一页上写道：“纯粹综合，在其最一般的方面看来，就是知性的纯粹概念。”而在第 105 页里，康德便说：“我们称这些纯粹概念为范畴。”

他并又小结着写道：“验前来到一切对象知识中第一个要素乃是纯粹概念的杂多内容。其第二个要素就是通过想象这个内容的综合。可是这还不足以构成知识，因之知性就提供第三个要素，那就是概念，概念给予这纯粹综合以统一性，而概念只是这个必要的综合统一之意识。”

这样，康德就得出他所需要的范畴表来了，他在第 105 页上写道：“验前适用于直观一切对象的知性的纯粹概念［即范畴］，其数目正相当于上表［即判断表］中的判断的逻辑作用；因为这些作用详尽地说明了知性，而列举了它的能力。我们称这些纯粹概念为范畴，是沿用亚里士多德的名词，因为我们的目的和他的一样，虽然我们所用的方法和所得的结果跟他的大不相同。”

在这里，我个人得要指出，康德说他在探讨范畴所用的方法跟亚里士多德所用的方法大不相同，他的这种自供是坦白的。亚里士多德的范畴是在其观察客观事物中，把这些客观事物进行分类的最基本而又最广泛的概念，而不是主观上构成而硬加于事物之上的所谓“纯粹知性的概念”，像康德自己所捏造出来的范畴那样的，这是我们得要加以注意的。

下面就是康德的范畴表，其一般的划分是按照形式逻辑的一般判断表的项目的（见第106页）：

一、量

单一性

多数性

总体性

二、质

实在性

否定性

制限性

三、关系

依附性与存在性（实体与属性）

原因性与依存性（单因与结果）

交互性（能动与被动之间的交互作用）

四、样式

可能性——不可能性

存在性——非存在性

必然性——不必然性

在初步说明这表时，康德写道："只由于这些概念［如单一性、实在性、依附性、可能性，等等］，知性才能理解直观杂多内容中任何东西，就是说思维一个对象。"他并且写道："这个表并非有待于经验归纳的不确定的提示，然后制成的，而是以一单个原理，即判断的机能，亦即思维的机能为基础而系统地制定的。"更明显地说，它完全是唯心主义的，由康德的想象中炮制出来的。

这是当然的。康德站在他的唯心主义先验哲学的立场上，必然是用唯心主义先验的方法来得出他的一些范畴的。我们就姑且承认他的那些从主观上得出的那些范畴，而问到这些范畴怎能在验前关联到对象？

康德的答案是在其"先验分析论"的"概念分析论"之第二章里，占了 52 页的篇幅里很烦琐地提出来的。我们只能简单扼要地予以概述。

这一章标题为"范畴的演绎"。

依康德的说法，什么叫作"演绎"？

我们知道，"演绎"原是一个逻辑的名词，其意义就是从一条概括性的原理，说明一个比较具体的事物是如何可以按照这条原理来理解并说明的，康德却从法理上理解"演绎"的意思。他是这样写道的："在法律中有权利问题与事实问题之分。两者都要证明，但是权利或合法要求的证明称为演绎。构成人类知识极其复杂的网之中，有某些概念是自认为完全可以验前地使用的，而这种要求，自然有待于演绎。"

可是，我们要知道，思维的主观条件是如何会有其客观的有效性的。康德的答复是："这些主观条件［在事实上］是一些条件，没有它们，则对象的知识便不成其为可能的。"他又写道："第一，在思维一个对象的过程中，除了知性之外，即除了思维本身的机能之外，其他机能还是起作用的；第二，得要解释知性如何有可能作为关于实在对象的知识之条件。因之我们一开始必须考虑构成经验所必需的主体之主要活动，而我们必须把这些活动从其先验的性格上看，而不是从其经验的性格上看。……所以当我们称感性直观为一个概观时，为要指出其内容的复杂性，必须记得在这个概观里是含有一定的综合的，而且只有自发性和接受性相结合，知识才是可能的。这就是何以我们必须说，在任何知识之中都有三重的综合：

第一，在直观里面各种不同的表象之领会的综合——就是说，不管我们心中发生的表象，其来源是由于外界东西的刺激或者是内部原因所产生，它们之作为对象，乃是心灵的一种变状，属于内感官的，而在时间之中，每一部分都是和每其他部分联系着，发生关系，而且是被抓在一起受到安排的。这就是领会［拉丁文的 compre hendeze，抓在一起的意思］的综合。

第二，想象中的再生——如果我在思维中画一条线，我一定是意识到各线段是一个跟着一个的。可是，如果早出的线段都从我的意识中消失掉，当我过渡到后面的线段时，不能予以再生，我就永远不能意识到整条线，所以再生的综合是不可分离地和领会的综合在一起发生的。

第三，概念中认识的综合——如果我不意识到我现在所思维的东西，是和我前一瞬息所思维的东西为同一的东西，那么一系列的表象中之一切再生都是无用的。在任何一瞬息中所再生的表象，对我来说，都会是一个完全陌生的表象。那就会没有一个同一的意识，和一个表象跟着一个表象产生的活动结合在一起；而且因为没有这种同一的意识，对我来说，就没有统一，我就永远不能意识到那一系列的各项是构成一个整体的了。”

上面就是很压缩地说明康德所说的任何知识之中都是有的那三重的综合，来构成他的所谓认识到的意识对象是怎样成为可能的。在这儿，我们得要注意到他的意识的对象究竟是什么。他在《纯粹理性批判》这书的第一版里第 104 页上写道：“一个出现只是我们意识到的感觉，而且不能说什么感觉，在意识之外，自己作为一个对象而存在。那么，在我们谈到一个对象和我们的知识相应，因而就不同于我们的知识，我们的意思是什么呢？”

对于这个问题，康德是怎样解答的呢？他是反对辩证唯物主义的反映论的。感觉不是由于外界事物的对我们感官的刺激而引起并且是反映那事物的。依他的唯心主义的先验论来说，感觉是意识的一种形态，而意识的对象也是一种意识形态——“心灵的变状”（见上文），那么，一种意识形态（感觉）怎样和另一种意识形态（意识，或说知识的对象）相应？他写道：“这个对象只可以作为等于X的东西来思维它，因为在知识之外没有什么东西是我们能够拿来和知识相对比，然而又是和它相应的。在知识之中，我们所与之打交道的，无非是我们自己的意识之各种各样的确定；因之，等于X的对象和这些确定相应的，假使我们认为它是有别于意识的任何对象的话，它对我们来说，简直不成其为什么。”

这样说来，关于意识对象的问题，康德是辞穷了。但是他的唯心主义的先验说又不可不寻找一条出路。这出路就是他的所谓“先验统觉”这个神秘的观念。

他是不得不承认，任何对象必然是有其统一性的。然而他认为：“在一切必然性的东西之基础上，总是有一种先验的条件的（因为他认为经验的东西决不能说是必然的）。……除这之外，更没有其他方式使我们能有直观的对象；因为那对象无非是那等于X的东西，它的概念是含有综合之必要的。这个原始的先验的条件正是先验统觉。”他又接着写道：“我们需要来解释这样的一个先验的预先假定，是先行于一切经验，并且是使经验成为可能的一种条件。离开先于直观一切材料的那个意识的统一，离开脱离与之发生关系就没有对象的意识之可能的那个意识的统一，对我们来说，就没有任何知识，也就没有对象的统一和对象的联系。这个纯粹的、原始的、不可变的意识，我称之为先验的统觉。”在第一版的第135页上康德并写道：“统觉的统一性乃是我们一切知识的最高原理。”不但如此，他又提出，“‘我思’必须能伴随着我的一切表象；……然而‘我思’是自发性的活动，而自发性的活动不可能是从感官而来的。我称之为纯粹统觉，以别于经验的统觉。我又称它为原始统觉，因为它是产生‘我思’的自我意识。‘我思’必须能伴随着一切其他的表象的，而且它在一切意识中都是同一个；但是除‘我思’之外，没有别的表象是自我意识像这样与之结合的。我又称统觉的统一性为自我意识的先验统一性，来表示验前知识的可能性是依存于它的。因为，在某一个直观中给予出来的各种确定，如果不都属于一个自我意识，就不会都在我的意识里面。”

康德在讨论先验统觉、自我意识、“我思”、纯粹统觉、原始统觉、统觉的统一性、自我意识的先验统一性，等等，兜了一整个大圈子之后，才在第二版的第 143 页上回到关于范畴的问题上来，肯定“一切感性直观都从属于范畴，只有从属于范畴作为条件，感性直观的各种确定才能一起在一个意识里面”。

范畴是知性的纯粹概念，既然概念没有直观的印象就是空洞的，所以只是在可能的经验对象的知识中才有其作用。这也就“划定了范畴应用于对象的界限了”。

依康德的说法，自在之物是非感性直观的对象，假定它是有的，“我固能说这对象并没有属于感性直观的任何确定……可是仅仅指出它怎样不是被知觉到，而不能说明对于它的直观究竟有什么内容，并不得到关于这对象任何实在的知识……而只能够说我的直观永远不能叫我和它接触而已。……对于这种性质的东西，一个范畴都找不出来是适用的”。这就是康德臭名远扬的唯心主义透顶的不可知论。

可是我们还得要向康德询问：怎样说明自然界的事物必须适应于他所制定的范畴？范畴怎样能验前地决定自然界的种种复杂现象和范畴的结合，而不是到自然界中去发现出现的事物是怎样结合的？

康德的答案是在《纯粹理性批判》第二版 27 节标题为“范畴演绎的结果”那里作出的。在这节里，他写道：“没有范畴，则不能思维对象；没有和范畴相应的直观，则不能知道所思维的对象。然而一切我们的直观都是感性的，因而在直观出现的我们关于对象的一切知识都是经验的。但是经验的知识也就是经验，所以除了能进入经验中来的对象之外不能有任何验前的知识。可是虽然这样的知识是限于经验的对象，但不因之便完全是从经验得来的。[注意！] 因为纯粹的直观 [如空间与时间]，和纯粹的概念 [范畴] 一样，都是在知识里的要素，而 [依康德的唯心主义说法] 两者都是验前地发现在我们里面的。经验的材料和我们关于经验的对象所形成的概念是必然相符合的，我们只有两种方式来说明这事实：要就是经验使概念成为可能的，要就是概念使经验成为可能的。前一假定是和范畴的性质不一致的，更不必说纯粹的感性直观；因为范畴作为验前概念来讲 [即按康德的范畴说来讲]，是独立于经验的，而把它们要从经验得来，便是遁词的发生说，其他一种假定含有可称为纯粹理性的新生论，因之必须采用，而我们必须主张从知性产生出来的范畴是含有任何经验可能性的根据的。”

康德得出这种结果的方法是道道地地唯心主义先验论的方法，只有和他同调的唯心主义先验论的思想家才是赞成这种反动的方法的。在本材料里的第 5 页上，我曾提到康德曾十分自豪地以哥白尼天文学来类比他的先验哲学，而我们大家都很清楚，在天文学史上，哥白尼的日心地动学说是对公元 2 世纪托勒密（Ptolemaeus）的古老过时的地心天动的学说进行革命的。托勒密的古老天文学说，在其理论不能说明天体现象的问题时，就意想出一个又一个的臆造外加的圈轨道来使它自圆其说，这是完全唯心主义的形而上学的办法，已为现代天文学家一致所摈弃了，而康德在认识论中却正正采用托勒密的办法来反对辩证唯物主义的认识论反映论的科学学说，在其理屈词穷时，就搬出一些层出不穷的什么先验统觉、纯粹统觉、原始统觉、“我思”、统觉的统一性、统觉的原始综合统一性，等等，来构成他的所谓先验哲学的认识论，叫人读之不禁头痛，而不知他所说的究竟是什么，不知他所谓证明的又是什么。与其说他的认识论可以和哥白尼的新天文学相类比，倒不如说他是在认识论上回到托勒密的反动的、古老的唯心主义形而上学的立场，因而是必定为站在科学立场上的哲学家和一般有正确思想的人们所摈弃的。

关于康德的先验逻辑的先验分析论之概念分析论部分，本材料只简单扼要地汇报到此为止，下面就要进而汇报关于判断分析论部分。

我们从本材料的上文可以看到，康德对于范畴是如何能够在实际上应用到客观对象的这个问题，到此为止，还是没有做出他的答案的，尽管他已曾搬出了许许多多的不容易叫人懂得的种种唯心主义的抽象概念，而且兜了一整个大圈子。为了勉强解答这个问题，他在“判断分析论”里，再提出另外一些抽象的概念和又一些的办法来。现在我们就要看他是如何进行的。

他首先企图说明（再一次说明）判断是什么东西而为他的所谓“先验判断”奠定理论的基础。我们还是要注意，从他的唯心主义先验论的观点出发，他是必然从纯粹理论出发，而不是从人类的社会实践出发的。

他写道：“如果知性称为规则的能力，判断便是把事例归摄于规则之能力。”又写道：“先验逻辑制定一定的规则［注意：不是从实践概括出关于使用概念的规则，而是由逻辑制定的］，使判断能够正确地而确定地使用知性的概念的。因为先验哲学有一个特性，它不但揭露一些规则，或者说揭露规则的普遍性条件，这都是包含在知性的纯粹概念里面的，而且它又能验前地指出在什么情况下每一条规则是应该应用的。……它所运用的概念是关于验前的对象的。”

这是康德判断分析论的开场白，说明先验判断的性质的。

他在这段里还说明判断的先验论共有两章：

第一章谈感性的条件，没有这种条件，就不能使用知性的纯粹概念的，这个条件称为知性的图型说；第二章谈综合判断，综合判断是在一切其他验前知识的基础上的。第二章所谈的是纯粹知性的原理。这第二章是很重要的。我们在本材料的第 9 页上已经看到，康德认为，就目的来说，形而上学作为一种纯思辨的学问的命题，完全是验前综合命题，所以“纯理性的真正问题”就是：“怎样可能有验前综合判断？”因此，我们就要看康德最后是怎样解答这个问题，以完成他的先验哲学的任务的。

我们先看康德在第一章里所谈的“范畴的图型法”。

康德不是说过，“判断是把事例归摄于规则的底下的能力”吗？那就是说，判断乃是判定某事物从属于某一定规则与否的能力。例如说无产阶级革命的任务这个概念，从而得出的马克思主义的规则就是为了推翻资产阶级，破坏资产阶级的政治制度，建立公社式的民主共和国或工兵代表苏维埃共和国，建立无产阶级的革命专政①，那么，我们就判定，在我们的解放战争在1949年全国取得胜利之后，就把这个事例归摄于上述的规则，从而推翻国民党反动派的伪南京政治制度，建立我们的中华人民共和国。但是，康德认为这还不能说是他之所谓纯粹普通逻辑的判断应用，因为普通逻辑是抽象于知识的一切内容的。普通逻辑的唯一任务只是来分析表达于概念、判断与推理的知识的纯粹形式，而从这分析来得出关于知性一般使用的形式上种种规则的，而且先验逻辑的任务又与之不同。它是制定一定的规则，使判断能够正确地而确定地使用知性的概念的……能验前地指出在什么情况下每一条规则是应该应用的。……它所运用的概念是关于验前的对象的。这岂不是玄之又玄，令人难于理解的吗？这岂不是像中世纪经院哲学那样极端复杂烦琐的吗？康德在18世纪还是没有摆脱经院哲学的烦琐气习呢！

可是，让我们再往下看他是怎么分析他的先验判断而得到他的验前综合判断的。

他写道：“在一切归摄的情况下，我们所意识到的对象必须和它所归摄到的概念是同质的；换言之，概念必须含有某一确定［即性质］也是归摄在这概念之下的对象所具有的。……例如盘子这个经验的概念是

① 列宁：《国家与革命》，人民出版社，1971年，第107页。

和圆这个纯几何概念同质的。可是，一个纯粹概念，即范畴，和一个经验的直观，其实和任何感性直观，是不同质的，因而纯粹概念是永远不能在直观中实现的。……那么，直观怎能归摄于一个纯粹概念之下呢？怎样能把一个范畴应用于感官的一个对象之确定呢？……所以必须说明知性的纯粹概念是怎样能够有可能应用于出现的。……显然必定有某第三种东西，一方面是和范畴同质，另一方面又和感官的对象同质的，像这样就能使范畴适用于对象。这个中间的表象必须是纯粹的，即没有任何经验的成分的，然而必须同时是知性的。”这样的一个观念就是先验的图型。

图型，依康德说来，和意象是要区别开来的。“如果我把五个点，一个跟着一个地摆下来，我……这样就在我的面前有了五这个数的意象。可是，如果我只想到数……比方一千这数……就很难把像一千这么大的数的意象和这数的概念来比较。……用来替概念提供一个意象的想象之普遍过程的意识［重点是编者加的］，也就是我称为概念的图型。”

依康德的说法，范畴就是知性纯粹的概念。康德认为每个范畴都能有它的图型的。他写道：“每一个范畴的图型都是在某一方式上和时间有关系的。量的图型乃是一个对象的相继领会中时间本身的产生或综合；质的图型乃是观察中含有感觉和时间意识的综合，换言之，乃是时间的充实；关系的图型乃是在一切时间上各种不同的直观之相互关系，或者说，时间按照规定的被确定；最后，样式的图型，在其三种形式上，乃是时间本身作为一个对象是否属于时间和它如何属于时间的确定之相关的东西。所以种种图型不过是时间按照规则的验前确定。按照范畴［依上面范畴表］的顺序，我们发现，应用到经验一切可能的对象上，这些规则是关于时间的系列、时间的内容、时间的顺序和时间的范围的。”

康德是这样企图来说明“感性的条件，没有它就不能使用知性的纯粹概念的”。他称这个条件为知性的图型法。这是先验分析论第一章的主要内容。

在先验分析论的第二章里，康德是谈纯粹知性的原理的。

他写道："我们发现纯粹知性的一切原理乃是——

一、知觉的公理

二、观察的预测

三、经验的类比

四、经验思维的公准。"

一、知觉的公理

"这些公理的原理就是：一切知觉都是延扩的量。"

证　明

"所谓延扩的量，我指一种量，它的各部分表象必然先于整体，而使整体表象有其可能。一条线的表象，不管它如何短小，不先在思维中把它引长出来，我就不能得到；只有从某一点，把它各部分一个一个产生出来，我才能把线画出作为一种直观。时间的任何一部分亦复如此。……在领会中，这个纯粹要素［空间或时间］，只有靠一部分一部分相继综合，才能为人所认识，所以每一个直观都是延扩的量。"

康德认为："关于数量，即回答一个东西有多大这问题的那个数量，严格地说来，是没有什么公理可说的，虽然论到它是有几条综合而直接确定的（即'不可证明的'）命题。等数加于等数其和相等……这种命题是分析命题；因为我意识到一方所产生的数量和他方所产生的数量是相同的；因之这种命题都没有权利称为公理，因为公理一定是验前综合的命题。……7 加 5 等于 12，不是一个分析命题，因为 7 的表象也好，5 的表象也好，两者结合的表象也好，都不产生 12 这个数。可是，虽然这个命题是综合的，而 7 加 5 等于 12 这个命题却只是个别的（只可称为数目的算式）。如果像这种的算式都要称为公理的话，那么就会有无量数的公理了。"

关于纯粹知性原理的知觉公理这部分，康德还写道："凡是纯粹数学关于空间与时间证明是真的，必然就一定是对于一切外部对象都有效的。……如果综合判断不能根据空间的纯粹概念，作为空间种种属性的科学这门几何学本身就没有可能。”在上面的第205页上，他曾写道：“自然的数学这个先验原理大大地扩大我们验前的知识。”

二、观察的预测

“观察的预测之原理就是：在一切出现中，感觉的对象这实在的东西，都是有强弱的量，即有等级的。”

康德在“感觉的公理”的一段上是探讨感觉的量一方面的，而在这当前之一段里，他是研讨关于对象的质的。我们关于感觉的对象的性质，所能预先在验前知道的东西是什么呢？他的答案是：感觉的对象是实在的东西，都是有其强弱的量，即等级的，而等级也就是带有质的量，比如说气候的温度吧，我们说今天白天的最高温度是16度。这是指温度强弱的量即等级说的。“16”是量的观念，可是“16度”的“度”字是指温度的质说的，也就是温暖到什么程度的意思，这就是属于“质”的范畴的。

康德关于这条原理是如何证明的呢？如何证明感性的对象的质是可以在验前予以预测的呢？

证　明

“在出现中的实在总是一个量，但是在［心灵的］领会中，没有关于这个量的意识，因为领会，由于它是从内部感觉而来，是发生于一个瞬息之内，而不是同感觉的相继的综合，因之不是从部分到整体的。……［它］只作为单一性而领会的量，其中［所包含的］多数性［即各部分，因凡量都是有其各部分可分割出来的］，是作为只接近于否定，等于零，而设想的，我称之为强弱的量，所以凡现象中的实在性都有强弱的量，即等级。……例如红色有其等级，不管如何小，总不是可能的最小的；热亦复如是，动力的动量等，无不如是。”

“感觉的质——颜色、味等——总是经验的，不能先验地知道的。……虽然一切感觉本身都是后验所与的，然而验前能知道，它们都具有着一个等级的这种属性的。关于数量，一般说来，只有一单个质——连续性这个质——是验前知道的，但是关于质，即出现的实在性，所验前能知道的，不过强弱的数量，即等级的具有，而一切其他得要从经验来学习的，这是奇特的。”

三、经验的类比

“经验的类比之原理就是：只是通过感官知觉的一种必然联系的意识，经验才有可能的。”

证　明

康德在这段所谈到的纯粹知性的原理是关于感官知觉的必然联系的意识的。他想要，而且决定在时间里找到这种必然的联系。

他写道：“时间的三种形相就是持续性、相继性和并存性。出现在时间中的一切关系因之就表达为三条规则，这三条规则是在一切经验之先而使经验成为可能的。这些规则说明出现依照它们在时间中的统一性有可能存在所必具有的一切条件。”

所说的三条规则，也就是下面要谈到的三种类比。

康德接着写道：“三种类比的原理是依据时间每一瞬息一切经验的意识之中，即感觉的直观之中的统觉之必然的统一性的。……原始统觉验前与之有关系的，是作为经验的意识之许许多多的确定由之而在时间之中成为有秩序的那种方式的内感官之形式。然而在原始的统觉里面，一切那些确定，在它们在时间中的种种关系方面，都得要统一起来的；因为没有什么东西能够进入我的知识中来，能够变为我的，没有什么东西能够对我来说是一个对象，除非它从属于统觉的验前先验统一性。所以一切直观的时间关系中的综合统一性是验前决定了的，而表达为这条规律，就是：时间中一切经验的确定必须从属于时间中的确定的普遍性规则，所以经验的类比必须是这类的规则。”

但是康德在紧接着的下一页，即第二版的第221页上写道：“可是出现的存在不能像这样在验前被知道的。固然我们这样就能知道有某一东西是存在的，但不能确实地知道它是什么，也不能预测当它在经验上被直观时，它和他的对象是怎样不同的。”

康德又把必然的命题分为定理的和定式的两种。“定理是指直接从概念得来的综合命题；定式是指概念的构成而得来的综合命题。”

我们还记得，依康德的说法，只有综合的命题才是扩大我们的知识的判断之表达。

康德又写道：“虽然哲学的方法不是定理的，但总是可以有系统的。因为我们的理性本身主观上是一个系统，虽然如果我们把它只看为纯粹概念的一种来源，它并不是知识的系统，而只是我们的研究可以凭借来进行的一个系统：换句话来讲，它替知识提供统一性的原理，而必有待于经验来提供材料，然后按照这些原理确定那些材料。”

甲、第一类比

实体永恒性的原理

“在出现的一切变动中，实体是永恒的，而且它在自然中的量不增加也不减少。”

我们在这儿应该指出，康德讨论纯粹知性的原理时，其“知觉的公理”这条原理是关于感性的量的，“观察的预测”是关于感觉的质的，而“经验的类比”是关于感觉的关系的。在范畴表中，“关系”这一项有三个子目，其第一个子目中的最主要的范畴就是“存在性”，即“实体”，所以第一种类比就谈到“实体永恒性的原理”，而这条理性是说：“在出现的一切变动中，实体是永恒的，而且它在自然中的量不增加也不减少。”怎样证明呢？

证　明

康德写道：“我们关于一个出现的种种确定的领会总是相继的，因而总是变动的。所以，以领会本身来说，其中没有什么东西，能够叫我们可以说，作为经验的对象而言，那些确定是并存的或者是相继的，经验的一个对象有其可能，只是由于有某种东西总是这样，有永恒而不变的东西，而一切变动与并存不过是那永恒的某东西在其中存在的时间之种种方式。只有在永恒之中才能有同时与相继的关系，而同时与相继也就是时间能有的关系。所以永恒乃是关于时间本身的经验意识之基体（拉丁文的 subotnatum，可中译为“存在性的基层”），而只在基体中时间的确定才有其才能。”

他又写道：“时间中一切存在和一切变动，必须看为只是不变而常住的东西之存在方式。所以一切出现中的永恒乃是对象本身，即实体（康德用拉丁文的 phaenoznenon 来表达实体，而按拉丁文这词是‘现象’的意思，可见康德是把实体只作为现象看而不是事物的本身），而一切变动的、能变的，只属于实体或一些实体存在的方式，因而属于实体的确定。”

在下两页上，康德又写道：“实体的确定称为偶性。”偶性总是实在的，因为它们正是实体存在的方式，而否定［即否定性］只是肯定一个实体在某一定方式上不存在的确定。如果我们想要说，实体中实在的是有一特种的存在，例如运动是物质存在的方式，我们就会说这种存在的方式为依存［参看范畴表“关系”项］，以别于实体的存在，那存在称为潜存（也就是上面拉丁文 subotnatum 这词的意思，其 stnatum 这词根是“存在”的意思，而其前缀 aul 是“基层”或“潜着”的意思）。

再过两页，康德又进一步发挥了这上述的思想而写道：“只有联及到永恒性这个观念，变动这个概念才能适当地得到理解的。生灭不是生灭的东西之变动，变动乃是同一个对象的存在方式跟随着另一存在方式。凡变动的都是永恒的，只是它的状态改变。这个改变既然只影响确定，而确定是能生又能灭的，我们就可以用听来有些像似非而是的词来说，只有永恒才变，而能变的是不会变的，而只会改变，在改变中某些确定消灭而另一些确定开始生出。”

我个人认为康德在这里不无某些辩证法思维的萌芽或猜测。他的意思是像要说，事物的本质不变而是永恒的，“总是那样的”，但是它的某些“偶性”会改变，而这种改变会影响到它的确定，即属性，但是却不使它的本质变动。帝国主义的本性岂不是不变的吗？然而不能说它的措施，它的手法都是不变的。可是他（康德）在紧跟着的一段所说的话又像是模糊不清的了：“只有以永恒的东西为标准，才能有从一个状态过渡到另一个状态，从无过渡到有的意识，而这些状态，在经验上，只能作为永恒的东西之改变的确定，而为人们认识。”这好像“永恒的东西”是绝对不变的，而其确定的改变只是表面上的表现，这不是形而上学的反辩证法的看事物吗？我以此质诸于高明。

这就是康德对于第一类比关于实体永恒性原理之前一部分的证明，而关于这原理的后一部分的证明，他所写的是比较简单，我们只从第 225 页摘引三句：“永恒是在一个出现中的实体，或者说，实在的东西［得要记住‘出现中’］。它作为一切变动的基体总是一直如此的。而实体既然在存在中不变动，所以它在自然中的量不增加亦不减少。”这种说法，无非是一个分析命题的表达，即“永恒的东西是不会增加或减少其在自然中的量的”。那就是说，这命题的宾语是已经包含在其主语里面的，而对于知识并没有任何扩大。

乙、第二类比

因果相继的原理

“一切变动都是遵照因果联系的规律而发生的。”

证　明

“一个出现的各种确定，为人领会时，总是相继的，在意识里面，各部分的表象是一个跟着一个的。至于在对象里是否也一部分跟着一部分，是另一回事。”

这样，因果联系的问题就被提出来了。

首先要确定什么叫作对象。

康德在《纯粹理性批判》第二版第 236 页上，是这样说明什么是他所说的对象。在那里，他写道：“出现作为一个对象来讲，它和领会之作为一系列的意识状态相对立，只是根据这一点，就是它是领会的一种独特的样式，遵照一种规则，使它的各种确定之联系不得不照某一定的方式的。在出现中，含有领会这个必然的规则之条件的东西便是对象。”

他在第二版第 237 页上，还有这句话：“在我的领会中，知觉依次继起的次序是确定的，而我的领会是为那次序所约束的。”

可是，这还没说明一切变动都是遵照因果联系的规则而发生的这个普遍性的现象与其原理。

康德首先解明原因这个一般概念。他写道：“一向为人所承认的学说乃是，某些事件跟着在它之先的另一些事件发生，多次重复观察与比较了这样的事例，我们首先就发现一种规则——一些事件总是跟随在那些先行的事件而发生的，然后由于这规则的反思，才导致原因这个一般的概念。可是，如果事情果是这样，那么原因这个概念便是经验的而已，而以它为根据的规则，说凡事必有其原因，就会和它所自来的经验一样，乃是偶然性的［中译为‘不必然性的’较确切］，可以这样又可以不是这样的。既然没有它的验前基础，而只以归纳［即形式逻辑所谓‘简单枚举的归纳’］为其依据，它就没有真正的普遍性，而只有一种纯是假定性的普遍性和必然性了。”

那么，摆在我们面前的问题怎样解决呢？

康德的答案是比较复杂，然而按照他的时间观念，是有其一定的理由的。他写道：“对于一个事件的知觉，乃是一种可能的经验，当我把一个出现看为在时间中已经确定了它的地位时，就变为一个现实的经验，而当我把这个出现看为在时间中已经确定了它的地位时，也就是把它看为总是在一些知觉，按照一个规则而联系着的之中发现的一个对象。一个东西按照时间的相继续而被确定下来，其所依照的这种规则就是：在先行的东西之中可以找出一个事件总是而且必然地、跟着发生所按照的条件。”

这个条件就是："在后面的东西在时间中的存在，必然地按照一个规则为某一在前的东西所确定这种出现间的关系，即可能的知觉间的关系——总而言之，原因与结果的关系——乃是我们关于一系列的知觉的经验判断客观有效性的条件，因而也就是经验的条件。像这样，因果的原理适用于隶属相继性的各种条件下的一切经验对象，正是因为这条原理本身乃是这种经验可能性的基础。"

这是康德对于在他之前争论过若干年的因果问题的解答。人们，包括我自己在内，对于这个问题的解答是不满意于康德的说法的。他的主要论点就是，不像他那种说法，经验就没有可能，然而究竟没说出原因是什么。休谟在 1739—1740 年刊出了他的最重要的一部著作，标题为《人性论》，而在 1751 年又刊出他的流行最广而内容远不如他的《人性论》的另一部著作，标题为《人类理解研究》。在这两部著作里，休谟曾大力地探索过因果性这个问题，而结果却是以怀疑论而结束。康德曾说过，"休谟是把他从独断主义的迷梦中唤醒的"。可是，在休谟的两部著作，即以其刊出较后的一部来计算，即 36 年之后，才刊出他康德自己的《纯粹理性批判》的第二版修订本。虽然至少在因果性这个问题上，他还没有蹈休谟怀疑主义的覆辙，然而他所作出对这问题的解答，也不过如此，这是令人失望的，但是始终摇摆在唯物论与唯心论之间而终究不能逃出唯心论樊篱的康德又怎能得出对因果问题的正确答案呢？

现在我们且看看他的第三个类比吧。

丙、第三类比

交互性的原理

我们还记得，在康德的范畴表上，"交互性"是范畴第三项的第三个目，而依康德的说法，交互性的原理是：

"一切实体，在其能被观察为在空间中并存的限度内，都是处在完全相互作用之中的。"

证　明

“凡是存在一个同一时间内的事物都是共存的。但是我们如何知道它们是存在于一个同一的时间呢？只有在领会的综合中，如果各种确定在意识中发生的次序是不关重要的，就是说，可以从 A 通过 B、C、D 而到 E，或者倒转过来，从 E 到 A，都是一样，那便是共存的。如果那些确定在时间中实际上是依次相继的，是依次从 A 开始而终结于 E 的，领会便不可能从 E 开始而回转到 A；因为在那种情况之下，A 是属于已过去的时间，因而再不能为领会的一个对象了。”

“只要我们能够意识到是共存的对象，我们必定意识到，它们由于在时间中相互确定着它们的位置，是构成一个整体的。如果这个主观上的交互性是有一个客观根据为其依据的话，或者对于出现是作为实体而有效的话，其理由必定是对于一个对象的观察乃是对于另一个对象的观察之必要条件，而反之亦然……如果对象在经验中能被认识为共存的，就必定有实体间的相互影响，或者说实体的交互作用。通过这交互作用，出现只要是互相外在，而且在那个整体之内在许多方式上关联着的。一切其他关系所从自出的三种力学的关系所以就是依存的关系、连续的关系和合成的关系。”

康德接着就指出：“这三种就是经验的三种类比。它们不过是出现的存在，按照时间三种可能的方式，在时间中被确定下来的原理。首先就是对于时间本身作为量，即多少的关系，即存在的量，也就是久暂［即实体永恒性的原理，这第一类比］；其次，在时间中作为一种系列的关系，系列的各部分是一个跟着一个的［即因果相继的原理这第二类比］；最后，也是在时间中作为一切存在的总和这种关系，总和的各部分是共存的［交互性的原理这第三类比］……”

康德总结类比的原理时，是这样写道的：“‘自然’这词，在其经验的意义上，是指种种出现在其存在上，按照必然的规则或规律而联系着的那个体系。所以是有某些规律，而这规律是验前使自然成为可能的。只有通过经验才能发现经验上的规律而使之成立，而即使这些经验上的规律也从属于使经验成为可能的那些原始的规律。所以所谓类比，正当地表示自然在种种出现的联系体系中某些典型下的统一性，而这些典型所表达的无非时间的关系，即时间作为包括着一切存在在其里面，对于统觉的统一性之关系，而这统一性，是只在按照种种规则的综合中才是可能的。总的说来，类比所肯定的乃是，一切出现都属于，而且必定属于，自然的同一个体系，因为离开这个验前的统一性，就没有经验的统一性，因而在经验中就没有对象的确定。”

我写这份材料到这里就已经写完了《纯粹理性批判》先验逻辑这部分的先验分析论第二卷的第二章关于判断分析论的主要内容。剩下来的还有其第三章是关于现象与本体的区别的，这章的篇幅原本就不是很长，但是其内容是着重表达康德唯心主义的不可知论的，而为了提供对于康德臭名远扬的不可知论批判的材料，我们就得要弄清楚他是怎样企图为他的唯心主义观点进行解释和辩护的。

康德首先写道：“知性永远不能把它的验前原理任何一条作为先验的使用，而只能在经验上使用它，这个命题一得到彻底理解时，就可看到它是有很重要的一些后果的。当一个概念出现于关于事物作为事物，即事物自身的一个命题时，这个概念便是先验地使用；当命题只关于出现或一种可能的经验之对象时，它就是在经验上使用的。[注意：出现也就是一种可能的经验之对象。] 只有经验上的使用才是许可的。每一个概念首先需要概念或思维的逻辑形式，其次，它需要有它可以适用的而在经验上给予的一个对象之可能性。凡是没有这样的对象能给出来时，概念便是空洞的、无意义的，只包含着那种逻辑的面项 [即公式]，可是，一个对象能出现的唯一方式就是在直观之中。而这个由直观而产生的知觉必须是经验的；因为虽然在一个对象出现之先，纯粹知觉是验前地可能的，然而由于它只是不过一种形式，它靠自己没有是它可以适用的对象，因而就不能有什么客观的价值归之于它。因之一切概念，连带着一切原理，纵然是验前地有其可能，然而总是有关于经验的知觉作为对于一种可能的经验之材料的。离开这个关系，它们就没有客观的有效性，而不过是想象或知性的游戏而已。”

“可见一切范畴都必然地限制于出现为其唯一的对象，如果拿掉了这个限制，它们就失去了一切的意义，失去一切的客观关系，并且没有对象可能的例子可以引用来使概念成为可理解的。”

“先验分析论已经使我们面对这个重要的结论，就是知性永远不能过于由预测提供出一种可能的经验之形式；而且由于只有出现才能是经验的对象，先验分析论曾叫我们认识到，知性没有可能超出感性的限度，因超出这些限度就没有对象对我们出现的。纯知性的原理只是出现的典型，而作为自认能提供关于事物自身验前综合知识有系统的学说的这门科学的骄傲名称，即本体论，必须改称为纯粹知性的分析这个更谦虚的称号。”

依康德的说法，自在之物、事物自身、本体，都是同一意义的名词。既然他认为知性没有可能超出感性的限度，而自在之物是彼岸的，非感性的，那么本体就是不可为人类所认识的了。不能认识本体，哪会有本体论？这是康德的论证。

再看看康德是怎样发挥他的这个论证的，他写道：“本体这概念，即不能作为感官对象，而只可用纯粹知性来思维它作为物本身，这种概念当然不是自相矛盾的；因为我们不能确实知道感性是直观的唯一可能的方式。〔康德是说人类的感性是以直观为其方式的，但是也可能有非人类的感性而不限于直观的。〕而且本体这概念是需要来防止感性直观企图扩大到事物自身，而且需要来限制感性知识的客观有效性，可是，到了最后，我们不能理解，这样的本体是怎样成为可能的，并且在现象范围以外的境界［彼岸］，对我们来说乃是空虚的。”

“积极地把对象划分为现象与本体，世界划分为感性的世界与知性的世界，因之就是不能容许的。诚然，概念划分为感性的与知性的乃是确当的。但是，知性的概念既然不替自己确定任何对象，它们就不能有客观的有效性。如果从感官抽象出来，范畴便是确定本体的唯一方法，怎样能使人了解范畴是有什么意义的呢？光只是思维的统一性和一个对象的确定并不是同一的一回事；因为要有知识，还得要统一性所应用在它上面的对象，能够在直观中出现。……本体就不是对知性的一种特别的对象，不是知性可理解的对象；正相反，本体是盖然的，不管有没有知性能够有这种的对象实际上在它的面前。……事物自身是不能用范畴来认识的，只得用一种名称来思想它们，而那名称就是不为人知的东西的。”

二、《纯粹理性批判》的“先验辩证论”

导　言

康德在“先验辩证论”的导言里，首先是说明什么是先验的幻相。

人们在日常经验上是经常碰见一些幻相的，只是有时不感知到它们是幻相而已。例如我时常把较远一点窗户玻璃上爬着的一个小虫看成相当大的动物。这种光学的幻相是发生于知性正常经验上的使用之中的，是起源于想象力对判断力的误引之影响的。可是这种幻相不是康德所在先验辩证论里讨论的幻相，他所要研讨的幻相是他所称为先验幻相的那种东西。

康德认为先验幻相是起源于把原来与经验没有关系的原理，因而是不能用经验来检查的原理加以使用。这样的幻相，即先验幻相，“引诱我们把范畴应用于经验范围以外”，于是我们就受其欺骗了。

康德把内在的原理、先验的原理和超验的原理彼此区别开来。他认为“完全用于可能的经验之限度以内的原理称为内在的”；在关于纯粹知性的原理的那整章里所讨论的原理，就是先验的；这些原理虽然是在验前推演出来，却只能在经验上使用，而绝对不能先验地使用的，因为这些原理不能扩充到经验限度之外。“但是否认这些限度的原理，甚至命令我们越过这些限度的原理，必须称为超验的。”

在看到康德的《纯粹理性批判》的“先验辩证论”这整个部分时，我们必须经常注意到上述三种原理的区别，而且还得要注意看，据康德说来，理性是怎样错引知性，使其陷入种种的“辩论推论”里去的。

康德说：“知性是把出现归结到规则的统一性之一种能力，而理性就是把知性的规则从属于原理的这种能力。理性永远不直接到经验那里去或者直接到对象那里去，而是企图通过概念，在验前给知性和知性的各种知识以其统一性。这个统一性可以称为理性的统一性，完全不同于知性所能够产生的那种统一性的。”

我们曾指出过，康德在他的原德文里使用着两个词，一个是 die vernunft（阴性），而另一个是 den verstand（阳性）。这两个词都时常用汉语的“理智”来翻译，可是这就会引起很大的误解。依康德的用法，它们是有分别的，可是他自己也有时把前一个词用来包括后一个词的意思在内的，因而就形成词义的混乱。所以我们应该把前一个德语词 die vernunft 一致中译为“理性”，而把后一个德语词一致中译为“知性”，以示区别。康德在上面所引用的一段里是把知性和理性这两种思维能力区分开来的，我们应加以注意。

康德并指出，理性在其逻辑的用途上，企图达到一个前提，这前提是含有构成三段论式的结论这个判断的普遍条件的。可是“理性又可能是寻找规则的普遍性条件，换句话说，可能是尽其所能用先行三段论式*去寻找条件的条件，所以很清楚，理性的特别原理，在其逻辑用途

---

* 注：“先行三段论式”是形式逻辑的一个术语，指一个复合三段论式里所含的又一个三段论式，用来证明原本的三段论式的一个前提说的。

上，是为知性的每一个有条件的知识去寻找那无条件的东西，来这样去完成知识的统一性”。

“可是，这样的一条纯粹理性的原理显然是综合的；因为虽然无疑地，有条件的是在分析上和某条件有关系，但是不可能用分析的方法从这得出那无条件的。……所以那条原理在本质上必是不同于知性的一切原理，知性的一切原理总是内在的，其目的不过是使经验成为可能。……所以那条原理并不具有任何客观的真理，不过是一条逻辑的规则，叫我们在一步一步地上升到更高的条件时，尽其可能去接近完整性，而这样就把我们的知识引到我们的理性所能达到的最高统一性。”

康德的这种分析是重要的。他是这样对下面的关于灵魂、世界与上帝的谬误推论之批评伏下了一笔。

康德在“先验辩证论”导言写完之后，就开始在第一卷里写到关于“理念”的东西。

先验的理念

“在先验分析论里，我们已经看到，如何……把判断的形式设想为替直观的综合提供了一些概念，我们就导致了范畴的发现，而范畴就是引导知性在其全部的经验使用上的。所以我们便可以指望，从三段论式在其按照范畴而应用到直观的综合统一性时，其形式便可使一特种的验前概念由之而发生，而这些验前概念可称为理性的纯粹概念或先验的理念，是确定知性如何在经验的整个范围内按照种种原理而使用的。”

康德又写道：“所以理性的先验概念，恰恰就是任何被给出作为有条件的东西的条件之总和的概念。可是，只有无条件的才能使条件之总和成为可能的，而反过来说，条件之总和本身总是无条件的；因之一般地来说，理性的纯粹概念之定义，可以说是那无条件的东西之概念，因为它包含着有条件的东西之综合的根据。”

“知性在它的范畴里有多少关系［即范畴表上第三项］的作用，就有多少的理性的纯粹理念。”

依康德对于形式逻辑的判断和三段论式之形式的分析，直言推论是根据断然综合而形成的。以公式来表达直言推论就是：A是B，B是C，所以，A是C。这里A也就是推论的主体，而这主体就是断然综合的无条件的东西。

假言推论是根据假定综合而形成的。以公式来表达，假言推论就是：如A是B，C就是D；如C是D，E就是F；如E是F，M就是N；所以如A是B，M就是N。这里有一系列的假定：如A是B，如C是D，等等。到了最后，就有诸假定（即条件）的总和，那就得出那无条件选言推论是根据选择综合而形成的。以公式来表达，选言推论就是：A或是B，或是C；如A是B，D就是E；如A是C，D也就是E；所以结论就是：D是E。这里依选言推论的形式，A的两种可供选择的条件（可能是更多的，但在这里只以两种为例）必须是穷尽无遗的，否则不能形成一个选言推论，所以在这种体系里，其各部分的选择综合（如A是B，如A是C，等等）就必定有其整个体系的各肢的总合，这综合是穷尽了各种条件的，所以也就是无条件的了。

因之康德就根据上面的分析写道：“那么，考验的理念（即无条件的东西）就是理性的盖然性概念［其所以说是盖然性的，因为是预先假定终究能一步一步地上升到更高的条件而尽可能去接受完整性的］，这些盖然性概念，是把一切经验的知识，看作通过一切条件的绝对总和而得到确定的。”然而“它们并非只是虚构，而是产生于理性本身的性质的，因而对于知性的整个用途有着必然的关系的。……纵然这些理念并不通过知性的概念增加我们对于一个对象的知识，可是它们能够指导知性到更清楚而更广泛的知识，更不必说，它们或者能够使我们从自然的领域过渡到道德的领域成为可能的”。

康德并认为先验的理念是自成一个体系的。他写道：“一切先验的理念可以归之于三个项目：第一，思维的主体的绝对的或者说无条件的统一性；第二，现象的一系列的条件之绝对统一性；第三，任何一切思维对象的条件之绝对统一性。思维的主体乃是心理学的对象，一切出现的总和（世界）乃是宇宙论的对象，而包含着一切可思维的事物之最高条件的存在（一切存在的存在）乃是神学的对象。所以纯粹理性对于灵魂的考验学说提供其理念，对于世界的先验科学提供其理念，最后，对于关于上帝的先验知识也提供其理念。"

康德在这里是沿袭中世纪经院哲学对于"科学"的分类的，可是在他生活纵然是在德国的18世纪，而且早年是从事自然科学的研究从而得名的。他在这三部分的学科所得出的结果，虽然还是不出唯心主义的樊篱，然而是和中世纪经院哲学的学说有很大的分歧的。

他写道："在三种辩证［康德的辩证］的推论是和三种理念相应的。在第一种推论中，我是从主体的先验的概念到我完全没有概念的那个主体的绝对统一性，这是十分简单的。我称这个辩证的幻相为先验的谬误推理。第二种的辩证推论是推论到任何所与出现之一系列的条件中一个绝对总和的个先验概念，我在这里是这样论证的：既然我的对于这个系列的无条件的综合统一性的概念是自相矛盾的，那么同样是不可思议的那个反面的统一性就必须认为是真实的了。我称这种形式的辩证的推论之理性态度为理性的二律背驰［关于'二律背驰'，我们在下文还有说明］。在第三种，也就是最后一种的理性的诡辩推论中，我从思维对象在其能被给予出来的限度内之全部所要求的条件总和而得出一般事物的可能性之一切条件的绝对综合统一性这个结论：换句话说，我从我不能通过只是先验的概念而知道的事物，论证到我知道更少的一切存在之存在，因为先验的概念对于它的存在和它的无条件必须性是毫无启示的。我称这种辩证的推论为纯粹理性的理想。"

我们现在就扼要地来看康德关于这三种辩证推理是怎样写的。

甲、关于先验的谬误推理

“有一个概念是我们现在必须把它和包含在范畴表中的先验概念放在一起，但并不改变或增加那个表的。这就是‘我思’这个概念，或者有人宁愿说‘我思’这个判断。……‘我思’这个概念可用来分辨两种不同的对象。……作为思维的我来说，我是内感官的一个对象而称为灵魂，而那个外感官的对象的我就称为身体。因之我这个名词，是指心理学的对象那个思维者。”

康德在《纯粹理性批判》第二版第403页上写道：

“灵魂的理性学说的主题，一切包含在它里面的其他东西都必由之而得出的，就是如下所述：

一、灵魂是实体。

二、以质而言灵魂是单纯的。

三、以其存在于各个时间而言灵魂是在数目上同一的，即单一的（不是多数的）。

四、它是在空间中和可能的各对象有关系的。

和这些因素相应，灵魂的先验学说包含有四种谬误推理。”

康德往后几页上还有一些的话写出来：

“我们将以批判的眼光来研究灵魂在其一切的论述上的纯粹学说。”

“想要认识我自己作为一个对象，光只意识到我自己是在思维着是不够的（是指从前笛卡儿所说的‘我思’），我必须意识到我自己这个直观是在思维的功能之关系上确定下来的。可是在思维之中没有自我意识的方式本身是对象的概念或范畴。……要知道我自己作为我自己内部直观的一个对象，我必须意识到我自己作为一个对象，而不光只作为一个能确定的主体。”

然后，康德就把上述关于灵魂的理性学说的四题逐一进行批判。

一、“我，思维的我，是在每个思维的活动中的主体，而不可能看为属于思维的陈述，这不但是一个必然的命题，而且甚至是一个同一性命题。但是这不等于说，我是这样地意识到我自己作为一个对象，因而我就能够确定我自己为一个自潜在者或说一个实体。后一个命题，实际上是比前一个命题所说的多得多，而且要得到证明，所要求的材料，确定总不会在我作为单纯地在思维着的东西而找得到，而且恐怕就其作为思维着的东西来讲这限度之内，是永远不会找得到的。”

二、“统觉的我，因之在每一个思维活动中的我，是单一的，而不能分解为多数的主体的，或者说，是逻辑上一个单纯的主体，这是含蕴在思维这个概念里面的，并且只用分析的方法便可从这个概念得出的。但是这并不是说，思维着的我就是一个简单的实体，因为这是一个综合的命题，实体这个概念总是和直观有关的，而在我们来说，直观只能是感性的，所以这些直观是完全在知性与其思维的范畴之外的。但是在我们说思维中的我是单纯的时候，我们所谈的恰恰就和直观区分开来的思维，在一切其他情况下，很难知道，在某一直观之中，什么是实体，而要说实体能否是单纯的，那便更加困难了。”

三、“光只是主体在它的一切确定里同一性的意识，并不是指一个人的同一性，如果一个人的同一性的意思是指在他的状态一切变动之中，一个人自己的实体作为一个思维者之同一性的意识而言的。光是‘我思’这个命题的分析，不能证明这后一意义上的同一性；因为那需要关于自我的一个现实的直观所得来的一些综合判断。”

四、“我把我自己的存在作为一个思维者，和我以外的东西分别开来，而这些外面的东西之一，就是我自己的身体，这也是一个分析命题；因为所谓其他就是不是我的意思，即有别于我的意思。但是这不能叫我能知道，如果东西不是作为在我的外边而给予的，我能不是意识到我自己，能不能意识到我只作为一个思维者而存在，而又不是一个感性的存在者。”

康德主要是这样批判了关于灵魂的理性学说，即关于理性的心理学谈到的灵魂的。他在第 421 页上还写道：“理性的心理学，不是能使我们在我们关于自我的知识上增加任何东西的一种学说。”而且在接着下面一页上，他又写道：“所以关于主体作为一个对象，我们是不能有什么知识之可言的。”那就说，灵魂是我们不知道的东西。

康德对于灵魂的研讨，是这样作出他的结论的：

“那么，我们研讨的结果就是，理性的心理学中的辩证的幻相，其起源是由于把理性的一个理念（即纯粹智力这个理念）和关于一般的思维者完全未确定的这个概念混为一谈。把一切现实的经验抽掉之后，我首先把自己作为一种可能的经验之对象来思维，然后就推论说，我甚至离开经验和经验的经验条件，也能意识到我自己的存在，但是这是把我自己经验上的确定的存在和我思维的自我可能分开的存在这种意识，混淆起来。这样一来，就发生这个信念，以为我，对于我作为一个先验的主体里面实体性的东西，有了一种现实的知识，而事实上，我在我的思维中，只有意识的统一性，作为对象一切确定中所预先假定的知识形式而已。”

康德关于“纯粹理性的谬误推理”的讨论，其主要内容大概是如此。下面我们就要进而讨论“二律背驰”了。

乙、关于纯粹理性的二律背驰

康德在关于“纯粹理性的背驰”一节里，是这样写道的：“背驰［又中译为‘背反’］这个名词是用来表示……两个命题之间的冲突，其中每一个命题都像是真的，可是任何一个都不能比其他一个更有理由叫我们来同意。在我们……冒进越过经验的界限那个时候，便发生某些冒充是理性的命题，是经验所不能确定，也不能推翻的。这些命题的每一个都不但在其本身是没有矛盾，而且它能上诉于理性的本性来支持它的真实性，可是不幸的就是，其对立的命题同样地能够提出很好的理由，要求我们也承认它是必然真实的。”

在这段话里，康德只说明了他在原德文里所用 Antithetic 这词的意思，而还没有触及“二律背驰”中所说的“背驰”是由何而来的这个主要问题。

康德在“先验的理念”那节里，首先说明“一个系列里各项的假定综合的无条件的东西”这种理念，即“二律背驰”所从发生的这个理念，乃是关于“一切出现（世界）的理念，而这就是宇宙论的对象”。

他往后又写道：“一切那些有关于出现的综合［世界］中绝对总体的先验理念，我都称为宇宙的概念，我所以称之为宇宙的，部分理由是因为本身原只是一个理念的世界全体这个概念，乃是以那个无条件的整体为依据的，而部分又因为它有关的只是出现的综合，因而是经验的种种对象。另一方面，一切可能事物的条件综合中，其绝对的总体引起纯粹理性的一个理想，而这个理想虽然无疑是有关系于整个世界的概念的，但和这却是不相同的。正如纯粹理性的各种谬误推理是一种辩证的心理学的根源那样，纯粹理性的二律背驰，将要把认为是纯粹的或者说理性的宇宙论所依据的先验原理，摆在我们面前。”

康德在“宇宙论冲突题的批判解答”那节里写道：

“纯粹理性的整个二律背驰是依据这个辩证的论证的：

如果受条件限制的是所与的，则整个系列的条件也是所与的。

可是感官对象是作为受条件限制而给予的。

所以感官各对象一整个系列的条件是所与的。

如果我们首先纠正而弄清楚包含在这论证之中一些概念，则论证的诡辩性格就会更容易看出来了。”

康德紧接着就指出：“首先，很明显而不可否认的就是，如果受条件限制的是所与的，我们就不得不回溯它的一系列所有条件。受条件限制的这个概念本身，蕴含着某东西是谈到一个条件的，而那个条件如果本身又是有条件的，它就又涉及一个更遥远的条件，这样一直通过这个系列的所有各项。所以，如果受条件限制的是所与的，我们就必须寻找整个系列的条件，这个命题是分析的命题而不能有什么东西是先验的批判叫它可怕的了。”

往后，康德并作出了许多分析和说明。我们由于篇幅的限制，不多予摘录，而只简短地表示其大意如下：

如果命题中所谈的是物自身的话，不管物自身是什么，它受到的条件限制和所能回溯到的整系列的条件总是一道被给予出来的，因而那无条件的，也是在一起被给予出来的。可是如果我们所处理的是出现，而出现是必须只对于人们的意识才存在的，则除非它们是在经验上已知的，就完全不是所与的了。在这里，我们就绝不能推论出那回溯中的系列的条件之绝对整体。

据此，我们就看得很清楚，上述的二律背驰所依据的论证［见本材料第 63 页上的引文］，“其大前提的受条件限制的这个词是在一个纯粹范畴的先验意义上了解的；而在小前提中，是在只能应用于出现的知性的一个概念的经验意义上了解的。所以这里是词藻的辩证谬误之一个例子。可是这个诡辩不是人为的；它是由于一个完全是自然的幻相，理性才在大前提中盲目地认为，如果某东西作为受条件限制的而为所与，则它的一切条件和这些条件的系列也必定都是存在的”。

康德这一段话就指明“二律背驰”的原因之所在了。在先验使用上，概念是根据一条规律，而在经验意义上，概念则又依据另一条规律。如果把先验的规律和经验的规律混淆在一起，那就引起二律的冲突，引起二律的背驰了。

康德依他对于宇宙论的理念和范畴的分析研究了先验理念的四种冲突。在本材料里，只根据上面的结论，把第一种冲突作为一个实例，进行分析，至于其他的三种冲突，可以类推，那就从略了。

先验的理念之第一种冲突，照抄如下：

论　题

世界有时间上的开始，而且是包住在空间的限界里面的。

证　明

假定世界没有时间上的开始。那么，截至任何时间上的一点，总是有过永恒的时间之过去，因之一个无穷的系列的事物状态，必然是曾一个跟着一个地过去了而在世界上到了终结。可是，一系列的无穷性正是这样，就是系列的相继综合是永远不能完成的。因之状态的一个无穷系列在世界上是不能过去的，所以世界的一个开始乃是它的存在之必需条件。这是要证明的第一件事。

关于第二点，再假定其反面。那么，世界必定对我们作为并存的事物之一个无限的整体而出现。可是，如果一个量不是作为在某种限度之内在直观中出现，除它的部分之综合外，没有其他方法是我们能思维到它的向量的；而我们思维到这量作为一个整体，只能用重复把单个加在自己上面，一直到综合的完成，因之要充满整个空间的世界，思维作为一个整体，我们必须认定一个无限世界各部分的相继综合已经完成了。但是这就等于说，一个无穷的时间，在并存的事物整体的总结之中，必定是已经过去了。然而这是不可能的。因之现实事物的一个无限的集合，不能对我们作为一个整体而出现，所以不能作为其一切部分是并存的一个整体而出现，所以世界不是在空间无限地延扩，而是在空间的限界之内被包住的。而这就是要证明的第二件事。

反论题

世界没有时间上的开始，在空间没有限界，而就时间与空间来说，都是无限的。

证　明

假定世界有一个时间上的开始。那么，由于任何事物不能开始其存在，而在它之先没有一个时间是开始存在的事物还未曾存在的时候，所以我们必须主张，在世界开始存在之先必定有另一个时间，那就是一无所有的时间。但是在一无所有的时间中，没有什么事物能发生的，因为一无所有的时间之任何一部分都在它里面没有任何存在的而不是非存在的条件，是把它和其他部分区别开来的；不管我们是假定事物从自身发生或者是为某其他原因所产生的，上面所述都一样是真的。因之纵然在世界上许多系列的事物可能有其开始，世界本身是不能有其开始的，因之以时间而言，是无穷的。

关于第二点，让我们假定其反面，即世界是有限的而且空间上是有限界的。那么，世界必须存在于没有限界的空洞空间里面。所以事物必须不只在空间中发生关系，而且必须又与空间发生关系，但是世界是一个绝对的整体，它之外没有直观的对象，因而没有世界的相关系的东西，能够找出来的，所以世界对空洞空间的关系就会是它对于没有对象的关系。可是这样的一种关系是不可能的，因而世界为空洞空间的限制并非什么东西。所以世界就空间而言，是不能限制的，就是说，世界是无限地延伸的。

康德在这里把互相反对的论题和反论题，都根据形式逻辑三段论式的程序，分别证明是正确的，可是互相反对的两个命题怎能同时是正确的呢？以形式逻辑的规定说来是说不过去的，这就是一种冲突。

那么，这种冲突有什么方法是来解除呢？康德说这是两条思维的规律的背道而驰，是理性自己陷入了矛盾，而依他的说法，这种矛盾是可以解决的。

且拿这第一种冲突的第一部分来看看吧。

康德的证明方法不是直接的而是间接的，即证明命题的反面是不能成立的。

论题的第一部分是说："世界有时间上的开始。"其反面就是，"世界没有时间上的开始"。假定这是真的（大前提）：证明就指出，那就是"截至任何时间上的一点，既然没有一个开始的时间，就总是有过去永恒的时间已过去了"，这在时间上就是一个无穷的系列，然而无穷的系列是永远不能完成的，因之世界没有时间上的开始是不可能的。所以这就是小前提，而结论就是："世界必须有时间上的开始。"

矛盾在哪里呢？

在大前提里，把时间用来论述世界，而世界乃是一个纯粹理性的理念，时间却是感性直观的形式，各自有其规律，不能混在一起，因而冲突就发生了。在小前提里所谓一系列的过去的时段，是一种回溯的观念，而这回溯的过程是多么长，是不能在直观出现之前确定的，因之就不可能说它能完成或不能完成的了。把知性的概念——可能或不可能——和感性直观的形式——时间——用于理性的一个理念——世界——之上，是超验的用法，是违反先验哲学的基本原理的。因此，黑格尔在这点上对于康德的批评是说："康德也解除了这个矛盾，不过是按照先验唯心主义的独特方式去解除的。"①

让我们再去看看第一种冲突反论题第一部分的证明。

---

① 黑格尔：《康德哲学论述》，贺麟中译本，商务印书馆，1962年版，第42页。

这第一部分的反论题是说："世界没有时间上的开始。"

假定某反面"世界有一个时间上的开始"是真的，就把这作为其证明的大前提。

而小前提就是："在一个一无所有的时间中，没有什么事物能发生的，因为一无所有的时间之任何部分都在它里面没有任何存在的条件，是把它和其他部分区别开来的。"

因之结论就是："纵然在世界上许多系列的事物可能有其开始，世界本身是不能有其开始的，所以以时间而言，世界是无穷的，即世界是在时间上没有开始的。"

这也就推翻了反论题的反面而建立了其主张了。

那么，矛盾又在哪里呢?

其矛盾，依康德说来，乃是在这论证的大前提里，用时间这个感性形式来论述世界这个纯粹理性的理念，已经就是一种超验的用法，是先验哲学所不容许的了，而在小前提里，假设有一个空洞的时间，而是直观所不能触到的，因之就不能说什么在它里面有没有任何存在的条件，所这个小前提也是不能成立的，从而得出的结论也就是无意义的了。这样矛盾就没有了。

当然，康德这种处理矛盾的方法是按照他的先验观点的，正如黑格尔所批评的那样。可是，依康德的先验哲学的说法，人类知性是只能在有限的受条件限制的知识范围里才有其功用，而能得到知识对外界事物的有效性。在理性企图超出这个范围而去摸索那不受条件限制的或者说无条件的存在时，它就必然陷入不可解决的矛盾之中了。现在，我们就引用纵然是比较晦昧难解的康德原话来结束二律背驰这个复杂的问题吧!

康德在《纯粹理性批判》第二版第533—534页上这样写道："由于世界［依他说来］并不作为物自身而存在，就是说，并不独立于我的表象的回溯之一系列而存在，那就不能说它在其自身是一个无限的整体，或一个有限的整体了，离开在一系列的出现中经验回溯，世界是毫不存在的。所以如果那个系列总是受条件限制的而因之永远不是完全地给予的，世界就不能是一个无条件的整体，因而就不能作为是在量上无限或有限的一个无条件的整体而存在。……这样一来，纯粹理性在其宇宙学的理念中的二律背驰便消逝了。它纯然是'辩证的'，或者说是由幻相而来的冲突。"

在这里，我们也就结束了关于二律背驰的一章。往后就得要看看康德关于理想的那一章，而结束他的先验辩证论，从而也就写完关于《纯粹理性批判》这本书的认识论的材料了。

丙、纯粹理性的理想

康德在其"纯粹理性的理想"这章里，首先写道："经验的概念是具体上的知性概念。然而理念比范畴还要从客观实在性远离一步，因为不能找到什么出现是它们可以适用的，于是它们就完全不能在具体上出现。它们要求有超出一切可能经验的知识范围以外的某一定的完整性，而理性在它们里面只有一种系统的统一性，而在这之上就加上另一种统一性，是在经验中尽量可以接近，虽然它永远不能指望把经验和它的理念成为完全相称的。"但是这还没说到理想。

康德又写道："可是我所称为理想的好像甚至比理念从客观实在性还要远离一步。我所谓理想就是一个理念，不只是具体上的而且是在个体上的；换言之，我所指的是，纯由理念能确定、甚至已确定的、一个个体的东西。"

这已经谈得很玄了。但是康德把他的理想这个一个个体对象的概念，还用更玄之而又玄的词句来"解释"。他写道："我们能有的一个概念只是绝对验前已确定的，即只是一个个体对象的概念，完全只是那个体的理念所确定的。所谓纯粹理性的理想是指这个说的。"

康德在第二版的第605页上所写的就比较容易理解一些："理性在它的理想里面找着一个原型，一切东西都是这原型的不完善抄本或模仿，并且从它得到它们可能的质料的。东西或多或少接近这个理想，但是一定还与之有无限大的距离。”

这就叫我们联想到古希腊柏拉图的理念论了。柏拉图在《国家篇》这篇对话里有这样一小段的话：“日不仅使我看见的事物成为可见事物，并且还使它们产生、成长，并且得到营养，但是日自己却不是被产生的。同样，你也可以说，知识的对象不仅从‘善’得到它们的可知性，并且从善得到它们自己的存在和实在性，但是‘善’自己却不是存在，而是超乎存在之上，比存在更尊严更有威力的东西。”①

康德又写道：“理性摆在自己面前的目的作为一个理想的，也称为原始存在；既没有高于自己的存在，就称为最高存在；而它又名为存在的存在（eus entium)，来指出一切其他存在都是为它所限制而从属于它的。”“然而这就是上帝的概念在其先验的意义上，而这样一来，纯粹理性的理想就是一种先验神学的对象了。”

康德在他关于“思辨理性关于最高存在者的存在的论证”这节里写道：“人类理性在企图证明最高存在者的存在，其自然的过程是下面那样的。首先，理性自己认为某一个必然的存在是必须有的，它把这个存在看为具有无条件的存在的。然后它就寻找能被设想为独立于一切条件的东西，而在一个本身是一切其他东西的充足条件的东西里面找着它，就是包含在一切实在性的东西。可是，无限制的一切既然是绝对统一性，而带着有一个单一最高存在的那个概念，于是理性便得出结论说，最高存在者必然是要作为一切东西的原始条件而存在。”

康德指出，“只有三个途径，是在思辨的理性基础上，可以企图证明上帝的存在的。第一是自然的神学证明，第二是宇宙论的证明，第三是本体论的证明。”

---

① 见北京大学哲学系外国哲学史教研室所编《古希腊罗马哲学》，生活·读书·新知三联书店，1957年版，第182页。

1. 本体论的证明

康德写道："如果在一个同一的判断里［同一的判断乃是一个判断，其主项的概念内容是和其述项的概念内容相同的］，在我丢掉了述项之后，还保着主项，矛盾便发生，我便从而认为述项是必然地属于主项的。可是如果我把主项和述项一并丢掉，结果并没有矛盾，因为剩下来没有什么是与之相矛盾的。先认定有一个三角形，然而否认它有三个角，这是矛盾的。但是同时否定三角形和它的三个角，就并无矛盾可说了。关于一个绝对必然存在这个概念，恰恰也是这样。如果否定那东西的存在，东西本身连同它的一切述语同时也在否定之列。怎样含有矛盾呢？……'上帝是万能的'，这是一个必然的判断。只要肯定了'上帝'这主项，就不能否定'万能'这个述项，因为上帝这个概念，即无限存在这个概念，是和'万能'的存在这个概念同一的。但是，如果你说，'没有上帝'，那么，'万能'这个述项就没有了，任何其他述项也不存在了；在否定主项时，任何可能的述项都被否定了，所以在说上帝不存在里面，丝毫没有什么矛盾。"

"可是在这里，有人对我说，有一个概念，虽然只一个，是不能否定其对象的存在而没有矛盾的。这个概念就是绝对必然存在的概念。所说的是，这个存在者具有一切实在性，而据我愿意承认的，这样一个存在者是我们有正当的理由来假定其存在是可能的。而持反对意见人接着说：包含一切实在性的东西必须包含存在。所以在这里，存在是包含在作为可能的东西之概念里面的。所以，如果否定这东西的存在，则连它的内部可能性都被否定掉了，而这是自相矛盾的。"

这就是本体论的证明的主要论证。

康德批判它，是抓分析判断和综合判断的区别来进行的。他写道："对象的内容和我们的概念的内容必然恰恰是一样的，因而把概念的对象只放在我们思想上的面前而说它是的［即用肯定的系词来说它］，我并不在我的概念之上增加什么东西，而只表达对象的可能性。实在的并不比可能的包含多一些。一百个实在的银元不比一百个可能的银元多一分。一个是指概念，另一个是指和概念对比的对象；但是如果对象包含的多于概念，那么概念就不表达整个对象，因之就是一个不适当的概念了。如果我现实上拥有一百个银元，无疑在我的口袋中是多了一百个银元。是比我只有一个概念，即只有一百个银元的可能性，要多一百个银元。作为实在的对象，不是只分析上包含在我的概念里面，而是综合上加在概念之上的。概念本身只是我自己状态之一个确定。但是一百个银元不变为多于一百个银元，不管一百个银元是不是存在于我的概念之外。”

康德又写道：“一个最高存在者这个概念……正因它只是一个理念，它靠自己是完全不能扩大我们对于现实存在的知识的。”

“所以花费在从只是一个最高存在者的存在的种种概念而证明的著名本体论，即笛卡尔式的证明上之劳动与精力是白费了的，而一个人只用观念并没有机会来扩大他的知识，正如一个商人不能在他的现金簿上加上几个零就改善他的地位一样。”

这就是康德关于本体论证明所写的主要内容。他是说明本体论不能证明上帝的存在的，所以“上帝”只是一个纯粹理性的理念而已。

2. 宇宙论的证明

康德肯定这种证明是有其一定的说服力的，但还是不正确的，他拿莱布尼茨的证明作为宇宙论证明的一个典型来进行分析与批判。他写道：

“莱布尼茨称为从世界的不必然性［拉丁文的 a contin gentia mundi 即关于世界的不必然性，有人中译为‘关于世界的偶然性’］的论证这个证明，我们现在就把这证明说出而加以检查。

这说明是这样的：

如果任何东西存在，一个绝对必然的存在者就存在。可是，至少我自己是存在的。

所以，一个绝对的存在者就存在。”

康德解释何以这种证明称为宇宙论的证明。他写道：“这个三段论式的小前提含有一个特殊经验［即我自己是存在的］的陈述；其大前提是从任何经验［即任何东西的存在］推论到必然某东西的存在［即一个绝对必然的存在者的存在］。所以这证明是正当地从经验出发，所以它并不完全是从验前地或本体论地进行的。因此之故，而且因为一切可能经验的对象总的称为世界，这证明就称为宇宙论的证明。”

接着，康德便指出，这种证明只是旧论证在一种新形式的粉饰下的诡辩。表面上是诉诸经验，而实际上还是依靠纯粹验前概念的本体论来证明的，只是利用经验来走第一步，而要达到某种必然的存在者的存在这个结论，依然离不了理性的验前概念。其原因就是，经验不能告诉我们，必然的存在者之性质是什么。可见宇宙论的证明声称“担任引导我们走一条新路，可是绕了一个小圈子之后，它就把我们带回它劝我们放弃的那条道路上来”。

康德总结宇宙论的证明时，写道：“我们在宇宙论的证明中发现，(1) 从偶然性推论到它的原因这条先验的原理，而这条原理无疑是在感官世界中可以应用的，但是在那世界之外，它是毫无意义的。……(2) 这个推理是从感官世界中不能有的一个无穷系列的原因，依次一个一个地出现，而达到一个第一原因的，这是理性所不容许我们，甚至在经验范围之内，作为原理而使用的一种推理，更不必说把它推广到经验之外，那里是完全没有一连串的原因的。还有 (3)，说系列是完整的……只是假定概念是完整的，因为再没有什么可作为概念的对象的东西。并且 (4)，把实在性作为一个完整性的全部的这个概念……和那个实在性的先验可能性混为一谈。对后者来说，需要有一条原理能证明这样的综合的实践性，而那种原理只能应用于可能经验的领域之内的。”

康德这样也就反驳了用宇宙论来证明上帝存在的所谓从经验出发的证明。

剩下的还有：

3. 自然神学的证明

这种证明，也就是一般称为“目的论的证明”。目的论的证明是从自然界的秩序和协调来证明一个造物主的绝对智慧和能力的。康德是十分尊重这种证明的。其原因就是像牛顿一样，他不能摆脱形而上学的影响，而且又不能脱离他所属的资产阶级的束缚，因而就自然同情于那种目的论的观点，同情于自然神学关于上帝存在的所谓证明。可是康德在《纯粹理性批判》里依然是认为自然神学的证明，在科学上是缺乏其所需要的有效性，而且在宗教教义上是不健全的。

康德写道：“自然神学的论证主要的步骤如下：(1) 世界中到处都有适应一定目的的清楚痕迹，这种适应是以极大的智慧而作出，并且在内容上和无限的范围里都有一整套不可言说的杂多中可以追寻。(2) 这种适应并不属于存在在世界上事物的本性而来而是外来的，且是偶然的。就是说，如果形形色色的事物，不是特别地为一个理性的原理按照一定预先假定的观念选择出来而适应于那个目的，那些事物不能通过这么无限多种多样的手段，都来一同达到一单个目的。(3) 所以必须有一单个或者多于一个的聪明而崇高的原因，而这个原因不能和自然的盲目而万能的能生产性同一起来，必须有一个有理智而自由的原因。(4) 在世界中各部分的相互关系所表示的统一性乃是一种巧妙构成的大建筑物的统一性；所以世界的原因之统一性在我们观察所及是可确定的，而甚至在我们观察的幅度之外，按一切类比的原则，也是可能的”。

这是康德对他所信仰的上帝的一首赞美诗！然而他又何以不承认自然神学的证明而说它有缺陷而且在宗教教义说来是不健全的呢？关于这点，他写道：“从设计而立说的那种论证所能证明的只是世界的一个建筑师，而不能证明有世界的一个创造者，是一切东西都要服从他的思想的。所以这个论证远远不足以证明它当初打算要证明的，就是一个无所不是的原始存在者的存在。”

隶德在其“关于一切思辨神学的批判”那一节里写道：“理性在其纯然思辨的使用上是完全不能证明最高存在者的存在的。……最高存在者，对纯是思辨的理性来说，是一个理想而已。”

关于康德的《纯粹理性批判》，本材料只写到这里为止。

（待续）

《康德哲学讲解》历史的回顾

一般说来，我们可以说，哲学中每一个新的运动，都是企图解决长期发展过程结果所出现的某一个问题。那问题即便不总是但通常也是因人生中流行的一些似乎不可调解的看法而走到前线的。至少，对于产生批判哲学的时代来说是这样的；因为康德所要处理的特别问题，乃是两个对世界极不同的看法或多或少独立的发展所决定的，这两种看法在其最后的方式上，一方面是莱布尼茨和他的信徒伏尔夫所代表，另一方面是休谟所代表的。莱布尼茨既然是笛卡尔和斯宾诺莎的继承者，而休谟的学说是洛克哲学的逻辑结果，或者说至少是洛克哲学一个主要方面的结果，所以把这两种背道而驰的思想潮流的方法与后果的清楚观念摆在我们心目中，是可以帮助我们体会康德的哲学的。

一切哲学问题可排列为三个项目：(1) 对象的性质是什么？(2) 主体的性质是什么？(3) 包含对象与主体的统一体的性质是什么？自文艺复兴和宗教改革以来，近代思想不断研讨这三个问题，在企图解答这些问题的过程中，日益承认康德所说的是真的，就是除上诉于理性的权威之外，上诉于任何其他的权威终究是导致怀疑主义和冷淡主义。人们从中世纪的“独断主义睡眠”中惊醒过来之后，对于带有传统和权威的标志的一切都感到不耐烦乃至鄙视。并不是他们否认过去的信条——接受信条的内容是很容易的——而是他们反抗整个中世纪的这种态度，即盲目地相信从来没有经过自由而公平的批判的种种观念。所以当文艺复兴时期的人们大声疾呼“回到古希腊去”时，他们实在是指“回到古代自由精神那里去”。可是文艺复兴这个运动，系统地表达出来的时候，是朝着两个主要方向的：要就是研究人所栖息的世界，要就是探求生命本身。从近代世界的开端一直到现在，科学和哲学思想的整个过程都是企图找到这些问题的一个合理答案。宗教改革又一次把人类主体和人们设想包含在对象与主体里面的最终统一体，两者之间的关系问题，显著地提出来。我们知道，路德主张，个人在他的宗教意识里面一定不能做传统和权威的奴隶，而必须只相信他自己的精神所证明的东西。不错，文艺复兴和宗教改革起初的代表人物并不认识到他们摒弃外来的权威所会有的全部意义。例如路德一方面不承认教会的权威而同时另一方面又退回到《圣经》的权威那里去，这样就违反了他自己的原则，就是宗教必须根据一个人自己的直接经验。但是我们可以订出这条一般的规则，就是一条原理，一经声明之后，在相当的时间内会得到它的逻辑结果的。所以，文艺复兴和宗教改革的真正精神用公式来表示的方法，没有好过康德描述他自己的时代所用的话语的。他说：“我们的时代是一个批判的时代，任何东西都不能指望能逃避这个批判。当宗教想要躲在神圣的后边，法律想要躲在尊严的后边时，它们恰恰引起人们对它们的怀疑，而失去人们对它们尊敬的地位，因为只有能够经得起理性的自由与公开的检查的东西才博得理性的尊敬。”正如自然科学毫无成见地来进行自然的研究，又正如哲学科学——包括形而上学、伦理学和政治学——必须用同样自由而不偏不倚的方法来研究人类主体，因而现代精神要求作为确定宇宙最终性质的企图的神学在它追求真理的过程中，也应该绝对不受任何的拘束。

笛卡尔，作为近代世界自由精神的第一个代表，在那精神清楚地意识到它自己的限度内，自然就是以反抗不批判地接受传统或习惯的观念为他的哲学的开端。他力争我们必须以怀疑一切可怀疑的东西为追求真理的开始，其实在的意义就是这个。然而笛卡尔和路德一样，对于他自己的原则不是完全忠实的；因为他明白地声称，按教会所规定的宗教真理是必须毫无疑问地接受的，而且对于国家的法律，他也同样认为是一种例外予以袒护。依我们看来，很明显，这些意见的保留，都是和笛卡尔自己的第一原理不一致的。自由的精神必须完全是自由的，不能以毫不怀疑的信仰来接受教会的教义或者接受国家的法律，正如不能承认习惯的道德或审美的观念的绝对性一样。除了这些对外来的权威无法予以辩护的让步之外，笛卡尔，至少在他的意图上来讲，是近代世界自由精神的忠实说明者。因之他在追求真理的过程中一开头就像培根那样坚持知识的第一步是使心灵免除一切成见，包括着不只深深留存在形成公式的体系里边的种种观念，而且并包括着全人类共通的那些自然而然的偏见。我们必须以怀疑一切为起点，拒绝接受任何只是习惯上是这样主张的或者是我们在我们自己个人的意识中发现有的那些东西。

当我们检查他的学说的积极方面时，我们发现笛卡尔不知不觉地违反了他自己声明是哲学所必需的原则。他有一种假定——诚然对他说来并不像是一种假定的——终之使他意图解决的问题绝对不能得到圆满的解决。那个假定就是，思维和存在，心灵和物质，是相互排斥的，这个假定无疑是和我们平常的观念一致的，然而和认为包括着那两者而又能说明两者的原理的合理解释是不相容的。物质的本质被设想为广袤的东西，心灵的本质是思维的东西，而任何一个都不能转化为另一个。既然肯定了两个东西是完全不相同的，那就无法使它们归结为一个单条原理的统一，而不自相矛盾。可是笛卡尔极力试图来说明在某种意义上它们是统一的。物质和心灵无疑都是“实体”，而作为实体来说，它们是相互独立的，可是在绝对意义上它们并不是“实体”。每一个物质的东西和每一个思维者都是有限的，而作为有限的来说，它们只是在相对的意义上或者作为相互对比来说才是“实体”，而唯有上帝才能无保留地称为“实体”。有限是预先假定有无限的，而只有无限才是绝对独立，即自依存的。

很清楚，如果只有无限才配称为存在者或实体，那么认为一切有限的东西（不管是物质的或者是精神的）是存在或实体性的，这种看法就必须予以否定才不致前后矛盾。如果唯一真正的“实体”乃是无限，那么我们从终究的观点来说，必须认定思维者和广袤者之间的界限已消逝了。这也就是斯宾诺莎把笛卡尔所说的后果推到尽头所得到的结论。如果唯一可称为“实体”的乃是上帝的话，我们就必须从有限的东西拿掉它们像是的“实体性”。因之斯宾诺莎就否认物质和心灵的独立实在性。正如他所论证，只能有一个自完备而自依存的存在者，而只这个存在者才能有正当权利被称为“实体”。而且既然只有一个真正的存在者或实体，我们就再不能谈到思维的存在者和广袤的存在者，而只能谈到思维和广袤，思维和广袤就变为唯一的存在者的“属性”，不但这样，这些“属性”再不能设想为互相限制的；因为如果它们互相限制的话，它们就会和唯一实在的存在者的统一性相抵触。所以每个“属性”必须是无限的。如果有人反对说，两个无限是不可思议的，斯宾诺莎就回答说，如果每个无限都设想为绝对无限的，无疑反对的意见是正确的，可是如果每个无限是设想为在其本类上是无限的，那么反对意见就不是正确的了。无限广袤和无限思维并不互相排斥，因为既然它们完全不会接触，它们就不会互相限制或互相干扰。因之必须把无限存在者看为在思维和广袤中都是绝对完整的。然而斯宾诺莎终于不得不承认无限存在者在它的本身里面不是分别为思维的和广袤的两种；换句话说，它在实际上取消了思维和广袤的区别，结果就是无限既不能以思维作为特性，也不能以广袤作为特性。这样一来，根据不可避免的逻辑来讲，无限就归结为纯粹存在。而且正像斯宾诺莎所主张的那样，严格说来，只有无限存在，有限的消失了，剩下来没有什么是可知的，甚至是可思维的。

但是，虽然这是斯宾诺莎关于无限的消极概念的逻辑结果，我们也必须承认，他在两点上对哲学多年争论不休的问题作出了宝贵贡献：第一，他明白地划清楚思维和存在的界限；第二，他坚持无限既是思维的又是广袤的。不把物质和心灵严加区别而对立起来，是不能真正地理解无限的。不管无限是什么，它在它里面必须至少包含有思维如同包含有存在一样，而反过来说，我们必须坚持有存在如同坚持有思维一样。诚然，没有思维，存在是消逝的，可是没有存在，思维也同样要消逝；因为思维一定要有对象，然而没有存在，就不能有对象。所以当斯宾诺莎极力主张在无限里面思维和存在是不可分开的时候，他正确地反抗把这两者任何一个取消掉。笛卡尔曾主张上帝是纯然思维的存在者；但是如果是这样的话，那就不难说明上帝是一无所思的了。如果存在归结为广袤的东西，思维只有和广袤对立起来才能保持它的实在性。所以如果否认无限有广袤，也就必须否认它有思维。当然笛卡尔是说，思维是思维着自身的。但是纵然这是不错的，可是并不意味着思维是独立于它对广袤的思维而思维其自身的。思维能把自己思想为非广袤的，它只是和广袤的区分开来，如果取消了广袤的，非广袤的也一并消逝了。然而如果不能以广袤来陈述无限，那必定是因为广袤是一种幻象。取消了这个幻象，同时也就取消了关于它的思维。在无限里面的思维，只能思维到实在的东西；所以如果广袤是一种幻象，思维就不能思维广袤；换句话来说，它就完全不能思维。所以在否认上帝是有广袤的时候，笛卡尔是前后不一致的。斯宾诺莎就不同。他对他所相信的抱着充分勇气。既然思维与广袤是不可分开的，就必须两者都拿来陈述无限。思维只能作为思维到广袤而存在，而否认其一就也是否认其他。因之就主张无限在思维上和在广袤上都是无限的。但是既然斯宾诺莎认定思维与广袤是互相排斥的，他就不得不否认无限在它自己里面是包含着两者的分开的了。这样一来就很明显，如果要保存上帝的统一性，就必须打破思维和广袤的对立，打破两者的互相排斥性。如果思维与存在是互相排斥的，两者都是消逝，而剩下来的只有纯粹存在，那就是纯粹的虚无。无疑，斯宾诺莎企图维持无限的统一性，他的方法是声明思维和广袤两者分别都是无限的一种完整的表现，可是这终究是一种手段，用来掩盖所断言无限的统一性和所假定的属性的二元论两者之间的矛盾而已。所以我们可以说，斯宾诺莎是把思维与广袤、心灵与物质的调和留下来作为没有解决的问题的。

斯宾诺莎怎样从有限过渡到无限的呢？他所用的方法其实就是一种抽象的过程。人们通常认为有限的东西自身是实在的。那么，首先，如果我们把有限的东西作为外在的看，依这个看法，我们就必须认为有着许多互相独立的东西，其中每个都是广袤的，广袤构成一切外在东西的本质属性，因为它是这些东西的存在不可缺少的唯一属性。但是广袤不能把一个东西和另一东西区分开来。诚然，人们是假定每个东西都占住一定的空间的，而东西的区别被认为是在于每个东西所占住的空间的多少。可是如果一个外在的东西的本质属性是占住空间，而空间既然是绝对连续的，那么就不能有一个东西从另一东西的分开。所谓空间的“各部分”其实不过是人们任意的限制，这些限制又是预先假定有空间的不断连续的。把空间的“各部分”描写为好像是整体的，乃是想象，而思维所看见的空间是没有所谓“部分”的。所以并不能有分开的或独立的外在东西。其次，同一论证的路线说明观念并不形成独立的东西，而且又说明思维是绝对连续的，是构成一条不断的观念河流的。认为观念是可以分开而本身是完整的，乃是想象。所以广袤和思维都是连续的。可是取消了内在的和外在的有限东西之后，广袤和思维的无限性便成立了。这两者都构成一单个不断的统一体，在这个统一体里面，有限的东西不过是一些限定，为我们所构成而并不表示东西的实在性质。有限不过是无限不从它的总体角度来看，而任意加以限制而已。总而言之，除了无限之外，再没有什么实在的存在。

那么在斯宾诺莎的哲学里，有限不过是无限对于想象的一种表现。在这种学说里面困难就是，无限作为纯然连续的存在是不能有什么确定的，因而对我们来说就变为一个绝对的空虚。如果广袤的一切确定都是想象的虚构，显然从整体的观点看来，这些确定是没有任何实在性的。

不但如此，虽然这些确定都是虚构，它们不是虚无；它们至少有虚构的实在性，因而需要说明。虚构是怎样发生的，如果实在性和它们不相容？如果思维在它的实在性质上是连续的，何以它在表现上又分散为个别的观念呢？表现是有的；如果只实在性才是有的，何以又有表现？斯宾诺莎的出发点是寻常有限东西和有限心灵的相互分开。然而像他所主张的那样，分开是抽象的虚构，当我们明白了只有一个连续的广袤，只有一个连续的思维，这虚构便消逝了。可是斯宾诺莎忘记了把他所从而出发的根据重建起来。如果实际上只有一个广袤，一个思维，那么，许许多多的东西和许许多多的心灵就不可理解了。没有实在性的东西，从绝对的观点来看是不存在的；那么何以又认为它是存在的呢？我们可以理解，在一个处在过程中的世界里面，何以会由于我们知识的种种限制而有一些虚构；可是在一个没有过程的世界里，没有任何限制的世界里，虚构是完全不可理解的东西。换句话说按一种把有限从无限排除出来的理论，有限是没有被说明的可能的，能够和有限调和的唯一无限是包含着有限而不毁灭它的无限。斯宾诺莎肯定的无限，是排斥一切确定的，所以就把有限变为一个不能理解的幻象。

使斯宾诺莎的学说难以应付的另一种困难就是，它把人类心灵变为思维的一种模式，却又赋予它以认识自己和认识与它对立的广袤这种力量。可是，如果人类心灵只是由想象而来的一种虚构，这个虚构，这个虚无，怎样能有任何知识呢？斯宾诺莎忘记了实际上没有人类心灵，而只有神的心灵，而且他又忘记了神的心灵里面是没有虚构的。认为神的心灵受到否定的感染——依斯宾诺莎说来，虚构就是否定——是和斯宾诺莎归于神的心灵的无限性相矛盾的。即使承认有人类心灵的话，它又怎样有可能来理解神的心灵呢？人类心灵充其量就是唯一的无限思维的一个模式，而作为这样一个模式来说，它是不能和无限思维一样广阔的。有限的一个心灵，就是说局限于一个有限的圈子内的一个心灵，怎样能超出自己的范围而包含着无限，即超出它自己的界限呢？要这样做，它自己必须是无限的。即使我们同意人类心灵能够理解无限的心灵，它又怎样能理解无限的广袤呢？我们假定广袤是在心灵之外的，因而广袤是不能进到心灵里面来的。诚然，如果不认为广袤和思维是相互排斥的，那就能理解思维如何可以把握住广袤；可是，如果两者是绝对对立的，这种把握是不能理解的。如果假定广袤是在心灵之外的，就没有可能来说明广袤怎样进到心灵里边来，声明从上帝的观点来看广袤和思维并不对立，也不能因而逃避这个困难；因为这样一来，两者的对立就一定是一种虚构，像有限的东西和有限的心灵是虚构一样了。然而如果唯一的实在是上帝，又怎样会有这样一种不可理解的虚构呢？

斯宾诺莎的哲学所导致的种种矛盾，说明它假定存在于有限与无限之间的根本对立是不能承认的，不能取消掉有限而不取消无限。所以必须有某种方法来保存两者的存在。同时也得承认斯宾诺莎曾证明把任何单独的实在性归之于有限的本身是不可能的，离开它的必需的补充，有限是不能存在的，而那个补充就是无限。从知识的观点来说，要表明这一点可以这样讲，就是关于有限的知识是包含着关于无限的知识的。然而我们必须注意到无限不能只是有限的否定，因为空洞的否定对知识来说是不可能的。斯宾诺莎又证明不能把上帝下定义为纯粹思维而排斥外部的存在，而必须是上帝在他自身里面包含着思维而又包含着广袤。所以任何关于上帝的真正概念必须包括着广袤，正如它包括着思维一样，可是这概念包括两者是通过把它们变为分别的统一的。

从逻辑来讲，斯宾诺莎的哲学是停顿于纯粹思维与纯粹广袤两者之间的不可消灭的对立的。为要把这两个对立物弄在一起，斯宾诺莎的哲学就不得不求助于一个作为媒介的概念。超出思维和广袤的统一体只能是纯粹的存在，而纯粹的存在并不是统一的原理而是统一的否定。斯宾诺莎朝着中介原理方向的第一步，就是通过运动作为广袤的普遍模式这个概念和观念或意识作为思维的普遍模式。变动发生于物质的“模式”或方式就是运动，而变动发生于心灵的“模式”或方式就是意识。这样一来，虽然广袤本身是绝对不可变动的，但是从广袤的各部分相互对待来说，是可以变动的。可是这些部分只从彼此相对来说才是能变动的，因为无限的广袤是不能有运动的；所以不管在唯一的无限广袤之内有什么运动发生，整个广袤是一直不变的。同样地，不管有什么从一个观念到另一个观念的过渡，作为整体的思维一直是不变的，因为无限的思维是不能有变动的。可见观念的一切变动都是相对的。观念相互之间变动着，但是对于整体不变，整体是不变的。而且广袤之内的运动和意识之内的运动是相应的，因之永远不能有一种运动而没有与之相应的其他一种。所以在运动和观念之间是有着一种完全的一致的。

从斯宾诺莎的哲学这一部分，我们能看到广袤与思维是彼此逐渐接近的。诚然这两者是永远不会绝对合并起来的，因为假定了它们是相互排斥的，它们的合并已经成为不可能的了，但是斯宾诺莎半无意中不得不设法来调停这两个对立面。他假定广袤与思维两者都是自身完整的因而不是互相限制的，这个假定只是使两者的分离成为表面上说得通的而已，可是这个假定是不能维持的，因为两个无限的总体是自语相违的。为了得到一个绝对的总体，就必须去掉每个的独立性，而这样一来，就引起这个问题，即怎样说明它们能够形成一单个整体呢？为了用斯宾诺莎的方法来得到它们的综合，我们就必须说，所认定每个的独立性乃是想像力的虚构。空间各部分既是虚构，全部空间也就是虚构。总而言之，全部广袤并不是整体而只是存在的总体的一部分，其他一部分是思维。如果我们把这个观念推到它的逻辑结论，斯宾诺莎的学说就会完全变形。如果全部广袤是一部分而全部思维又是一部分，那么真正的整体必须包含着广袤的一切存在和思维的一切存在了。但是这是不可能的，除非这整体包含着变形了的广袤与思维。把几部分表面上凑合在一起是不能得到真正的整体的。一堆的各部分依然是各部分，因而全部不是整体。那么，广袤与思维怎样才能合并呢？它们不能合并而依然只是广袤，只是思维。广袤必须含有思维，而思维必须含有广袤。换句话来说，广袤必须是思维的一种形式，更确切地说，思维再不能设想为非广袤的，广袤设想为非思维的。其整体必须是广袤与思维的一个有机的统一体，同时是自形相化的而又是自统一的。作为自形相来说，整体是广袤，是自然；作为自统一的来说，它是思维。自形相化而又自统一的整体，只在它自形相化才是自统一的这个整体，才是唯一可想象的整体。这样的一个整体就是一个合理的整体，因为整体的本性是要同时既把自己形相化而又把自己统一起来的。由于没有什么东西能在它之外，它便是自确定的，而自确定就是自由的实现。这样一来，表现与实在的对立就打破了；凡是表现的都是存在的，或者说都是唯一无限存在的自形相化。

当然这不是斯宾诺莎所得到的结论。他的哲学所导致的整体并不把广袤和思维变形而把它们留下来作为依然不可克服的对立。所以他称为整体的不是整体，而只是消除了广袤与思维的分别之后所得的抽象。这个并不是无限而是不定。无疑斯宾诺莎是说这个整体是完全确定的；但是我们加上一些新的确定，而这些确定的每一个都设想为排斥其他的，并不能接近一个真正的整体。斯宾诺莎告诉我们说，唯一的实体具有无量数的属性。可是无量数的属性是自语相违。一个加上一个的单位不能得出无限。加上一百万个属性是和只说出一个属性一样在实际上离有机的统一体很远。一堆和一个有机统一体的分别是种类上的分别而不是程度上的分别。斯宾诺莎实在性的概念中的根本缺点乃是他的无限是一大堆的属性而不是一个自确定的统一体。

我们已经看到斯宾诺莎是怎样不自觉地把运动的概念插进来而使广袤与思维互相接近。在广袤的东西里面有一种过程，虽然是不影响到整体的一种过程。并没有什么发展，而只在一个一直不变的整体里面有一种运动，因为一切变动都落到各部分里面去。可是各部分的运动需要解释。何以一个不能动的整体的各部分能动呢？斯宾诺莎没有作出答复而只是说，各部分的运动都是独立的。纵然是这样，还必须承认各部分是互相影响的；不然的话，每部分都会有它自己的运动，因而本身就是一个整体了。可见每部分必须是能发生影响而又受到影响的。换言之，我们以全部的能归之于全部的广袤存在，形成进一步中介观念的就是能的这个概念。可是斯宾诺莎并没有抓住这个概念，至少没有清楚地抓住它，但是这个概念构成他的继承者莱布尼茨的中心原理。所以我们得要考虑莱布尼茨避免斯宾诺莎的缺点到什么程度。

莱布尼茨哲学的重大价值乃是它表现向着一个有机统一体的概念的过渡，而这个有机统一体是要同时公平处理个体的实在性和一单个系统中一切个体的关系的；它的弱点在于它相对地不能令人满意地掌握住有机统一体这个概念。在其优点上，莱布尼茨是超出了笛卡尔的抽象个体主义和斯宾诺莎的抽象普遍主义；而在其弱点上，他始终不能达到真正超出个体与普遍的对立的一个统一体。

在他的一切存在形式都是自活动的实体，即单子，在这个概念里，莱布尼茨是企图逃避一切有限的存在溶解在一单个存在者里面这种想法，这种想法正是斯宾诺莎哲学的主要方面。斯宾诺莎作为只是一单个实在的“模式”的，作为本身没有实在性的模式的，莱布尼茨就把它们变为以自己为中心的一些个体。这就导致他否认笛卡尔和斯宾诺莎所假定的物质与心灵之间的绝对对立与相互关系。在笛卡尔和斯宾诺莎的哲学里，那个对立是和这个假定结合在一起的，就是认为我们领会存在的真正性质，只是在我们把事物的一切可变动的确定放在一边而集中注意在它们的恒久与不变的确定上这个限度之内。这些就是纯粹广袤和纯粹思维，两者毫无共同之处。莱布尼茨就不同。他企图证明纯粹广袤和纯粹思维并不是东西的真正性质；东西的真正性质在于它们个别的能或者说个别的力。所以物质与心灵不是对立和交互关系的，而每一个真正个体都同时既是物质的又是精神的，既是灵魂又是身体；更确切地说，物质与心灵同是能的形式，而在这点上它们是同一的。在他设法把实在、存在这两个对立物，精神的和物质的合并起来的过程中，莱布尼茨显出两种相反的倾向，或者说两个观点，是他始终不能完全调停的。一方面，他主张在每一个真实的存在里都有两个可分辨出来的方面，表达着实在个体的能，纵然在程度上是有限制的。就这点来说，他是朝着一个具体的统一体看的。这样，他像是同时保存着个体的独立的能，而又说明了不同个体中那个能的限制。另一方面，在他力图保存个体的独立性时，他终于把东西的空间与时间一切关系作为非实在的取消了，而又把使存在的不同体系彼此分开的质的差别一律抹杀了。这样一来，对他来说，个体在思维把它把握住像它实在那样，就不是在空间与时间之中，而存在的每一个形式，在其本质上，都是和其他形式在种类上相同的了。所以在这里，就有了在一种新的形式上和笛卡尔与斯宾诺莎所表现的同一的向着抽象的倾向，正如这两个思想家企图除纯粹广袤和纯粹思维两种确定外抽掉一切其他的确定来找出东西的本质那样，莱布尼茨想用扣掉广袤和一切区分存在体系的差别那种方法来找出东西的本质，单子在其真正的性质上是无广袤的，在种类上每一个单子和其他每个单子都是相同的，因为一切单子都同样是自活动的，可是设想为独立于广袤的力绝不能表达自己。只有当它在运动的形式上把自己表示出来，力才是真实的，而离开空间与时间的一切关系，运动是无意义的。所以像莱布尼茨那样，把空间与时间说成是“模糊的观念”，也就是把力说成是一个模糊的观念了。既然只在它表达于运动的时候，力才是实在的，运动的变为一个模糊的观念就把力的实在表达变成一个虚构，当思维把这个模糊澄清了时，这虚构便消逝了。而且取消了力，单子的个性也随之而取消了。事实上剩下来给我们只有一些空洞的容量或纯粹的抽象。同样地，把实在的存在作为力来下定义就是消除了作为存在各种不同体系的特性的东西。如果矿物、植物、动物和人类在本质上都是同一的，我们就必须否认凡是作为它们特性的东西，而在它们共同具有的东西里面寻找它们真正的性质。但是它们所共同具有的乃是力或能，因而作为动植物特性的生命，作为动物与人类特性的感觉，作为人类特性的自我意识，都必须看为非本质的了。由此可见，错误的抽象方法仍然控制着莱布尼茨的思想，正像它控制了笛卡尔和斯宾诺莎的思想一样。他前进到力或能的观念是超过他们，但是他陷入了这个错误，就是认为否定空间与时间关系的终极真理，就也是否定它们的相对真理，而且认为把实在性和能同一起来就是等于说东西的本质只在于能。这样我们就看到，如果将莱布尼茨关于单子实在独立性的概念贯彻到底，就会否定一切实在性而把世界的复杂性变为死板的单调。

然而莱布尼茨是企图恢复事物的联系的。他主张，虽然每个单子是分开的、独立的，它却反映或者说表现着一切其他的东西。因之每个个体都有它自己的内部生命，有它的知觉生命，借之和一切其他东西在观念上联系起来。在他的理论这个方面，莱布尼茨事实上是企图恢复世界的复杂性，这复杂性是他开头所否认的。在一切单子在本质上是同一的这概念上，他把存在的一切体系归结为一些力了；现在他把知觉赋予每一个单子就把存在的一切体系提高到本质上的同一。可是这里他部分地又受到抽象方法的影响；因为像他那样承认了无机物有一种的知觉，因之就没有取消掉各种知觉之间的差别。矿物的混沌知觉，植物的暗淡知觉，动物的模糊知觉，和人类的清晰知觉，都作为本质上同一的来对待。这样我们在这里又一次有了莱布尼茨方法中根本弱点的一个例子，即质的差别取消掉了而归结为程度上的区别。事实上莱布尼茨假定每个东西成为实在的就必须在本质上和每一个其他的东西是同一的。因之他否认除质的区别外，东西之间有任何区别。可是实在的有机统一体不要求我们肯定一切东西质的同一性，它并不要求因为人类是有知觉的，一切其他的存在也就必须是有知觉的。我们诚然必须认为存在的一切形式都有关系，因而构成一个单一的系统而表达一单个原理的统一性，但这并不是说存在的每个形式必须是觉知到那原理的。所以我们不需要说矿物具有知觉，而只需要说矿物在整体的统一性中是在一切东西中所表达的唯一单个原理的一种形式。

莱布尼茨表面上所否认的东西之间质的差别，他事实上在他存在的分等阶梯的学说上是承认的。从矿物一直往上到人类，在知觉的清晰上有着按次序的进展，虽然莱布尼茨说这个进展纯是量的，但当我们仔细审查的时候，究竟它是含有质的分别的。植物没有感觉，动物没有思维，虽然莱布尼茨把这些分别说成只是量的，但是他只把它们变为质的才能分辨存在的各种不同的体系。这一点在他分别开动物只是感觉的而人类是能思维的时候，就特别显而易见了；因为照他说的来看，世界的真正性质只敞开在思维的面前，而感性知觉歪曲世界到这程度，结果它是把实在独立的表现为像是依赖的，把分离的表现为像是连续的。所以很明显，只有思维才能正当地说是表现世界，而知觉只表现一个幻觉的世界是思维已超出了的。这样一来，莱布尼茨说一切存在者反映宇宙这学说，是和他作出的而又是他不得不作出的感性与思维的绝对分别相矛盾的。

当莱布尼茨处理人类的时候，就尤其清楚地看出这种矛盾，因为他认为人部分是感性的，部分是思维的；他虽然一直总是肯定思维不过是清晰的感觉，可是他实际上是使感官与思维产生两种不同的知识的。他告诉我们有事实的真理，又有理性的真理，前者是偶然的，而后者是必然的；一个是充足理由原理或因果作用所控制，另一个是同一性原理所控制的。这里我们就有了在康德哲学中起着极大作用的思维与知觉的对立，分析与综合的对立的一个形式。依莱布尼茨看来，理性或思维的真理只是由概念的分析而得到的真理。例如当我们分析三角形的概念时，我们便看到它只能有三个角，这三个角的总和必须是两个直角，等等。所以莱布尼茨认为一切自明的真理，像几何的真理那样，都是必然的。它们是必然的，因为它们是包含在我们所分析的思维个别对象里面的。所以思维的功用只是使我们的观念变为完全清晰，而我们这样得着的判断都是必然的判断。在这种情况下，知识必须总是分析，因为不是已经模糊地包含在意识中的东西就总不能叫意识弄清楚。这样一来，就好像我们不能用分析达到这种清晰性时，严格说来也不能有任何知识。然而莱布尼茨并不作出这个结论。他看事实的真理是不必然的，正因为我们不能把分析进行到达到清晰概念的一点。他举出的理由就是我们对于世界的表现都是复杂的、模糊的。当我们肯定一个三角形有三个角时，我们面前摆着整个对象，于是就能够看出主词和述词是绝对同一的；可是当我们处理经验的事实时，我们没有整个世界在我们面前，因而只能分析我们的知识到一定的限度而看出这所与的事件依存另一事件，而这第二个事件又依存第三个事件，等等。所以按因果作用原理，我们永远不能达到一个整体是我们完全分析为它的一切因素的。诚然，如果我们的智力是无限的，那么一切真理对我们来说都会是必然的。但是只对上帝来说才有这种真理。

这里莱布尼茨所处理的问题，在这种或那种形式上从柏拉图的时代起就一直是在讨论的。他的“事实的真理”相应于柏拉图的“意见”（δσξα），而他的“理性的真理”相应于柏拉图的“知识”（ἐπιστήμη）。可是我们不能说莱布尼茨把问题提出而没有解决它之外还作了什么。如果知识本身是清晰的意识，那么所谓事实的真理实在就完全不是真理，而这样一来，一切知识都归结为理性的真理了。可是，如莱布尼茨自己所承认，这些理性的真理并不显示现实的东西，而只显示可能的东西。如果真有一个实在的三角形，它就必须具有数学家以之归于它的属性，但是这个观念的分析并不证明实际上有一个实在的三角形存在。要有实在性的知识，我们就因之要依靠经验，而如我们所已经看到，经验不向我们给出实在的东西，因为我们的分析永远是不能完成的。那么，很明显，实在性就在理性和经验两者之外。它就变为一个不可知的境界，是我们永远不能达到的实在性的一个观念而已。这就是何以莱布尼茨作出结论说，在我们追求原因的过程中，我们陷入一个无限级数里面。我们永远不能达到一个绝对的第一原因，因而就完全超出这系列而在上帝这个观念里寻找世界的解释。这正等于说我们完全不能说明世界而不得不倚靠这一观念，就是世界的真正意义只有上帝才知道——这个结论就导致我们一无所知。莱布尼茨说，“当一种真理不能有最后分析时，而又不能从它自己的理由证实出来，只从神的心灵才得出它的最后理由和确实性，它就不是必然的了”。从这看来就很明显，一切事实的真理都是不可解释的。关于真理的观念像上帝所知道那样的，简直就是我们永远不能有的一种知识的观念。

莱布尼茨企图通过最后原因的概念来胜过理性真理和事实真理之间的对立。我们是发现永远不能在经验中得到清晰性，才不得不把一切对象认为是属于上帝的经验的。我们诚然在理性的真理中有清晰性，但是这些真理不能叫我们越出可能性的范围。我们所以像莱布尼茨所坚持那样，就必须把形而上学的必然性和道德的必然性区分开来。例如数学的真理都是在形而上学上必然的；甚至上帝也不能使 2+2=5；但是这些真理只关于可能的东西。事物的现实存在不是形而上学的必然性所决定，因为实在性有许许多多的可能形式，而在这种情况下，必然的东西含有上帝在这些可能性之间的抉择。所以在这里，我们所应用的充足理由原理必须在意义上不同于应用在经验的特殊事实上的充足理由原理。其原理就是上帝必须从无量数的可能世界中选择那最好的一个。这个关于可能的和现实的之间的区别的概念，显然就是把理性真理和事实真理的对立转移到神的心灵那里去，而莱布尼茨仍然肯定这对立对人是有效的。按莱布尼茨所说，对上帝来讲，不能有实在东西的思想和所想的实在性的对比。如果我们能够把一切模糊地包含在我们观念中的东西带到清晰的意识中来，就不会有我们知道的和现实存在的两者之间的对立：可能的和现实的就会一致了。但是这个绝对清晰的意识，恰恰就是神的智力不同于人类智力的一种特性；所以认为在神的智力中能够有可能的和现实的两者之间的对立，就是认为神的智力是和人的智力受到同样限制的拘束。所以对上帝来说，不能有实在的和可能的两者之间的对立；如果没有这种对立，那么无量数可能世界之中的选择这个假定本身就是自语相违。

实则我们在这里只有贯彻着全部莱布尼茨哲学的矛盾的一个形式，即一切单子绝对独立性和单子依存于上帝这个矛盾。这个矛盾也在莱布尼茨中发现在关于上帝的两个对立的概念。在讨论有限的单子时，他告诉我们说，每个单子的个性是和因之而受到决定的物质，或者说被动力，结合在一起的；其实决定个别单子在存在的阶梯上的地位的是这个被动力的程度。另一方面，莱布尼茨又告诉我们说，上帝是绝对没有任何“物质”或被动性的，因为上帝的主动性是无限的。那么怎样以个性来归之于上帝呢？从这个观点来看，上帝只变成潜在于一切个别单子之中的统一性（或者说和谐）的一个名称而已。另一方面，莱布尼茨坚决主张上帝不但是一个单子或个体，而且是“单子的单子”。这只能意味着一切其他单子只是互相对待时才是个体，而对于上帝，它们不过是唯一单子，即“单子的单子”，表现自己的一些模式。从这个观点来看，莱布尼茨不能逃避斯宾诺莎的绝对实体，即实在性一切有限模式都被卷入的实体。如果像他所说，“只有上帝是原始的统一体，或者说纯然有创作力的实体，一切受造的和派生的单子都是它的产物，都好像时不时产生于神性的不断闪亮的”，我们又怎能再谈到有限的单子的独立性或实体性呢？

不管莱布尼茨的哲学是怎样充满着一些暗示，我们不得不断言它是一个壮烈的失败。想把事物的真实个性和它们在一个有机的统一体里面的种种关系结合起来，把有限的东西和上帝无限的自活动结合起来，这个意图的不能成功，是因为莱布尼茨把他后来想要结合的东西先就分开了。可是，如果我们不承认他对于问题实在是什么有了一个清楚的概念，因而为康德和他的观念主义继起人所试图得到更深刻的那种解答准备了道路，那就误解了莱布尼茨。在那时候以前，由于他的门弟子的努力，他的哲学各部分的不足已经弄得更清楚了，但是他的门弟子仍然是抓住他的理论的一方面，而忽视了其他方面的。朝着这方向走出第一步的是伏尔夫。他是短少思辨眼光，但具有思想很大分析清楚力的一个人。对伏尔夫来说，莱布尼茨哲学中重要的就是它断定每一个实在存在的个性。伏尔夫肯定这个个性而同时丢掉作为莱布尼茨特征的理论，就是说每个个体有一个内部生命、在观念上表现着一切其他东西的。这样一来，莱布尼茨企图用来保存事物间关系的结合而达到一个系统的统一那全部想象的综合却消逝了。按伏尔夫的理论，矿物再不是一种有机体而只是一块死的物质了。动植物甚至人的身体也不过一堆一堆不能自力运动的物质，它们的各部分之间只有机械的关系。伏尔夫所保留莱布尼茨理想方面的唯一痕迹，就是人类意识的能表现的性格。可是甚至在这点上，伏尔夫看灵魂与身体是两个独立的实体，彼此相应，但没有实在的关系；他不像莱布尼茨那样，设想身体为灵魂内部生命的外部表现。这样把世界归结为只是个别东西的集合体之后，伏尔夫自然是回到上帝这观念那里去，把上帝看为把一切东西井井有条地摆在一起的一个纯是外在的存在者，正如建筑工程师处理他用来工作的器材那样。这样，正如各单子的理想方面消逝了那样，在莱布尼茨的上帝概念里面的有价值因素，即上帝是一个显示自己在其他自确定的单子里面而又对那些单子显示自己的一个自确定的单子这个观念，也变为没有的了。这样一来，世界的全部生命与统一都变为一种为一个外在的工匠所系统化的无生命的机构。伏尔夫完全和世界归结为一个机械的系统这思想一致，把莱布尼茨的目的论理论变为一种外在的目的论，在这个理论中最后的目的，或者说意图，是设想为不在个体本身里面而在于适应于一定的有限标的这个形式里面。伏尔夫事实上否认存在的一切其他形式有任何内部生命，而只认为人类才有像自活动这种能力的。依伏尔夫的说法，其他存在者都是上帝造来只为满足人类的需要和幸福的。这样就把目的论设想为和有理智的意图同一的；它就不再是像在莱布尼茨那里这样内在于事物的了。这不只是伏尔夫的观点，而且也是18世纪德国人称为启蒙(Aufklärung)思想一切代表人的观点。

斯宾诺莎看外在目的论是一切坏哲学的源泉。哲学的教训，对他来说，乃是承认永恒者的法律的不可侵犯和这些法律的绝对不管人的感觉。伏尔夫与其门弟子既然把人变成为——实则把个别的人成为——一切东西的中心，所以就以为世界是特意构造来满足人类的需要的。因之对这些人来说，斯宾诺莎是不可理解的。万德尔松不能相信斯宾诺莎的否认最后原因是当真的。“如果斯宾诺莎否认最后原因是当真的，他是说出了任何时候出自人口最大胆的学说了。这种话是没有世人愿意说的，因为我们不能靠神仙食品过日子，而必须吃面包、饮食、睡眠。如果哲学的思辨导致这种离奇的说法，依我看来，正是其时，哲学家应该熟悉一下他们离开了那么远的平凡一般人的看法了。”换句话说，常识证明面包是为着营养人的身体的，因而一切其他需要来产生面包的手段也是这样；所以一个聪明而慈善的上帝使自然适合于人类的需要。

伏尔夫既然设想世界是像一部机器那样，其中一切各部分都是外在地适应于一定的目的的，他就自然要否认有任何干涉事件过程的奇迹。既然世界各部分都是由神安排好的、每部分的变动都是和一切其他部分相和谐的，因之世界每个状态都是出自它前面的状态的。所以上帝会干涉事件的过程，是的确不可能的。如果这样干涉的话，就会推翻事物的整个秩序。其实这种想法是和神圣的建筑师的绝对智慧与他的工作的绝对完善相矛盾的；因为承认有神的干涉，那就一定是因为世界不完善，因而才需要不断地调整。这就是肯定上帝的权力而牺牲上帝的智慧。但是，正如伏尔夫所主张，智慧比权力更是完善。有权力的人无疑是能为所欲为，但是有智慧的人所做的都是有好的理由的。一个完全理智的存在者知道一切，一个完全意志的存在者只想望最好的。如果世界上一切都按照规律而进行，大自然便是上帝的智慧的产物；但是如果发生的事情在事物的本性中没有根据，因之一切都是作为奇迹而发生的，世界就是上帝的权力的产物，而不是他的智慧的产物。从这个观点来看，为了前后一致，就必须否认奇迹、灵感，等等；所以伏尔夫的哲学是和

18 世纪的纯粹自然神论相一致的。莱布尼茨把违反理性的东西和在理性范围以外的东西区分开来，企图这样来使自然神论和启示的宗教得到协调；不管他的调解是怎样不足，它总含有这个真理，就是世界的纯机械的概念是维持不住的。伏尔夫丢掉莱布尼茨学说的更高方面，因之就把世界归结为死板的结构。

当康德开始讨论哲学的问题时，他发现当时盛行的思想体系是伏尔夫的思想体系。诚然他的老师克努真（Knutzen）曾在较好方向对这个体系有所修改，可是所称为莱布尼茨—伏尔夫哲学的主要命题依然没受到影响。可是，如我们曾看到，伏尔夫不管莱布尼茨所作出的分析判断和综合判断的分别，事实上便主张一切真理都是可以从纯粹概念得出的。他并且按照莱布尼茨的说法，主张直观与思维之间的分别不过是程度上的分别，即直观不过是模糊的思想。而且他又认为在纯粹概念中有实在的对象被给予出来，然而这是超出寻常感性的经验的：因为伏尔夫是主张有上帝的存在和灵魂不死的。最后，伏尔夫认为世界在其结构上是上帝所已经决定了的，他看上帝是最高的建筑师，把一切东西调整来满足人类需要的。每一个这些命题都是康德觉得要质问的。关于伏尔夫的学说，说实在的判断能根据概念的分析，他提出这个反对，就是说，这种分析永远不能超出概念本身，因之关于实在存在的真正判断是永远不能用这个方法而获得的。如果思维是我们能知道的一切东西的根源，其结论就是我们什么都不能知道。所以康德就问，究竟当莱布尼茨主张因果作用的判断是综合的而不是分析的时，他是不是正确的。可是这个问题成为极其困难的一个问题。康德始终赞成莱布尼茨而主张只是概念的分析，永远不能产生一个实在的判断的。既然是这样，就好像一切科学的判断都不可能了。如果不能把因果作用的原理应用于实在的事件，就不能有自然科学。所以康德的问题就是要说明我们如何能证明一个像因果作用的综合判断——一个不但肯定思维的规律而且肯定事物的规律的一个判断——而不和纯粹思维永远不能超出其自己这原理相矛盾。我们研究他的《纯粹理性批判》一书便知道他如何设法解答这个问题。在研究这本书之前可以指出，答案的一种预备已经是在康德早期的一种论著里了，就是他的《论感觉世界和理智世界的形式与原则》。在这篇论文中，他的结论是否定莱布尼茨与伏尔夫两人说直观只是模糊的思维这个学说。在那篇论文中，康德主张直观是在种类上和思维不同的，由于直观是有关于个体，而思维是有关于普遍的。关于直观的这个新的看法，显然是完全改变了莱布尼茨所想出的问题的。现在我们所要讨论的问题就以这个形式出现：承认了直观是有关于个体的，如何有可能把它作为普遍的判断的根据呢？可是，如康德所指出，直观是处理个体的，因为它是处理空间与时间的对象的。这样的对象是数学所处理的对象，因而如果我们看直观是领会个体的能力，我们就再不能照莱布尼茨的方式看数学的判断纯是从我们的概念的分析而得出的。但是另一方面，如果空间的对象与空间本身、和时间的对象与时间本身一样，都是给予于直观，而不是给予于思维，数学的判断的普遍性和必然性就像有危险了。怎样能从个体的直观得出一个普遍的判断呢？当康德按他自己所说，被休谟"从独断主义的睡眠唤醒过来"时，解决这个问题的困难就越发加强了；因为休谟指出，如果我们是局限于直观，至少是局限于感性的直观，充其量我们在我们的判断中只能肯定当对象在现实上被直观时，什么是对它有效的。这样一来，像康德所看那样，按他的见解，休谟所认为不可侵犯的全部数学就陷入危险了。而且还有，在莱布尼茨—伏尔夫的哲学里，超感性的这些概念——上帝存在、自由和人的永生——是完全根据于纯粹的思维的。康德的异议就是，那么，如果纯粹思维本身既然只是分析的，就永远不能使我们超出我们所从出发的概念，而且另一方面，如果像休谟所争执那样，实在的判断是以感性直观为根据的，是不是就要得出结论说，超感性的一切概念都只是我们自己心灵的一些虚构呢？那么在这里康德就不得不有所选择：要就是承认休谟的怀疑结论，而休谟是否定关于超感性的一切知识的：要就是寻找一个新方法来证实理性有权肯定上帝、自由、灵魂不死这三个重大观念的真实。

那么，我们就看到，在康德之前有两个大运动，其结果是他所熟悉的，而且并可以说，他的哲学就是企图超出一方面伏尔夫遵从着莱布尼茨而表示的，而另一方面休谟遵从着洛克而表示的这两个对立的观点，洛克以公式来表示着常识的一切假定，曾主张所有实在的知识都是在意识的一些单个的而片刻的活动之中给予出来的，因而在获得知识的过程中，心灵是纯然接受的。按照他来说知识有两个来源，即感觉与反思，或者说内部感官与外部感官。思维的主观能动性所引入的一切关系——而对洛克来说，思维总是关系的能力——并不构成而反为摧毁了实在性。可是，如果是前后一致地排斥了思维的一切关系，从一个外面世界的假定或从一个内部的自我，在得出实在知识的过程中丝毫不能得到什么帮助。然而洛克竟然利用了这两种假定，而这样就能够说明关于实在性的知识的似真性，虽然这是牺牲了逻辑的前后一致性的。他关于个人感觉对于一个外面世界的关系的这种假定的不合理已为贝克莱所指出，而个人感觉对于一个内部的自我的关系这种假定的不合理又为休谟所指出。因之一切实在性得要在感觉与反思的互不关联的观念中来寻找，或者用休谟的话来说，得要在“感觉的印象”中和“反思的印象”中来寻找。诚然这些印象并不穷尽意识的现象。印象不只是原来所感觉到的，而还有是再生的，而再生又有两种方式——照其原来的次序或者照一种新的次序。休谟分别称这些为“记忆的观念”和“想象的观念”。按这个理论，印象和观念的区别不能是在于印象对于外面世界的关系或者印象对于内部自我的关系；也不是在于印象或观念内容上的差别；因而休谟认为是在于活泼的多少。印象是较活泼的感觉，而观念是较不活泼的感觉，正如记忆的观念又是比想象的观念较为活泼的一样。不管一个观念是说成有什么实在性，它一定具有是印象的“抄本”这种第二性的意义，因而一切实在性必须归结为“感觉的印象”和“反思的印象”。这样一来，休谟的怀疑主义就在他的手边了。他能承认知识对象中的唯一联系就是感觉彼此相继无约束的次序。所以在一般经验或在数学或自然的真理的领域之中都不能有必然的联系。没有任何在持久与同一的实体这意义上的“对象”，因而也不能有从因果作用来讲的任何对象或事件的必然联系。这样一来，一切实在性都归结为照个人所得到的一系列的感觉，而所假定的事物的同一性和因果关系必须解释为只是感觉中相继续的次序里面所观察到的一律而已。既然没有两个感觉能够是彼此同一的——因为没有感觉能够重复的——所以我们称为知识的全部内容，就是在个人意识中渐渐消失的一系列的感觉状态。所以，严格地说来，没有为人知道的对象，也没有持久的自我来知道它；因之对于对象的同一性和必然联系的信念只是一种自然的幻想，产生于习惯的主观必然性和假定的事物客观必然性的混淆。

纯粹理性批判

——出现的东西与自在之物

康德在《纯粹理性批判》一书里企图要做的工作乃是把人类知识分析为它的要素，因之这部“批判”的第一部分称为“先验原理论”。先验原理论分为先验感性论和先验逻辑。先验感性论是处理直观的，而先验逻辑是处理知性的，在《纯粹理性批判》的导言里有下面的一段话：“作为导言或预先的表白，我们只需说到，人类知识有两个主干，那就是感性与知性，这两者可能是同根生的，可是这根是我们不知道的。通过感性，对象就向我们被给予出来；通过知性，对象就为人所思维到。然而就感性的发现为含有构成对象被给予我们所必具的条件那些验前的表象这一点来说，它是属于先验哲学的。并且由于人类知识对象所必须具备的种种条件必须是先于这些对象被思维所必须具备的条件，所以感性的先验论就构成原理论的第一部分。”

可见乃至在其提出他的论证之先，康德就已经把一件事认为是当然的，那就是人类知识是依靠某对它给予出来的东西的。这一点是从这个事实推论出来的，就是人类知识需要有两种不同的来源，即直观与知性。就我们一切的知识都依靠直观这点来说，它是依靠某东西，而这个东西并不属于知识而必须是从外边给予于它的。人类知识永远不是完全产生其对象的。这是一种事实，依康德看来，乃是毫无疑义而并不需要任何证明的。

先验感性论是以下面的话开始的："不管知识是在什么方式上用什么手段和对象发生关系，直观总是它所从而直接和对象有关系的，而且是一切思维所从而获得其质料的。但是只有对象是向我们给予出来时，直观才发生的。并且这之成为可能，只是在心灵在一定的方式受到刺激的时候，至少对人来说是这样的。通过我们为对象所刺激的这种方式而接受表象的能力（接受力）称为感性。对象是借助于感性而被给予我们，而只有感性才替我们产生直观；通过知性，对象就被思维，而从知性发生概念。但是一切思维必须直接或间接凭着某些特点终究是和直观发生关系，因之就我们来说是终究和感性发生关系的，因为一个对象不能在别的方式上被给予我们。"这是康德在其哲学中自始至终保持着的一种信念，而且得要注意，除非我们知道其所根据的假定，特别先验感性论是不能好好地了解的，人类知识不能产生一个对象，而是依靠给予它的某东西的。

康德在感性论中所要做的工作就是指出直观有其验前的形式，而且他相信，只有能够证明，如果对象是要对我们出现，就必须按照直观的某种形式，这种工作才能完成。所证明的就是空间与时间是这种验前的形式，因为除非是使对象从属于空间与时间，它们就乃至不能对我们被给予出来。与此同时，我们并能证明（a）空间与时间是纯粹的形式，而且（b）空间与时间所给我们呈现出来，乃是纯然出现东西的世界，有别于自在之物的世界的。空间与时间是出现的东西的形式上和主观的条件。不依靠这些形式，就没有对象能够向我们出现。空间与时间是验前的形式，因为凡是经验的对象必须按照它们，它们是先于现实的对象的。与此同时，我们必须记住，一切经验的这些必需的和验前的条件所显示我们的乃是纯然出现东西的世界。我们还要预先假定有自在之物世界的存在，而这个世界在性格上根本是不同于我们的世界的，因为它是不依靠我们经验的那些主观条件的。

自在之物与纯出现的东西，这两者之间的区别对于康德的论证是绝对必需的，从这事实就可看到这点，那就是他相信，除非我们是知道我们的世界是纯出现的东西的世界，不同于自在之物的，就没有可能来证明空间与时间验前的有效性。如果我们的对象是自在之物，那就是说，是独立于认识它们的那个心的，按康德的看法，就绝对不可能关于这种对象有任何验前的知识。使之没有可能来把验前的有效性归之于空间与时间的，就是空间与时间的主观性。空间与时间乃是人类的心加在对象之上的；而且因为情形是这样，就能在这种限制的意义上说，那就是，作为应用于纯是出现的东西来说，空间与时间是必需的而且验前的形式，“如果直观是这样一种性质的能把事物作为它们在其自身那样来表现，那么直观就会不能在验前发生而必须总是验性的。因为我只能在对象是存在而被给予我时，我才能知道在它里面包含着的是什么，固然甚至在那时也不能理解，关于当前事物的直观是怎样使我知道这事物像它在其自身那样，因为它的种种属性不能移动到我的表象能力中来；但是乃至姑且承认这是可能的，那种的直观也不会在验前发生，那就是说，在那对象对我被呈现出来之前发生；因为没有这种后一事情，不能想象任何在我的表象与这对象之间的关系的根据；那么它就必须依靠直接的灌注（Eeinaebung），因之要我的直观能预测到对象的现实性而成为验前的识知也只能在一种方式上有其可能：如果它（直观）所包含的无非是在我里面先行于我为对象刺激所通过的一切现实的印象的那种感性的形式。因为我在验前能知道，感官对象只能依照感性直观的这种形式才被直观到。因而可见，只是关于感性直观的这种形式的命题才是可能而且对于感官对象有效的；正如反过来说也是一样，验前有其可能的直观所有关的，绝不能是别的东西，只是我们感官的对象”。

由此可见，康德在《先验感性论和未来形而上学的导言》一书的相应各段里好像是说明下面的学说的，我们的世界乃是一个纯出现的东西的世界，我们能够证明直观的某些形式是先于实的经验的，因为我们能够说明这些形式是我们出现的东西的这个世界的必需条件。在这个世界之外还有一个自在之物的世界。关于我们的世界我们所有的验前知识只限于这种知识，就是这个世界是必须符合于某些形式的，包含在这个世界里的质料是属于自在之物的世界的，并且是不能为我们在验前知道的，它纯然是给予我们的，自在之物的世界是在空间与时间的形式上对我们出现的，而空间与时间的形式是主观的，属于把它们加在所予的质料之上的人类心灵的。“在出现的东西里面与感觉相应的，我称之为出现的东西的质料，但是确定出现的东西的杂多使之能安排在一定的关系里，我称之为出现的东西的形式。一种东西，只有在它里面感觉才能被安置并且被安排在一定的形式里，那么这东西不能本身是感觉；所以，一切出现的东西的质料，对我们只能验后被给予出来，而其形式必须验前存在于人的心中等待着感觉，所以我们就能离开一切感觉而单独去考虑形式。”

可是，仔细地把康德的论证检查一下，我们所曾对它作出的论述，看来虽然不全是错误的，然而是不够完整，所以是等于康德原本学说的一种误解。我们曾看到康德在出现东西的世界和自在之物的世界之间所作出的区别，就算他只是相信，如果不把对象像它们对我们出现那样和它们在其本身那样就是说，像它们独立于我们的心灵而存在那样，形成对照，我们就没有可能来理解我们知识的性质与其对象，我们也得要严地来考虑这种区别。可是，如果我们认为他是把自在之物作为一种对认识事物的心灵起着某种不可言喻的作用的超感性的物质实体来看待，我们就是完全误解了康德的。这样来解释康德的学说是会忽视了这一事实，就是虽然是深信在我们的出现的东西的世界之外，还必须存在着自在之物，但是他又相信，关于它的性质，我们是绝对不能形成任何概念的。自在之物乃是独立于空间与时间的对象；而由于我们的知识是完全依靠它自己的主观条件的，就可推论出我们关于所说的自在之物是不能获得任何观念的，所以就可断言（a）我们的世界乃是纯然出现的东西的世界而我们是得要假定自在之物的存在的，而且（b）关于自在之物的性质，我们毫无概念的作用，乃至最不完备的概念那种作用都没有。对于康德哲学的解释得要注意到这两种断言，不可偏废；如果我们或者认为他并不实在相信自在之物的存在，或者认为他相信关于它们人类的心灵能有任何知识，那同是会误解他的论证的。

直观与知性

只要我们关心的只是先验感性论，那么使理解康德的学说成为这么困难的就是这个事实，就是康德在那里并没有对于他的学说作出一种详尽的叙述。必须注意，康德自己是说，在先验感性论里，他是把感性独立地来看，而在批判的那一部分里，他并没有考虑到知性的作为知识中的一种要素，那也就是何以从感性论的观点来看是不可能理解自在之物这种学说的，因为按康德的学说来讲，像我们在后文所将要看到的那样，我们之所以完全与一切关于自在之物的知识绝缘的主要理由，就是我们不具有一种智性的直观或一种直观性的知性。很明显，只要我们所关心的只是直观而关于人类知识的第二种要素，即知性，毫无所知，我们是不能指望了解这是什么意思的。可是注意到这点是有趣的，那就是智性的直观或直观性的知性这种学说在感性论将要结束时，就已经提到了的。我们在那里认识到一种智性的直观是绝对不同于我们的直观的，因为在智性的直观的范围内，对于具有这种直观心灵来说，直观和思维就会是完全同一的活动。很容易看到，为了理解这种奇怪的学说，我们将要参考先验分析论，就是《纯粹理性批判》研讨知性的那一部分，可是初看起来，可能像是分析论倾向于把我们的问题变为更复杂而不是帮助我们来解决它。因为在那里我们发现一些说法，它们不但是互相矛盾，而且像是和在感性论里所提出的学说不相容的。

先验逻辑得要关心的第一个问题是：直观与知性之间的基本分别是什么？康德的答复就是，我们的知性具有一种自发性的能力。这是直观乃至在其空间与时间这些纯粹的形式内所缺乏的，直观的作为直观来说，只是感性的并且是被动的，认识的心作为纯然直观的一种能力来看是照着对象给予它那样来接受对象而并不动用它自身的任何活动的，为要使一个对象为我们所知道，我们就必须具有一种结合我们的种种表象的能力；而这就是知性的工作。可是我们的知识依靠两种条件：（a）种种表象要能对我们被给予出来，而这是直观使之成为可能的，和（b）这些表象要能结合起来，而这就是知性的工作。

从这就可推论出直观与知性原是在一起的，没有知性则直观一无所成，而没有直观则知性也是一无所成。我们的知性不能产生表象，知性只能把表象结合起来。如果知性的概念不能涉及所与的直观的话，它们就是空洞的，毫无意义的；如果我们不能把直观结合起来的话，它们就是盲目的。这两种心的能力都不能畸重畸轻的，因为没有直观，就没有什么会对我给予出来，而没有知性，我们就不能思维。可是，虽然它们是完全互相依赖的，但是它们不能互换作用，知性不能直观，而直观也不能思维。“到此为止，只消极地说明知性作为一种非感性的知识能力。然而由于没有感性我们就不能有任何直观，所以知性不能是一种直观的能力。但是除直观之外，没有其他知识的方式，除非是借助于概念。所以知性所产生的知识，或者说至少是人类知性所产生的知识，就必须是通过概念的，因而不是直观性的，而是论证性的。一切直观作为感性的来说，是依赖刺激的，而概念是依赖机能的。所谓机能，我是指着把各种的表象统属于一个共同表象的那种合一的作用说的。概念是以思维的自发性为基础，而感性的直观是以印象的感受性为基础的。”

到此为止，我们绝无理由来相信，知性概念是我们关于对象的经验的必须的验前条件。所说明的乃是我们的知性是一种论证性的能力，那就是说，它是纯然思维的能力，而且对象是不依靠知性而对我们给予出来的，那么何以我们相信知性概念是我们关于这些对象的知识的必需条件呢？我们已能说明直观的纯粹形式是经验的必需的而且验前的条件，但是这只是因为我们能够说明除非对象是由这些形式所形成，对象就不能对我们被给予，那就是说，它们不能成为现实经验的内容。但是这又如何对于知性的概念还是有效的，因为并不涉及这些概念，对象还是可以对我们被给予的。“所以对象可能对我们出现而并不必要和知性的一些机官发生关系；因而知性必须含有对象的验前条件。这样一来，我们在感性的领域内不遇见的困难，在这里就呈现出来了，那就是，思维的主观条件怎能有其客观有效性。那就是，怎能提供关于对象一切知识的可能性的条件。”“感性直观的对象必须符合于验前处于人心里的感性的形式条件，这是明显的，因为不然的话，它们就不会成为我们的对象，但是它们又须符合于知性为着思维的综合统一所需求的条件，这是一个结论，其根据并非那么明显的。”“但是既然直观并不需要任何思维的机能，所以出现的东西就仍然把对象呈现于我们的直观。”

这样一来，就好像不可能成立知性概念的客观有效性了。要做到这点，只有我们能够说明思维和直观一样对于出现的东西的世界之建成是必需的。在下述的方式上就可说明实际的情况确是这样的。思维所不同于直观的就是思维所具有的把表象结合起来这种能力。而且我们能够说，如果这样的一种表象的结合是发生的话，这种结合不能以之归于对象，而必须看为由于人类心灵的某种活动的。在一个对象里面任何东西会被结合——这是我们不能依靠直观而成为感知到的，也不是我们能从对象本身得出来的。我们不能以对象里面的任何结合呈现于我们自己，除非是我们自己把它完成的。“但是一种杂多的一般结合（Coujuncto）绝不能通过感官到我们这里来，因而不能是已经包含在感性直观的纯粹形式里面的。因为这乃是表象能力自发性的一种活动；而且既然这种能力，使之从感性区别开来，必须称为知性，那么一切结合——不管我们是意识到它与否，不管它是经验的或非经验的直观杂多的结合，或者是各种概念的结合——总是知性的一种活动。我们可以把‘综合’这个一般的名称归之于这种活动，来表示我们不能想象到任何在对象里面结合的东西，而不是我们自己就已是事先结合起来的，而且表示一切表象之中，结合乃是不能通过对象而被给予出来的唯一表象。由于它是主体的自身活动的一种活动，所以除了它为主体自身的完成以外，它是不能被完成的。”

如果我们能够把不同的表象结合起来，我们是必须具有一种能力是我们借以知道它们的不同和它们的统一的。康德称这种一切综合的基本原理为“统觉”，感性与直观只把表象的杂多呈现给我们。如果这些表象是要统属于识知到它们是其自己的表象的一个主体，我们就必须有一条原理是不同于纯然感性的，因为如果我们不能知道这些表象是从同一个心灵发出来的，我们就不能正当地称它们为我们的表象了。

并不须要我们总是意识到事情确是如此这个事实。我们所得要预先假定的，只是心灵具有一种能力把它的表象统归因于它自身，“因为，如果在直观中被给予出来的杂多表象，不都全属于一个自我意识的话，它们就不会全都是我的表象，作为我的表象（甚至我并不意识到它们是这样的，它们必须符合于它们能在一个普遍的自我意识里面站在一起所不得不具有的那种条件，因为不然的话，它们就不会毫无例外地一切都属于我的）”。

我们看到，如果心灵所具有的没有别的能力而只有直观的话，它就会为支离破碎一大堆的表象所充满着。为要称这些表象为它自己的表象，心灵必须能够把它们归因于一个同一的自我意识。不然的话，我们自己也会是像我们的表象那样成为千差万别的了。

可是必须注意到，一切综合的基本原理（统觉）并不等同于综合活动本身，这个原理只是综合活动存在的一种必需条件。如果我们不具有一种把综合的不同活动统一在一个自我意识里面的能力，我们就绝对不能综合我们的表象。而这种能力是不能得自经验的对象的，它是先于我们关于对象的一切知识，而必须看为一切这种知识的验前必需的条件的。

我们现在就能理解，何以必须把直观从知性孤立开来的先验感性论不能替我揭发人类知识的真正性格。只要我只是关心于直观，我们是不能不认为经验的对象是借助于纯然直观而对我们呈现出来的，然而现在我就能作出对象是什么的更确切的一个定义了。“一个对象就是那个东西在其概念里面，一个所与的直观的杂多是统一起来的。”为了构成感性对象的世界，知性和知性所产生的综合规则是同直观一样，十分必要的，直观给我们提供表象的杂多，而知性则使我们能够把这些杂多表象结合起来；而只有借助于这两种能力，我们才能有经验的实在对象呈现在我们面前。可是一切综合的规则都是以自我意识的基本能力即统觉为其基础的。没有这种基本能力就没有对象能对我们出现；而这样，我们现在就看到，经验的一个对象的表象之依靠知性是它依靠直观一样的。“所以意识的综合统一乃是一切知识的一种客观条件。它不但是我在知道一个对象时，我自己所需要的一种条件，而且是每一个直观为了变成我的一个对象所必须服从的一种条件。”

我们现在已经证明了直观与知性乃是人类知识的必需要素，可是，这种说法必不可使我们忽视了它们两者之间的基本分别。我们必须记住这个事实，就是正如直观所能做的只是替我们提供表象的杂多，而完全不能把它们结合起来那样，在知性方面，知性所能做的也只是把给予它的表象结合起来，而毫无能力来产生所要结合的表象，这就是那个理由，何以这两种能力是完全相互依赖的。离开了对直观的关系，知性的概念是毫无意义的。我们只需记得，我们之所以能把客观验前有效性归之于那些概念，只是因为我们能说明，为了把不相连贯的表象变为一个实在对象的概念，这些知性概念是必需的。离开它们对直观的关系，知性的概念并不具有什么意义，除非是一种纯然逻辑上的意义。知性概念不是别的东西，而只是思维的形式。人类知识依靠两种不同质的能力，即直观与知性，而这两种能力分别开来是不能给我们知识的。

先验演绎

我们现在的任务，是再一次提出这种学说是否和感性论的论证相矛盾的这个问题。我们曾看到，只要我们只关心于感性论，我们就得要理解康德所主张的是直观的纯粹形式，完全不依靠知性与其规则，就足以对我们呈现出对象的世界。可是我们对于分析的考察就把它弄清楚了。这并不是康德的意见，而他是深信，离开知性，对象是不能成为我们的对象的，知性是把综合的某些规则加在所与的直观的杂多上面的。我们是怎样把表面上相互矛盾的这种说法予以调协呢？

首先，我们可注意到，不能把这矛盾看为由于康德在分析论中再不主张他写出感性论时所曾主张的一种学说，因为，像我们所曾看到的那样，康德在分析论的本身里面，一开始论证是说，成立知性概念和知性的功用的客观有效性是困难的，因为没有涉及知性与其功用，对象也是能够对我们出现的。他的论证是像下面那样的，要证明直观纯粹形式的必要性比较是容易的，因为可以说明，没有这些形式，对象是乃至不能对我们出现的。要说明知性范畴的必要性就困难得多了，由于对象并不对于知性发生关系，也是能对我们被给予的。这种说法清楚地是完全和感性论的论证一致的，因而就更加令人诧异。康德竟接着告诉我们，只要我们没有借助于知性所产生的某些功用把我们的种种直观综合起来，我们是完全不能有经验的一个对象呈现在我们面前的。在另一段文字里，他乃至说，直观的纯粹形式本身是依靠着某一定的综合，而他称这种综合为领会的综合。“在空间与时间的表象里，我们有内外感性直观的验前形式；而出现的杂多的领会综合必须总是和这些形式相符合的，因为综合绝不能在其他的方式上发生的。但是空间与时间的在验前被表现，不只是作为感性直观的形式，而且又是作为本身就是含有［它们自己的］杂多的直观的，因而是带着这种杂多的统一这种确定被表现出来的［参看先验感性论］，可见在我以外的或在我们里面的杂多综合的统一，因之凡是作为在空间与时间中确定而被表现的东西所必须与之符合的一种结合乃是作为一切领会的综合的条件在验前被给予出来——固然不是在这些直观里面被给予出来，而是和这些直观一起被给予出来的，这种综合只能是在一种原始意识里面的一般所与的直观的杂多结合的统一，这种结合的统一，在其应用到我们感性直观的范围内，是按照范畴而进行的。”

现在看来，我们像是面临着一种极端模糊不清的论证。一开头是告诉我们，只需直观的形式便足以给我们关于对象的觉知了，而现在康德又告诉我们这些形式本身，不依靠一种综合的原理是不存在的，而且空间与时间是不可分开地和知性联系着的。

为了解决我们的困难，我们得要参考《纯粹理性批判》其他各段落。首先我们得要处理属于先验演绎的一段（第一版）。这段的标题为“直观中的领会的综合”，可以把康德的论证这样来说出：我们一切的表象都属于它们在其里面必须得到安排的一个时间，可是每一个直观都含有一种杂多，如果我们不能辨别它的成分的话，我们就不能想象到这种杂多；如果我们想要想象到一种纯粹直观，我们就必须使它受到一种综合，离开这样的一种综合，心中每一个个别印象都会是绝对的统一体而包含在时间的一瞬息间的。因而当然得出的结论就是，为了达到空间或时间的任何表象，我们必须能够把几个特殊的表象结合成为一个表象。我们必须具有领会的一种纯粹综合，“这种领会的综合必须是验前运用的. 那就是说，必须是关于不是经验性的表象的，因为没有这个，我们就永远不会在验前有空间的或时间的表象。这种表象的产生只能通过感性在其原始的感受性中所呈出的杂多的综合。这样，我们就有领会的一种纯粹综合了”。

在紧接着的一节里所提出的论证像是乃至和感性论的论证更是不一致的，因为在这个论证里，康德是开始去证明我们关于对象的经验是依靠另外一种条件的，那就是我们预先表象的能力。康德是这样论证的：如果我们要能够心中想象到从一个正午到下一个正午的时间，我们必须具有一种再生的能力，这种再生的过程是想象力所引起的。我们得要假定有一种先验的想象力，不是有这种能力的话，我们对于任何事物都绝不会有一个完整的表象，因为在我们现在所有的表象之前的一切表象却会从思想中退去，乃至空间或时间的最纯粹最初步的表象都不能发生。“所以领会的综合是不可分地和再生的综合结合在一起的，而且既然领会的综合构成任何知识一切方式的可能性的先验根据——纯粹验前的知识方式是如此，经验性的知识方式也同样是如此——所以想象力的再生综合得要列为心的先验活动之一，所以我们称这种能力为想象力的先验能力。”

我们现在已知道每一个直观，不管是经验的或验前的直观，都是和两种综合，即领会的综合与再生的综合，结合在一起的。在跟着在后面的那节里，康德说明还有另外一种的综合，而他称这种综合为认识的综合。他的论证是这样的，如果我们不能意识到这个事实，即我们现时所思维的也正是我们前一顷间所思维的，那么表象的再生也会是无用的。为了这，我们就需要概念来替我们准备规则，再生单靠它自己，结果对于知识是变为不足够的，它依靠知性所完成的第三种综合。这种综合首先替我们再生的能力，准备了它所要完成的工作之种种规则，一切这些规则都是以先验统觉为其根据的，而先验统觉是描述为纯粹的、原始的、不变动的意识。康德并补充地说，先验统觉是配得它的名称的，因为乃至最纯粹的客观统一，也就是验前概念（空间与时间）的统一的为可能，只是通过那些直观对于这样的一种意识统一的关系。企图要深入讨论先验演绎所提出的许许多多困难的问题，对我们来说是自然很不可能的。可是我们应该了解康德的论证之所以为基础的一般原理，这是必需的。

我们是不能了解这个原理的，除非我们体会到他一方面认为直观与知性是完全互不相同的，而另一方面又认为就人类知识说来，它们又是这么紧密地互相关连着，因之在人类知识里面乃至不能说它们是分开存在着的，作为在人类知识里的成分来看，直观与知性必须是相互依赖的，分开来看，我们是不能了解它们的。人类知识永远不面临着纯然的直观，它总是同时想要用范畴来使这些直观成为可理解的，为了了解知性和范畴对于知识所作出的贡献，我们就得要体会到，它们的功用是要确定直观的，除非作为综合规则的范畴是应用于直观人类的心灵是完全不会觉知到对象的。

很容易了解，何以康德在先验感性论里不论把这点弄清楚，因为在先验感性论里他所关心的只是直观，而且很容易了解何以在先验感性论里有这么多的说法给读者以这样的印象，以为康德相信直观靠其自己就能给我们以关于对象的知识，但是了解了分析论的学说的人，不会陷入这种错误的，一见而知在感性论所提出的论证只是临时的，它孤立了直观而并不考虑到知性，而知性，如康德在后面所说明，乃是在知识里面一种必要的，而且不可分开的要素。可能要问，何以康德采用这样一种方法，何以他分开来处理直观与知性，因而他的阐述引起一些不可避免的误会呢？我认为答复是简单的。康德认为直观与知性是完全不同的心力，只在人类知识里才使之发生关系的，我们只需考虑到他相信下等动物没有思维的能力，而实际上却具有直观的能力，乃至具有想象力。而且我们将要看到，他的学说乃是，在下等动物里面，感性的各种能力实是单独存在着的。此外，他还相信，至少不能否定，可能存在有在超人类的以及纯然理性的存在者里面，完全不依靠感性的一种知识能力，我们在后面还将要处理这种学说的。但是我们已能看到直观的在先验感性论里分开来处理是让康德有机会来把他的认识论的基本学说弄得很清楚；那就是，一切人类知识都依靠从外边给予它的某东西，因而就必须总是依然依赖它所接受的印象的那种部分被动的能力，这一点是为分析论所证实的，在那里康德说明我们的知性是依靠给予它的东西，而且说明我们能在验前以客观有效性归之于知性的概念，只是因为我们能够说明这些概念，对于所与的杂多的综合是必需的。先验统觉作为综合的基本原理是要看为一切思想的来源，因而是要看为绝对不同于只是被动的直观的，在另一方面，先验统觉乃是纯然功用；它是叫我们能够结合观念的一个原理，但是不能产生观念的。它乃是自我的纯然观念，而关于它对于它的对象的关系，它所包含的不过是一切对象所共同的东西，一种纯然的 X。不错，如果没有这个基本的统一原理，我们就完全没有任何对象对我们呈现出来。另一方面，必须记得，我们只靠思维是不能确定一个对象的，而统觉只以一个一般对象这个纯然的观念替我们预备好，而必须把其他一切留待直观。“这种先验对象的纯粹概念（其实这自始至终在我们的一切知识里总是同是一个样的）乃是唯一能以对于一个对象的关系，即客观实在性授予我们一切的一般经验的概念的，这种概念不能含有任何确定的直观，因而只涉及那种统一，也就是我们必须在任何与一个对象有关系的知识之杂多里面所碰见的统一，这种关系不过就是意识的必然统一，因而又是杂多综合的必然统一，而这种统一是通过把它在一个表象里结合起来的心灵之一种共同功用的。”

我们现在就可继续考察康德的论证而从考虑下面所引的一段开始：“其实统觉的必然统一这条原理本身就是一个同一命题，因而也就是一个分析命题，然而它显示出来在直观中所与的杂多之一种综合的必然性，没有这种综合，自我意识的一贯同一性是不能想象的。因为通过‘我’作为单纯的表象，没有杂多的东西被给予出来；杂多只能在不同于‘我’的直观中才能被给予出来，而且只通过在一个意识的结合，它才能被思维的。一个在其里面一切杂多通过自我意识就自然而然地被给予出来的知性就会是直观性的；我们的知性只能思维，而要有直观，就必须依赖感官。”

在这一段里，我们要弄清楚康德认为我们的知性和一种直观性的知性这两者之间的本质上的差别是什么。一种直观性的知性是一种知性，它含有不只是结合在直观里所给予的杂多的单纯原理。事实上，对于一种具有这样的知识能力的心灵来说，直观与知性的差别是不会存在的，一个配备有这样能力的存在者会能纯是通过思维就产生其对象的，它的知性不只是完成我们的知性所完成的任务，即表象的综合，它同时也会能够把杂多对自己呈现出来，而关于这杂多，我们的知性是完全依赖直观的。

但是，我们可以问，假定一种这样绝对不同于我们的知性的一种知性的存在有什么好处呢？答复就是，这种照比可以帮助我们理解我们自己的知性限度。一种直观性的知性这个理念并不是多余的，其实它是一个必需的理念，但不得把它作为意味着这样的一种知性是实在存在的。我们是不去管它存在与否这个问题的。

我们的任务乃是说明我们自己的知性的本性，而这种任务是已经完成了。我们已曾看到，为了有任何一个对象呈现在我们面前，我们需要有意识的综合统一，这种统一是我们知性的基本原理。这是我们各表象之同属于同一个自我的条件，可以说这不过是一个分析命题，因为我们先行假定这个命题，并不超出纯然思想的范围，我们所说的无非是我们的一切观念都属于思维到它们的那同一个主体，而并没有确定我们思想的内容，“可是，不得把这个原理作为是适用于每一种可能的知性的，而它只是适用于那种知性，通过它的纯粹统觉，在‘我是’这个表象里，没有杂多的东西是给予的，通过它的自我意识就很对其自己提供直观的杂多的一种知性——那就是说，通过它的表象，其表象的对象也就同时存在的一种知性——为着意识的统一，就不需要有其杂多的综合这一种特别的活动，可是对于人类只思维而不直观的知性来说，那种活动是必要的。事实上，它是人类知性的第一原理，而对于是这么不可或缺的，于是我们就毫不能设想有任何其他知性的可能，不能设想其自身就是直观性的这种知性，或者任何可能具有一种在种类上不同于在空间与时间的方式的感性直观的基础方式”。

在我们考虑到这个事实时，就是人对于一种直观性的知性或者一种智性的直观所会具有那种知识，不能构思出任何明晰的理念来，那时，说到人类知识在本质是含有两个要素即直观与知性，也就变为十分明显的了，然而这并不意味着所说的这种知识的理念是武断地思想出来的。恰恰相反，我们从这个事实，即不假定这种理念，我们就不能理解我们自己的知识的特性，就可以推断到那个理性是怎样必需的了。一种直观性的知性这种想法，是和认为在纯然出现的东西的世界后面存在着一个自在之物的世界这种假定，同样必需的。一种直观性的知性必是在根本上不同于我们人的知性的，因为它既然是不依靠事物的对它被给予，它就会由它自己的活动而照着事物在其自身那样来知道事物。

我们现在就能更清楚地看到，自在之物这个概念是什么意思的了，自在之物应该是这种存在者的对象，对这种存在者的知识来说，在所要确定的东西与其确定的能力两者之间，是没有差别的，这是一种存在者，只由它的认识能力的分析，对象就会对它给予出来的。自在之物这个理念和一种直观性的知性这个理念，这两种想法是全然平行的。为了理解我们自己的对象作为纯然出现的东西的特种性格，我们就不得不假定自在之物的存在，但是我们不能乃至问到这些自在之物具有什么属性。同样地，为了理解我们自己的知识的性质，我们就不得不在心中想到一种绝对不同于我们自己的知识这个理念。但是我们不能乃至问到这样的知识是否存在或者问到它是怎样发生的。

常常有人问到，自在之物这个学说是否要当真地来考虑，而有许多康德的解释者是曾想把它作为无关重要而取消的。可是丝毫没有任何证据来说康德在任何时候放弃了这种学说的，在所有他的著作里，他始终维持他的基本立场，就是我们的对象是单纯出现的东西而在其后面还必须有自在之物世界存在着，但是这不得使我们忘记——而这是同等重要的一点——康德又坚决深信我们关于自在之物的性质丝毫不能有所知而且关于它们与我们的出现东西的世界两者之间的关系是并不知道的，我们乃至不能说它们是出现的东西的原因，因为在这样说时，我们就会把康德认为只适用于出现的东西的一种范畴应用于自在之物了。康德对这种信念是完全肯定的，就是他认为人类的心所能形成任何概念的对象无非是可能经验的对象，而所能形成的知识无非是像我们的知识，是含有直观与知性作为它的要素的。

康德认为要人类的心，关于不以直观和知性而构成的知识来形成任何明晰的概念，是完全不可能的，而我们认清这种事实，是极其重要的，如果我们只是为了避免这种错误，即把康德对于人类知识的分析误认为一种心理学的分析。把一种知识和另一种知识对立起来，康德是使之好像他相信我们的知识依靠直观与知性这个事实也就是由于人类的心的特种构造而发生的心理学事实。康德的许许多多的说法是提示关于他的学说的这种解释的。例如他说直观只在一个对象对我们被给予出来这个范围内才发生的，而且是说，这之成为可能，至少对人来说，只是在一定的方式上受到刺激的范围内的，后来他又说从人类的观点来说，我们才能说到空间，而时间只是我们人类直观的主观条件。再则他说，感性乃是我们人所特有的一种知识，不一定是为每一个存在所分享，虽然是一定为每一个人所分享的。这些只是许多可能举出的几个实例，而我们得要考察一下这个问题，就是这些说法是否意味着康德相信他的人类知识的分析是一种心理学的分析。如果我们认为事情果是这样，我们就将要相信康德在《纯粹理性批判》一书里所做的乃是要发现人类心灵的特种属性了，他在这批判中所找到的乃是人类的心灵碰巧是依靠知识的两个来源，即直观与知性，而且它是具有一种特别的直观和一种特别的知性的。看来，这就意味着，康德的意见乃是我们人具有某特种的知识，而很有可能，还有别的存在者，其知识也无非是那能认识的存在者碰巧具有的特种心灵的产物而已。

很容易说明对于康德的论证这样的一种解释是完全错误的。首先，我们可以注意到，在我们所引用的那段里，康德谈到人的心灵，并不是和别的有限制的存在者的心灵相对立，而是和能够照事物在其自身那样知道事物的一种心灵相对立，那就是说，和禀有一种智性的直观或一种直观性的知性这种超人类的存在者的心灵相对立的，我们已经看到，何以康德相信必需想到一种完全不同于我们的知识这种观念，而且我们又曾看到，何以他相信我们关于这种知识是绝对一无所知的。一种有限制的而不同于我们的知识这个理念，在我们想要了解我们自己的知识的性质有个企图之中，对我们是没有帮助的。对我们来说是实在的唯一种知识就是我们自己所具有的那种，也就是依靠直观与知性的知识。直观与知性包含着一切知识的验前客观条件，直观的形式以及知性的规则都不只是人类心灵的主观属性，而且是客观经验的验前条件。通过它们，我们就有服从客观的而且必须的规则的一个世界呈现给我们，而心灵的心理学属性绝不能具有任何验前的有效性的。先验哲学的方法是根本不同于心理学的方法的，因为先验哲学是设法要发现经验的必然的必然验前条件，而心理学是完全依靠经验事实的观察的，所以我们不能以任何必然的、普通的有效性归之于心理学所发现的规律。

如果我们是要了解康德以之归于心灵的心理学属性的这种主观性和他以之归于直观的纯粹形式与范畴的这种主观性这两种主观性之间的基本区别，我们就必须把握住他关于客观性的概念之特种意义，经验的验前诸条件——直观的纯粹形式，即空间与时间，以及知性的种种规则，即诸范畴与种种原理——是主观的，乃是因为它们并不使我们能够知道事物像它们在其自身里面那样的。另一方面，它们是客观有效的，因为没有它们，关于对象的经验就没有其可能的。这就是说，我们得要否定它们的绝对客观有效性，而断言它们在其对于每一个对象的关系上的客观必要性，这样说出来就够了，由于我们关于一个独立于直观的形式和诸范畴的对象，是不能形成任何观念的，但是心理学的规律是属于不同的情况的，即令我们借助于心理学的探讨，曾发现我们所曾研究过的人类心灵都具有某一种属性，我们能有权来叙说的只是一条一般的规则而不是一条普遍必然的规则，因为我们不能确信我们不会碰见一种是这条规则所不适用的实例。可是我们完全确信我们知识的能力是必须包含着直观与知性的。

想象力——综合

直观与知性是彼此不同的，这个事实就提出一个新的问题了，因为我们不禁要问到，这样基本上不同的两种能力如何能使之合作呢？康德的答复是：想象力使之成为可能。完成在直观中给予我们的种种表象之综合的不是知性而是想象力。首先我们必须问到，何以康德认为知性本身不可能完成这个综合，而且要认为必须在直观与知性之外还得要假定心的一种第三个能力的存在呢？答复就是，康德相信知性是单纯思维能力，它只能产生综合的规则，而这些规则不过是一些功用。为了指出它们作为单纯功用的性质，康德如我们所曾看到，称那为它们结合起来的东西为先验对象——一个单纯的X。同样地，先验统觉也可说是一个单纯的X；而这的意思就是，正如对象只要它是只看为知性的对象，并不包含任何杂多，同样地心之作为思维的能力，就是说，心的就其不过是知性来说，乃是空洞的，乃是单纯一个X，而关于它的思想内容，就完全依靠在直观里所给予它的东西的。统觉单以它自身来说，乃是用综合的某些规则来确定杂多的一种能力，而要被综合的东西是不能属于那能确定的能力的，直观就不同，它是完全被动的；完全不能确定的，想象力就必须填补这个空隙；而它又是有资格来这样做的，因为依康德的见解，它既能确定而不能被确定的，就其能使我们从一个表象过渡到另一个表象来说，它是心的一种能确定的能力，因而它是完成在直观所与的表象的综合的；然而它依然是在单纯可确定性的范围内，也就是说在直观的范围内想象力本身并不产生任何综合规则。它所完成的综合是毫无确定的；而那就是何以康德称它为灵魂的一种盲目作用。“一般的综合，如我们将在后面所看到，乃是想象力单纯的结果，是灵魂的一种盲目的，可是不可或缺的作用，没有它，我们就没有任何知识，但是对于它，我们是几乎不意识到的，把这种综合带到概念那里去乃是属于知性的一种作用，而我们第一次获得真正可称为知识的乃是通过知性的这种作用的。”

康德把两种综合分辨开来：（a）智性的综合和（b）形象的综合范畴单独来考虑，含有智性综合的原理，那就是说，一种没有直接涉及直观式杂多的综合。其综合的各种不同活动乃是思维的单纯作用。如果我们的思维要得到内容，我们就必须使知性的规则和直观与其所给予的东西有关系。这之成为可能乃是由于和直观直接联系的那种心的能力，即想象力。想象力是和直观联系的，由于它是有关于感性表象的；而它又是和知性联系的，由于它使我们能够联系表象，因而就具有一条自发性的原理。但是，因为它缺少综合的明确规则，它就不能产生任何知识，而是完全依靠要给它准备规则的知性。“但是形象的综合，如果把它只在其对于统觉的原始综合的统一的关系上来看，那就是，在其对于在范畴中所思维的先验统一的关系上来看，而为了和只是智性的结合区分开来，就必须称为想象力的先验综合。想象力乃是在直观中表现一个本身不在当前的对象的这种能力。然而由于我们一切的直观都是感性的，所以想象力，由于只有在它之下才能给知性的概念以其相应的直观的这种主观条件，就是属于感性的。但是就其综合是自发性的一种表现来说，而自发性是能确定的而不像感官那样是只可确定的，因而是能关于其形式在验前按照统觉的统一性确定感官的，想象力在那种限度内就是验前确定感性的一种能力；而它的直观综合，纵然是依照范畴的，但是必须是想象力的先验综合。这种综合乃是知性对感性的一种做作（Winking）；而且是它对于我们可能的直观的对象的第一种应用——因而也是它的一切其他应用的根据。作为形象的综合来说，它是从智性的综合区别开来的，智性的综合只是由知性单独进行的，并无需想象力的帮助的。”

看来很奇怪康德在这里把想象力下定义为在直观中表现一个本身不在当前的对象能力。可是很容易看出何以他这样做，因为表现一个本身不在当前的对象的这种能力归之于想象力，他就清楚地指出想象力是介于直观与知性之间的，而且是和两者都有其共同之处的。直观是完全被动的：它只接受互不相干的一些表象。想象力说是使我们能够想到一个不在当前的对象的一种能力。如果它是要能做到这点，它所能做的必须是多于只是接受一些表象。我们必须还有一种把不同的表象联系起来的能力，而这就意味着想象力提供我们以综合的某一定的原理。但是不得把这种原始的综合和知性的规则所已经带到概念那里去而确定了的综合混淆起来，想象力的综合依然还在感性的范围内，而在我们说想象力使我们能够把一个本身不在当前的对象在心中想象出来，我们的意思不是说这种对象是严格意义上的一个对象。想象力所能做的无非是使我们能够把感性的表象叫转来而把它们结合起来；而那就是康德何以说它是在直观中表现一个本身不在当前的对象的能力。

必须记得，康德认为表象的综合和给它以统一性的属性是属于心的两种不同的能力的。综合是由想象力完成的，而综合的统一是知性与统觉所达到的。“表象的综合以想象力为基础；而判断所需要的而为它们所具有的综合统一性是以统觉的统一性为基础的。”依康德的见解，这两个事实是不容置疑的：（a）综合实际上是想象力所完成的；和（b）想象力的综合必须以概念来确定，只要这点还没有做到，而综合没有为范畴与统觉所确定，就不能有关于对象的实在经验。如果我们是要有一个对象呈现出来，我们就必须能够使我们的表象和一个自我意识有关；而那是知性的工作而不是想象力的工作，因为想象力只是感性的能力，迫使我们以综合的活动归之于想象力的也就是想象力的这种感性的性格；因为想象力的直接和直观与感性联系是由于它具有这种性格的。这也是一种理由何以我们不能把统一的原理归之于想象力；因为我们除了借助于思维就不能发生观念的实在统一，因而我们关于这样的统一的观念不能得自一种感性的能力，“必须要加在纯粹想象力之上而使得它的作用成为智性的，就是这种统觉，因为既然想象的综合只像杂多在直观中出现那样把它联系起来，例如在一个三角形的形象里，所以虽然它是在验前运用的，但是它以其本身来讲总是感性的，而属于知性的概念是通过杂多和统觉的统一的关系而使之活跃起来的，但是只有借助于想象力，它们才和感性直观发生关系”。

何以能使直观与知性合作这个问题现在已经解决了。康德的解答乃是这种合作是想象力使之有其可能的。想象力乃是直观与知性之间的中间环节，而因它，人类心灵就能把心的否则是绝对不同的两种作用联系起来。看来可能是，如果康德不相信直观，想象力和知性是作为心的独立部分而存在的，他就不会提出这个问题。可是，如我们已曾指出，情况并不是这样的，康德是深信人类知识的各种要素是相互不同的，但是他并不把在人类心中独立的存在归之于它们的；其实他是进行说明它们是相互依赖的。为了发生知识，直观、想象力与知性是要结合的；事实上，它们总是结合起来的。除非直观以一种所与的杂多呈现给我们，知性把这所与的杂多从属于综合的规则，而想象力又使知性和直观互相发生关系，知识就不会存在的。这一切都是同时发生的，所给予先验哲学家的乃是人类知识的整体，而直观、想象力与知性是这个整体的各部分。

判断与图型法

跟在先验演绎后面的分析论之那部分（先验分析论的卷二）康德标题为原理分析论。后来他增补了这个标题，而称之为判断的先验论（或称原理分析论）。

为要了解何以康德这样修改，我们就得要参考两段的导言，在那里康德是解释他用“判断力”的词所指的是什么意思。

他告诉我们说，判断力乃是那种心的能力，它使我们能够决定某一特殊事例是否一条普遍规则的一个实例。不能把这种力量归之于知性；因为知性只能产生概念，不管是经验的概念或验前的概念，而一切概念都是普遍规则①。

知性是和特殊东西的范围毫无关系的；而要决定一个特殊事例是否一条普遍规则的实例，我们就需要一种特别的能力，那就是判断力。

使我们能够把特殊东西包摄在概念之下的乃是判断力。康德用实例来说明这点。一个医生可能掌握了许多极好的病理规则，然而在检查一个特殊病症时，还不能决定这个病症是否他所知道的一条普遍规则的一种实例。一个政治家可能背熟了许多规则，然而可能还对于决定哪些特殊事例从属于它们是无所措手足的。

这两个人是缺乏判断力的。他们是“抽象地理解普遍，而不能在具体上辨别一个事例是否从属于这个普遍的”。

到此为止，我们是有关于一般的判断力的一般的判断力。一般判断力可描述为把特殊包摄在概念之下的那种能力，决定特殊事例是不是普遍规则的实例的能力。谈到经验的概念，是不难看到包摄是怎样完成的。只有特殊和概念有其共同之处，我们才能把一个特殊包摄于一个概念之下的。一定要在特殊与普遍之间有某种同质。在一个经验的概念的情况下，很容易了解在一个个别对象和一个普遍概念之间这样的一种同质是怎样能存在的，我们形成我们经验的概念乃是借助于从个别对象的抽象的。我们拿不同的个别对象，按它们共同的特征，进行比较而这样就达到一个经验的概念，并不奇怪，我们在个别对象中，认识到某东西是它们和它们是其实例的那个概念所共同的，例如我们在我们所看见的一条个别的狗里面发现一些特征，使我们能够把我们的这个表象包括在

① 注：“一个概念，以其形式来说，总是普遍的某东西，作为规划用的。”（《纯粹理性批判》，A106）

狗这个普遍概念之下。

但是对于先验哲学有关的一些概念，也就是验前的概念，或者说范畴，上面所说的怎能仍然是有效的呢？我们如何能说个别的对象是范围的实例，而且我们如何能够把所与的直观包摄在范畴之下的能力归之于先验判断力这个心的能力呢？范围的根源是在心里而不是得自个别对象的抽象的。那么怎能在个别对象中有其与范围相应的任何东西呢？我们曾知道，为了有一个对象呈现出来，人类的心灵必须有通过它而一种杂多可以对它被给予出来的直观力量和借助于它这个杂多可以作为一个对象而被确定的思维能力。这样，问题就发生了：知性的验前概念，关于对象的知识的必需条件，怎能应用于直观呢？假定有某东西在直观中被给予而和一个纯粹范畴相应的，这岂不是悖理的吗？我们怎能对于一个特殊的事例说它是一个验前概念的实例，使得它能包摄在这种概念之下呢？说到一个范畴，认为它能通过感觉被直观到，或者说它是包含在出现的东西里面，是悖理的；而其结果就好像没有可能，来相信范围是能应用于出现的东西的。

康德对于这个问题的解答，是在关于知性纯粹概念的图型法这一章里作出的。他的论证可以如下来述说，为了使出现的东西有可能包摄在范畴之下，就必须有第三种东西，它在有些方面是和范畴同质，而在其他方面是和出现的东西同质的。这种中间的表象必须在一方面是智性的像一切范畴那样，而在另一方面是感性的，因而显有某东西和所与的出现东西共同的。介乎出现的东西与范畴之间的这种表象，康德称为“先验图型”，他把它描述为“时间的先验确定”。

“知性的概念含有一般杂多的纯粹综合的统一。时间作为内感官的杂多之形式条件，因而作为一切表象的联系之形式条件，是含有纯粹直观中的一种验前杂多的，然而时间的先验确定，以其是普遍的而以一条验前规则为基础的，所以在这个限度内它是和构成它的统一的范畴同质的。但是，在另一方面，由于时间是包含在杂多的每一个经验的表象里面，所以在这个限度内它又是和出现的东西同质的。所以范畴的应用于出现的东西，是由于时间的先验确定而变为可能的。这种时间的先验确定，作为知性概念的图型，就成为出现的东西之包摄在范畴之下的中介。”

为要了解这点，我们首先得要说明康德用“时间的先验确定”这个短语是指什么意思的。得要注意，他所指的不是时间以其自身来说所有的一种属性，而是我们所有一切表象，就其是被知道在一个时间里面被结合起来而具有的一种特征。我们从先验演绎中是已知道，我们的表象在时间中的结合乃是由于想象力的先验综合而成为可能的。使我们能够把我们诸表象的杂多在一个时间中结合起来的乃是想象力，但是又曾说明，如果人类的心灵要成为觉知到对象的，诸表象的这种结合必须为明确的规则所确定，关于图型法这一章的基本问题可以这样来提出。我们如何在感性的对象中，发现使感性对象符合于纯粹范畴的那些特征？可以把康德的答复这样来概述。如果想象力在实行我们表象的结合时，是按照范畴而确定它自己，那么就要产生某东西，在一方面是和我们的感性表象同质的，或者更简单地说，是和感性对象同质的，而另一方面是和范畴同质的。这种某东西就是先验图型：它乃是想象力加在纯粹杂多上面的一种特征。康德明显地说，图型在其自身说来，总是想象力的产物。不同的图型所共同的东西就是它们都全是和纯粹范畴有相互联系的感性东西，而且它们都是想象力所产生的。可以用一个例子来说明，根据和后果在其本身来说乃是思维的一种单纯形式。它和时间是没有关系的；而只从这个范畴的分析，我们是不能看出它是否适用于时间中的对象的，可是我们能引入对时间的关系，这是想象力使之成为可能的，因为想象力产生“时间中必然相继”这个图型，这个图型就把这个范畴限于时间中的对象。根据和后果这个纯粹范畴就得到了一种更确切的意义。它变成了图型化的范畴，变成了总是在时间中先行于其后果的根据这个概念，即因果的范畴。除非想象力产生出来必然相继这个图型，那纯粹的范畴是不能变为这个图型化的范畴的，因为这个图型提供出来纯粹范畴的感性相关物而使这个纯粹范畴对于出现东西的应用有其可能。必然相继这个图型指出一个事件 A 总是为 B 这个事件所继续；如果我们在出现的东西中发现这样的一种关系，我们就可把它看为是包含在这个纯粹范畴里面的那条规则的一个实例而且能把它包摄在因果这个图型化的范畴之下了。

不管是怎样，困难来自在细节上了解康德的论证（这在这里并不是我们的事情），而把握住他的主要思想是可能的。

按他的哲学来说，范畴乃是纯粹思维的产物，它们是得自判断的各种形式，而就其本身说来，是和感性的出现的东西没有关系的。用他自己的话语来说，范畴乃是智性的而出现的东西是感性的。这样一来，这个问题是必须发生的，我们怎能说出现的东西是对范畴有关系的呢？纯是智性的范畴与纯是感性的范畴如何能结合在一起呢？他的解答就是先验的图型使之成为可能，因为先验的图型是先验想象力的产物而含有感性成分又含有智性成分的。先验的图型和范畴与出现的东西都是同质的，而这样就使范畴对于出现东西的应用，或者说出现东西的包摄在范畴之下，有其可能。

只要我们是以为康德相信心灵不同的能力的存在而且它们相继地完成某些操作的，关于图型法这一章像先验演绎一样，是一直完全不可理解的。康德在《纯粹理性批判》一书里所从事的乃是分析包含在人类知识里面的东西。他绝不相信，我们获得关于对象的知识首先是由直观领会到在一个时间里的种种表象，然后借助于先验想象把它们在这个时间中结合起来，然后又把它这些像这样结合起来的诸表象和范畴发生关系而使得能够把统一性给予加在杂多上的结合。

康德给我们的不是关于我们知道一个对象时，在实际上发生的东西的一种心理学的分析，他是分析思维而说明在它里面包含着的是什么；而在关于图型法这一章里，他关心的乃是这个问题，即我们怎能把感性对象看为表示范畴出来的，或者用专门的术语来说，我们如何能包摄出现的东西在范畴之下。

我们可以反对康德提出他的问题的方法，我们可以知他对问题的解决不同意，而且可以因他阐述的模糊不清而埋怨。但是我们不得忽视这个事实，就是他和一个实在的问题在挣扎着，这个问题是在一切的时代里占住了哲学，是关于普遍与特殊的关系这个问题，是关于思维与实在性两者之间的关系的问题。

理性——辩证论

不去管分析论的其余部分，我现在就转到辩证论来了。我将设法把它的一般原理提出来而特别关心对于理解第三部“批判”不可缺少的那些论点，先验辩证论所讨论的心灵能力乃是理性，按照康德的定义，理性乃是原理的能力。以别于规则能力的知性，康德是以下面的方式来描述他所谓从原理而来的知识是如何理解的。“从原理而来的知识单独是指……那种知识在其里面，我是通过概念而在普遍中认知其特殊的。”我们曾看到，依康德说来，知性乃是使（在直观中所与的）特殊从属于某些普遍规则的那种能力，这是为想象力的综合使之成为可能的。理性所遵循的是一条完全不同的原理，因为知性以普遍规则而确定直观，并不去管特殊与普遍这两者之间的联系，而理性则要求特殊在它们的存在方面和它们的秩序方面完全为普遍概念所确定，理性是先行假定有从单纯概念而来的综合知识之存在的。这样的概念才是本来意义上的原理，而知性的普遍概念和原理（Gnundiatge）只是比较意义上的原理。“那么，知性绝不能提供任何从概念得来的综合认知；而这样的认知才正当地、毫无条件地称为‘原理’，可是一切普遍性的命题都可以一种比较的意义上说句‘原理’。”

理性把知性的概念从直观孤立开来，而就它们是概念来说，才知它们有关的。它是不管它们作为经验的条件的，那就是说，不管它们作为必须应用于直观的综合的普遍规则这种性格的。理性预先假定知性的规则作为这种规则来说是应该从属于某些更高的原理的。

发现康德相信理性只和知性的概念有关，可能好像是奇怪的，可是并不很难明白何以他得要假定这点。我们刚才看到他认为理性是原理的能力，而且认为原理的有别于任何一个概念就是因为它使我们能够从它得出特殊来。我们称某东西为原理，意思是说我们有可能从一个普遍概念了解在它底下的特殊的完全性质。如果只要在特殊与普遍概念之间的这样的联系是有可能，那么这些特殊与普遍就一定是属于一个范围的了，直观所给予我们的无非是单纯特殊。这些特殊是从外边给予我们的，而心关于它们内部性质是不能确定什么的。知性的概念只是安排好所与的特殊直观，而并不把它们作为这样的直观加以确定。因此之故，我们必须认为自然的要绝对为一个普遍概念或者说一条原理所确定的特殊不能属于直观的范围，直观的作为直观来说，是不可确定的。可以为一个普遍概念所确定，而且从这样的一个概念而单纯得出并被知道的东西必须是知性概念的本身，既然是知性概念的范畴、知性是理性概念的原理都属于一个范围，那么认为有可能范畴是完全依赖原理，这不像是不合理的。理性实际上所要求的就是知性所获得的一切知识都到了最后要依靠某一些最高的原理，因为只有是这样，理性的基本理念，即知识的完全体系这个理念，才能看为能实现的。“如果我们在其全部范畴里考虑知性替我们获得的知识，我们就发现在其对于知识这个全体的态度上是理性所特别与别不同的东西乃是理性规定出来而且设法去完成它的系统化，也就是说表示出它的各部分按照一单条原理的联系。理性的这种统一性总是预先假定着一个理念，那就是知识全体的形式这个理念——这是先于各部分的确定知识的全体，含有在验前给每一部分确定其地位以及对其他部分的关系的条件的。据此，这个理念就在知性所获得的知识中作为先决条件而要求有一个完整的统一，由于这个统一，知性所获得的知识就必须不是单纯的一种偶然的一大堆，而是按照必然规律的一个体系。”

如果我们关于理性所知道只是它要求有系统的统一，我们也就能够只从这点推论出理性不能是有关于经验的世界的，因为这个世界所能有的唯一种的统一乃是知性所加在它上面的统一。固然知性所产生的规则在其身里面含有统一的，因为知性乃是给想象力的综合以其统一的那种心的能力，但是这种统一不是系统的统一。知性不能产生一种直观的体系，也不能想到这样一种体系的理念，知性不能问何以它必须完成直观的综合，它完成这个综合是依靠它本来的性质的。试举一个例子来说：知性预先做定每一个所与的事件都必须依靠决定它的某东西。它是从一个事件进行到另一个事件，而且总是假定某另一东西作为这所与事件的条件。因为这样，它就不能想到那些条件的体系这个理念。它并没想到要使它们依靠一个最初的条件，但是条件的一个体系的存在是依靠一个最初条件的存在的，依靠是无条件的某东西的。我们的理性所作出的假定乃是说一定有这样的一个最初的条件的。在它的一种体系这个理念的指导下，它就推断自身受着条件限制的东西不能是其他条件的始因。在其里面每一个对象都是依靠着某另一东西的感官世界之外，必然是存在有某东西不依靠任何感性的条件的，知性一直是无限制地追求条件。而从来不问所有条件的总和能否为人所知道，在另一方面理性就不容许这样的一种无限的回溯。它推论说，除非所有的条件的全部被给予出来，从来就没有什么对象是实在为我们知道的，并且事实上就没有对象能存在，所作出的推论是这样的，所有条件的总和不能被给予出来，除非是有不属于这个系列的第一个项。因此，无条件的东西就必须存在。“所以理性的先验概念无非是任何所与的受条件限制的东西的条件总和这个概念。可是，既然使所有条件的总和有其可能的唯有那不受条件限制的东西，而且颠倒过来说，所有条件的总和，其本身总是不受条件限制的，那么理性的纯粹概念一般就能以无条件的东西这个概念来说明，这个无条件的东西是想象为含有受条件限制的综合的根据的。”

有不同的三类理性的概念，或者说先验理念，都是基于推理的同样一条原理的。在每一种情况下，理性都是推论说，既然受条件限制是被给予出来，其所有的条件的总和，因而那不受条件限制的东西，也必须是被给予出来的。这样一来，就发生了三个理念：（a）认识的主体的一种绝对的条件这个理念，即灵魂作为思维的一切活动的绝对条件这个理念；（b）对象（世界）的绝对条件这个理念，即宇宙论的诸理念；和（c）一切一般东西的绝对条件这个理念，即上帝理念。这样，我们就有三种不同的科学：理性的心理学、理性的宇宙论和理性的神学。先验哲学家尽力想要做的工作就是要发现理性在其所有的要求上是否有其正当的理由，而且全都是依靠理性的概念的有效性的理性心理学，理性的宇宙论和理性的神学是否有正确的原理为根据的。

理性的心理学——谬误的推理

我们可以从康德对于理性的心理学的批评开始。他说，“自称为科学的理性心理学，实际上是基于‘我思’这一单个命题的”。思维，如果是要成为思维的话，必须是出自一个原来的主体的，一切思维的活动必须属于思维的一个原来的主体。思维的主体必须是实体，那就是说，是对于它的关系来说，一切思维的活动只是从它而发生，为它所产生的偶然的东西。一切思维的活动都是受条件限制的，而且是依靠思维的自我以存在，而这个自我作为它们的原本根源乃是不受条件限制的。一切思维必须以之为标准的自我这个理念的为可能，而且事实上是必要的，这个事实就证明所思维的那个杂多必须从本身是单纯的一个灵魂出来的。这样，灵魂作为思维的主体乃是（a）实体，（b）单纯的，（c）在数目上，关于它在不同的时候而存在，是同一的，而且（d）在其对于空间中可能各对象的关系，在数目上也是同一的。

先验哲学家对于这样的一种论证，有什么可说的呢？他并不否认，除非所思维的是能以一个原始的，同一的自我为标准，“我思维着某东西”这个命题是完全无意义的。可是，他知道，一切思维的活动都必以一个同一的自我意识为标准这种必要性，所证明的不过是一切概念都必须根据于先验统觉而已。然而先验统觉以及从它得出来的知性概念，如在分析论所说明的，乃是纯然作用；而这些作用，如已又是说明了的那样，是不能靠其自身确定什么对象的。

所以在其肯定说，除非我们能够把我们的诸表象在单一的一个自我意识里统一起来，就没有对象能为我们所知道，先验心理学是正确的。然而这并不意味着我们借助于单纯的思维就能确定一个对象。要明白这点，我们只需记得，我们的能够证明知性概念的有效性和它们作为统一的基本原理而依靠的统觉的有效性，是靠说明它们乃是一个出现的东西的世界的构成，也就是所与的直观和把它们联系起来的综合功用所对我们呈现出来的这样一个世界的构成，所必需的作用，范畴是有效的，因为它们是我们之能在一个自我意识里统一我们的各种直观所需要的条件．而且因为没有这样一种能力，我们就不能有经验的对象的，理性的心理学犯了一种基本的错误，乃是在于它认为可能把思维从直观分开，它从思维的活动中拿走了它们的唯一目的，综合直观这个目的。它正确地推断说，一切思维活动必须以一个同一的自己意识为标准，可是把思维的活动从直观孤立开来，它就错误地推断把思维的原本根源作为一个独立的对象确定下来是可能的。它妄想在这种方式上它获得了关于灵魂作为一个对象的知识，但是在这点上，它是完全错误的。“我的知道一个对象，并非只是由于我有所思维而只是在于我关于一切思维所在于的那个意识的统一，确定一个所与的直观。”先验心理学所用的论证完全失败，因为它没有估计到这个事实，就是为要知道一个对象，不管是外部经验的对象（如一个物理的对象）或者是内部经验的对象（人类灵魂，即先验心理学所想要确定的对象）。我们必须使用两种不同的心灵能力，给予我们来确定的杂多的直观，和给我们以确定这个杂多的规则的知性，在分析论里已经说明，人类心灵不能知道自在之物，其理由就是我们不能借助于单纯思维而知道对象。我们现在能够看到，为着同样的理由我们不能如我们实在是那样而知道我们自己，只能如我们出现那样而知道我们自己。“思维到一个对象和知道一个对象并不是同一回事”，这是曾经作为一条一般的真理说明过的；而现在我们弄清楚了，这是适用于经验的每一个对象的，适用于灵魂正如适用于其他对象一样。在康德关于谬误推理的批评所用的论证和他在演绎中的论证，两者之间的一致在原属于演绎的下面一段里是能看到的：“可是为了知道我们自己，除了思维的活动之外，那是把每一个可能的直观的杂多带到统觉的统一去的，还须有直观的一种确定方式，即这种杂多从而被给予出来的方式：所以就自然推断出来，虽然我的存在事实上不是出现的东西（更不是单纯的幻想），但是我的存在的确定只能按照我们结合的杂多在内部直观被给予的特别方式，符合于内感官的形式，才能发生的。因之我对于我自己所有的知识，不是如我是什么那样，而只是像我对我自己出现那样的。这样一来，虽然是有了一切［用来］通过杂多在一个统觉里的结合而构成一个一般对象的思想的范畴，关于自我的意识仍然远远不是关于自我的知识。正如要用关于不同于我的一个对象的知识，我除了关于自我已有的意识之外，还需要我用来确定那个一般概念的直观，同样地，要有关于我自己的知识，我除了关于我自己的意识之外，还需要在我里面关于这个杂多的直观，是我用来确定这种思想的。我的存在是作为一个只意识到其能结合的这种力量的智力；但是关于它得要结合的杂多，我是为一种限制的条件所制约的（这条件是称为内感官的），那就是说，这种结合是能按照时间的关系被弄成为可直观到的，而这些时间的关系是完全处在严格看来的知性概念以外，所以，这样的一种智力，关于一个不是智性的而不能为知性自身所给予出来的直观，就只能如它对自己出现那样知道自己，不是如它的直观是智性的那样知道自己。”

在这段里需要加以解释的唯一论点，就是康德对时间的强调。这种强调的理由就是所讨论的对象乃是自我，而自我不是外感官的对象，乃是内感官的对象。然而按照先验感性论的学说，时间乃是一切出现的东西的形式上验前条件，而空间只是外面出现的东西的形式上验前条件。何以一切出现的东西必须符合于时间，其理由就是我们对于一个出现的东西的觉知是在时间中发生的。此外，我们必须记得在《纯粹理性批判》里处理范畴的图型法的一段中，康德说明范畴作为范畴来说，乃是单纯逻辑函项，而它们是从它们的应用于作为内直观的形成的时间获得它们作为经验的条件这种意义的。这就是何以范畴必须图型化，而图型，依康德的定义，不过是时间的一种先验确定而已。

我们可以引用两段文字来结束我们关于纯粹理性的谬误推理的阐述，这两段文字是清楚地说明康德用来驳斥先验心理学所提出的各种论证的。“那么，关于我自己在一般思维中的意识的分析，其所产生的、毫无有助于关于我自己作为一个对象的知识，一般思维的逻辑阐述被误认为对象的形而上学确定。”“在范畴基础上的意识的统一在这里被误作主体作为一个对象的直观，而实体这个范畴就因之应用于它了，但是这种统一只是思维的统一，只靠它，没有对象被给予出来，因而那总是预先假定有所与的直观的实体范畴就是不能适用的，结果就是这个主体不能为人所知，范畴的主体不能由于思维这些范畴，而获得关于它自己作为这些范畴的对象的一个概念。”

理性的宇宙论——二律背驰

我们现在就可转到康德关于宇宙论的理念的学说了。康德称之为“二律背驰”，因为毕竟理性总不会想出一个宇宙论的理念而同时不想到另一个理念是肯定某东西正面和第一个理念所肯定的相反对的。宇宙论的理念，其目的是要把客观的综合从属于绝对统一的原理，客观的综合是有关于一个所与的出现的东西的客观条件的综合，它追求使所与的出现的东西成为可能的一切条件。康德称这为回溯的结合。他描写理性用来论证这一类型的综合的方法和它所得到的结论。一个受条件限制的出现东西，那就是说一个依靠着使它发生的那些条件的出现东西，除非它的一切条件都是先于它而存在，是不可能存在的。其次，条件系列不能是无限的，因为一个无限的系列，也就是说，一个含有无限数的项，每一项都依赖某另一东西作为它的条件的，不能在有定限的时间内得到完成。结果就是，我们就得要预先假定系列有一个第一项的存在，在第一项是不依靠任何另一东西的，因而就能称为不受条件限制的。像这样，理性就想出这个理念，以为世界在时间中必有一个绝对的开头，而关于空间又必须是有限制的①。因为除非是有空间与时间中一种绝对界限的存在，在这种界限以外，回溯的综合是不必进行的，就没有空间或时间的有限部分能够存在，回溯的综合之可能是依靠有达到其始点之可能的。回溯的综合不能永远继续进行。关于时间是比较容易了解这点的，因为容易看到“任何所与的受条件限制的东西，其条件系列的绝对总和这个先验理念只有关于一切过去的时间而依照理性的理念，作为所与的东西的条件的过去时间必然是被思维作在其整体上被给予的”。我们在这里看到，对理性来说，是自然要推论说，既然每一所与的片刻都是依靠过去了的时间，那么全部过去的时间必然是被给予的，而时间的系列就必然是有限的了。

要明白何以理性会相信上述的同样是适用于空间，那就困难得多了，因为空间各部分是并存的，因而并不属于一个系列而是构成并存各部分的一个单纯集合而已。可是，看来虽然空间各部分是同时并存的，但是领会到它们的综合是相继的，那就是说，它是在时间中发生的。如果空间的不同部分的这种综合是要在任何时候得到完成，我们就必须加以限制，这就是何以理性预先假定空间的每一部分都为一切其部分所限

① 共一个冲突的正题，从B454起。

制，而且假定有回溯的综合能在其上面截止的空间的第一部分的存在。“所以关于限制方面，空间里的进展也是一种回溯，而在条件系列里的综合的绝对总和这个先验理念同样是适用于空间的，我关于出现的东西在空间里的绝对总和能同样合理地进行探讨，正如探讨过去时间中的绝对总和一样。”

理性在这样证明了空间与时间必须是有限制的之先，又能以同等的说服力来证明这不能是真的，这是一件值得注意的事实。理性想出直接和那第一个理念相反的一个第二个理念，而且尽力去证明它的有效性，那就是说，证明世界在时间中不能有任何绝对的起头而空间又不能有其界限。其论证是如下面那样的，不能有时间中任何绝对的起头，因为如果我们假定有这样的一个起头的话，我们就得要承认一个空洞时间的存在，而这样的一个空洞时间就是绝对未确定的，那就是说，有与无的分别对它是不能说的。可是，如果这样的一个空洞时间存在的话，那就任何东西都绝不会发生；因为所谓“发生”的意思就是指在所与的片刻存在的东西，在以前一片刻是不存在的；但是一个空洞的时间不会有什么性格是我们能借以把它辨别为前于某其他一下片刻的。一个空洞的空间这个理念是同等悖理的，因为如果我们是假定世界为空洞的空间所限制的话，那么世界对于那个空洞的空间的关系就会是它对于没有对象的关系了。“但是这样的一种关系是虚无，而其结果，世界为空洞的空间的限制也成为虚无了。因此，世界在空间里不能是有限制的；也就是在其广袤方面，世界是无限的。”

我们不必去逐一考察所有的二律背驰，因为在每一个二律背驰里，康德所从事研究的都是同样的事实，就是这个事实，即我们的理性发现不可能容许回溯的综合是有限制或无限制的。理性证明空间与时间是有限制的，每一个物体都是单纯的部分所组成的，按照自然律的因果作用不是唯一种存在的因果作用，而另有别一种因果作用，即自由的因果作用，而且存在着一个绝对必然的存在者。而在已经证明了这些命题之后，理性又进而证明其反面：即空间与时间是无限制的，物体是无限可分割的，按照自然律的因果作用是存在的唯一种因果作用，而且没有绝对必然的存在者在世界中存在。

如果我们要解决纯粹理性的二律背驰，我们就必须估计到两个不可争论的事实：(a) 在二律背驰中所显示的宇宙论理念都是基于错误的假定的，因为不然的话，它们不能互相矛盾的；和 (b) 宇宙论理念都是有某种意义的，因为它们是理性的必然产物，像范畴是知性的必然产物一样，而作为理性的必然产物是能合理地使用的①。

在我们检查所有宇宙论的理念的时候，我们发现它们所共同之处就是它们从为回溯的综合像是本身被给予似的。从这个综合的整体是所要求的这个事实就推断它的对象，即世界，必须是有限的或无限的。可是我们在这里只需记得，按照先验哲学的原理，不能把世界看作自在之物的世界，就是说不能看作一个独立于知道它的心而存在的一个世界，世界是纯然出现的东西，而当我们研究这样一个出现东西的条件时，我们不是研究独立于那回溯的综合而存在的对象。那些条件不能和研究它们的心分开。如果对象的世界是独立于我们的心而存在的话，我们推断说受条件限制的对象只有由于一个不受条件限制的东西的存在而才能存在，这是正确的，但是对于出现的东西来说，这就无效了。

在正题与反题中所犯的错误是同样的，在正题中，理性以为有可能来确定世界为有限的大小量的一个对象，因为综合的原理像是使这样的一种假定成为必需的，而在反题中，理性以为有其可能来确定世界为无限大小量的一个对象，因为综合的原理从不同的方面考虑又像是使那种假定成为必需的。二律背驰的发生是因为没有估计到这个事实，即“条件系列只是在回溯系列本身里才能碰见，而不在出现东西［外领域］里

① 理念的一种主观演绎必定是可能的（B383），按照理性的原本规律，理念乃是理性的必然产物（B396）。它们不是虚构的并且不是偶然发生的，而且是从我们理性的本性得其根源的（B397）。

碰见，看作先于一切回溯而作为在其自身并且靠其自身给予出来的一个东西”。

我们现在就看到，世界是具有有限的或无限的大小量这个问题是完全无意义的。世界只在追求其条件的那个经验的回溯中才对我们给予的；而且既然这种回溯永远不在其绝对的完整性上被给予出来作为是有限的或无限的，所以关于世界的作为这样一个世界是有限的或无限的这个问题是不能提出的。

理念的制约性使用

我们曾说过，康德认为它完全不可能，理性是偶然想出它的理念而这些理念对于人类知识说来是毫无好处的。所以我们下面的任务就是要确定理念的意义。

像所曾说明的那样，在理性的一切理念的基础上的原理乃是总体性这条原理，宇宙论的理念把这条原理应用于我们对于所与的一个出现东西的条件的追求。在设想一个宇宙论的理论的活动中，我们假定一个所与的出现东西的一切条件，其本身一定是被给予出来的。我们已经看到，这是一种错误的假定，理性错用了总体性这条原理，这条原理的给予人类理性，不是要使它想象它的对象的一切条件都是给予出来的；而是为要刺激它去寻找它的对象的所有条件，我们所当然要做的乃是尽力寻找一切条件的总体，但是这并不是说这些条件是对我给予出来的，乃至不是说我们在什么时候将要能够完成理性的要求的，总体这个理性乃是一个理想的极点，在感性的世界里是永远不能达到的。它是为我们布置的（aubgcgcbnn）任务，而不是给予（glyeben）我们的东西。“既然感性世界的条件系列没有看作自在之物的最高项是通过宇宙论的总体原理被给予出来，而只能作为一种任务被布置而需要在条件系列中进行追溯的，所以纯粹理性的这条原理，得要照这些情况加以修正，然后它才保持其有效性，固然不是作为我们实际上在对象中思维的总体的公理，是作为知性的因而也就是作为主体的一个问题，使之按照这个理念所规定的完整性进行而且继续其任何所与的受条件限制的东西的条件系列之回溯。”

只要我们把理性的理念作为一条组织性的原理，那就是说作为能够使我们确定一个对象的原理来看，我们就是误解了它的。我们所能确定的唯一种对象乃是属于感官世界的对象，因而是受条件限制的，所有理念所涉及的对象都是不受条件限制的。作为这样的对象来说，它是永远不能为我们确定的，理性的理念必须只看为制约性的原理或者说思想的规则。既然要设想这样的理念，我们就得要超出感官的世界，但是我们不得想象这就给予我们关于超感性对象的知识。理性乃是一些规则推动我们来从一个条件进到另一个条件，而绝不承认这一系列的条件之任何一个是一种绝对的条件。超感性的理念在我们探讨感性世界与其条件的过程中证明其功效，因为它使我们体会到我们所必然一定想到的不受条件限制的东西是永远不能在经验的世界中发现的。“所以理性的理念所能作的不过对条件系列的回溯综合规定一条规则，而依照这条规则，这种综合就必须从受条件限制的东西，通过一切从属的条件，一直进到不受条件限制的东西的那里去。然而它是永远不能达到这种目标的，因为绝对不受条件限制的东西在经验中是不能碰见的。”

康德的理念学说很明显是和先验感性论与先验分析论的学说紧密地联系在一起的。我们对于这些段落的检查曾把它弄清楚，他的论证的本质就是一切人类知识都含有两个要素，即直观与知性；而且因为这样，所以我们就不能有关于自在之物的知识。我们又曾看到，康德在先验感性论和先验分析论里说明这样一个自在之物的世界之存在这种假定是必须的。在辩证论里，这点就变为乃至更是明显了，辩证论所钻研的心灵能力是理性，而理性按其本性是必须超乎单纯出现东西的世界之上的。它没想到一个纯然理性世界这个理念。我们关于这样一个世界不可能有任何知识，这是自然从感性论和分析论的论证推论出来的，而在辩证论中，康德只能证实这种推断，但是关于理性的理念这种消极的批评，不叫他免除他的责任而不去确定理念的实在意义。截至此为止，我们主要是谈到宇宙论的理念，因而如果我们现在检查一下康德在其里面作出关于他的理念学说的一般概述而且说明一切理念都要看为制约性的原理的那段文字将是有好处的。他在标题为《纯粹理性的理念的制约性使用》的一段中详细地说明这点，而这段文字是包含在先验辩证论的附录中的。

康德的论证可以转述如下，理性绝不和一个对象直接有关系，它是对知性有直接关系的。这就是何以它的概念，即先验理念，总不容有任何组织性的使用。可是它们有一种重要的而且事实上是必需而不可缺少的、制约性的使用，就是把知性指向某一定的目标，那是它的一切规则所划定的路线集中于它们交叉的一点，这一点乃是单纯的一个理念，是知性的种种实际上不从而出发的一个想象的焦点，但是它仍然可用来给这些概念以其最大的而结合着最广泛的统一。在这里康德把关于理念的幻相，那就是说，我们认为它们使我们能知道在可能经验知识的领域以外的实在对象的这种信念，比之于这种幻相，就是在我们相信在镜子中反映的对象实际上是在镜后的时候所发生的那种幻相。在两种情况下，幻相都是必然的，在一种情况下，就是如果我们把知性指向到任何可能的所与经验以外从而想得到它的最大扩充，而在其他一种情况下，就是如果我们除了摆在我们眼前的对象之外，还看见远在我们后面的那些对象。

康德接着说，理性使用理念只是作为假设的。理念不是组织性的原理而只是制约性的原理，理性是以知性所拥有的知识的系统统一为目的的，但是不得看这个统一为给予的而只能看为一种设计的统一。在另一段文字里，康德声称必须只把感性世界的事物认为像是从一个最高的理智得到它们的存在似的。所以这个理念只是一种启发性的概念而不是一个实授性的概念。理念不是从对象的素质得来的主观原理，而是从理性对于对象的知识某一种可能的完整所具有的关心浮出来的主观原性，必须把它们作为单纯准则来看待。对于我们是否有正当的理由来假定一个神圣的存在者的存在这个问题，其答复是以我们所指的是什么意思为转移。因为一方面，我们毫无权利来绝对地假定它，但是另一方面，我们有充分的根据来在一种相对的意义上去假定它，相对地对于我们的理性以及对于理性在其经验的使用上所追求的统一原理来说，上帝这个理念是必要的。

毋需要解释乃至列举康德作为他的主要学说的例证所提出的各种不同的论证，因为很清楚，他在每一个情况下所想要证明的都是一样的，那就是，在理念作为组织性的原理，就是作为能给我们以关于自在之物本身的知识的原理来看，和理念作为只是制约性的原理，就是作为对于能认识的主体的心灵的关系上所需的原理来看，这两者之间是有一种基本的区别的。我们刚才曾看到，康德把绝对的假定与相对的假定分别开来。关于这种区别，他这样说："我们在这里碰见一种区别，对于思维在处理同一个假定的进行上是有其关系的，这是一种有点微妙、可是在先验哲学中是有巨大的重要性的。"这是一种饶有兴趣的说法；因为它说明（a）康德是非常重视理念的组织性使用和制约性使用的区别的，而且（b）他完全识知道这个事实，就是承认这种区别是要依靠承认基本的先验原理的。

我们不能把康德的理念学说和这个学说所依据的组织性原理与制约性原理这两者之间的区别从它的前后文孤立开来。这是一种哲学的一部分，这种哲学是把人类知识看为局限于经验的对象，但是同时也相信经验的世界不能是所存在的唯一世界而且相信必须假定有另一个世界的存在的，这是先验哲学所特有的一种学说，每一种其他的哲学体系要就相信理念给我们以关于实在对象的知识，要就相信理念是毫无意义的。经验主义主张后一种见解，而独断主义则主张前一种。只有我们是假定我们先验的原理才能否定这两种见解而主张虽然理性的理念不给我们以关于自在之物的知识是仍然使我们能够服从属于一个超自然的世界的对象这些理念而探究自然的对象。

依肤浅的见解看来，康德的理念学说是充满着种种矛盾的，而且只要把孤立的说法进行对比而不考虑到整个来说的这个学说，总是会有这种前后不一致的假相的。例如我们可以这样问：依康德说来，先验理念是主观的原理吗？关于这一点，我们是听见说，理念不过是主观的原理，而且它们与对象无涉，所以它们的客观演绎是没有可能的，然而在另一段里，康德主张理念是具有未确定的客观有效性的；而我们又发现其他的段落，在其里面，他是像把客观有效性归之于它们的。例如在B679里面，他论证说我们按照寻找统一性的原理的这条规律是必要的，因为没有这条规律，我们就完全不能有理性，没有理性，就不可能有知性的首尾一贯的使用，而结果就是我们不会有经验性真理的标准。

可是当我们把这个论证整个来考虑时，我们所提到的各种不同的说法之间的前后不一致的假相就消逝了。康德的论点乃是必须以一特种的有效性归之于理念以及理念所根据的系统统一的原理。如果所谓客观概念只是指一个概念，它是使心灵能够确定一个明确的对象的。那就是说，如果我们以客观有效性只归之于知性的组织性原理，那么就必须称理念为只是主观的原理。但是，如果我们把客观原理这个名称也给予制约性原理，即这种原理，它们是理性所必然产生，而没有它们，则我们（那包含着理性为一种必需的要素）的知识就会是不完整的，那么理念就是客观的。

从下面一段文字就可看出康德认为他在范畴（知性概念）和理念（理性概念）之间的区别是何等重要的："作为在类别上起源上和使用上完全不同的识知的理念即理性的纯粹概念与范畴即知性的纯粹概念，这两者之间的区别，对于要包含着这些验前识知的体系的科学的成立，是这么不可缺少的，因之如果没有把它们这样来分别开来，那么形而上学就是一种绝对不可能的事情或者至多也不过是一种无目的的、笨拙的妄图，想要造成一座厚纸制的房屋而不知道所使用的材料是什么，或者不知道这种材料对于这种或那种用途是否适合，即使《纯粹理性批判》所作的没有别的，而只是把这个区别弄清楚，那么它在形而上学的领域内对于我们［形而上学的］概念的澄清以及对于自然科学的指导，所作出的贡献，要比那一切想要解决纯粹理性的种种先验问题的徒劳无功的努力，即在一切时代中从来没有一点知道他们是在根本上不同于知性的领域的一个领域里工作，因而就把知性的概念和理性的概念相提并论，正像它们是同一个类似的那些人们的努力所作的贡献更多。”

我们过去在讨论先验辩证论的附录时，曾没有理列的一段是我们现在必须处理的，由于在那里所讨论的问题将要在《判断力批判》里所再提出来的。我们在后面将要看到康德在第三部“批判”对于这个问题的解决是不同于他在这里所提供的解决的，而我们应该熟悉他原来的解决，这是重要的。康德的问题可以这样来叙说：自然科学能否利用自然的系统统一这个理念，如果能够利用的话，是怎样利用的？他的论证是这样进行的，理性乃是从普遍推论出特殊的能力，可是在这里有两种可能：要就是普遍的概念是已知的，而在这种情况下，我们所需要作的只是把特殊包摄于普遍的概念之下；要就是普遍不是给予的而只是假定的，即就是说，特殊是确实的，而普遍还是一个问题，只是一个单纯理念，那么我们的任务就是要考察好几个特殊的事例，为的是要把它们统属于一条普遍的规则。我们在这里是有关于理性的假设性使用，因为所包含的理念只是还有问题的概念。

康德接着就说明“理性的系统统一”只是一条逻辑的原理。它的唯一功用就是在知性单靠自己不能成立规则的那些情况下借助于理念来帮助知性，假定对象的素质具有系统的统一，我们就把一条逻辑原理变为一条先验的原理。那就是说，我们就相信这条原理不但是主观有效或者说在对于人类理性的关系上有效，而理性必然是寻求概念的系统统一的，而且又是客观上有效作为对象的原理了。

可是重新一想，理性像是不能假定系统统一这种逻辑原理而不同时假定一条先验原理的。理性只有在这种条件下才能使用它的逻辑原理的，那就是它要预先假定自然对象本身是属于一个系统，或者说大自然本身是遵循一条系统统一原理的。而这显然就是，不能从关于自然对象的经验知识得出来的一条验前先验原理。“我们也不能说理性在按照其自己的原理而进行时，通过对自然的偶然构造的观察就达到关于这种统一的知识。”

这条先验原理，在事实上，一直总是为自然的哲学家和自然科学家所便用，虽然有时是不为他们所意识到的。从这个事实就可看到这点，就是一直总是假定着自然是按照三条基本的规律而起作用的，而这些规律的每一条都意味着自然的系统统一这条先验的规律的。(a) 第一条规律是在这个假定里表达出来，就是说自然中的各种各样的种必须只看为少数的类的不同确定，自然对象表面上的无限多样性并不妨碍我们认为在这种多样性的后面有着基本性质的统一。在一切各种各样的种的后面只有少数的类，而这些类终究是能归结为一个最高类的。这就是同质性的原理。这条原理所规定的规则就是：事物的多样性不得增加(Eautiuw vaitetatlo uoneaal nuwltikplicaudak)。(b) 这条类的逻辑原理为另一条原理所平衡，而这另一条原理是要求事物中有其多样性与驳杂性，即令它们在同一个类之下是有相同之处的。按照这条原理，我们就会想到有东西的无限异样性，认为在我们从类开始而递降到包含在这类之下的杂多时，我们是要发现无数的种与亚种，而且我们必不可把任何种看为是最低的。这就是细分的原理而是能这样简洁来陈述的，物品的多样性不得随便减少（Eintuvmvaniltuteo ton teaulil eooe minueudao）。(c) 我们的理性所假定的第三条逻辑原理就是连续的原理，这条原理是说原本的诸类并不是互相孤立的。可以把它这样来简洁地陈述：种类之间是没有空处的（wan datum uacum bonmanum），许许多多的类不过是一单个最高的普遍的类的各种划分。类之下的不同的种都是互相连接的，不容有从一个种跳跃而过渡到另一个种的，其过渡都是通过差异的较小的一连续系列的等级的。我们可以清楚地看到，这条连续性原理，又称柔和性原理，是介于类原理与细分或说多样性原理之间的。

这三条原理，按其本身来说，只是逻辑原理：那就是说，它们是为着逻辑的划分起见而被应用的。然而它们是以三条不同的先验原理或者说验前的原理为其根据的。“所以，如果类的逻辑原理要应用于自然……它就预先假定一条先验的原理，而按照这条先验的原理，就必然预先假定在可能的经验的杂多中有其同质性……因为如果没有同质性，则经验的概念，因而经验本身都没有可能。”“细分的规律不能从经验得出，因为经验绝不能对我们视线敞开这样广阔的展望。如果不为先行的细分先验规律所指导，经验的细分很快就停止在杂多的区别上面，而细分的先验规律作为理性的一条原理是引导我们一直总是寻找更多的差别而且乃至在感官不能揭示这些差别时，还是有点觉得它们的存在的。”“可是种的连续（eontiwaenc zhlciluous）即逻辑的种类的（fomeatuw logicawon）的连续这条逻辑规律预先假定一条先验规律（lea con tinui iu notuna 自然中连续规律）。如果没有这条规律，则前一条规律只会把知性引入歧途，使之遵循一条可能完全和它自己的本性所规定的相反的途径，因之这条规律必须依据纯粹先验的根据，而不依据经验的根据，因为如果它依据经验的根据，它就会迟于所有系统，而现实的事实上，是它自己使我们关于自然的知识中一切有系统的东西发生的。”

由此可见，康德并不怀疑那些预先假定自然的系统统一的理性原理是真正先验的原理，并不怀疑它们是先于经验而为经验的条件的，然而必不可忘记，他也相信，它们作为理性的原理，不能是别的而只是制约性的原理。

一般的理念——目的论

康德在标题为《一般的理念》的这一段中叙述了柏拉图的理念学说，它足以说明他理解柏拉图所谓理念是什么为开始的。“对于柏拉图来说，理念乃是事物本身的模型而不是像范畴那样只是可能知识的钥匙。”他论证说，柏拉图深知道我们的知识能力所觉得需要的是高于只是按照一种综合——把出现的东西拼出字来，以便能把它们作为经验而读出（Euaeblinengin nach ryntletio cbecEin beit gu buchataeie an guw vie ole Eofahunuy teaen gukonnen）。他体会到我们的理性按其本性是必须超出经验的界限的，而且理念确不是大脑的单纯幻想（Hitngcekukte）。

然后康德说明柏拉图是在实践的领域里发现其理念的主要实例，而处理了柏拉图的道德理念并表示了他和柏拉图关于这些理念的说法同意之后，他就接着说下去：“但是不只是在人类理性显出有其真正的因果作用和理念是（行动与其对象的）作用的地方，即在道德范围里面，而且又关于自然本身，柏拉图都正确地看出从理念而来的一种起源的明白证明。一草一木，一禽一兽，宇宙的安排有条不紊——因之可以说整个自然世界——都清楚地说明它们都是按照理念而有其可能的，而且说明虽然没有一单个被造物，在其个别存在的条件上，是和其品类中最完善的东西这个理念相一致……然而在那个最高的知性中这些理念是完全把每一个被造物作为一个个体，而且把每一个被造物作为不可改变的确定下来，而这些理念就是事物的始因。”如果我们从这些话推论说，康德在他自己的理念学说中显出对于一个按照理念而创造自然对象的最高知性这个概念有同样的欣赏，那么我们就错了。事实上，他几乎绝不提到这个概念，而唯一的迹象，表示他是赞成这种概念，或者至少表示他并不认为它是不合理的，就是他批评以从设计来论证作为基础的关于上帝存在的那种自然科学证明，比诸他批评其他证明是远不如那么厉害，虽然他是深信，即令自然神学的论证都不能看为一个最高存在者的存在的充分证明，但是他是完全准备来承认。从我们现世界的多样性，从它的秩序，从它的有意图性和美丽，我们是自然要推论到这个世界的最高原因的存在的。他说："这个证明总应值得以尊重的态度来提出的，它是为时最久远，最易理解，而最适合于寻常的人类理性的。它使自然的研究活跃起来，正如它本身也从自然研究那个来源取得其存在和与日俱新的活力那样，它提示目的与意图时，是我们单靠对自然的观察所没有侦察出来的，而借助于其原理是在自然以外的一种特别统一性这个有指导性的概念，就扩大了我们关于自然的知识，这种知识又对于它的原因起反作用，就是说对把这种知识引导出来的理念起着反作用，而这样就加强对于［自然的］一个最高创造者的信念，其结果就是这个信念取得了一种不可抵抗的说服力。"康德继续着说，企图用任何方法来贬损这种论证的权威是极端无用的。我们不能说出什么来反对在这种论证里所包含着的合理性或效用，然而我们不能承认它的要求是确实到不容置疑的程度的。"如果那自以为了不起的诡辩家，其独断的口气变为温和一点，而达到足以缓和我们的疑惑，虽不足以令人无条件屈服的那种信仰的适度而谋和的要求，也不致损害这种良好的事情。"

对于熟悉康德理念学说的主导原理的人来说，康德的这样不承认自然神学证明连同一般的目的论原理的自认为不可置疑的种种抱负，是不足为奇的。他承认目的论原理是扩大了我们关于自然的知识，由于它提供我们以一种特别的统一性这个指导性概念，其原理是在自然以外的，然而这条原理是完全不同于知性的原理的。它只是依据一个单纯理念的，意图这个概念不是知性的概念而是理性的概念，而作为这样的一个概念来说，它不过是一条制约性原理，那就是说，不使我们能够确定一个对象的原理。理念的给予我们，不是叫我们从一个超自然的来源得出我们的世界来，而是叫我们利用这些理念作为我们探究自然世界的原理。

我们必须注意，在《纯粹理性批判》一书中，康德并未适当地把目的论的原理从理性的其他理念分辨开来。这就是何以他应用在它上面的批评是和他应用于其他理念的批评一样的。他用他的批评想要避开的危险就是这个危险，怕我们认为我们能够使用这条目的论的原理作为一条能给我们以关于超感性对象的知识的组织性原理。避免这样的错误是很重要的，因为不然的话，我们就总想去放弃我们深入自然的探究而去依赖我们毫无所知的超感性原因，“这些有害的种种后果，在我们关于一个最高智力这个理念的独断处理上，和在错以它的基础的自然神学系统（即自然神学）上，就越发看得更明白了。因为在这种探究的领域里，如果不去在物质的机械作用的普遍规律中寻找原因，而直接求助于最高智慧的不可摸捉的天意，那么那些在自然中表示出来的目的连同只是我们以之归之于自然的许多目的，就使我们对于原因的钻研变为很容易的工作，而这样就使我们在事实上不过是不用理性时，反认为理性的努力已经完毕了，而理性的使用所需要的指导是完全依靠自然的秩序和一系列的变更，这些变更都是按照它们发现为显示出来的普遍规律的”。康德是在许多其他段落里表达这种看法的，我们可以以一段为例，即他在其旦面反对独断论而为经验辩护的这一段。他在这段里说到，经验论的不为人所欢迎，以及一般的了解宁可要独断论，这都是由于这种事实，就是独断论让我们离开经验的世界翱翔到远远跑到我们的洞见与理性能力前面的概念上面去，“如果它［即一般的了解］关于这些事情了解的很少或者全无，那么就没有人能以了解更多为夸口的；而且即令关于这些概念，一般的了解不能像那些有特别训练的人那么在学院式的正确方式上来表达它的意思，然而它所能提出的表面上讲得通的种种论证是滔滔不绝的，其实只是在单纯理念之中飘荡着，而关于这些理念没有人知道什么，因而关于它们是可以随意乱说一通的；其实问题是包含着自然的钻研时，一般的了解定要保持缄默而承认它是一无所知的，所以怠惰与虚荣相结合就顽强支持这些原理”。

在另一段里康德说自然中的秩序与意图性必须以自然原因为准标来解释，而且最狂妄的假设，只要它是物理的假设，比一种超物理的假设，像诉之于神圣的创造者的那种假设还较可容忍些。这后一种超物理的假设乃是一种理性怠惰的（igviauavateo）原理，因为我们是不顾一切，其客观的有效性是能在经验的过程中可以确定的原因以便休止在一个单纯理念上的。康德称理念的一切组织性使用为理性怠惰的原理，即不愿做其应有的工作的这种理性的原理（例如 B717 和 B801）。

在另一段里，他谈到滥用的理性（bevuwaxeatvo），他说明曾指出一切理性的理念所以为依据的系统统一这条原理应该只作为制约性的原理来使用。唯有在我们能够在经验中证实它时，我们才应相信我们在它的使用上是接近了完整性的——这完整性是我们永远不能达到的。他接着说，“不用这种方法，就采用相反的进程，有意图的统一原理的实在性不只是预先假定了而且是实体化了的；而且既然一个最高智力这个概念，按其本身来说，是完全存在我们的理解力量以外的，我们就进行以拟人论的方式来确定它，而这样就强迫地专断地把目的加在自然身上，而不是由物理的探讨途径，来继续探求这种目的更合性的进程。并且这样一来，原是要只帮助我们按照普遍律以完成自然的统一的目的论，就不但趋向于取消这样的统一，而且又妨碍理性完成它固有的意图。这个意图原是要依照这些规律从自然来证明最高可理解的原因的存在的”。从这一段和其他许多段，都可以见到，在《纯粹理性批判》一书中，并没有在自然的有意图性这个理念和其他的理念这两者之间划分什么界线的。

我们现在可以结束我们对于先验辩证论的检查的，我们从它弄清楚了康德对于理性和它的种种概念的研究证实了这个事实，就是人类心灵是和一切关于超感性对象的知识无缘的。我们的领域乃是经验的世界。另一个世界的存在这个理念对于我们原有世界的知识是必需的，但是作为有限的存在者来说，我们乃至不能企图获得关于我们原有的范围以外的知识。

康德对于这个事实所采取的态度是他的特色，依他的意见说来，我们的不能知道任何关于我们自己的世界以外的东西是不应该使我们沮丧或受到挫折的，与此相反，我们应该感到高兴发现了我们能在其里面工作的范围。我们一切理论知识的局限性是事实，但不是我们要埋怨的一个事实。“如果那自以为了不起的诡辩家，其独断的口气变为温和一点，而达到足以缓和我们的疑惑虽不足以令人无条件屈服的那种信仰的适度而谋和的要求，也不致损害这种良好的事情。”在《视灵者之梦》一文里，那是第一次揭示先验哲学的问题的一文，我们发现下面的一段话：“随着好奇心的每一个冲动而只让我们的无能来限制我们的知识——这是一种野心，对于一个学者来说，并不是不体面的。但是从无数的摆在面前的问题中，选出那些，其解决是为人类打算的，这是智慧的特点。在科学到了尽头，它就自然达到一个适度谦虚的阶段而对于处境不满地说：我不懂得的东西是这么多呢！可是经验成熟了的理性变成智慧时，就以苏格拉底的身份出现很镇定地在市场的百货当中说：我不需要的东西是这么多的！”“但是，既然我们在来世的命运大抵是多半看我们是怎样在今生尽到我们的职责，那么我就可以用伏尔泰使他的忠诚的康蒂德（candiale）在许多无用的学术辩论之后所说的话来结束：让我们照料我们的福利，到花园里去做我们的工作罢。”

康德《纯粹理性批判》重译缘由与经过*

德国古典哲学是马克思主义的理论来源之一，而康德乃是德国古典哲学的创始人，这是众所周知的。因此，凡是学习马克思主义的人，凡是读西方哲学史的人，都力争对于康德的哲学有所认识。当然，要认识康德的哲学体系，西方哲学史一类的书固然可以作为研究康德的入门；然而要认真而具体地知道康德的思想究竟是什么，不可不读康德的原著。

康德的著作不能说不多，大大小小共有五六十种（杂录、书简和遗书还不在内），但是其中重要的也不过十种左右。一般人公认，康德哲学思想最重要的著作就是他的三部"批判"，即《纯粹理性批判》《实践理性批判》和《判断力批判》。

读康德哲学原著的人大都从《纯粹理性批判》入手，但是这本书比较难读，能愉快地读本书原德文版的人，国内不甚多。中译本原有商务印书馆出版的胡仁源本（见《万有文库》）和三联书店 1957 年出版的蓝公武本。本译者近年为武昌华中师范学院的讲师和助教讲授西方哲学史，分五个单元，为期四年，而康德哲学是这五个单元之一，占一个学

---

* 《纯粹理性批判》一书是韦先生应商务印书馆之约于 1962 年译出的，后因"文革"未能出版；80 年代末经曹方久、唐有伯等同志精心整理，华中师范大学出版社于 1991 年正式出版。这里选录的是韦先生为该书所写的译者前言，略有删节。

年。学员大都对于哲学有相当的基础，但一般认为胡、蓝两中译本不易阅读，因此增加我讲授的困难，在解释原著时常常和流行的中译本有所出入。适值北京商务印书馆约我再译康德的《纯粹理性批判》，所以就有这本新译的尝试。

本译者对于康德哲学的研究虽历时很久，但是造诣浅薄，外文也不够精通，诚恐对于康德的比较复杂的德文未能正确理解。所以，这次翻译《纯粹理性批判》，主要是以英人康蒲·斯密（Norman Kenp Smith）1929年出版的英译本为蓝本，而对照 Benno Erdmann Leibzig 1878 年的德文版和 Ernst Cassirer 柏林 1922 年的德文版，并参考穆勒尔（F. Max Müller）伦敦 1881 年的英译本，以及胡仁源、蓝公武两先生的中译本，旨在于这次翻译中不失康德原书的本意。所以，以“信”为主而尽量求“达”，至于言“雅”，则所未逮。本想多参考其他的德文版和欧洲各国的翻译本，但是本译者藏书有限而借书又不易，所以只限于手边的这几种。

我之所以据康蒲·斯密的英译本为蓝本，其理由有二：（一）我对于英语比较有把握。读德文本时，虽能理解，但稍不留意，便错误难免，而读英文本则言从意顺，没有隔阂。依我的翻译经验，在我译外文时，如作者写作水平远远超过我写这种外文的水平，则我的翻译是有些靠不住的。康蒲·斯密所写的英文，我自感也勉强能够写出，故不难翻译。（二）我所见到的《纯粹理性批判》英译本有三种：（1）迈克尔约翰（J. M. D. Meiklejohn）1855 年出版的英译本，根据原书第 2 版译出；（2）穆勒尔（F. Max Müller）1881 年的英译本，根据原书第 1 版译出；（3）康蒲·斯密 1929 年的英译本主要根据原书第 2 版翻译，而插入第 2 版所删去的第 1 版的某些段落，当第 2 版某些章节完全改变了其第 1 版的原文时，又将两版的原文一并译出而分别刊出。关于《纯粹理性批判》1781 年第 1 版与 1787 年康德亲自修订的第 2 版两者的优劣，在康德哲学研究者中曾有过不同意见，这里不必去考虑这些了。我们知道，康德课堂讲授“纯粹理性批判”的学说为时甚久，据他自己所说，他对于这个问题深思熟虑，不下十有一年，而到了年纪快60岁时，好像忽然想起他的来日不多，需要把《纯粹理性批判》这书刊出问世，于是在授课之余，只花了四五个月工夫就一口气写出了这部856页的巨著，其中欠整理的地方是难免的。第1版刊出后，评论层出，康德都是知道的，为了答复这些评论，他曾在1783年出版《未来形而上学导论》一书，而在1787年才刊出这部《纯粹理性批判》的第2版。关于这第2版的修改，康德在序言中说得十分明白，重要的增删是没有的，而在那些不得不根据评论者的意见在第2版所作出的修改，用他自己的话来说，“是含有一点损失的，就是我所不得不删去或节略的一些段落中，对许多读者可能还有帮助，因而认为是可惜的”。康蒲·斯密的英译本大都把这些在第2版中删去或节略的第1版各段落插入在第2版的译文中，使得康德所谓“这种小小的损失……得到补偿”。这是我采取康蒲·斯密的英译本为翻译蓝本之第二种理由。

我在翻译过程中曾对照过 Erdmann 和 Cassirer 两氏的德文版。这两种德文版，校勘都极精细，而 Cassirer 的德文版虽较晚出，可是对于康德原德文的理解，似乎抱着一种保守的态度，还不如 Erdmann 的深入。

穆勒尔的英译版对我的帮助是很大的。穆勒尔原属德籍，在英国牛津大学讲学多年，不但精通德文，而且又是语言学的名家，翻译康德的著作当然在文字上是没有问题的，正如康蒲·斯密在其英译本的序言里所说，“他的主要优点……乃是他更为准确地译出一些段落，而在那些段落里，特别能正确地了解德国人惯用语的种种微妙之处”。虽然如此，穆勒尔却不是研究康德哲学的，故在翻译时，对于康德的原意时有未透彻之处，反不如康蒲·斯密英译之确切。我们可以说，穆勒尔的译文“雅”于康蒲·斯密，而“信”则似有逊色。在参考两译本时各取其所长可也。本译者在附译中指出的地方很多，请读者参考。

康蒲·斯密对于康德的《纯粹理性批判》一书的校勘多半采取德人华亨格尔（Vailhinger）的观点。他著有《康德〈纯粹理性批判〉解义》一书（绰然[①]译，商务印书馆 1961 年出版）。据我看，他在《纯粹理性批判》英译本中，并未加进一己的意见来曲解康德的原意，其“凑合论”也不影响原书的次序，脚注也只限于文字的解释，并未涉及哲学思想。作为一本译著可以算得上信而达的。至于译文的小节，本译者也时有不同的意见，曾在《中译者附注》中提出。

我这次新译本书，得益于胡、蓝两中译本之处甚多，可以说，我的译本是建筑在他们的工作基础上的。然而，我对两氏的中译本有许多不同的意见。在附注中说到旧译的不妥时，主要是指蓝译说的。

胡氏中译本，读来确甚晦涩，其原因大概是胡先生从德文原本译出，而对于康德的哲学术语似乎没有深加留意，且对于康德哲学的整个体系又好像未深入研究，况且译文较旧，不合现代汉语的习惯。蓝公武先生的中译本，据该译本的《译者后记》所说，也是据康蒲·斯密的英译本译出的，但是我们与原译本详细对照，许多地方像是不忠于英译原文，甚至误解英译的词句。原英译本的脚注不少是精辟之处，而蓝译本不予译出，也似乎是不应该的。因此《纯粹理性批判》这部书就有重新中译的必要。

我这次翻译，对于译词方面，颇费一番推敲。为方便读者起见，原想尽量沿用旧译，但是旧译中每每有和康德原意不大符合之处，于是不得不另拟新译，以求正确。例如康德常用的一个很重要的拉丁文短语 a priori，旧译为“先天”，颇嫌不妥。按照拉丁文的原意，a priori 本没有“先天”的意思，而以康德的哲学思想来说，“先天”这词更为不妥。所以我改译为“验前”，即在经验之前的意思。而 a posteriori 自然就译为“验后”了。又如康德原文的 die Vorstellung，英译固然有的用 Representation，又有的用 idea。如果据英译的 idea 而中译为“观念”，

① “绰然”系本书中译者韦卓民的笔名。——整理者注

那就太泛了。由于德文的这个词，源出于“放在前面”，即“表而出之”的意思，所以本译者在翻译康蒲·斯密的《康德〈纯粹理性批判〉解义》一书中，曾用“表现”，但是“表现”又须作为动词用，所以今改译为“表象”。又如康德所用的德文 die Erscheinung，有英译为 appearance 的，有英译为 phenomenon 的，而竟据以中译为“现象”，同是不妥的。因为据康德的哲学思想 das Phänomen 即 phenomenon 和 die Erscheinung 是有重要的区别的。但由于用“现象”来译英文的 phenomenon，即德文的 das Phänomen，已经成为习惯，那么 die Erscheinung 显然就不能又译为“现象”，以致混淆康德原来严格区分的两个哲学术语，所以我译 die Erscheinung 为“出现”。又如康德所用的 die Anschauung 旧译为“直觉”。这大概因为康蒲·斯密和英国其他康德哲学的研究者译为 intuition 这个词的缘故。但是也有译为 perception 这个词的，如 Edward Cairel 和 John Watson 便是两例。我们不能根据英语的 perception 而中译 die Anscchauung 为“知觉”，因为康德的用词中还有 die Wahrnehmung，这才应译为“知觉”。可是“直觉”和英译的 intuition 在这里的意思不符，而又和康德的原意不合，所以我们认为译“直观”较为妥当，因为 die Wahrnehmung 通行译为“世界观”。

还有，康德所用的 die Seele 和 das Gemüt 这两个词应该分别译为“灵魂”和“心”。二者在康德的哲学中绝对不可混淆。这两个词同译为“心灵”是错误的。

至于康德所用的 transzendental 这个形容词，原是当时常用的一个拉丁语词，并没有涉及经验而只作为“越过了”的意思。这要看它用在什么地方，根据其上下文才能确定它所越过的是什么东西。中译这个词为“先验的”，以本译者看来，是不十分妥当的。其“验”字，指经验言，是对的，但“先”字则欠妥。可是苦思很久，还是想不出一个更确切的译词，而且这个译词，正如“批判”这词一样，沿用已久，不便改译。请读者随时揣摩康德的上下文，体会其意义，总之，不要把“先验”的“先”作为时序的“先”来看就对头了。因为康德之所谓“先验”，并非说是在经验之先，而是说在经验发生的时候才起其作用，而这“先验”的东西又不是从经验来的，所谓“先”者就是这个意思。康德精通拉丁文，兼习古典希腊文，他所用的哲学语词每每源出拉丁文而按照比拉丁文更古的原本意义。例如 die Aseptik，die Physiologie 等就是其明显的例子。

1962 年 6 月 22 日于武昌华中师范学院

康德的经验形而上学

——《纯粹理性批判》上半部分注释

前言

《纯粹理性批判》出版已有150多年了，而一直到现在还没有一本注释可以和帕斯奥斯（Pacius）关于亚里士多德的《工具论》（*Organon*）的注释乃至和亚当（Adam）关于柏拉图的《共和国》（*Republic*，又译《理想国》）的注释能相比拟，这是哲学成就的一种耻辱，尤其是对于德国哲学成就的一种耻辱。在关于康德的最伟大的著作曾有过著述的所有作家当中，没有一个人愿意屈身于把这部著作逐句地来加以说明，汉斯·花亨格尔（Hans Vaihinger）则是做这种工作的唯一的一个人。他原本企图写这样的一本注释，不但注释《纯粹理性批判》，而且还想要对于这本书以前曾有过的注释家们，都一一加以解释。而这样一来，很自然地，他在从事这种工作后不久，便感觉到兹事体大，无法完成，于是就中止了。由于缺乏一种详细的注释，结果便是关于康德的种种学说，不免意见分歧，莫衷一是。尤有甚者，不幸的学生，而且从我个人的经验看来，乃至许多的哲学教师，对于康德的词句，究竟应作何解，都是莫名其妙。有一些句子，其中有几个名词，而又发现有关系代名词和指示代名词，而这些代名词是指哪个名词说的，读者无从决定。甚至句子中的两个名词，应认为哪个是主词，哪个是宾词，也是不能断定的。总而言之，乃至谈到这一些初步的事情，我们也找不到一种可靠的指导，不必去讲别的了。明显的事实就是，大多数学生发现许多段落，而且每每是关键的段落，百思而不得其解。无怪乎这些学生莫知适从，人云亦云，不能加以肯定，更谈不到批评了。

我的目的并不是写一部所需要的类型的注释，这种工作是应该留待一个德国人为德国人做的。然而，凡碰见文字最困难的地方，特别是像先验演绎和各类比的论证这种段落，我是试图逐句来分析康德的思想的；而无论哪里，我对于我的解释，都曾尽力引出原文的章节作为证据。像这样，读者就能独自估量我的解释真实与否。

我所使用的这种方法不无它的不利之处。如果把各种困难分别各点来处理，那么，解释也就难免是困难的。可是得要记住，关于《纯粹理性批判》的一种注释，由于题材的性质，不能是容易的读物，它的用处多少就必须以它所解释的真正困难之多少为转移，或者说，至少要看它是否能说明真正的困难究竟在哪里。其次，如果采用这种方法，康德对于先验演绎的许多阐明，势必使注释的人增加一些重复，可是除了细读之外，是无法来了解其中的论证的。如果有读者认为他已经掌握了一切的细节，他就可只注意本书的第三十和三十一章，在那里我是申述我的一般解释和批评的意见的。我认为主要的不利之处不是不得不集中注意于各种的困难，也不是在于时不时的重复，而实在的危险是在于细小的问题既多，读者因之就看不见论证的主要路线。我只能说，我认为康德的学说是一个整体，而且作为一个人的著述来说，是前后一致的整体，因之我在我的注释中，一直是设法把一些细节作为这样一个整体的要素来解释的。我很可能只是设法阐述我对于康德的中心学说的个人见解，但是如果没有细节的支援的话，是不能指望我的见解有其说服力的；况且，我的主要目的不是为某一特种理论作辩护，而是使学生有他自己的见地，可以不去管别人的理论，而自己独立地去读康德的著作。

每一个注释家必定是从他自己个人的观点来看他所注释的作家，而且必定有他自己个人的限制的。但是，我所理解的是，注释家的任务乃是要说明作家所说的，而不是去说明该作家应该说的是什么。我知道英国有两位最令人感兴趣的关于康德的注释家，即爱德华尔·凯尔德（Edward Caird）和皮里卡（Prichard）教授，他们采取的是一种不同的方法。可是，我不能不认为，如果他们每人写出两本书，一本阐明他个人自己的哲学，而另一本阐述康德的哲学，则他们对我们的贡献会更大一些。当一个注释家发现所注释的书中有不可理解或者谬误的论证时，固然是必须诚实地这样告诉我们，但是超过这点，就不是他的事情了。简短地说，注释中的批评应该是补助注释的。

如果批评家觉得一部书中的整个论证是不可理解或者是谬误的，那么只有在很特别的情况下，他才有正当的理由来替这书作注释。另一方面，如果他明言他显然是不理解的论证是他认为不可理解的，那么他就在任何情况之下都没有正当的理由来作什么注释了。然而可以指望他只在一定的限度内揭示他的作者的不可理解性，可是不能要他去应付一切可能提出的批评，或者按照流行的哲学争论的话语来阐明他的作者。谈到我自己的话，我认为康德的论证是可以理解的，虽然我并不自以为了解了他的论证的种种枝节。我努力于用他自己的术语来阐明他的学说，因为我深信只有熟悉了他的名词，我们才能了解他的论证。如果我能使读者看到批判学说是讲得通的，从而帮助他来评定这学说的真实性，以及鉴定它所曾遭遇到的种种批评的价值，那么我也就心满意足了。我没有试图来讨论皮里卡教授等作家所曾提出的关于认识论的根本问题，这并不是由于我不尊重他们，我绝不是要求人们相信在这一些困难的问题上，康德的学说是最后的真理，但我确信它所包含的真理是远远多过一般人所认为的，而且我有点感觉到它里面所含的真理是多于许多现代哲学派别所包含的。如果我不认为康德的学说是有其永久的重要性的，我就会觉得我花了这么多的笔墨来叙述它是白费时间的了。假使在我开始研究康德时能读到我现在所写出的这一类型的书的话，我就会减省无数的误解和许多不必要的劳累。我希望我写出的这本书，对于继我而起的后辈来说，有一点贡献，使其更易前进。虽然我所写的只限于《纯粹理性批判》的前半部，然而我如康德那样认为，这半部是可以单独理解的。彻底地掌握了这半部以后，全书论证的其余部分就不应该还有什么不可克服的困难了。

前此写到康德的作家，我都从他们那里得到过教益，我不去一一向他们表示谢意。要这样做的话，就得要对所谓“康德的文献”(Kantliterature) 作出一种简略的评介，其价值是决不与其篇幅相称的。可是，由于我的职责所在，我多多少少曾浏览过所有关于这个问题的英文著作以及大部分的德文有权威的著作。我的某一种解释，原来是得自哪一位作家，我无法回忆到，可是我在书中是时常提出并加以致谢的。如果要我说句老实的话，我就不得不像 H. J. de Vleeschauwer①这位关于康德的现代最好的作家之一一样说，我觉得许多的康德文献是“无用的或者说，这是更严重的，是令人误解的”(inutile ou, ce qui est plus grave, trompeuse)。无论如何，我所学得的乃是，康德自己无可比拟地是他自己的最好注释家。我在书中自始至终一直是摆脱别人的理论而尽可能用康德的眼光来看康德的学说。懂得这种事业的困难的人，谁都不会指望在康德研究的现阶段上，能找到一种关于康德的著述是完全没有错误的，甚至能避免严重的错误的。可是有一种错误是我总不会犯的，我总不会认为康德的哲学有任何部分——对于康德的科学知识我不能赞一词——是正当地可看作是可以忽视的。

我个人完全负译文的责任。但是，我手边有康蒲·斯密教授的译本，而我希望用英文去看康德的《纯粹理性批判》的人们对于查对我的引文是不致有什么困难的。在很少的时候，我觉得不能不明白地和康蒲·斯密先生的译文有所分歧。人们一定不要因此而认为我不重视斯密先生在这个领域里所作出的贡献。他第一次完成了一种英文的译本，使

① 《先验演绎》第一卷，p. 26 (La déduction transcendentale, tome I, p. 26)。我最近才发现这书，这是我的过失（这书出版于 1934 年）；而且，原文的第二卷，我还没有得到。

得不懂德文的人能读康德的这部“批判”，并有望能够像康德试图论证的那样理解康德的论证。我自己关于《纯粹理性批判》的解释和康蒲·斯密先生的解释有天渊之别，因之我就乐意在这里对于他的贡献表示感谢，而由于他的学说广泛地为人所接受，我于是在表示我的不同意见时，可能有时是过于激烈的。

我认为我引用康德的著作时，其引文的出处是不必加以说明的。引用《纯粹理性批判》第一和第二版时，一律用 A 和 B，其页数是按照原版的页数。括弧内的引证是指康德全集德文版的卷数和页数。我引用康德的《形而上学讲演录》（Schmidt 校订本）时，注明《形而上学》。

我在书中用了“Kritik of Pure Reason”这样一个短语，也许应该向大家道歉。我一直不喜欢“Critique”这个词（其与法文的联系是和康德大相径庭的），然而我又没有勇气来恢复古英语“Critick”这个形式，因而就退回到一种混合的用法，其毫无法纪，不合规则，等到我明白时，已太迟了。这种偏差，是我无法辩解的。

剩下来我要做的只是对于我以各种形式而得到的帮助致以谢意。

我特别要感谢格拉斯哥（Glasgow）大学的校董会准许我在 1932 年有六个月的休假，以便完成我关于康德的著述。在那个时期，我写成了这书的第一稿。如果没有这种休假的话，我很怀疑我能够完成这么多的工作。我相信，如果美国七年中有一年休假的制度能推广到英国各大学，那就会增加英国学术上的收获，要比任何其他办法的收获更多。康德研究原是格拉斯哥大学的光荣之一，我这样能继续这个传统，是使我特别感觉到要表达我的谢意的。

我必须向下列各人致以最衷心的感谢：艾丁堡大学的 H. Barker 先生，我的逻辑教研室同事 D. R. Cousin 先生和 M. J. Levett 女士，他们都是读过我这本书的初稿并曾提出过一些批评的，而我由于这些批评，就避免了许多的陷阱；还有 Heinrich Cassirer 博士，他在德文原本上给过我某些帮助；还有 J. H. Muirhead 教授，他曾读过我用打字机写出的最近一稿并且提出过一些宝贵的意见；还有 Lilian Mattingly 女士，她用打字机誊写我的原稿，其中许多的笔迹是不易辨认的；还有我的同事 George Brown 和 D. R. Cousin 两位先生，他们是帮助核校样的；还有 Ursula Todd-Naylor 女士，她替我编本书的索引；还有 Elizabeth Laughland 女士，她替我查对我许多引证的一部分并且编纂有附注的段落的索引。

H. J. 裴顿

格拉斯哥大学

1935 年 6 月

《自然科学的形而上学初步》序言

如果对“自然”这个单词仅在其形式的意义上来理解的话，那么有多少种特殊不同的事物，就有多少种自然科学，因为每种特殊事物都必定包含着属于其存在的各种确定性的第一性的内部原理，而且自然一词所表示的就是属于一个事物的一切本性的第一性的内部原理[①]。但是在其质料的意义上来看，自然不是被理解为一种性质，而是就其能作为我们感官的对象，也作为经验的对象来说，被当作一切事物的总体，也可以被理解为一切出现[②]的总体，即除一切非感性的对象之外的感性世界。于是，在这种意义上来理解的自然，根据我们感受性的不同而分为两大部分，一部分包括外部感官的对象，另一部分包括内部感官的对象。由上所决定，对自然就可能产生出两种学说，即物体学说和灵魂学说，前者考察的是有广延的自然，后者研究的是思维的自然。

任何学说，如果可以成为一体系即成为依据一定原则而顺序排列的知识整体，那么就可称之为科学。由于其原理可能或者是在一个整体里的知识的经验性的联系的基本原则，或者是其纯理论的联系的基本原

① 本质是一切属于一事物的可能性的第一性的内部原理，所以我们只能以一种本质，而不能以一种本性归之于几何图形（因为在几何图形概念里所想到的是没有任何表示一种存在的东西的）。——康德

② “apperances”，通常译为“表象”“现象”，中译者主张译为“出现”，以便与“Phenomenon”（现象）区别开来。——整理者

则，所以自然科学，无论它是关于物体的学说，或者是关于灵魂的学说，如果它要得配得自然科学这个称号，就得要划分为历史的自然科学与纯理论的自然科学，只要自然这个词（由于它是表示这种事物的存在的杂多从其内部原则而来的一个衍生物）不一定是要有一种通过理性而关于它的体系的知识。因此，对自然的学说［简称自然学说］作下述的划分可能更好：第一是历史性的自然学说，它只包括按系统排列的关于自然东西的事实（而这又会是由作为按相似性排列的一个自然事物的分类体系的自然的描述和作为自然在不同时代与不同地方的系统描写的自然历史这两者所组成的）；第二是自然科学。自然科学又会是，或者正当地称谓的自然科学，或者非正当地称谓的自然科学，其第一种会是完全按照验前的原理来处理其对象的，而第二种会是按照从经验得来的规律来处理其对象的。

只有其确实性是不容置疑的学问才能称为正当的科学；而所能含有的单纯是某种经验性的确实性的知识，则只是一种不正当地被称为科学的东西。因此，有系统的知识，其整体就称为科学，而且在这种系统里的知识联系，如果是原因与结果的联系，它就被称为纯理论的科学。但是，当它所包含的各种根据和原则，比方在化学里那样，毕竟是单纯经验性的，而且理性所从而说明所予的事实的那些规律乃是单纯经验性的规律，那么这些根据与规律就是不带有必然性的意识的（不是无可置疑地确实的），而这样，严格说来，其整体就不配得科学这个称号。正因为如此，化学就宁可名为有系统的技术，而不应称为科学。

只有当一种纯理论的自然学说，在其基础上的自然规律都是验前知道的，而不是单纯的经验规律时，这种自然学说才配得自然科学这个称号。第一种的自然知识称为纯粹的纯理论知识；而第二种的自然知识就称为应用的纯理论知识。由于自然这个词本身已包含有规律这个概念，而这个概念又包含有属于一个东西的存在的一切确定性的必然性这个概念，所以就容易看到，何以自然科学必须只从其一个纯粹的部分，即含有其余的一切自然说明的验前原则的那个部分，引申出它的名称的合法性来，而且何以只由于这个部分，它 才是实在的科学。同样地，按照理性的各种要求，一切自然知识最终必须以自然科学为其目的，并把自然科学作为自己的归宿，因为规律的那种必然性乃是不可分开地附于自然这个概念之上的，因而就是可以彻底了解的；之所以某些出现的从化学的原则而来的最完全的说明总是留下一种令人不满意之处，是因为从这些由单纯的经验而来的非必要的规律，是不能引出任何验前的根据的。

所以一切实在的自然科学必须有一个纯粹的部分，它是理性在它里面寻找到的不容置疑的确实性的根据。而由于它按照其原则说来，和那些只是经验性的东西比较起来，完全是不同类的，所以分开地而不和其他部分完全不混在一起地来阐明这一部分，是极其有利的。而且在事情的性质上说来，同时又是绝对必要的责任，并且这样的结论是要尽可能做到极其完善的，为的是使我们可以能够确切地确定，理性为其自己所能做到的是什么，而且它的能力在那里开始需 要有经验的原则的帮助。从单纯概念而来的纯粹理性知识称为纯哲学，或说形而上学；而只通过其对象在一个验前的直观里表现出来，而且以概念的构成为其认识的根据的知识，就称之为数学。

所以正当地称为自然科学的东西是以自然的形而上学为先决条件的；因为属于一事物的存在的那东西，其必然性的规律，即原则，是与这样一个概念有关的，这个概念是不容许构造的，因为那种存在是不能在任何验前的直观里被表现出来的。因而实在的自然科学以自然的形而上学为前提，显然，后者永远只包含着不是经验性的纯粹原则（因为它是因此而具有形而上学这个名称的）。但是它可能：或者是和经验的任何确定的对象毫无关系，因而就感官世界的这个或那个东西的性质来说，是未确定的，而只和那些使一般关于自然的概念成为可能的规律打交道，在这种情况下，它就是自然形而上学的先验部分；或者它可能研究这种或那种东西的特殊性质，关于它是有这样的一种经验性的概念被给予出来的，从而使得除了处在这个概念里面的之外，为着这种东西的认识，必须用任何别的经验性的原则（例如，它把关于一种物质，或者关于一种能思维的存在者的经验性概念放在其基础之上而去寻找理性关于这种概念的对象所能在验前有的知识的范围），而这样的一种科学，虽然总是必须称为自然的形而上学，即物体的或能思维的自然的形而上学，然而那时它却不是什么普遍性的、而是一种特殊性的形而上学的自然科学（物理学与心理学），正是在这门学科中，前述的那些先验原则就应用于我们感官的那两种对象。

但是，我主张在每一种关于自然的特殊学说里，只能碰见这么多的正当的科学，如在数学里所碰见的那样。因为按照上面所说的，科学本身，尤其是自然的科学本身，是要有一个纯粹的部分在其经验性部分的基础之上，而且是以一种关于自然的东西的验前知识为其依据的。所谓验前认识任何东西，就是从它的单纯可能性来认识它。但是，确定自然东西的这种可能性是不能从它们的单纯概念而被知道的；因为从这些概念里，其思想的可能性（即思想并不自相矛盾）诚然是能被知道的，但不是关于其对象作为能在这思想的外边（作为存在的东西）被给予的自然东西的可能性的。因此，为了认识确定自然东西的可能性，因而也就为了在验前知道它，还需要有验前与这个概念相应的直观被给予出来，就是说，这个概念须得被构成。但是，理性通过概念构成的知识，就是数学的知识。所以，一种一般纯粹的自然哲学，即研究什么是构成一般的自然这个概念的纯粹自然哲学，是可以没有数学而有其可能性的，但是，关于确定的自然东西的纯粹自然学说（关于物体的学说与关于灵魂的学说），只是利用数学才成为可能的；而且，由于在每一种自然学说里所碰见的实在科学，有多少是像在那里的验前知识有多少的那样，所以，自然学说所包含的实在科学，也就像在它那里所应用的数学那么多。

所以，关于各物质间的相互化学作用，只要还没有发现任何概念是能被构成的，也就是说，不能说出任何关于各部分的趋近与离开的规律，是那些物质的运动连同这些运动的后果所借以能验前在空间里被直观到，而且被表现出来的，例如是和那些物质的密度成比例的（这却是一种永远难以满足的要求），那么化学就只是一种系统的技术，或试验的学说，而永远不会成为真正的科学，因为它的各种原则是单纯经验性的，而不容许有任何验前在直观里的表现。结果就是，关于各种化学现象的原则丝毫不能使这些现象的可能性成为可理解的，理由在于：这些原则是不能有数学的使用的。

可是经验性的心理学，依然必须比化学更远离那可称为真正自然科学的地位；这首先是因为数学不适用于内部感官的现象与其规律，所以我们就唯有在内部感官的内部变化的流逝中估计到连续性的规律，但是这就会是知识的扩张，其关系大约相同于物体学说的数学所获得的关系，有如关于直线性质的学说对于全套几何学那样。因为在其里面灵魂的种种出现所被构成的纯粹内部直观乃是时间，而时间只有一个向度。但是，不管是作为分析的系统技术，还是作为一种实验的学说，心理学都不能与化学相比，因为在它里面，内部观察的杂多乃是只通过思想的分开而彼此分开的，并不是保持着的分开，又不是随意再可结合起来的分开；尤其是另一思维主体并不以符合我们的目的的方式从属于我们的观察。更有甚者，这种观察，在其本身来说，又常改变和移动观察对象的状态。所以经验性心理学绝不能是多于内部感官的历史性的自然学说，并且作为这样的学说来说，尽可能是有系统的这种学说：也就是关于灵魂的一种自然描述，而不是灵魂科学，甚至不是一种心理学的试验学说；这就是其理由，何以我们在这部原来包含着物体学说的基本原则的著作标题里，是用按照惯常使用的自然科学这个一般的名称，因为只有这个名称，在其应有意义上，是它所应得的，因而是不会引起两种不同的意思的。

但是为了使数学的使用对于物体学说成为可能，而且只有通过这种数学的使用，物体学说才能变成自然科学，那么属于一般物质的可能性的那些概念构成原则就必须作为先决的条件；因之一般物质这个概念的一种完全的分解就必须放在其基础之上，这就是纯粹哲学的事情。而纯粹哲学为了这个意图，就不是使用任何特殊的经验，而只使用它在个别的（虽然在其本身来说，不是经验性的）概念里所碰见的、有关空间与时间的纯粹直观的一些经验（又是按照在本质上依靠一般自然这个概念的那些规律的东西），因而它就成为一种关于实在物体自然的形而上学。

所有想按数学来进行其工作的自然哲学家，总是（虽然是不自觉地）利用而且必须利用形而上学的原则，不管他们在别的方面是如何严肃地防范形而上学对他们科学的种种要求。毫无疑问，他们理解形而上学的一种幻想，即随意想出一些可能的东西来，而且拿概念作玩耍，这些概念也许是完全不能在直观里表现出来的，并且不能保证它们的客观实在性，而只是不自相矛盾而已。但是一切真正的形而上学是从思维能力本身的本质得出来的，因而决不是想出来的，因为它不借用经验中的东西，而含有思想的种种纯粹操作，也就是种种的验前概念与基本原则，而这些概念与基本原则首先把经验性的种种表象的杂多带入合乎规律的联系里去，从而这样的直观杂多就变为经验性的知识，即经验。所以这些数学、物理学家就完全不能缺少形而上学原则，而且不能缺少其中的这样一个原则，那就是使其原有的对象的概念，即物质这个概念，适用于这对于外部经验的使用，如运动的概念，充实空间这个概念、惯性这个概念，等等。但是他们有权坚持认为：让这些单纯经验性的原则在那些问题上发生效力与他们给予他们的自然规律的那种不容置疑的确实性是不一致的，因之他们就宁可假设这样的经验性原则，而不研究它们的验前根源。

但是，对于各门科学有好处的极其重要的事情，就是把各种不同类的原则彼此分开，把各个原则归到一个特别的系统里去，从而构成它所应属的那类科学，以便通过这样做，来避免由它们的混淆所造成的不确定性。这是由于一部分是一些限制，而一部分又是一些错误，却都是在其使用中可以发生的，然而人们却不能辨别究竟应归于这两者中的哪一种。因为这个缘故，我认为关于自然科学的纯粹部分（即拉丁语的所谓physica generalis——一般的物理学），在那里，形而上学的构成与数学的构成是时常彼此渗透的，必须把形而上学的构成，连同其概念构成的各原则，所以也是一种数学的自然学说本身的可能性，在一个体系里表现出来。只要人们防止各种科学的界限的相互渗入，而使其占住属于它们的划分领域，那么这种区分，除了已经提到的各种好处以外，还有其一种特别的、由知识的统一性所带来的诱人力量。

可以用来评定这个进程的第二个根据，就是下述事实：在一切称为形而上学的东西里面，各科学的绝对完全性是可以期望的，这种完全性是人们在任何其他的知识种类里不能期望得到的，因而在这里正如在一般的自然的形而上学里那样，物体自然的形而上学的完全性是可以有把握地期待的；其理由就是，在形而上学里，只需按照思想单纯的普遍性规律来考虑其对象，而在别的科学里，其对象就必须按照直观的材料（经验性材料和纯粹的材料）所表现出的那样来考虑，所以，形而上学在其里面的对象必须总是要和思想的一切必然规律相比较，必须给出一个确定数目的知识，而这个数目乃是可以完全穷尽的，但是别的科学，由于它们提供无穷多的直观（纯粹的直观或者经验性的直观），因之也提供思想的无穷多的对象，就绝不能达到绝对的完全性，可是却能够扩充到无穷；如同纯粹数学与经验性的自然学说那样。而我相信我已经把这种形而上学的物体学说，按其所能达到的程度，完全穷尽无遗了，不过我又认为：我所完成的并不是什么了不起的工作。

为要达到无论是一般自然的或者特别是物体自然的一种形而上学体

系的完全性，其模型就是范畴表[①]。因为关于事物的性质的知性纯粹概

①我发现一些怀疑是阿里利舒（Ulrich，1746—1818）教授在《文学通报》1785年第295号发表的《逻辑与形而上学导引》这篇评论中所表示的。这些怀疑固然不是反对知性纯粹概念表，而是反对从中引出的关于整个纯粹理性能力的界限规定的结论，因而就是反对所有形而上学的界限规定的。在这种怀疑里，这位研究深邃的批评家表示他是和他的并不更弱于观察眼光的作者一致的，而这种怀疑，因为它们触及我在《纯粹理性批判》里所提出的主要基础，所以就是一些理由，认为这种批判关于它的主要目标，远远没有带着那种不容置疑的确信，为强迫一种无条件的接受所必需的；这个主要基础据说是我部分地在这部《批判》那里，部分地在《一切未来形而上学的导论》里所讲述的知性纯粹概念的演绎。而这种演绎在《纯粹理性批判》中恰恰是最清楚的部分，但却被认为是最不清楚的，或者是恶性循环的，等等。我把我对于这些反对意见的答复只是指向其主要点，就是没有完全清楚而令人满意的范畴演绎，这个纯粹理性批判的体系就会在其基础上动摇起来。对这一点我反而主张，凡是赞成我关于所有我们直观的感受性的命题以及范畴表的足够性的（这些范畴是从一般的判断的逻辑作用借来的、我们意识的一些确定性），像这位批评家所赞成的那样，那么这部《批判》的体系就必带有不容置疑的确实性，因为它是建筑在这个命题之上的，就是我们理性的整个纯理论的用途所达到的绝不超出可能经验对象的范围。因为如果能证明，理性在所有它的知识里所必须使用的范畴除了单纯能和经验的对象有关系以外再不能有其他的运用（因此，只有在这些范畴里，思想的形式才是成为可能的），那么对于范畴怎样使这种思想的形式成为可能的这个问题的答复就诚然是十分重要的，为的是要尽可能来完成这种演绎。但是关于这体系的主要意图即纯粹理性的界限之确定是绝非必要的，而单纯是应有的而已，因为为着这种意图，这演绎已经进行得够远了，就是在它说明了所想到的范畴无非是在其运用于直观上（直观在我们这里总是感性的）的单纯判断形式，而这样就第一次获得了对象而变为知识的这个时候；因为这是已经足以完全确实地把批判本身的全部体系建立起来了。牛顿的万有引力体系是这样被固定的，虽然它还带有这个困难，就是我们不能说明远距离的引力是怎样可能的；但是困难却不是怀疑。所以我能从下面所承认的来证明，即令没有那个范畴的完全演绎，这个主要基础依然是稳定的：

1. 承认：这范畴表包含着完全所有知性的纯粹概念，而又包含这些知性的纯粹概念所从而引申出来的在判断里的知性操作，而不同的只是通过知性的概念，一个对象对于判断的这种或那种作用被认为是确定的（例如在石头是硬的这直言判断里，石头是用作主体，而硬是用作述项的，所以知性就依然可以把这些概念的逻辑作用倒转过来而说：某硬的东西是石头。反之，当我把它想象为在这个对象里作为确定的时，那么，这石头，在一个对象的所有可能的确定性上，而不是在单纯概念的确定性上，就必须想象为只是主体，而硬的东西只想象为述项，于是同样的逻辑作用就变成纯粹知性概念，即实体与偶性了）。

2. 承认：由于它的本性，知性是带有验前综合的基本原则的，而通过这种原则，它就把所有可能被给予于它的对象从属于那些范畴，因而也就必须有验前的直观，是含有那些纯粹知性概念的应用所需要的种种条件的，因为没有直观就没有任何对象（对于这种对象，逻辑的作用是能作为范畴而被确定的），因而也就没有任何关于对象的知识。由于没有纯粹直观，就没有验前确定这种知识的逻辑作用的任何基本原则。

3. 承认：这些纯粹直观永远不能是别的，而只是外部或者内部感官的现象的单纯形式（即空间与时间），因而只是可能经验的对象的单纯形式。

念，不可能有更多的了。在其量、质、关系与样式这四类范畴之下，一般物质这个概念的所有确定性，以及所有能关于它而在验前想到的，在数学的构成里能表现出来的，或者在经验里作为经验的对象可能被给予出来的东西，都必然能够从中引申出来。在这里再没有什么需要去做，如发现或者增加新的范畴，当然，如果在明晰性上或者在彻底性上有什么缺欠，那么无疑是可以予以改进的。

所以得要把物质这个概念在知性概念的四种作用里自始至终（在四个部分里）实行到底，在其每一个部分里面加上一种新的确定性。作为外部感官的一个对象的某东西的基本确定性必须是运动；因为只有通过运动，外部感官才能被刺激。知性把所有属于物质的本性的其他述项都归结于这个基本的确定性即运动，因此，自然科学就彻底地或者是一种纯粹的运动学说，或者是一种运用的运动学说。所以自然科学的形而上

所以结果就是：纯粹理性的直接使用都永远不能和别的东西有关系，而只和经验的对象有关系，因为在验前的基本原则里，没有经验性的东西能够是其条件的，所以这些验前的基本原则只能是一般经验的可能性原则，惟有这才是纯粹理性的界限的确定的、真实而充足的基础，但不是关于经验怎样通过那些范畴而且只通过它们才成为可能的这个问题的解答。这最后一个问题即令没有它，那个结构还会是稳定的。当然这个问题又是极其重要的，并且如我现在所明白的那样，它还是极其容易的，因为它几乎是通过一个一般的判断的正确确定的定义而来的一个单个结论而被完成的（这是一种操作，所予的表象是通过它而第一次变为关于一个对象的知识的）。在演绎这部分里，我从前的种种论述带有模糊性。对此，我并不否认，而且认为它可归之于研究中知性的惯常命运，因为，捷径常常不是它所发觉的第一条路。所以我就抓住最近的机会来弥补这个缺陷（这种缺陷与其说是关于在那里还是十分正确地作出来的说明的根据，毋宁说是有关阐述的方式的），而不使我的明察秋毫的批评家陷入对他来说无疑是不愉快的境地，就是不得不逃避于一种前定的和谐，这是由于种种出现的和知性的规律的那种意外的一致，虽然这些知性的规律的来源是不同于出现的来源的；而这种补救的方法可是远远更坏于它们旨在挽救的恶事，而且其实也是于事无补的，因为表征知性的纯粹概念（与其应用于出现的种种原则的）那种客观必然性是不能从这里出来的，例如在原因与其结果的联系这个概念里，一切都是仍然单纯主观必然的，而在客观上单纯是不必然的拼合，正如休谟当他称它为从习惯而来的单纯幻相时所希望它是的那样，世上没有任何体系能从任何地方得出这种必然性来，除非是从验前处在思想本身的可能性的基础上的那些原则得出来；而单独通过这些原则，其出现是对我们被给予出来的对象的知识，即经验，才是有其可能的。而且即令假设我们永远不能充分地说明经验是怎样因之成为可能的那个方式，然而有一点是无可争辩地确定的，这就是：经验是单纯通过那些概念才成为可能的，而且反过来，除了是和可能经验的对象有关系以外，这些概念是不能有任何意义与其应有的用途的。——康德

学初步可以分为四个主要部分，其第一个部分，即作为一种纯粹限量（Quantum）来考虑的运动，是按照其组合，而没有考虑到能运动的东西的质（Qualität）的，这部分可名为运动学（Phoronomie），其第二部分是把运动考虑为在一种原始的运动力的名义下而属于物质的质的，因之就叫作动力学（Dynamik），其第三部分是把物质在其通过原有相互运动的关系上来考虑的，因之就得到力学（Mechanik）这个名称，其第四部分考虑的是单纯在表象的方式上，或在其样式（Modalitat）的关系上的运动或静止，它是确定的外部感官的现象，因之这部分可名为现象学（Phänomenologie）。

但是，将物体学说的形而上学初步不但与使用经验性原则的物理学区分开来，而且甚至与在那里涉及数学运用的物理学的理性前提区分开来，除了有一种内在的必然性之外，还有一种外部的、虽然只是不必然的、却同样是一种重要的理由，来把它的彻底详述与形而上学的一般体系分开，而且把它作为一个特别的整体系统地提出来。这理由就是，描绘出一门科学的界限是允许的，不仅是按照它的对象的原有性质和关于这种性质的特别认识方式，而且又按照这种意图，即人们为要进一步运用这门科学本身而留在眼前；并且人们又觉得，形而上学不但一向曾使如此多的人为它忙碌，还继续要使他们为它忙碌，为的是要不但扩充自然知识（这是更容易得多而且更可靠很多的，通过观察、实验和把数学运用于外部出现就能做到），而且还要达到一种完全处在经验的界限以外的知识，如关于上帝的知识，关于自由的知识，关于灵魂不死的知识；这样，如果人们在这种意图的促进中得到这意图的从一种诚然是从它的主干长出来，但只是对于它的正常生长有害的小枝脱离开来，而把这小枝另外栽种在一个地方，而不至于错认其来历，或者让它的全部成长是离开一般形而上学的体系的，这就是人们的收获。这样做并不影响一般形而上学的完全性，而且还会促进这门科学向着它的目标均匀进展，如果在任何情况下，有需要一般物体学说之处，是可以求助于这门科学的特别体系的，而并不致使那更大的体系〔指一般的形而上学〕因这特别体系而涨大。而在这个事实里很值得注意的（虽然在这里不能把它彻底地摆在眼前），就是：无论在什么情况下，一般形而上学在需要实例（即直观）来替它的知性纯粹概念获得意义的地方，它就总是必须从一般的物体学说那里拿来的，因之就是从外部直观的形式与原则那里拿来的，而且，如果这些东西不是完全摆在当前，它就在一些纯是无意思的概念之中，不稳定地而且迟疑地到处摸索，所以就有那些著名的争辩，至少有那些成问题的模糊性，例如关于种种实在东西的反面之可能性，内涵量的反面之可能性，等等；关于这些问题，知性只是通过从物体自然而来的实例而得以知道一些条件是什么，而只有在这些条件之下，那些概念才能有其客观的实在性，即意义与真实性。这样，物体自然的这种分开的形而上学，对于那一般的形而上学，是有特色的，而且是有不可缺少的贡献的，因为它提供一些实例（具体的例子）来实现一般形而上学（本来是先验哲学）的概念与学说，即给予思想的单纯形式以其意思与意义。

我在本论述中遵循的是数学的方法，即使不是完全严谨的（因为如要完全严谨的话，就必须有多于我花费在它上面的时间了），至少是仿效的。我这样做，不是为了通过炫耀渊博来替论述获得更好的接纳，而是因为我认为这样一个体系完全可以运用这种方法。而且假以时日，一个更有才干的能手，如果能为这种草案所刺激，而能获得其圆满的成功，那么自然的数学研究者就会发现：把这无论如何不能除去的形而上学部分作为一般物理学的一个特别的主要部分来研讨，而且使之和数学的运动学说结合起来并不是不重要的。

牛顿在其《自然科学之数学原理》（郑太朴中译为《自 然哲学之数学原理》——中译者）的原序里（在看出几何学只需要它们设定的两种力学的操作法，即如何作成一条直线与一个圆之后）便说：几何学能应用极少从别处来的原则以收这许多成就，这真是可称颂的[①]。另一方面，关于形而上学，我们可以这样说：它处于一种恐慌的状态，因为纯粹数学给它提供出来的是那么多，而它所能成就的却这么少。但是，在这个时候，这么少的东西，乃是数学在其应用于自然科学之中所必须使用的，而自然科学，由于它在这里必须以形而上学有所假借，所以就不必觉得惭愧而让它自己和形而上学站在一起。

① 牛顿的原拉丁文是：Gloriatur geometria，quod tam paucis principiis aliunde petitis tam multa praestet——见牛顿的《自然哲学之数学原理》序文，郑太朴中译本原序第2页，引文用郑译。——中译者

论黑格尔的哲学体系

——《黑格尔〈小逻辑〉评注》导言

我们编写的《黑格尔〈小逻辑〉评注》是为了帮助一般读者更好地阅读和理解这部著名的《小逻辑》的。

本编者认为无论阅读古今中外的书籍，都是和作者的对话，就是和作者的交谈，如果不采取这种态度来读书，就是被动地读书，呆板地在读书，所读到的东西不会是很多，很深入，受益是有限的。读书要主动，就必须把作者作为交谈的对象，首先了解作者是何许人，生活在什么地方，什么时代，社会背景是怎样的，政治思想立场是什么，思想来源是什么，其所写的当前一本书是他为什么写的，想要起什么作用，达到什么目的，关于上述前几点，最好是有某些参照的资料。如果在本书上没有这种现成的资料，就得要在参照书刊里不厌其烦地寻找。本编者编写《黑格尔〈小逻辑〉评注》是旨在适当地替《小逻辑》的读者提供一点点这种参照的资料，希望能做到对于读者较难理解的词句或者段落，对于作者较复杂的观点或理论，尽力之所逮予以说明。可是任何注解或参照资料都是不能而且不应代替读者去读原书，越俎代庖地替读者思考的。

本编者冒昧地认为，读者首先得要具有自己的政治思想立场、学术的一定看法，从而去和作者进行对话，大胆而慎重地和作者交谈、讨论、辩驳。想要做到这点，读者除了通过参照资料而知此知彼之外，还得要在读当前那本书的时候，首先把该书的目录浏览一遍，注意书中将要提出的问题与其所涉及的知识范围，根据边看边读边向作者提出问题，看看作者在本书下文如何作答。如果读者对作者的解答觉得不够满足，则继续读下去，试看下文是否更能解决问题，如果读者对作者的解答持不同的意见，就有权利来通过写读书笔记对作者进行反驳，这就是读者的一种极宝贵的心得。

本“评注”的编者又冒昧地认为，大凡读书，读者不可有先入为主的偏见，但必须有其关于学术的主见。偏见不可有，而主见则不可无，若无主见，则读书是被动的。偏见是妨碍接受真理的，而主见是读者对真理的理解：一定之阶段，从而再接受更大更高的真理而提高自己的政治觉悟、路线的灼见以及业务的水平。编者所见如此，容有未当，读者谅察是幸！

《小逻辑》是黑格尔生前刊出的第三部系统著作《哲学全书纲要》的第一部分。其生前刊出的第一部系统著作乃是1807年问世的《精神现象学》（*Phänomenologie des Geistes*）。第二部是《逻辑科学》（*Wissenschaft der Logik*）于1812年至1816年间出版，一般人简称为《大逻辑》。这三部系统著作，连同于1820年出版的《法哲学基础》（*Grundlinien der Philosophie des Rechts*），构成黑格尔生前刊出的四大部著作。此外，只有他的一些论文、讲演和书评是他在生前刊出的。其余如他的《宗教哲学讲演录》（*Vorlesungen über die Philosophie der Religion*）是在他死后于1832刊出的，《哲学史讲演录》（*Vorlesungen über die History der Philosophie*）是他死后于1833年至1836年刊出的，《美学讲演录》（*Vorlesungen über die Ästhetik*）是他死后于1835年至1838年刊出的，《历史哲学演讲录》（*Vorlesungen über die Philosophie der Geschichte*）是他死后于1837年刊出的。

《哲学全书纲要》一书是黑格尔的哲学体系的唯一完整而成熟的，而且可以说是信而有征的著述。全书划分为三个组成部分，即逻辑学、自然哲学和精神哲学。其大纲就是这三个部分的纲要，正如他在本书第二版的序言里所说，是发给在课堂里听他的哲学演讲的人作为一种提纲用的。

这“纲要”前后刊出过三次，所以就有三次的序言。其第一次是黑格尔在海得尔堡（Heidelberg）大学任哲学教授时于 1816 年刊出，仅仅有八开本的序言 16 页，正文 288 页，其中《逻辑学》部分则占了 128 页，《自然哲学》占了 77 页，《精神哲学》占了 53 页。可见在“纲要”里，逻辑学部分的篇幅为最长。“纲要”的第二次刊出是在黑格尔当柏林大学哲学教授任内，于 1827 年刊出。这第二版有序言 42 页，正文 534 页，比第一版的篇幅多至几乎两倍，其中逻辑部分占 214 页，自然哲学部分占 140 页，精神哲学部分占 180 页。虽然三部分都各有增加，但依然以逻辑部分的篇幅为最长。“纲要”的第三版是于黑格尔死的前一年，即 1830 年刊出的，共有序言 58 页，正文 600 页，均比第二版略有增加，其逻辑部分占 222 页，自然哲学部分占 163 页，精神哲学部分占 214 页，以逻辑学部分领先，足见黑格尔一直是最关注《逻辑学》这部分的，其“全书纲要”每次重新增刊均有篇幅的增加，这是为了适应课堂上讲授的需要。

《哲学全书纲要》的逻辑学部分为人称为《小逻辑》，是因为要和上面提到 1812 年至 1816 年出版的《逻辑科学》区别开来，于是这两卷的《逻辑科学》就为一般人称为《大逻辑》，英译八开本共有 890 页，列宁的《哲学笔记》之《黑格尔〈逻辑学〉一书摘要》就是从这《大逻辑》摘录而来的，但是偶尔也涉及《小逻辑》。

关于《小逻辑》这书的编写与其内容，我们大致同意贺麟先生在该书中译本的“译者引言”里所说的几句话：“《小逻辑》是黑格尔于最后十余年内随时留心增删，最足以代表他晚年成熟的逻辑系统的著作。这书可说是《大逻辑》的提要钩玄和补充发挥。它的好处在于把握住全系统的轮廓和重点，材料分配均匀，文字简奥紧凑，而意蕴深厚。初看似颇难解，及细加咀嚼，愈觉意味无穷，启发人深思。”① 一般说来，贺先生这种意见是正确的。曾阅读过黑格尔的《大逻辑》与《精神现象学》的人大都也有同样的感觉。可是，想要认真理解黑格尔的逻辑体系还得要细读《大逻辑》。黑格尔在其包含《小逻辑》在内的《哲学全书纲要》的第一版序言里也曾写道：“本书因限于纲要的性质，不仅未能依照理念的内容予以详尽发挥，且复特别未能充分发挥对于理念之系统的推演……《哲学全书纲要》这个书名意在一部分表示全系统的轮廓，一部分表示关于个别节目的发挥，尚需留待口头讲述。”② 因此之故，在《哲学全书纲要》第三版，《黑格尔全集》在1840年至1845年柏林版刊出时翻印的时候，他的门人于他逝世后一再附加以学生的笔记作为附释，于是使得这书［即《小逻辑》］“具有了明白晓畅，亲切感人的特点”③。所说的附释就是贺译本自第十九节起所载的附释。

《哲学全书纲要》的“逻辑学”部分，在本“评注”中将有较详尽的叙述，在这里毋须多说。但是为了了解黑格尔的整个哲学思想体系起见，我们还得要约略地分别谈谈他的“自然哲学”和“精神哲学”那两部分。

首先，我们谈谈黑格尔的《自然哲学》。这是黑格尔哲学的第二主要部分。但是这还是和其他两部分紧密联系起来的。列宁在《哲学笔记》一书第82页上栏外，记着：“整个世界的必然联系……一切事物的相互规定的联系”④，并在这之后又写“注意”两字以表示黑格尔这个思想的重要性。

那么，黑格尔的《自然哲学》是说些什么的呢？其梗概是怎样的？德国歌尼斯堡大学哲学教授宇伯威希很概括地写道：［黑格尔在《自然

① 黑格尔著，贺麟译：《小逻辑》，生活·三联·书店三联书店，1954年版，第2页。
② 黑格尔著，贺麟译：《小逻辑》，生活·三联·书店三联书店，1954年版，第17页。
③ 黑格尔著，贺麟译：《小逻辑》，生活·三联·书店三联书店，1954年版，第2页。
④ 列宁：《哲学笔记》，人民出版社，1956年版，第82页。

哲学》一书里的]“的自然就是理念在其它在的形式上，也就是理念的异化。自然乃是精神的反映，绝对之在其‘限有’的直接性里。[在自然里]，理念走过一系列的阶段，从它在空间与时间的抽象自外性达到它在动物有机体的个性的自在性，其这种前后相继的各阶段是依靠着一种不断向前发展的实现而指向到自为性，即指向到主体性的。这种向前发展的主要契机（momenta）就是机械性的过程，物理性的过程和有机性的过程。……这种前后相继性并不为黑格尔想作是一种有时间性的前后相继的东西，因为他说只有精神才是有历史的，可是在自然中一切形式都是同时并存的；在辩证发展中其更高级的形式乃是较晚的，然而却是较低的形式的理想上在前的，只在精神生命里才是时序上较晚的。”（译自宇伯威希：《哲学史》，英译本 1909 年版，第二卷第 241 页。）

宇伯威希所写的这段文字是非常抽象的。让我们摘录英国近人斯蒂士（W. T. Stace）1924 年刊出的《黑格尔哲学》一书里的几段话予以较浅显的说明。他写道：“[黑格尔的]《自然哲学》所考虑的不是单纯抽象的东西，如有原因或实体，而是在事实上存在着的事物，如物质、植物、动物等等……有人有时说，在《自然哲学》这里有着一种不可能的跳跃，即从思想跳到事物那里去。”① “然而《自然哲学》所关心的却不是事物之在其粗糙的特殊性上，而只是思想……如果黑格尔在自然哲学里，看来像是从植物把动物演绎出来，他实在所做的只是从‘植物’这个思想把‘动物’这个思想演绎出来罢了……他明显地而且反复地告诉我们，自然哲学只演绎出一些普遍性的东西。”② “‘植物’、‘动物’、‘无机物’都是一种普遍性的东西，和范畴完全不相同的，所以它们就在逻辑范围的外边。”③

① W. T. Stace, *The Philosophy of Hegel: A systematic exposition*, Dover Publications, 1924. ——整理者注

② W. T. Stace, *The Philosophy of Hegel: A systematic exposition*, Dover Publications, 1924. ——整理者注

③ W. T. Stace, *The Philosophy of Hegel: A systematic exposition*, Dover Publications, 1924. ——整理者注

这就较为易懂了，然而我们的问题还没有完全解决。正如马克思、恩格斯在《神圣家族》这本名著里写道："这个自然是思想的另样存在，就是说，这个自然是现实的直观着的，和抽象思维区别了的自然——仅仅从自己里面发放出来的自然的思想构成物而已……所以整个自然仅仅在一个感性的外表的形式中对它重复着逻辑的诸抽象而已。"①

可是黑格尔是怎样从《逻辑学》转到《自然哲学》上来的呢？

荷夫丁（Harald Høffding）在他的《近代哲学史》一书英译本第二卷第183页上有这句很有趣的话："有人正确地说过，《自然哲学》是黑格尔哲学系统的羞羞答答的部分。"②（原用的词组是法文的parties、privées，即阴部）

人们这样描写黑格尔的自然哲学从逻辑学转变过来的方式，确是有其道理的。这种转化，是使这位抽象的思维者黑格尔觉得那样难于处理，因而就由他那样冒险地描写，由抽象的绝对理念到直观的自然之转化，说什么是理念的"外化"（Aussersichsein）或说"异化"（Andersein）。这种神秘的说法，只是反映着他对于空洞思想的厌倦，而向着一个实际性的渴求。

黑格尔在《逻辑学》里不外是谈些纯然抽象的普遍性的思想，即范畴。这也就是他的三步法中的"正"。由"正"即必有"反"，"反"就是"正"的对立物。从普遍性的思想来说，就是自然的特殊性的事物，而从"正"到"反"，其进一步，依黑格尔的说法，就是"合"。那就是单个的具体的，即全面的个体，就是绝对的精神，于是也就达到正、反、合的"圆圈"了。可见自然是精神的产物，正如马克思、恩格斯在《神圣家族》里所说，是"儿子生出母亲来"③。

---

①《马克思、恩格斯、列宁、斯大林论德国古典哲学》，商务印书馆，1962年，第136页。

② Harald Høffding, *History of Modern Philosophy*, Vol. 2. Tr. B. E. Meyer. Reprint. London: Macmillan, 1908. ——整理者注

③《马克思恩格斯全集》第二卷，人民出版社，1957年，第244页。

从唯物主义的观点看，这确是荒谬的，正如说儿子生出母亲一样。但是黑格尔是从唯心主义的观点看自然，并且看一切事物的。关于这点，恩格斯在他的《费尔巴哈与德国古典哲学的终结》这部名著里写道："……唯物主义把自然界看做唯一的现实，而在黑格尔的体系中，自然界不过是绝对观念的'异化'，好像是绝对观念的退化；无论如何，思维及其思想产物，即观念，在这个体系中是第一性的东西，而自然界则是从生的，只是由于观念下降到这种地步，才存在的。"① 这是唯物主义对于黑格尔自然观的唯一而正确的看法，和这比较起来，黑格尔的说法就显得十分牵强而令人不解了。让我们预先看看黑格尔在他的《小逻辑》最后的即第 244 节里是怎样由逻辑的范畴推演到自然这个观念的，"这自为的或独立的理念，从它与它自身的统一看来，它就是直观，而那直观着的理念就是自然"②。读者乍看起来怎能理解这种话呢？贺译本的这段译文除加上了"或独立的"字样来解释"自为的"之外，是完全正确的，可是整句话依然是晦涩难解。这最后一节的唯一附释的最后一句话，依贺译本是："但这存在着的[具有'有'的特性的]理念就是自然。"③ 这附释便比所解释的正文更难懂了。姜丕之的《黑格尔〈小逻辑〉浅释》也只能说："这存在着的理念就是自然。"足见黑格尔之自然地从《逻辑学》的理念转化过来，确是"羞羞答答"不可见人的！关于这点的困难，还有待于解决，否则不但我们不能理解在黑格尔的思想上如何从逻辑的理念转化为自然，并且又不能理解为什么从自然最后发展为精神是黑格尔的理论之必然的，而且在现实上这第二个转化是有其深刻的现实意义的。让我们试试作出我们自己的一种尝试性的解释吧。

困难是在于《小逻辑》贺译本第 244 节开头一句话里"自为"这个

① 黑格尔著，贺麟译：《费尔巴哈与德国古典哲学的终结》，人民出版社，1959 年版，第 11 页。

② 黑格尔著，贺麟译：《小逻辑》，生活·读书·新知三联书店，1954 年版，第 426 页。

③ 黑格尔著，贺麟译：《小逻辑》，生活·读书·新知三联书店，1954 年版，第 426 页。

形容词。什么是“自为的理念”？贺译加上“独立的”这个形容词是不能解决问题的，附释的最后一句，贺译在方括号里的“具有‘有’的特性的”这个词组也是如此，两处都不能说明理念是如何转变为自然，如何依黑格尔的哲学体系必须有这种转变，而且在这个转变发展之后，终之又必须有向着精神的转变。

查上面所谈的“自为”是黑格尔原德文所用的“Fürsich”这个词组，如我们在上文已曾解释过那样，是对“自在”（原德文的 an sich）而言的。所谓“自在”是就其自身作为独立的、且是潜在的这种意识形态而言的，其中含有的矛盾因是潜在的，所以就还没有在意识上起作用。然而事物是在发展着的，“自在”的理念也必然是在不断地发展着的，因为它“享有绝对的自由。”（《小逻辑》贺译本第 244 节正文的第三句。）在其发展到了意识到自己与他物的区别，而且又意识到他物是构成其自身（此物）的不可分割的环节或说契机（moment），而把这他物包括在此物即其自身之中从而构成为一的这个时候，“自在”的理念便发展到“自为”的形态了。在这个“自为”的形态的理念里就当然有其对立物，也就是有了“自然”与之面对面了。这样，我们就可依英人瓦拉士（William Wallace）的英译本第 379 页上所写的直译出来：“然而享有一种绝对自由［即不受任何拘束的发展］的理念不是单纯地过渡到生命［这个阶段上］去，也就是说［这里英译的‘or’不应中译为‘或’］，不仅作为有限的认识而让生命在其里面只显现出来；这种［自为的］理念在其自己的绝对究竟的意义［原德文的 der Wahrheit，直译为“真理”］上，决意让它的特殊性或说它的最初［显出矛盾的苗头］的特性这个契机（原德文的 moment）与其他物，也就是直接性的［即附释的具有‘有’的性格的］理念，作为自己反映出来的影像［原德文的 das Bild］自由地表现为自然。”[①]（上面具有“有”的性格的这个词

① *The Logic of Hegel*, Translated by William Wallace, Oxford University Press, 1892. ——整理者注

组是原德文的 sein 这个动词或谓词的现在分词 seinerd 的中译，有如英文的 Being 不应中译为“存在着”，因为这里的 sein 不是“存在”的意思，而是“仅仅有”的意思。)

有人认为黑格尔在自然界里边是没有“时间”这个观念的。而且一般还引用恩格斯《反杜林论》的话为证据。这样的引证是误解了恩格斯的原意的。恩格斯在这里所写的不是说在黑格尔的自然界里没有时间，这显然是不可能的。难道包括有机体，连同人类都在内的自然界就没有时间，因之就没有生出、长成、衰老和死亡的过程吗？如果有，则必然有时间这个观念了。其实在这里，恩格斯所写的，据完全正确的上述中译本来说，乃是：“旧的自然哲学，特别是当它处于黑格尔形式中的时候，具有这样的缺陷：它不承认自然界有任何时间上的发展，任何‘前后’，只承认‘同时’。”

请注意，在这里，恩格斯并不是说黑格尔在自然界里没有时间的观念，而是说“旧的自然哲学，特别是当它处于黑格尔形式中的时候，不承认自然界有任何时间上的发展”。诚然，黑格尔认为自然界在时间上是没有发展的，这是黑格尔沿袭古希腊时代伟大的哲学家和自然科学家亚里士多德的观点的。亚里士多德认为自然界中的品种，尤其是动植物的种类是一成不变的，虽然他是最主张事物发展这个观点的，而黑格尔也是一样的。但是我们得要注意，自然界中的品种，动植物的种类，因而整个自然界在时间上没有发展是一回事，而自然界的个别事物有发展、变化，动植物界的成员有生有灭，有时间的性质，又是另一回事。亚里士多德关于自然界的品种是从形而上学的观点看的，因而是看成不变的，而黑格尔也是这样看，所以是他的辩证法不够彻底之处，但是我们却不能说，他不承认在自然界里有时间。

在自然界里有没有时间这个问题搞清楚之后，黑格尔的从逻辑范畴，即从纯思想转变到自然这个问题还没有完全弄清楚。依黑格尔的看法，似乎是很清楚的了。“直观着的理念就是自然”、“具有‘有’的性格的理念就是自然”[1]。那么“直观着的”之“直观”、“具有‘有’的”之“有”显然是指同样的东西说的，而这东西是什么？不能是纯思想，不能是理念里面原有的本质性的东西，而似是不同于理念、不同于纯思想的东西，似是不能从纯思想演绎出来的东西，因而就不知是什么东西。那岂不是康德的不可知的“自在之物”吗？岂不是在黑格尔的思想里有意识地或无意识地还存留着康德的“自在之物”的残余影响吗？那么，不止于黑格尔的概念辩证法不够彻底，而且他的哲学基本原则，他的哲学立场，还没有完全清洗掉康德的二元论残余呢！当然，唯心主义，无论是主观唯心主义或者是黑格尔式的客观唯心主义，总是不彻底的，毕竟不能自圆其说的。唯心主义的纯思想，无论怎样发展，怎样演变，都是不能转变为物质性的自然的。所以，黑格尔的思想中从逻辑范畴转化为自然，其转变是“羞羞答答的”，是见不得人的，至少是十分勉强的。

转变为自然的理念，当然就同样依照黑格尔的辩证发展从低级的形式逐渐过渡到更高级的形式了，可是依黑格尔的概念辩证法，“自然得要被看作一种等级的系统，其中之一个等级是必然地从另一个等级发生出来，而且是其所从而发生的那个最近等级的究竟意义。可是这一个等级不是为那最近等级所自然地产生出来的”[2]。“从而发生”，可不是“自然地产生”。这就难懂了！黑格尔可能是要说，他只是在于把自然界的等级这种现象按逻辑的次序予以说明。至于在现实上这些等级的发生是否按照逻辑的次序，是不必计较的。意大利的现代资产阶级哲学家克罗齐（Benedetto Croce）在他所著的《黑格尔哲学中的活东西和死东西》一书里关于这点提出很尖锐的批评[3]。

根据黑格尔的《自然哲学》上述的等级论，自然存在为三个阶段，

---

① 《小逻辑》贺译本最后第 244 节。

② 黑格尔《哲学全书大纲》1870 年 L. Heimanne 的柏林版，第 208 页。（参见 Karl Rosenkranz（ed.），*Encyklopädie der philosophischen Wissenschaften im Grundrisse*，L. Heimann，1870. ——整理者注）

③ 克罗齐著，王衍孔译：《黑格尔哲学中的活东西和死东西》，商务印书馆，1959 年版，第 108～110 页。

即机械性、物理性和有机性。[①]

“机械性”是什么意思 ？所谓“机械性”就是外在于逻辑理念的空间、时间和物质这种东西对逻辑思想而言的外在性。在时空里的物质性的东西看起来是杂多的、相互不同的、互不相关的、没有内在的联系，没有统一性，并不显出任何理性的迹象，虽然在其本质上不是如此的。在万有引力的系统里，还是好像是向着统一努力着的，这也就是理性的表现。

这种向前推动的表现，也就是“物理性”。在物理性的东西里，自然就已经是从抽象的即缺乏全体性的自然对象上升到无机界的品种了。

更进一步的发展，物理性的东西通过化学的过程，就达到有机性了。

“机械性”“物理性”和“有机性”又一次构成黑格尔的正、反、合。而有机界又有矿物、植物和动物的三个阶段，这又是另一套的正、反、合。

动物一直向上发展就有人类的出现，而人是不但有意识，而且是有自我意识的。自我意识，依黑格尔的说法，也就是人之意识到自己和自己在一起的特殊意识[②]，从而也就有“自由”，而在自由里面，理念就从它的外在性回复到它的自身上来，这就是精神了，于是绝对观念就从自然通过种种正、反、合的向前发展，而过渡到精神上来。这也就极其扼要地说明黑格尔的《逻辑学》中的各种范畴，通过《自然哲学》的自然发展阶段而演变到《精神哲学》上来。《精神哲学》叙述了精神的种种现象，包括着法律与道德、宗教与艺术，以及哲学本身发展的各种形态和这些形态所表现出来的各种哲学系统，是上面提到的黑格尔各种《讲演录》的丰富内容。我们只需看看《精神哲学》的子目就能见得这个黑格尔的哲学体系部分是多么的富丽多彩的。依英人瓦拉士所列的“黑格尔哲学体系图表”的关于精神哲学部，只抄录其荦荦大者，就是

---

① 黑格尔《哲学全书大纲》1870年版，第211页。

② 原德文的 das Bei sich Seinder idee。

下面那样的：

- 自在与自为的理念即精神
  - 主观精神
    - 人类学—灵魂
    - 现象学—意识
    - 心理学—心灵
  - 客观精神
    - 抽象—公正
    - 道德
    - 社会伦理学
  - 绝对精神
    - 艺术
    - 宗教
    - 哲学

由此可见，在《哲学全书》这第三部分，即《精神哲学》这部分，是最能引起西欧十九世纪的文化界去注意的，而且又是对于那个时代的哲学历史和历史哲学的进展有其难于估计的巨大影响的，所以对于我们来说也是饶有兴趣的。想要了解黑格尔这一方面思想的人得要阅读上述他的各种《讲演录》，这些《讲演录》如上面所曾指出，都是在他死后于 1832 年至 1838 年之间为他生前友好和门弟子所编纂刊出的，而且大都已有中译本了。

黑格尔哲学思想的发展和演变过程全是按他所认为的理念的辩证进展形式，采取正、反、合的三个连续的阶段形式的。《哲学全书纲要》的《逻辑学》便是正，《自然哲学》是反，而《精神哲学》就是合。在这三部分之中，所分出的子目，也无不按照正、反、合的程序。如果我们在阅读《小逻辑》之前，掌握了“正”“反”“合”这三个观念，而又理解他的“自在”“自为”和“自在与自为”的事物存在的形态的意思，我们对于他的哲学思想之探讨就有其线索了。

黑格尔《小逻辑》讲稿
略述黑格尔的哲学思想体系

Ⅰ　黑格尔思想的时代背景

如上所述，黑格尔的哲学思想体系是形成于欧洲的一个伟大时代的。在18世纪最后的25年，美国已经胜利地摆脱了英国殖民地政策的束缚，在卢梭的民主独立思想的影响下成立了世界上第一个共和国，那当然是资产阶级领导下的共和国，法国在人民觉悟大大提高的情况下发生了1789年的大革命，一度实现了巴黎人民公社这个社会主义的曙光。虽然在18世纪90年代，［即］1793—1795年，巴黎人民公社失败了，法国一时陷入一个混乱的局面，可是从拿破仑专政以后，欧洲从前四分五裂的国家，如意大利、德国已能开始成为比较统一的国家，例如德国已从几百个小侯邦联成了几十个侯邦，至少在形式上有了在普鲁士领导下的全国统一的局面，人民民主的意识有所提高，经济已有资本主义上升的样子。但是德国和其他的资本主义国家，眼见法国的人民力量是极端惧怕的，千方百计企图镇压革命的力量的。然而在这种崭新的力量之下，欧洲的整个局面已远远不是康德时代的局面，思想家的眼界当时是广大得多，而黑格尔的思想正是形成在这个时代，所以他是不满意于康德的有限知识那种看法，而力求人类知识的统一一切，不愿意有知识以外的东西之存在，因而就成立他的绝对客观唯心主义的哲学体系，认为一切都可以在人类的理性范围里统一起来的。我们不要认为黑格尔和康德在时代上只有 36 年的距离，不必谈我们解放后的 14 年，就是中国从戊戌变法（1898 年）到 1934 年当中的变化也是很大的。

当然，时代背景虽然大体决定一个人的意识，但是某一个具体人的思想，其表达的方法，还有它的其他因素的，和这个人所受到的前人思想的影响每每是分不开的，而且每一个思想家在各种不同的因素的影响下而形成的哲学体系是有其个人的性格的。谢林和黑格尔的时代是相同的，家庭出身没有很大的分别的，所受的教育大体上是相同的，他们两人曾有过一度的合作，但很快就产生分歧了。所以要了解黑格尔的哲学思想，除了上面所提到的德国与欧洲的经济和政治社会崭新的局面，和他所受的学校教育的影响之外，我们还得要进一步来看形成他个人的思想的几个重要原因。

首先，我们当知道，黑格尔是致力于历史的研究的。在这点上，他大大不同于康德，康德不是不注意到人类社会历史的发展，但是他初期研究的重点却在于数学，自然科学和莱布尼茨—伏尔夫一派的哲学，而对于哲学史的研究是很肤浅的，例如他好像连贝克莱、休谟的原著都没有好好地读过，没有深刻地来研究前人的哲学体系。但是黑格尔就不同，他是十分重视哲学史的，这就使他有机会来看到，各个时代的哲学思想并不是互相隔绝的，而都是人类思想的不同时期不同阶段的表现，使他从发展上来看哲学史。同时，由于他不只注意哲学的历史演变，而且注意到人类的整个历史，所以在他讲课时不但是讲到哲学史，而且还讲到历史的哲学。这是黑格尔的不同于他的前辈哲学家和同时代的哲学家的。这点是大大地帮助他形成其思想体系的。

其次，黑格尔不同于康德的很重要的一点，那就是康德像是还没有完全脱离中世纪经院哲学的影响。康德是精通拉丁文的，而他的希腊文成就像是远不及他的拉丁文，因之我们在康德的著作里，很少看到希腊古典哲学家的影响。黑格尔就不同，古希腊哲学家如柏拉图、亚里士多德和新柏拉图派的思想在他的思想中的影响是显著的。柏拉图、亚里士多德、新柏拉图派的柏罗丁[①]都是想要从一条原理来理解整个宇宙与整个人生的，都是在西洋哲学史上影响很大的形而上学体系的形成者。

再次，康德的哲学经过费希特和谢林的解释和修改后，对黑格尔来说，是他的思想的直接来源。在黑格尔的思想形成时期，康德哲学是哲学界的主流，黑格尔致力于哲学的探讨，当然就不得不首先熟读康德的著作。他在他的哲学史讲课中对于康德曾有过许多的批评，主要是关于康德自在之物的思想和人类知识的有限性，因为黑格尔对于哲学这个概念根本上是和康德分歧的。他在他的《哲学史》中谈到康德时，首先是说"由于康德哲学思想的散漫冗长，尤其是他的术语是很特别的，就使得对它的研究是困难的。可是它的这种散漫冗长有一个好处，就是有着许多的重复，而不离它的主要论点，使人们不至于忘记"[②]。这种批评是我们十分赞同的。在总结康德的哲学时，黑格尔说："康德的哲学是哲学的很好的一种导论。"[③] 而且他认为费希特和谢林都是企图要补康德之不足的。黑格尔的这种论断是因为费希特和谢林都是同意于取消康德的自在之物而且是肯定人类知识没有什么限制的。

最后，我们还得要提到，黑格尔受到当时的神学思想影响是很严重的，比康德所受到的宗教影响严重得多。黑格尔和谢林受教育的学院原是一个神学院。黑格尔在学院学习时，本来是打算以牧师为职业的。当然，在那个年代，一般的知识分子，尤其是研究哲学的人，都是在思想上带着宗教色彩的。有的人后来思想有所转变，甚至变为反对宗教，可是黑格尔不是这样。他在他的思想上一直是对宗教与神学有很浓厚的兴趣的，在大学里还有他的宗教哲学讲演，现在留下来做为他的遗著之

---

① 即 Plotinus（又译成普罗提埃——编者注），生活于公元 204—270 年，其著作为《九章集》（*Enneades*），由 Porphyry（特斐里）在公元 300—305 年编撰而成。

② 引自黑格尔《哲学史讲演录》第三卷，第 427 页。

③ 引自黑格尔《哲学史讲演录》第三卷，第 478 页。

一。在他的哲学中，谈到许多问题，都是涉及宗教与哲学的关联的。人类经验的宗教方面乃是形成黑格尔哲学的形式与内容的重要因素之一。在这点上，黑格尔不同于谢林是在于谢林的哲学思想在其晚期特别侧重于神秘主义，于是成为一种以哲学为外衣的神学，甚至强调非理性的观点，而黑格尔则始终保持他的逻辑理性思维而以宗教为哲学的过渡阶段。

Ⅱ　黑格尔哲学的基本原理

1. 黑格尔和反对康德的思想家一样，认为康德哲学的最大缺点是在于它没有一个始终一贯的基本原理。那么黑格尔的基本原理，或者说基本概念是什么呢?

2. 黑格尔的哲学思想从而出发的基本概念乃是一个绝对的自我，一切有限的实在都是这个包罗万象的绝对自我的表现。

这个基本概念的论证就是他的《大逻辑》和《小逻辑》的主要内容，他的其他著作主要是他的遗著，如《历史哲学》《哲学史》《美学》《法哲学》《宗教哲学》等讲演录，都是要从人类经验和思维的方面用事实来说明而且证明这点的。

黑格尔认为绝对自我，以其是“自我”而又是“绝对”的，才能作为一个有效的出发点来说明一切，因为只有它是一个“自我”，不是一种什么的实体，不是一种僵死无生命的，不能发展的东西，才能在宇宙的一切发展过程的阶段上表现其自己，而且以其是“绝对的”，才能涵盖一切，而没有什么是在它之外的，并且是不依靠它以外的什么别的东西的。

怎样来说明这个道理，那就是他的辩证法，而用来说明一切不断演变的现象，一直发展到绝对的真理的种种范畴，也就是绝对自我在其发展过程中所采取的形式。

所以，如果我们要研究黑格尔的哲学，首先就要初步了解他所谓的“绝对自我”，他所用的辩证法，和这个辩证过程中出现的各种范畴，以及一个范畴如何过渡到另一个范畴的道理。

我们现在就把这些观念初步地约略地予以说明，作为我们研究他的哲学的导论，而我们的研究是打算限于《小逻辑》一书的。

3. 首先，让我们看看黑格尔的所谓“绝对自我”是什么意思。如果我要详细地来谈，我就会从古希腊的巴门尼德（Parmenides，约生活在公元前6世纪）开始，一直谈到公元17世纪的斯宾诺莎。可是这就谈得太远了，大家如果有时间来深入地追溯黑格尔的思想来源，是得要至少涉猎这两个人的思想的。为节省时间起见，现在我不去谈他们了。

总而言之，黑格尔认为分离的东西是不实在的。世界并不是一大堆东西的机械集合，形形色色表面上看来各自存在的东西都是幻相，佛家所谓“色即是空”，只有绝对的整体才是真实的，这是他同意于巴门尼德和斯宾诺莎的。

但是黑格尔在这点上不同于那两位伟大的哲学家，就是由于他不把绝对的整体看为是一个单个的实体，而是把它看为一种像有机体似的体系。一切有限的东西，如果有其实在性而不是幻相的话，必须还在或多或少的程度上乃是这个绝对整体的一种表现，离开这个绝对整体，没有什么东西能有其意义，甚至能有其存在的。

其次，黑格尔强调绝对的整体（后来我才说明何以这个整体，依黑格尔看来，必须是个自我）是有理性的。黑格尔在《小逻辑》的“导言”第六节里写过这句话：

“在我的《法权哲学》的序言里，我曾经说了这样一句话：‘凡是合理的就是实在的，凡是实在的就是合理的。’”①

这两句话是为人易于误解的，黑格尔也深深知道。他详细指出，这

① 黑格尔著，贺麟译：《小逻辑》，生活·读书·新知三联书店，1954年版，第55页。

里的所谓"实在"不是"限于一时一地的社会状况和典章制度等……理念到永远只是应该如此的。所以哲学研究的对象乃是实在，别的事物如社会状况、典章制度等，只可说是实在之表现于外罢了。"① 可见黑格尔这里所说的"实在"乃是从整体看应该有的东西。一切实在的东西都是整体，"绝对自我"的表现是应该的，因而是合理的。

尤其要注意的黑格尔的"绝对自我"，以其是绝对的，就不是什么单一个孤立于其他东西的实在，不是许多实在的东西之中的一个实在，而且又不是互不关联的一些实在东西的集合体，因为如果"绝对自我"这个彻底的实在是不同于其他实在的话，它便是有它之所以不同的性质，那就是变成一个有限的实在了（这是斯宾诺莎所曾提出的一点）。有限的东西必是有所依靠的，因而就不是绝对的。

依黑格尔的说法，绝对的实在，必须是一个无所不包的个体，构成其各个部分的，就是说，各部分乃是因它而有的，所以它是独一无二的。它不是和它的各部分能够分开的，同时也不能和它的各部分区别开来的。它在它的各部分的每一部分中表现其自己，而不是各部分所构成的。

例如一个正方形可以划分为四个三角形，但是它不是这四个三角形所构成的，因为这正方形也可能划分为其他的部分，而它本身是基本的存在，一切划分出来的各种各样的部分只是它的不同的表现，不同的划分，黑格尔称这些划分出来的部分为"更高实在的因素"。所以他说，"一乃是多的先决条件"，就是说，没有一，就没有多，而且不能有多，并且在想到一时就意味着多。一切都是绝对的个体的表现。

那么，可不可以说绝对的实在就是一个这样各部分相互联系着的整体呢？什么叫作整体？所谓整体是不是不同的可是互相联系着的各部分的关系之总和呢？

---

① 黑格尔著，贺麟译：《小逻辑》，生活·读书·新知三联书店，1954年版，第57页。

如果绝对实在是这样的一个整体，那么部分之间的关系就是各部分的性质，各部分的属性，因而得到其关系的。那么关系与关系之间又必须有联系，然后才联成一个关系的总体的。所以，整体中各部分之间的关系不是外在于这些部分的。它们的联系是由于它们都是唯一的实在的表现，所以其相互联系是它们本性所固有的，不是由于什么另外一种关系使之联成的，这样，黑格尔就说明绝对实在是绝对的一。

最后，黑格尔又证明这个绝对的一是一个“自我”，他提出这个绝对的唯一实在是怎样的一个实在？

它可能是像意识那样的东西，也可能不是像意识那样的东西。如果不是像意识那样的东西，它可能是像自然界那样的，也可能是在心理现象和物理现象的基础上的一种我们不知道的东西。但是绝对的唯一实在如果是在其表现上为人所知的，它就不能是后一种可能的为人不知道的东西。可是这个绝对唯一的实在既然如上所说，不是一个各自相互外在而联成的东西之集合体，那么它就不能是自然界，因为自然界是种种各自互相外在的东西的总和。

可不可以像有些思想家所说的那样，如谢林所曾说过，十九世纪在黑格尔以后英国的斯宾塞尔（Spencer）和德国的生物学家赫克尔（E. Hackel）[①] 也说过，绝对唯一实在，就是生命呢？说它是一种有机体呢？

固然一个有机体的各部分，各肢体是由于这有机体而且也是为着这有机体而存在的，并且一个有机体不仅是它的各肢体的集合体，而且在其各肢体里表现它自己的。但是黑格尔指出，不能把绝对唯一的实在等同于有机体。原因有二：(a) 生物学家是把有机和无机区分开来的，如果绝对唯一的实在是有机体，它便与无机界对应而且为它所限制了，那它便是有限的了；(b) 而且有机界不是绝对的个体，而是许多种种色色

① 又译成海克尔（1834—1919），波茨坦人，德国动物学家，进化论者，先后出版了《自然创造史》《人类的发生或人的进化史》等著作。——整理者注

的有机体的总和。

黑格尔认为，只能以具有意识的自我，主动发展，不断发展的自我，才能表达他所说的绝对唯一的实在。换句话说，这个绝对唯一的实在乃是“绝对自我”。这是一个绝对唯一的理念，就是总念，就是Notion（德文就是Begriff）。这个理念自行发展为所有一切的实在，从无机到有机，从植物动物到人类，而且在人类社会历史上作为客观的精神表现为种种的社会典章制度，表现为家庭、公民社会、国家，通过艺术，宗教，而逐步上升而回复到绝对意识在哲学中表现出来。

4. 在发展的过程中，黑格尔提出四个不同的阶段而用四种很特别的哲学术语。

（1）所谓的“自在的（an sich）”，这是未发展的原始阶段。例如人在他的婴孩时期只是人的潜在，人的“自在”。

（2）“自为的（für sich）”，即强调自己的阶段，例如人的少壮期，孟子所谓“血气方刚”的时候。

（3）“为他的（für Anderes）”，认识到对方，有他人了，如人的学习时期，面向服务了。

（4）“自在而又为他”的阶段，人在这阶段上已到成熟的时候，选定了职业，而同时是认识到社会中人己权限的，有人认为“自在而又为他”这个名词不足以表达黑格尔的意思，应按其本意，用“自为而又为他”这个术语。

5. 可是“绝对自我”是怎样发展的呢?

这就谈到黑格尔的辩证法了。辩证法是在我们研究《小逻辑》时，才详细地来谈的，在这里只提出几个基本的概念，简单地加以初步的说明。

为了简洁起见，我节译我在英国的哲学老师罗素先生的很通俗的一段话来说明黑格尔的辩证法。这段话是节译自罗素著的《西方哲学史》关于黑格尔的那章，即第732页起，大体是这样的：

罗素先生说，很粗鲁的一个比方：让我们说，绝对的实在是一个叔叔吧，这就是一个正题，可是叔叔必须有一个侄子的，所以侄子是存在的。而绝对实在只是一个，那么，绝对岂不是侄子吗？这就是反题。但是我们开头是已经有了“绝对实在是一个叔叔”这个正题了，因之我们就不得不把正反两题统一起来，而成为“叔叔与侄子”这个整体，这就是合题了①。

但是这个合题还是不够的，侄子有一个叔叔，是因为叔叔是他的父亲的弟兄，所以就常连到上一代的人，而上一代又有其上一代，于是一代推上一代，辩证地发展，就把整个人类都包括进来，真是“凡属有情皆成眷属了”，到了无所不包的那个观念才是绝对的观念，绝对的实在，绝对的自我，简单地说，就是绝对。宇宙的事物都是这样“成为眷属”的，相互在同一个整体里有机地联系着的。

罗素先生接着论证说：就是根据传统的形式逻辑来讲，不是每一个主谓命题都是有它的主词S和宾词P的吗？那就是说，一切的东西既然都可以用一个宾词，就是述项来叙说它而后成为一个判断，也就是说，都是和别的东西有关系的，凡是对于一个东西作出一个判断，就是说出这东西的一种关系来，要完全知道一个东西，就是了解它所有的一切关系，而这也就是说，凡我们对于一个东西所知道的都是相对的，因为它的存在都是和一切其他的东西有机地联系着的，所以为了了解任何东西，我们必须了解一切的东西，否则我们的知识总是有限的、相对的。只有关于整体、关于绝对，才能有绝对的知识。

拿黑格尔的《逻辑科学》或者他的《小逻辑》来说明。首先我们说“绝对是纯有”，那就是说不涉及它的任何其他的属性，只说它是“有的”。可是让我们思索一下，只知道有它，而对它并不知道任何的东西，

① 罗素：《西方哲学史》，第22章，第732页。（此处引文是韦先生根据英文原文译出的，原稿未注明版本、版次。可参阅何兆武等译，商务印书馆1982年出版的《西方哲学史》下卷，第278页。——整理者注

它岂不是什么都不是？那它就等于“无”。那么，从“绝对是有”这个正题不是就得出“绝对是无”这个反题吗？正反统一起来，从“无到有”就是“变易（Das Werden —Becoming）”。

这个“变易”包含有“有”，同时也包含有“无”，“有”与“无”是相反的，但同时又是不可分离而各自存在的，所以“变易”就是“有”和“无”的统一[①]。然而“变易”是包含着“变易的东西”的，像这样“绝对”是在“有”之中，也在“无”之中，提高一步，即向前发展一步，又在“变易”之中，因而可以说，“绝对是有，是无，是变易”，是一切发展的各个范畴所指的东西。

辩证是一步一步地改正其发展中所出现的一切偏颇性、片面性、不足够性，而向前演进，向前发展。黑格尔指出，有限的东西，即除绝对以外的一切东西，其所有的限制都不是纯然从它以外而来的，它的本性就是它要受到废弃的原因，它的过渡到它的反面，而得到提高一步，乃是它自身的当然活动。辩证发展中的每一个阶段必然包含有前一个阶段的真理，前一个阶段的东西是发展过程所提高而使之发展了的，是被扬弃的（aufheben），却不是完全消灭了的，因为通过扬弃，它是得到了它在整体中应有的地位和意义的。因之，要达到真理只有按照辩证的各步骤一直发展到绝对。

按照黑格尔的辩证法说来，知识的发展是有三个阶段的过程的。开始只是意识本身，先是感性的意识，发展为感官的知觉，只觉知到有它的对象，然后再有智力的出现，通过智力就有对于感官知觉的批判，从而变为纯主观的观念，进而就是自我意识，而在这个阶段上，主体与客体，我与物就融合为一了。所以，以知识而论，自我意识就是知识的最高阶段。我们参看范畴表就更清楚了。

依黑格尔的辩证法说来，真实与虚伪也不能说是截然可以区分开来的，没有什么是完全真的，也没有什么我们知觉的是完全假的，我们只

---

① 黑格尔著，贺麟译：《小逻辑》，生活·读书·新知三联书店，1954年版，第207页。

知道它在某方面某程度上是假的，因为它不是绝对的真理。这是指我们的零碎片段的知识说的，以哲学而言，只有绝对整体才是绝对真的，以某一片段的知识来说，在其片段上不能完全是真实的，其真实性只是在于它在绝对整体里所占的地位。因之，我们的知识越是和整个知识相结合而取得其意义，那它就越成为真实的。

这样，依黑格尔的辩证法来说，观念或者说理念发展到绝对，就得要停止了。因为绝对理念除它本身是没有，也不得有其对立面的，那么岂不是没有矛盾了吗？“绝对自我”所能有的对象只能是它的本身，因为它以外不能有别的东西之存在，否则它就不是绝对唯一的。所以它只能有自我的意识，这样说来，黑格尔的绝对无非是宗教所讲的上帝。黑格尔说，绝对的统一因而就是绝对的一切真理，思维其自己的理念。

黑格尔原德文关于绝对理念的定义是极端难懂的。原文是：“Der Begriff der Idee，dem die Idee als solche der Gegenstand，dem des Objekt sie ist。”① 直译就是：“绝对总念、绝对理念，对它说来绝对理念的作为绝对理念也就是它的对象，其客观的东西也就是理念。”这确实不易懂。贺麟先生翻译的很好：“这总念是以理念的本身作为对象，而从这总念看来，客观世界即是一理念。”②

但是，我们不必着急，慢慢看《小逻辑》是可以懂的。关于绝对理念，绝对自我，怎样异化为自然，从而又回复到绝对理念的自我意识来，这就涉及不只《小逻辑》，而且要谈到黑格尔的哲学史、历史哲学、宗教哲学等遗著了。在“范畴表”上可以看到一般的大意。我已翻译的是《哲学全书》范畴表，《大逻辑》的范畴表多少有出入，近日译出供参。

---

① 由于韦先生手稿中手写德文不易辨识，整理者主要依据以下德语版本而整理：Erster Teil，Die Wissenschaft der Logik and Mit den mündlichen Zusätzen，*Georg Wilhelm Friedrich Hegel Enzyklopädie der philosophischen Wissenschaften im Grundrisse*，Suhrkamp，1830.

② 黑格尔著，贺麟译：《小逻辑》，生活·读书·新知三联书店，1954 年，第 420～421 页。在 1996 年版贺翻译为“这概念是以理念本身作为对象，对概念来说，理念即是客体”（第 421 页）。——整理者注

6.（1）上面谈到黑格尔的基本原理时，我曾分五个小点来用我们自己的语言通俗地说明什么叫作绝对理念，或者说，绝对自我，什么是他的辩证法。

从这种简单的说明，我们首先要看到他的辩证法是唯心的，不同于马克思主义的唯物辩证法。他的辩证法是从绝对理念出发，通过迂回的复杂过程，主观的和客观的过程，最后还是回到绝对理念来的。一切形形色色都是绝对理念的表现，不是物质的各种不同逐步发展提高的形态。我们尤其是要注意到黑格尔虽然说发展是由于事物对立面的矛盾而来的，但是到了绝对理念的发展阶段，矛盾就没有了，因之发展也就停止了，这是完全不同于马克思的辩证法的。

黑格尔的辩证法固然有它的局限性，而且是和唯心主义结合的，但是它还有它的合理核心。马克思拿过来加以改造之后和唯物主义结合起来，便是唯物辩证法。从这点来看，黑格尔的哲学也可以说是马克思辩证唯物主义的一个来源，在人类哲学史上是有很大的贡献的。

（2）现在我继续补充上面关于黑格尔哲学的基本原理，还打算谈谈两个问题：一个是黑格尔的所谓“范畴”是什么意思；其次，他的范畴作为一个体系来说是怎样，诸范畴之间具体上是怎样相互联系，相互转化的。

首先是“范畴”本身这个问题[①]。简单地说，古希腊亚里士多德是第一个提出“范畴”这个名称的人，他的范畴说除在他的逻辑六篇（后一般称为《工具论》）的《范畴篇》之外（《范畴篇》有北京三联书店1957年的中译本），还见于他的《形而上学》一书（北京商务印书馆有1959年的中译本）。《形而上学》一书在亚里士多德的著作中比较晚出，谈到“范畴”是和《范畴篇》谈的“范畴”在意义上有分别的。主要是：《范畴篇》的“范畴”是指名称之分别，而《形而上学》的“范畴”

① 上海人民出版社1961年有《黑格尔范畴论批判》一书的出版，这书共132页，是可以拿来作参考的。

是事物的区分为大类，他的十种范畴就是：（1）实体，（2）量，（3）质，（4）关系，（5）主动，（6）被动，（7）时间，（8）地方，（9）姿势，（10）位置情态。例如，某甲是一个人（实体），其肤色是白的（质），身体是重的（量），是某乙的儿子（关系），正在（时间）公园里（地方）坐着（姿势），安稳地（情态）地朗诵诗（主动），而为许多人所欣赏（被动）。

这就是亚里士多德的所谓范畴，是从语言的分析得出来的。康德的范畴就不同，他的范畴，如我们研究《纯粹理性批判》时所看到，是限于知性所使用的，是从传统形式逻辑的判断表现出来的，是作为事物联系的形式，知性用来理解直观所提出的现象的，只对于经验中出现的对象才是有效的。

我们并记得康德的范畴分为四类：从量来说，有单一性，多数性，总体性；从质来说，有实在性，否定性，限制性；从关系来说，有实体及属性，原因与结果，相互性（即能动与受动之间的交互作用）；从模型来说有可能性—不可能性，存在性—非存在性，必然性—不必然性。黑格尔的范畴在本质上既是不同于亚里士多德的范畴，又不同于康德的范畴的，我们不可因为三人都用同一个名词，而把他们的所谓范畴混同起来。

黑格尔的范畴这个观念不是得之于亚里士多德而是得之于柏拉图的。何以我们这样说呢？因为黑格尔对于逻辑的概念是完全不同于亚里士多德的所谓逻辑的。依黑格尔的看法，亚里士多德说的形式逻辑无非是知性在其初步反思作用的产物，而黑格尔是把逻辑与哲学等同起来的。依黑格尔说来，所有的形形色色，不论在宇宙发展的哪个阶段上都是绝对理念的表现，只是其表现的程度与方式有所不同。所以，范畴就是绝对理念自我表现的种种方式。黑格尔所采用的一个德文术语不是来自希腊文的 kategorie，而是 Denkbestimmung（思维的型式）这个德文名词，意思是“思想的规定”，换句话说，范畴乃是绝对理念，绝对精神的表现形式。

依黑格尔的看法，亚里士多德的范畴只是关于感性认识的对象的，这些对象是杂多的，互不相联系的，如白雪、白马、白玉，显然同是具有白的色泽的，但是不因为雪、马、玉都是白的，而因之就彼此间有什么必然的联系的。那就是说，亚里士多德的质这个范畴（“白”是其一例）是不和宇宙间的事物之相互联系有什么关系的。康德的范畴固然是知性用来联系事物，使得人可以理解事物的。但是依黑格尔说来，康德的范畴只能把一个事物和另一个事物综合起来，但是不能把所有事物在整个世界中，在 weltgange 中联系起来。

其次，黑格尔是不满意于康德的范畴作为只是知性认识的形式，不带有丝毫的感性内容的，感性内容只有直观才能提供出来。黑格尔自己的范畴是绝对精神在发展的各个阶段自我表现的形式，而且也就是绝对精神的自我表现。而这些表现是在不断的演变，不断的发展，不断的提高过程中的。所以，每一个范畴都是比它前一个范畴含有并且表现着更圆满的真理。依黑格尔的哲学体系说来，范畴就是绝对精神的一步一步显得更圆满的定义，也就是绝对精神替它自己下的定义。

上面所说的是关于黑格尔的范畴是什么，和他的所谓范畴是怎样不同于亚里士多德和康德的所谓范畴的。总的来说，黑格尔的范畴说要从他对于逻辑的概念来理解的。逻辑是关于理性的科学，一方面，逻辑是我们用来进行对宇宙形形色色的事物进行思维的主观范畴的整个体系；而另一方面，逻辑也就是客观范畴，即绝对精神自我表现的体系。主观范畴和客观范畴是同一的①。作为客观范畴的体系来讲，逻辑就是本体论，而作为主观范畴的体系来说，逻辑就是认识论。所以说，逻辑、认识论、本体论是同一的，不但［只］是一致的。

（3）其次，我们要看看黑格尔的范畴表也就是黑格尔的哲学体系的各部分。整个哲学体系分为三大段，即自在的理念（即逻辑理念），外

① 黑格尔著，贺麟译：《小逻辑》，生活·读书·新知三联书店，1954 年版，第 140 页。

在的理念（即自然界），自在而自为的理念（即精神本身）。参看“范畴表”便可明白这三段的详细节目。

逻辑部分也是分三段，即“有”“本质”和“总念”。黑格尔的范畴都是三个一组的，大段是这样，小段也这样。

首先要注意：“有”是逻辑的一个大的范畴，而“有”和“无”对立又是一个在“有”大段之下的较低级的范畴。“有”的大段是包含着“质”“量”和“尺度”的，而“质”又包含“有”“限有”和“有的本身”（自为的有）。

“有”的一大段的范畴，如有、无、变易（应译“成为”更妥）、质、量等等。其特征是“直接的”[①]。所谓直接是说每一种范畴都有自己存在的一个概念，不是在表面上明白地和另一个概念有关联的，如“有”就是“有”，“质”就是“质”，一见而知的。当然，“有”与“无”是相对的又相关联的，但是说“有”时，不必联系到“无”。“质”与“量”亦是如此。不像第二大段“本质”的“同”与“异”，“质料”与“形式”等范畴，必须相对来看才有其意义。这后一类范畴是要相互推论的，从“同”而推出“异”来，从“质料”而推出“形式”来。没有“质料”就没有“形式”等等。

“有”与“无”的联系是隐藏着的，不是明显的，这就是“直接”的意思。“本质”一段里的范畴是“间接的”，因为它们都是一对一对联系着的，所以是以一对一对的形式出现的，如“原因与结果”“作用与反作用”“整体与部分”等等。因为所谓间接乃是由一个起点而进展到第二点的，所以第二点的达到乃基于从一个与它正相反对的事物出发[②]。

这些范畴称为“本质”的范畴，因为在每一对的范畴之中，其一个是其他一个的“本质”或者说“根据”，没有这一个就不能有其他那一个。“原因”是结果的根据，在“结果”中显出原因来。其他各对“本

---

① 黑格尔著，贺麟译：《小逻辑》，生活·读书·新知三联书店，1954年版，第64页。
② 黑格尔著，贺麟译：《小逻辑》，生活·读书·新知三联书店，1954年版，第64页。

质”的范畴亦复如是，在这些范畴中对立面是明显的，相互依存的。“有”与“无”也是对立面，但不是在表面上一见而知的，故称“本质”的范畴为“间接”的。

第三大段的范畴是“总念”的范畴，它们也是间接的，但和“本质”的间接有所不同，譬如“普遍”固然间接联系到“特殊”，没有“特殊”就无所谓“普遍”，但是“普遍”与“特殊”就立刻统一起来成为“单个”，而在“单个”中有“普遍”也有“特殊”，否则不能成为“单个”，可是一有了单个，如华中师院①是单个的，但“华中”是特殊的，与“师院”的普遍结合在一起，立刻就又有提高的“普遍”和“特殊”。所以，“有”是直接的，“本质”是间接的，而“总念”是直接与间接的统一。

再看：在每三个一组的（黑格尔称为 Triade，原是一个希腊语）范畴里都有正、反、合。

其作为“正”的范畴是表示着单纯的领会的，可以说等于形式逻辑的名词（概念）。名词是表达我们单纯领会的东西的，如树等。其作为“反”的范畴是表示知性的，可以说等于形式逻辑的判断，有“有”就有“无”，有“进步”就有“落后”，所以进步不是落后（判断）。其作为“合”的范畴是表示理性的，可以说等于形式逻辑的三段论式，即正反的结合，如大小前提的结合而产生结论。固然黑格尔在《小逻辑》的第 141 节里像是有另一种说法，可参考。但是那种说法不与上面所说的相冲突，因为，三个一组中的第一个范畴孤立来看是自同一的，“有”就是“有”，这不是领会吗？其第一个范畴又是不同于第二个的，这是差异的原理、辨别的原理，就是知性的原理。

这是怎样说的呢？在三个一组中的第一个范畴，“有”就是“有”，在其结合到“无”之前，它是自同一的，A 是 A 而已。一结合到“无”时，“有”是不同于“无”的，那时“有”就不只是“有”的，同时又

① 华中师范大学的前身。——整理者注

不同于“无”。以B来表示不同于“无”这个性质，A就是B，这就是判断了。

其第三个范畴，变易（成为）乃是第一个范畴和第二个范畴的统一，乃是异中之同。正如三段论式中的大前提与小前提的结合在中词上面。这就是推理的形式：

M—P

S—M

再看范畴表：所有的范畴都是适用于宇宙中各种各样的事物的，我们是通过范畴才能理解宇宙中的事物的。凡事物都是实体，有其原因、质、量，等等的，离开这些范畴，我们就不能对事物说什么，不能理解它们。所以黑格尔说，宇宙的事物无非是理念的表现。物质世界无非是绝对理念的外化，无非是理念。这是表现黑格尔的彻底唯心主义的。他的逻辑学是要说明这点的。

我们用一定的范畴来理解某一具体事物，但是这事物是和其他事物普遍联系的，因之它必然是在更大更广的范围中才有其真正的意义，所以就成为有更大更广意义的一个东西，所以就在范畴体系中更是提高一步，而且不断向上提高，一直要到它和所有一切事物联系起来，表现着它是绝对理念的一种表现，也就是绝对理念在一定阶段的异化。

范畴的这样一直不断向上提高，是黑格尔的辩证法的很重要的一点。凡是早出的范畴比诸后出的范畴，其所含的真理，就绝对真理来说，总是不够的，比较差些的。范畴的每一步转化为另一个更高级的范畴，都是对象的一个新的确定，都是更充分、更丰富的知识，事物更丰富的发展。后出的范畴不是消灭了前面的范畴，而是提高了它原来应有的意义，发展了这个意义，所以说是提高，也就是保存，是寓于取消的保存，德文用aufheben表示，一般有取消的意思，但是又有提高而保存的意思，所以中译为“扬弃”，后出的范畴较前面的范畴来说，总是前面范畴的意思加上一种发展了的新意思，是经过与前面范畴的斗争，把它改造了之后而提高的。所以，只有最后的范畴，依黑格尔说来，绝对理念这个范畴才能表达全面完整的最后的绝对的真理。当然，如果我们到了全面掌握绝对真理，知识也再毋须，也不能发展了。这是黑格尔的说法。

最后，依黑格尔说来，逻辑“有”的一段的范畴，以其是关于直接领会的，乃是常识所用的范畴，人们未经过反思而用来认识事物的范畴。“本质”的范畴是科学所用的范畴，而“总念”的范畴是哲学用的。常识每每是直观看事物的，事物是直接呈现于感官的，事物是有或无的，是有质有量的，其量是有一定尺度的，我们看见面前有一把椅，一座楼房，椅与楼房是多么大，多么高，是两尺半或三丈高（尺度），是红的或灰色的，这些都是直接看见的、感觉到的。

我们直接看不见关系，看不见因果，看不见作用与反作用，要通过反思的思维才能看到。这是科学的认识，是由根据而看出结果来的。科学是要确定事物的属性，事物所从而发生的原因，事物的发生发展是根据什么力量的作用的，事物是如何对其他事物有其作用与反作用的，所以是用“本质”一类的范畴的。科学并不取消了常识的那些比较低级的范畴，只是把它们更提高一步，深化下去，发现更丰富，联系更广的知识，更高的真理。最丰富最全面的知识，一直到绝对的真理，是在哲学中才得到的，是通过“总念”的范畴的。哲学的范畴所以就要用思维的、有机体的、有生命的、理念的范畴。可是哲学并不取消科学，正如科学并不取消常识那样。科学提高、深化常识。同样地，哲学只提高、深化科学。三者是有机联系着的知识的，三个逐渐提高的发展阶段。在这三个阶段上，依黑格尔看来，都是绝对理念，绝对精神的不同程度不同方式的表现。因之都是一致的、一贯的。

在人类社会的发展史中，在世界哲学史中，同样是看出这种逐步通过正反合范畴的发展、提高、丰富化，都是绝对精神在时间过程中按照发展的范畴逐步地、不断地表现其自己。发展后一个阶段的社会、文物制度、哲学思想体系并不和前一阶段的这些东西完全冲突，完全不相容，而是发展了它们，提高了它们，使之越来越变为完善，一直要圆满地表现绝对理念，表现绝对的真理，这是一个长远的历史过程。哲学就是要发现这个发展过程的规律，也就是发现绝对理念自我表现的规律。那么，依黑格尔的说法，哲学都是真理。但是其表现的真理有程度高低的不同。他认为他自己的哲学才是哲学史发展的最高峰，不只是最高峰，而且是表现绝对真理的最圆满的哲学体系。可是，我们知道黑格尔在这点上是完全错误的。

预习《小逻辑》第八十四节至八十七节末①，“导言”以及“概论逻辑学性质”② 暂可不读。

讨论题：

1. 费希特、谢林和黑格尔不满意于康德的哲学体系，其不满意的共同点何在？

2. 黑格尔的绝对理念和他的辩证法有无必然的联系？

---

① 黑格尔著，贺麟译：《小逻辑》，生活·读书·新知三联书店，1954 年版，第 197～204 页。

② 黑格尔著，贺麟译：《小逻辑》，生活·读书·新知三联书店，1954 年版，第 49～196 页。

黑格尔《小逻辑》评注
黑格尔的思想来源

全面统观黑格尔的哲学思想与其体系，我们可以概括地说，他的思想主要有三个来源。第一，从他的社会环境、家庭出身来说，18 世纪德国的宗教乃是马丁·路德宗教改革后的基督教新派，而黑格尔个人对于这派的基督教教义又是坚信不疑的，我们在他的著述中到处都可以觉察得到。其在哲学思想上最为突出的，是基督教的“三位一体”这条基本教义。让我们在他的第一本系统性著作里，即从 1807 年他 38 岁时刊出的《精神现象学》一书，摘录几段的大意作为证明吧。

在这本名著的英译本①第 251～253 页上所谈到的“永恒性”就是指基督教的“上帝”说的，而“特殊性”是指“基督”说的。“特殊性和永恒性联系着的三重方式”是指基督教的“三位一体”说的。所谓“三位一体”中的“三位”是指基督教所称“上帝”为“圣父”，“基督”即耶稣为“圣子”，而所谓“圣灵”就是第三位，即“圣父”与“圣子”两考结合的精神，而且黑格尔在上引书英译本的第 253 页上写道：“在这第三位，就是‘圣灵’，于是就有其在这里面找到自己的快乐［基督教教义里的一种特殊意识形态］，而且觉知到在其自身里面它的特殊性

① 截至目前，黑格尔的《精神现象学》有三种英译本：*Phenomenology of Mind*, tr. J. B. Baillie, 1910; 2nd ed. 1931; *Hegel's Phenomenology of Spirit*, tr. A. V. Miller, 1977; *Phenomenology of Spirit*, translated by Terry Pinkard, 2012。韦先生参考穆尔版本。——整理者注。

和普遍性［指基督教教会本体］变为和解了。”[1] “和解”是基督教教里常用的一个宗教名词，又为黑格尔所经常使用的。

可见黑格尔在《精神现象学》里谈到永恒性与特殊性这两个极其重要的概念时是含有基督教教义的特别意义的，而且是从基督教教义那里得来的。

从上引书英译本的第554～555页上，黑格尔又这样写道：“在文化的领域里，国家权力，也就是善，是根本的东西，所以在这里，其第一个契机就是绝对的存在，绝对自足的精神，这是就其是简单的永恒本体说的［英译者脚注：指超越的，作为本体，作为圣父的上帝说的］。但是在其是精神而实现为构成性的概念这个过程中，那本体就过渡到它的它在这种形式上［指基督——英译者注］，这个本体的自我同一性就变为现实的绝对存在者而在舍身的行动里［指耶稣基督的被钉在十字架上为赎人类的罪而牺牲自己的生命］实现其自身；它［指上帝作为现身的耶稣基督］变成一个自我，可是这个自我［耶稣基督］是暂时的，而且是要瞬息即逝的。因之其第三个阶段就是回复到自身［即圣灵］……只有这样时，精神才出现而且显示为精神。”[2]

这不是黑格尔在宣扬基督教的教义吗？在《精神现象学》一书里，他是比较明显地这样宣扬，而在后出的著述里，他就采用较为隐蔽的方式，然而他的主导思想之受基督教的渲染是无可否认的。他的“正”“反”“合”这种发展的三部曲，他的“自在”“自为”和“自在与自为”的三种联系着的存在形式，以及他的“逻辑学”“自然哲学”和“精神哲学”的演变等，都是可以追溯到他所信奉的基督教的“三位一体”这条基本教义的。一般人称这是他的哲学中神秘主义成分，而所谓“神秘”者实非是基督教所称的“三位一体”。“三位一体”这条基督教教义原是神秘的。

---

① 英译本《精神现象学》第251～253页。
② 英译本《精神现象学》第554～555页。

这就是黑格尔的哲学思想的第一种来源。其第二种来源乃是古希腊哲学，特别是亚里士多德的思想。关于这点，英国牛津大学导师谬尔（G. R. Mure）在其1940年刊出的《黑格尔导论》（*An Introduction to Hegel*）[①] 有详细的论述，可供参考。

黑格尔的受到古希腊哲学的深刻影响是无可讳言的。在他的中学时代，他认真学习过古希腊的经典著作，曾着重钻研过这些著作中的悲剧，而引起他对于人生和历史中的种种矛盾的注意，从而翻译了《安提干尼》（*Antigone*）这本剧本，而特别在古希腊的哲学上注意到柏拉图和亚里士多德的学说。在他后来编写《哲学全书纲要》第三部分，即《精神哲学》时，他写道："亚里士多德关于灵魂的书［指 De Anima 说］与其谈到灵魂的各种特殊方面与情况，一直是关于这个主题的饶有思辨兴趣的最杰出或说唯一的著作。"[②] 黑格尔的推崇亚里士多德是如此备至的，乃至在他编完《哲学全书纲要》时，引用亚里士多德的《形而上学》的一段作为这"纲要"的结束。至于他对于自然，对于精神，对于辩证，对于辩证逻辑，对于真理等观念，无一不可追踪到亚里士多德的思想作为滥觞，我们一读英国近代哲学著述家 G. R. 谬尔（Mure）的《黑格尔导论》一书便知。

黑格尔哲学思想的第三种来源就是康德、费希特与谢林。

首先，我们在黑格尔的范畴发展中注意到，范畴的发展全都是采取正反合这个三部曲的形式的，而这是反乎在他以前的二分法而为其概念辩证法的演变基本形式的，这也就是他的前辈康德对他的哲学思想发展之一种重要的启示。康德在其第一部"批判"，即《纯粹理性批判》中列出的范畴表[③]，与其把人类认识的机能三分为感性、知性和理性以及

---

① Mure, G. R. G. *An Introduction to Hegel*, Oxford, 1940.

② 见黑格尔《哲学全书纲要》，第三部分《精神哲学》，第378节，第329页。即 Georg Wilhelm Friedrich Hegel. *Phänomenologie des Geistes*, *bamberg/wÜbrzburg*, *1807*. ——整理者注

③ 康德著，蓝公武译：《纯粹理性批判》，生活·读书·新知三联书店，1957年版，第87页。

他的"批判"之分为三部写出，对于黑格尔的哲学思想都是有重要的影响的。虽然康德的哲学体系是形而上学二元论，而黑格尔的哲学体系是绝对唯心论的一元论，然而黑格尔批判康德的论述还是相当温和的，其主要原因就是他所受康德的影响十分严重，而他自己的思想和康德的思想终究是异中存同的。

其次，我们不得不指出，在德国古典哲学的发展中，费希特的哲学思想原是康德哲学某方面的继续。而其与康德的分歧主要是在于康德之承认"自在之物"之存在的这一点，于是他便在他的《知识学基础》[*Wissenschaftslehre nova methodo*，1794] 一书里提出他的中心哲学观念，而这个观念就是"自我意识"，这个"自我意识"也就是从康德的"统觉"而来的，他认为统觉的先验统一性无非是"自我意识"，从这"自我意识"就得出"自我"这个主题，其反题就是"非我"。可是在理论上说来，这样"自我"就为"非我"所限制（因两者对立起来），然而实际上，"非我"却是为"自我"所建立的，这样一来，就有了"自我"作为"实在"的范畴，"非我"作为"否定"的范畴，而两者的相互关系作为"限定"的范畴，通过"自我"的活动，一切其他的知识范畴也就演变出来了。这是从理论方面立论的。另一方面，从实践行动来说，"自我"是有理智的，而理智是包含着"合理"这个观念，但是"合理的"也就是"道德"，因而道德学的各个范畴也就演绎出来，费希特的辩证法就是这样的①。把费希特的哲学体系与其演变和黑格尔的哲学体系与其演变对照一下，就不难看出前者对后者的影响与联系了。

且看谢林的哲学与其对黑格尔的哲学的影响吧。费希特的生卒年代是 1762—1814 年，谢林的年代是 1775—1854 年，而黑格尔的年代是 1770—1831 年。他们是同时代的三位德国古典哲学家，费希特稍长于谢林与黑格尔，而谢林则小于黑格尔 5 岁，且是同校同学，在杜平根国

① 参看费希特 1798 年刊出的《根据知识学原理的伦理学体系》。

立大学共同学习哲学与神学，毕业后，黑格尔离校去瑞士的伯尔尼（Berne）市任家庭教师，而谢林则留在母校继续研究哲学，但黑格尔由于亲密同窗的关系，还不断与谢林通信，讨论哲学等问题，因而他们两人的哲学思想和神学在一较长的时期内是有很多相同之点的，并且在1801年黑格尔刊出他的第一部著作，标题为《费希特与谢林的哲学体系的差别》。在这本著作中，黑格尔指出，费希特的哲学实质上是主观唯心主义，而谢林的哲学则为绝对唯心主义，因为谢林认为客体与主体、实在与理想，自然与精神是在绝对里同一的，而且谢林这种同一的原理叫作宇宙的灵魂，这不也就是黑格尔“绝对精神”的滥觞吗？[①] 在这里我们至少可以看到谢林对他的同学黑格尔的影响了。所以我们认为宇伯威希对于黑格尔的论断大致上是正确的。宇伯威希在上引书第231页上写道：“黑格尔发展了谢林所主张而自认为当然的同一原理，而且按照费希特的辩证法使之受到了论证的形式，从而创立了他自己的绝对唯心主义哲学体系。依这种哲学说来，有限性的事物（不是像在主观唯心主义体系里那样）单纯是，对我们来说，一些现象，只在人们意识里有其存在，而按其本性，乃是自在（拉丁语的 per se）现象。也就是说：它们作为事物的根据（或说理由）不是在其自身，而是在普遍的神圣理念里面。”[②] 所以，我们认为黑格尔思想的第三种来源就是他的前辈康德的思想与其同时代人费希特和谢林的思想。

当然，黑格尔是个博闻强记、伟大的哲学家，其思想的来源不限于本文上述的三种，还应该提到法国大革命以及卢梭的著作。在他潜心钻研哲学与神学时，他一直是关心着西欧的政治局势而且也是对历史饶有兴趣的。读他的第一部系统著作《精神现象学》便可见得。在他的《美

① Friedrich Überweg，*Grundriß der Geschichte der Philosophie*，Basel，1883，George Sylvester Morris（trans.），*history of philosophy*：*From Thales to the Present Time*，New York：Charles Scribner's Sons，*1909*. ——整理者注

② Friedrich Überweg，*Grundriß der Geschichte der Philosophie*，Basel，1883，George Sylvester Morris（trans.），*history of philosophy*：*From Thales to the Present Time*，New York：Charles Scribner's Sons，*1909*. ——整理者注

学讲演录》里，我们看到浪漫主义在黑格尔的思想中所发生的影响，而这种影响是和他的同时代德国两个“狂飙运动”名人歌德（1749—1832）与席勒（1759—1805）分不开的。黑格尔是博览群书，兴趣广泛的哲学家，想要追溯到对他的思想有过影响的人，并统统指出，是不可能的。

精神哲学导言[1]

§ 377

关于精神的知识是最高超而又最困难的原因，恰恰是因为它是各种科学中最“具体的”。“要认识自己”这条“绝对”诫语的意义，无论是从它本身来看，或者是从它第一次说出时所处的历史环境来看，都并非要人对于单独自我的特殊能力、性格、倾向、弱点等的自我认识有所促进。这条诫语所要求的知识意味着关于人的真正实在性的知识、关于什么是本质上和最终真正实在的东西的知识、关于精神作为真正和本质的存在的知识。同样地，精神哲学的意旨很少是要谈到所谓关于人的知识，即旨在发现别人的特性、情欲和弱点，揭发所谓人心深处的那种知识。首先，这一类的知识是毫无意义的，除非假定我们已经知道了那普遍的东西，即人是一个人，而且必须始终是精神。其次，如果它只是从事研究精神生活的那些偶然的、无重大意义的和不真实的各方面，那么它也是不能达到所有这些方面的基础上的本质，即精神本身的。

§ 378

灵魂学，过去也称为理性心理学，曾经在逻辑学导论中提到过。它是关于主体的抽象的和概括的形而上学。经验的（即归纳的）心理学则不同，它是和“具体的”精神打交道的。科学复兴之后，观察和经验已

① 韦先生是在 William Wallace 英译本基础上翻译的。在整理过程中，整理者参考了杨祖陶先生翻译的黑格尔《精神哲学》（2006 年人民出版社出版）。——整理者注

成为关于具体实在的研究的特殊方法，这样的心理学就和其他科学取同样的途径了。这样一来，形而上学的理论就被排斥于归纳科学范围之外，不能得到任何具体的体现或评述；同时，归纳科学只紧紧抓住老一套的常识形而上学，只知分析为能力和种种活动等，而拒绝做任何“思辨”处理的尝试。

亚里士多德论灵魂的种种著述，和许多关于灵魂的种种特殊方面和状态的讨论，至今仍然是关于这个题目的最令人钦佩、有哲学价值的著作，或者可能是唯一的著作。精神哲学的主要目的只能是把思想和原理的统一重新引入到精神理论中去，从而把亚里士多德那些著述的教训加以重新解释。

§379

甚至我们自己对于精神活生生的统一的感觉，也自然地反抗任何想把精神打碎成为种种不同的性能，不同的力量，或者结果一样的种种不同的、看成是互相独立的活动的企图。我们不久就碰到精神自由和精神的被决定性的种种区别，碰到自由心理作用和心理作用以外的形体两者之间的对立，而我们又同样地看到那两者的紧密的相互依赖，因之我们对于统一的理解的那种渴望就又进一步受到刺激，特别是现代动物磁力的种种现象，即使在经验中，也曾替灵魂基础上的统一，而且对它“理想性”的能力，给了活生生的、令人可见的证实。在这些事实面前，讲究实际的常识中那些死硬的区别就惊慌失措了；于是，研究的人就更直接地感到不得不有一种“思辨”的检查来除掉一些困难了。

§380

关于精神的“具体的”性质问题，对于观察者来说，含有特别的困难，那就是在细节上发现其理性统一的各个等级与特殊的类型并非和它更发达的形态相对照，而是表现为许多分别的存在。在外部自然界就不是这样。在自然界中，例如物质和运动都有它们自己的一种表现——那就是太阳系；而和这相类似地，感性知觉的种种种差，在物体的性质中就有一种早期的存在，而在四元素里就更加独立地存在着，但精神进化中的种别和级别就不是这样。它们在发展过程中较高的等级里是失去它们各自的存在而成为更高的等级中的因素、形态和特征的。这样一来，精神的较低而较抽象的方面，甚至对于人们的经验，都不自觉地露出其更高的一个等级存在于它的里面。例如表面上是感觉，我们可能发现最高精神生活本身就是它的一种变化或一种体现。因之感觉，其本身不过只是一种形式，一种传递工具，而某些肤浅的看法，则把感觉看成像是充满着它的那些道德与宗教原理的所在处，而且像是它们的来源似的；而这样被变更了的那些道德与宗教原理就好像得要作为感觉的一种种类来处理，可是与此同时，当我们检查精神生活的较低等级时，如果我们想要在经验中指出其实际的情况，就必须注意到它们所作为的只是形式的那些较高的等级。像这样，应该属于发展后期的种种题目，得要预先加以处理（例如，在处理从睡眠中自然醒觉时，我们就预先谈到意识，在处理心理错乱时，就预先谈到理智）。

（一）精神（又称心灵）是什么

§381

从我们的观点来看，精神是假定先有自然，而为自然的真理的，因之而为自然的先行绝对（absolute prius）。在它的这个真理里面，自然消失了，而结果精神就作为“理念”占有了自己。在这里，理念的主体与客体是同一的——任何一个都是理性的统一，都是总念。这个同一性是绝对否定性——因为在自然里面，理性的统一得到了它的客观性的完善，可是形相化了，而这自形相化[1]取消了，这样统一就和其自身变为同一了，无异无别了。同时这样一来，只是就它从自然转回来而言，它

① 杨祖陶先生译成“己外存在”，整理者认为不如韦先生“自形相化”妥切，因为黑格尔不承认独立的客观存在。可参见前面的《小逻辑》评注的部分。——整理者注

才是这个同一的。

§ 382

因之精神的主要特征就是自由，可是这无非是形式上的主要特征，那就是说，它是总念的绝对否定性，或者说总念的自同一性。作为这个形式的方面而言，它是可能把自己从一切外面的事物抽出来，从它自己的形相抽出来，从它的存在本身抽出来；它能够这样忍受无穷的苦楚，就是它个别的直接性的否定；换言之，它能在这个否定性中保持自己为肯定的，而具有它自己的同一性。只要就它的抽象的、独立自足的普遍性来考虑它，这一切都是有其可能的。

§ 383

这普遍性又是它的存在的确定范围，有了它自己的存在，普遍一方面自特殊化；而另一方面，仍然是自同一的。因之精神存在的特殊方式就是“表现”。精神并不是一种方式或一种意义，只在和它自己不同的一种形式上表达出来，或有其形相的；它并不表现或显露为某一东西，而它的方式和意义就是这种显示。这样，则就它的可能性来说，精神同时是一个无限、“绝对”的现实。

§ 384

当显示作为抽象理念的显示来理解时，乃是向自然的直接过渡，而自然就因之出现。精神既是自由的，它的表现乃是把自然提出作为它的世界；但是因为精神是反思，所以，在它这样把它的世界提出时，它同时预先假定世界是一个独立存在的自然，在理智的范围里，显示就是这样创造世界作为它的存在——在这存在里面，精神取得它的自由的肯定与真理。

【说明】 绝对就是精神（心灵）——这是绝对的最高定义。发现这条定义和掌握它的意义与主旨，可以说就是一切教育和一切哲学的最终目的；它曾是一切宗教和科学的冲力所指向的点；而说明世界历史的也就是这种冲力。“精神”（心灵）这词——和它的意义的某种瞥见——

早期就已曾发现了的；而上帝的精神性就是基督教的教训。要等到哲学在理性的统一这个它自己的活动范围里，才抓住这样作为心理的影儿而给出的东西，抓住隐而不现的最后真实；而在自由和理性的统一还未成为哲学的主题，还未成为哲学的灵魂之先，那条问题是不能真正地和用理性的方法来加以解决的。

(二) 分　题

§385

精神（心灵）的发展分为三个阶段：

(1) 自关系的形式阶段。在这个形式上，它具有理念的理想总体——就是说，在它面前，它具有凡它的总念所包括的一切；它的存在是要独立自足而且自由的。这个就是主观的精神。

(2) 真实性的形式阶段。它是实现了——在产生的世界之中实现了——而又要为世界所产生。在这个世界里，自由是以必然性的形状而出现的。这个就是客观精神。

(3) 在这个阶段上，精神作为客观性和精神作为理想性和概念统一起来，在本质上和实际上精神就是自己而且永远产生自己，精神在其绝对真理之中，这个就是绝对精神。

§386

精神论前两部分包括着有限的精神。精神是无限的理念，因之这里有限性是意味着概念和真实的不相称，可是得要说明，这是精神自己的亮光所投出的一个影儿——精神暗中对自己强加上的一种外表，一种幻相。作为障碍，使得障碍清除之后，实际上就可以实现自由，而且能意识到自由是它自己存在的本身。换言之，可以尽量地表现自己，这个活动有几个不同的步骤，每一步骤都有着存在的模样，而有限精神的任务是要在每一个步骤上停滞一个时期，是要通过每一步骤。这些都是它得到解放的步骤。在解放的圆满意义中，三个阶段就成为同一化——发现在我们面前预先假定的世界，产生作为我们自己创造的一个世界。从这世界而且在它里面获得自由，对于这圆满意义的无限形式，外表逐渐纯洁它自己，直至它成为圆满意义的意识。

【说明】 在关于精神与理性的处理中，主要可看见抽象逻辑学家死板地应用有限性这个范畴，把拘泥于有限性的观点看成不只是严谨逻辑的事情，而且把它看作为道德和宗教所关心的事，并且把想前进一步算作思维的狂妄，至少也是思维的不知起止的标志。当知事实上把有限看成完全是固定绝对的东西，这种思维的谨慎是品德中最坏的；而死守着毫无可靠根据的岗位，其本身是理论中最不健全的。有限性这个范畴很早在《逻辑篇》中有关的地方曾经说明过、解释过了。那种说明，在逻辑里面是为着有限性的比较更特别，纵然仍是简单的思维形式而言的，而在哲学的其余部分里则是为着具体的种种形式而言的，不过是要指出有限的东西不是什么，即不是真理，而只是向更高的东西的过渡，是更高东西的一种出现。在已经考察过的各种范围里面，这个有限性是辩证法，即使一个东西因为另一个东西而且在这另一个东西里面而有它的休止的。但是精神，即理性的统一，含蕴着的无穷，本身就正是使无效为无效、使空虚为空虚的那个无穷行动的总和。这样一来，上面所说的谨慎就是这个空虚的保留——即有限的保留，它和真的东西相对立，因之它本身就是空虚。在精神发展过程中，我们将看到在精神达到它的极端、浸入其主观性里面，达到其最中心的矛盾这个转折点时，所说的这个空虚就以邪恶出现了。

恩格斯论归纳法[①]

归纳推理是形式逻辑的一个重要组成部分，但是我们在学校教学中，讲到归纳推理的时候，常常对于归纳推理的结论是盖然性的抑或是必然性的这一个问题不能弄得很明确，因而引起学生怀疑归纳推理的正确性，而归纳推理一方面是为演绎推理的依据，且另一方面，归纳推理又为科学研究所用的方法。对于归纳推理结论不能决定其是正确性，必然性，则必对于演绎推理亦发生问题，对于科学研究，因而对于科学的成果，都会引起怀疑。所以归纳推理的结论是盖然性的抑或是必然性的这个问题不可加以研讨。认为一般归纳推理的结论是盖然性的人们，常常引用恩格斯的《自然辩证法》，而未完全理解恩格斯在《自然辩证法》谈到归纳推理的时候，所指的是哪一种归纳推理，这是不可不弄清楚，进一步来理解恩格斯，掌握其论证的精神的。本文首先既论归纳法的本质，次言归纳推理与演绎推理的关系，指明在马克思主义辩证唯物论以前，唯心主义的逻辑家无法解决归纳推理之能得出必然性的结论的问题，却在恩格斯《自然辩证法》所谈到的归纳法的几点又常为人所误解，故特别提出，加以研讨。

根据毛主席的指示，认识有两个过程："一个是由特殊到一般，一

① 《恩格斯论归纳法》曾于1955年4月7日发表于《华中师范学院学报》1955年第1期。高新民先生在选编《韦卓民学术论著选》(华中师范大学出版社1997年版）时再次收录了此篇论文。在重新整理本附录时，我们以《韦卓民学术论著选》为蓝本，并对照韦卓民先生的手稿进行整理。——整理者注

个是由一般到特殊”①。这是毛主席对逻辑的归纳法和演绎法下了正确而简洁的定义。人的思维之所以由特殊到一般，就是因为在特殊里存在着一般，而归纳法的本质就是在个别特殊的事物中发现其存在的一般，发现个别特殊事物的本质以求其类别，发现事物的相互联系，特别是它们的因果联系，以知其如何有内在的特殊矛盾而变化而发展，以知其变化发展的规律。不深入体会毛主席的这一指示，就无从理解逻辑所讲的归纳法。

在所引《矛盾论》的一段中，毛主席又教导我们说：“就人类认识运动的秩序说来，总是由认识个别的和特殊的事物，逐步地扩大到认识一般的事物。人们总是首先认识了许多不同事物的特殊的本质，然后才有可能进一步地进行概括工作，认识诸种事物的共同的本质。当人们已经认识了这种共同的本质以后，就以这种共同的认识为指导，继续地向着尚未研究过的或者尚未深入研究过的各种具体的事物进行研究，找出其特殊的本质，这样才可以补充、丰富和发展这种共同的本质的认识，而使这种共同的本质的认识不致变成枯槁的和僵死的东西。”② 这又是一段十分重要的指示。人类的认识过程首先是从个别特殊事情的认识开始，通过归纳的方法，分析、比较、抽象、概括、类化等而认识一类事物的共同本质。有了这共同本质的认识，从而将这认识作为某一定范围内的原理，以之来应用于尚未深入理解的，却属于同一范围的，即同一类别的事物。这便是演绎法了。故演绎法是以归纳法所获得的成果为其依据，为其出发点。演绎之有待于归纳，其理故甚明。却归纳之为法，是即物以穷其理。吾国先儒有云：“天下之物莫不有理，惟有理有未穷，故其知有不尽。”③ 是则归纳之即物以穷理，其即物也必切，不切则非所穷理之物，而穷理的功夫又在穷之一字。穷之术有粗精，其别有限于

① 毛泽东：《矛盾论》，人民出版社，1956 年版，第 14 页。
② 毛泽东：《矛盾论》，人民出版社，1956 年版，第 14 页。
③ 《礼记》的《大学篇》注补。

表面不能到里者，又由表而到里者。其所含因素，所经步骤，又不一而足，而其法之到精微，是在于穷理，必掌握所穷理的事物之特殊矛盾，夫然后问题使得而解决。而特殊矛盾之掌握，又有待于事物分析之详且尽。事物分析之详尽，首先必根据事物之实际情况，结合其前此已知之理，作出假说，由假说引申出其应有的结果，然后回到事物中以求其引申之证，其理乃得而知。故假说的提出，为寻得当前特殊矛盾所必经之途，然而假说云者，不能草率将事，必也明辨其具体事务，依据已知之理，而后通过假说才有获得问题最后解决之可能。主观胡乱猜测的假说，何有于科学的探讨？而假说引申便是演绎。是则归纳为演绎之依据，而演绎又为归纳所必需，两者相互依存不容分割，可无疑义。而且归纳之成果，应用于尚未研究或尚未深入研究的同类事物，以继续检验这归纳的成果，从而补充它，丰富和发展它，使之不致变成枯槁和僵死。所以“人类的认识总是这样循环往复地进行的，而每一次的循环（只要是严格地按照科学的方法）都可能使人类的认识提高一步，使人类的认识不断地深化”①。但是宇宙是不断地发展着，所以毛主席又指示我们说：“在绝对的总的宇宙发展过程中，各个具体过程的发展都是相对的，因而在绝对真理的长河中，人们对于在各个一定发展阶段上的具体过程的认识只具有相对的真理性。无数相对的真理之总和，就是绝对的真理。”② 根据这点指示，我们所认识，只要它是正确的，虽然它只是相对的真理，而还不是绝对的真理，可是它之为真理，而且是可靠的，在其不断的发展中一步一步地接近于绝对真理，是可以肯定的。和演绎推理紧密联系的归纳推理，其结论之可靠性也是这样。

但是对于这最后一点，形式逻辑家的意见还未能取得一致。有些形式逻辑家认为归纳推理的结论本质上和演绎推理的结论不同。其说是演绎乃由一般到特殊，而归纳则从特殊到一般。演绎之由一般到特殊，是

① 毛泽东：《矛盾论》，人民出版社，1956年版，第14页。
② 毛泽东：《实践论》，人民出版社，1956年版，第16～17页。

把其前提所含蕴、所包藏的东西，在结论中引申、敷衍出来，犹如缠丝者然。蓝原藏有丝，丝自蓝出，蓝之如何，丝亦如何，由蓝而丝，丝性依于蓝性。演绎亦复如是。演绎之前提皆真，演绎过程未离正法，其结论之真且确，无可置疑。归纳则不然。归纳之为法，即物以穷理，而穷理之物常非物之全类。所即之物既未尽，则所穷之理未可放而推之于全类。偏以概全，其非为论，自可断言。持归纳推理之结论，常是盖然性之说者，立论是在于此。章士钊氏在其《逻辑指要》之云云，是其一例。章先生之言曰："从耳目之原，以臻于通则，所为心程，不若三段之足容种种方式。据科学史之所诏，凡昭显一法，期于普应，绝非易易。"① 章氏复以"性契"为归纳法之所依凭，从而推演所谓"阴达三段"，以阐明归纳法之理。文长，近八千字不能全录②。所谓性契，即英语之 uniformity of nature，严复氏译为"自然常然"。其阴达三段，即归纳三段论式。"阴达"者，拉丁文"归纳"之意。章氏立论，全采米勒（严译音为穆勒）之说，而米勒之言归纳推理本质，在其《名学》一书，凡两篇，都六节，原文近七千字。原译且超过七千字，然其旨趣，摘录该书严译，可得概言之如次：

"内籀（即归纳）者，取阅历而观其通也。人经历之事变不同，顾其中有相类者，以某事之皆见，其见也，常有其所以见。吾得一然，能由此而推其常然，是则内籀而已矣。"③ 由同类的事物中，寻出其某一现象之所以呈现的缘由，作为此现象发生的常规，就是归纳法。

米勒接着说："使因缘无异，则信于一者，将信于无穷。"但上页有云："人经历之事变不同"，而此云"因缘无异"，不同事变之中，寻求所谓"无异之因缘"，已非易易。穷理之功在于此。此问题始终非米勒所能解决。看其往下所说便知。

---

① 章士钊：《逻辑指要》，第 278 页。
② 章士钊：《逻辑指要》，第 279～297 页。
③ 严复译述《穆勒名学》（三），商务印书馆，第 19 页。

“以约翰、彼得、妥玛诸人之有死也，故人类皆有死。”① 使执米勒而诃之曰：何以之此？将应之曰：“所由知凡信于约翰、彼得、妥玛诸人，必于人类莫不信者，无他，以自然常然故耳。”② 自然既常如此，故凡约翰、彼得、妥玛是这样，则人类都必定是这样。是则无论个别的人之高矮，肥瘦怎样，人类都是怎样，宁有是理？故本质属性与非本质属性不可不分，而本质属性与非本质属性将何以区分，米勒之论归纳法，未曾谈到。

何况，以“自然常然”而论，米勒尚不能自圆其说。他曾自己在同篇第二节有云：“未来者不必同于既往，未见者不必同于所见者。今岁之雨晴，不为明年之成例，此夕之噩梦，不期后夜以复然。且使岁而常然，夕而为此，人意正复讶之。”米勒因而做出结论曰：“其籀例之术，未为精审可知，盖古人所谓内籀，正如培根所言，为历数内籀（今译简单枚举法）”。米勒此之谓“古人”即指亚里士多德与其学派而言，而米勒称为“浅学常智之所常用也。以其心未经科哲诸学之磨砺，故不知更有经历之涂术。……必俟何等变端而后可断其常然而公例立，此惟大心上智，有研几之学者而后能之”③。

从上面可见，米勒之于归纳推理，断言亚里士多德以及培根，先后近两千年所用的简单枚举归纳推理之不能做出常然的结论，必有待于“大心上智”，“更有精严之涂术”，而在本篇第二节所谓“其理将于本部之二十一、二十二等篇论之”，其所论者亦不过寻求现象之间因果关系的求同，别异等归纳方法。是方法等，米勒而后，百年来最为欧西形式逻辑所推崇，几于视为归纳之无上法宝。揆其趣归，不过培根《新工具》一书第二部所言“显在”“缺如”“比较”三表之增补，仅仅限于现象表面之观察，而未能深入事物联系之本质，原非科学归纳之上乘，故

① 严复译述《穆勒名学》（三），商务印书馆，第21页。
② 严复译述《穆勒名学》（三），商务印书馆，第22页。
③ 严复译述《穆勒名学》（三），商务印书馆，第32页。

米勒之洋洋自得称为“精严之涂术”者，未能解决科学归纳推理之问题。立足于经验论的米勒又焉能臻此？米勒在其《名学》一书中，一再声明“一例之立，一事之诚常质成于阅历”①，“衡阅历者，仍阅历也。阅历而外，无能为阅历之质成，因阅历而得其常然。而孰为不爽，孰为难堪，为彼为此，阅历自裁量之”②。

米勒承英国培根以来二百余年经验论的传统，将其认识论局限于感性认识，浮在现象表面，虽知只靠现象的认识而不深入到本质，必不能达到知识的堂奥，故在其逻辑的探讨中，每欲冲破经验论的樊篱，有欲罢不能之威，却囿于其阶级与历史条件，不能使经验的感性认识发展到理性认识的阶段，故虽已知其立论之缺点，却因其《名学》于1842年刊行时，尚未有马克思主义的唯物论，仍不能有辩证唯物论关于认识论发展过程的理论为之指导，结果就是归纳推理的问题始终无法彻底解决。这问题的解决，必有待于马克思主义的辩证唯物论，是今日之言逻辑者，尽人皆知的。

这就使我们不得不谨慎地研究恩格斯对于归纳法的批评了。

恩格斯在其《自然辩证法》中批评归纳法，主要有三个不同的对象：一是归纳法草率的概括；二是亚里士多德的归纳三段论式；三是归纳万能论。兹分别研究之。

归纳草率的概括，在恩格斯写现在编成为《自然辩证法》的札记时代，主要是表现于生物学的分类。

生物学分类法，渊源于亚里士多德。亚氏的生物学分类是根据其二分法原则。生物之分，是按其某一属性之有无，而其有无所根据之属性，是本质的抑是非本质的，未达顾及。此种分类法未能深入所分类的生物之本质，是其最大之一缺点，然其统治西欧之生物学思想者两千多年，至林奈（Linnaeus，1707—1778，瑞典生物学家，以创始生物学新

① 该书部丙篇四第二节第31页。
② 该书部丙篇四第二节第32页。

分类法名世）始予以改革。林奈的分类法主要是根据比较解剖学与比较胚胎学。生物之归类（按：亚氏之生物学分类，是自大类下而分为小类，故曰分，而林奈之生物分类，是以个别生物归于一种，种归于一类，故应名归类，实与分类有别），必按其种之历史进化与其机体结构之分析，法至善也。恩格斯所称“一百年前，用归纳发现了海虾和蜘蛛都是昆虫，而一切更低的动物便是蠕虫”①。显然是恩格斯批评生物学旧分类法其称归纳者，盖因其以特殊纳入一般，本与逻辑的归纳法无关，然其之为草率概括，实与正确归纳之理相达。“现在用归纳法发现了这（上所讲的所谓归纳）是荒谬的……”“归纳法绝不能证明，世界绝不会有无乳腺的哺乳动物。从前乳房是哺乳动物的标记。然而鸭嘴兽就没有乳房。”② 概括之为事实所破斥，则其为草率可知。由所经研究一类若干事物，发现其共同属性，未深入到本质联系，而断其为全类所必具有的属性，是所谓简单枚举的归纳推理。若干哺乳动物无不有乳房，因而作出概括，谓世界绝不会有无乳房的哺乳动物，这概括本限于前所观察的哺乳动物，纵使所观察者为数极繁，究仍非类之全数，以偏概全，其谬甚类，而为一鸭嘴兽之例子所摧破，事有必然者。米勒所谓“未来者不同于既往，未见者不必同于所见”是也③。简单枚举归纳法之未为精审可以知之矣。

于是恩格斯在《自然辩证法》有这一句常为逻辑家所引用的话：“黑格尔曾经说归纳推理本质上是一种尚成疑问的推理，这个命题的论断是何等的高妙。”④

黑格尔断定归纳推理本质上是一种尚成疑问的推理，而恩格斯许其为高妙，是则恩格斯也认为归纳推理本质上是一种尚成疑问的推理。果尔，则由归纳推理作出的结论不为必然性的，是恩格斯的论断。我们对

① 《自然辩证法》，人民出版社，1955 年版，第 188 页。
② 《自然辩证法》，人民出版社，1955 年版，第 188～189 页。
③ 《自然辩证法》，人民出版社，1955 年版，第 188～189 页。
④ 《自然辩证法》，人民出版社，1955 年版，第 189 页。

此加以分析如次：

首先要知道黑格尔的这句话是指什么的归纳推理说的。黑格尔这句话是在《逻辑科学》俗称《大逻辑》讨论“反映的推论”（贺麟译黑格尔《小逻辑》语）时，才有这句话。“逻辑科学”的“反应推论”一节相当于《小逻辑》的第190节。这节无此句，而在这节的“附译”中有这一段，与《大逻辑》大致相同。兹全录以明其意，因为《大逻辑》尚无中文译本。

全称的推论会指引到归纳的推论。在归纳推论里，个别构成联结的中项。当我们说：“凡金属皆传电”，这乃是一经验的命题，从所有各种个别的金属加以实验所得的结论。于是我们便得到下列形式的归纳推论：

普遍 A —个体 E—特殊 B

金是金属，银是金属，同样铜、铅等皆是金属。这是大前提。于是小前提随着产生：所有这些物体皆传电。由此得出一条结论：所有金属皆传电。在这里有连接功能的乃是作为全体性的个体性。但这种推论又立即指引到另一种推论。这种推论的中项乃全部个体所构成。这先假定在某种范围内，观察和经验是完全无疑的。但这里所处理的对象乃是个体事物，于是我们又陷入无穷的进展（E、E、E……），因为在归纳法里我们是无法穷尽所有的个体事物的。……因此每一种归纳总是不完备的[①]。

很明显的，黑格尔这里所谈的归纳法就是他的2100多年前亚里士多德所谈的归纳法之一种，其归纳法的形式也系丝毫无改于亚里士多德的那一种归纳形式。亚氏在其著名的《逻辑六种》中（后人称为《工具论》者），屡次以三段论式（即亚氏的演绎法）与归纳法相提并论，视其为基本上两种不同的认识方式。其演绎法是思维之从一般到特殊，而归纳法是思维之从特殊到一般。却亚氏谈到归纳法的时候，就把它套上

① 黑格尔著，贺麟译：《小逻辑》，生活·读书·新知三联书店，1954年版，第371～372页。

一种三段论式的形式，盖三段论式为亚氏所独创，洋洋自得于其所成就，便以为三段论式之为法也无往而不服。其主见之深有如此。细读其《分析论前篇》第二卷二十三章 68b 页 15 至 36 行便知。他说："归纳法，即归纳的三段论式，是三段论式之以其端项之一来建立其另一端项与其中项之间的关系的一种推理方法，例如，如果 B 是 A 与 C 两个端项之间的中项，归纳法就是用 C 证明 A 关于 B。"这就是归纳法。如果将这推论列为三段论的公式，便有：

所有 C 都是 A，

所有 C 都是 B，

这两前提显然是今日形式逻辑的三段论式所称为第三格者，其结论应是："有些 B 是 A。"而亚氏却从这称为三段论式的推理中得出"所有 B 都是 A"的结论，其原因就是他认为在归纳推理中，前提"所有 C 都是 B"的 C 和 B 的外延是相等的，因之"所有 C 是 B"亦可写为"所有 B 是 C"，于是就有下列一个三段论式：

所有 C 都是 A，

所有 B 都是 C，

所以，所有 B 都是 A。

其关键是在于 C 乃是完全列举，穷尽其 B 之类，故等于 B 的全部外延，因之 C、B 两者之外延相等。

亚氏这一种归纳法只是现代形式逻辑所称为完全归纳法的一种形式，即研究某一类事物必穷尽其全类而无遗漏，而后做出结论。其术既在穷尽全类之事物，故实际上，在许多情况下是不适用的。类之有不能穷尽者，所以黑格尔就有"限于无穷的进展（E、E、E……）的批评"，因为的确，"我们是无法穷尽所有的个体事物的……因此每一种归纳总是不完备的"[①]。

---

① 黑格尔著，贺麟译：《小逻辑》，生活·读书·新知三联书店，1954 年版，第 371～372 页。

但是黑格尔这样批评亚里士多德的归纳法，是尚未深入，未够全面的。对于形式逻辑所称简单枚举法作这样的评语，是完全正确的。却以简单枚举是亚氏上面所举的例子，黑格尔，正如后来许多逻辑家一样，是错误的，是曲解了亚里士多德的归纳法学说。亚氏的归纳法学说不限于《分析论前篇》第二卷第二十三章，而评亚氏归纳法的逻辑家，每每只引此一例而弃其余，不免犯了缺乏全面体会亚氏学说之错误。当知亚里士多德在其《逻辑六种》中，谈到归纳推理之处不一而足。例如，在六种之第五种，《论题篇》，标准页第 105a 第 13 至 16 行，亚氏有云："归纳法是从个体到一般的推进，例如这种的论证：假使有技能的航海员是最有成绩的航海员，而同样地，有技能的驾车员是最有成绩的驾车员，那么，一般地说，有技能的人在其本业上是最好的。"这是亚氏从几个实例得到归纳结论的一例。它并未依靠所谓完全归纳法。又例如在其"分析论后篇"第 1 卷第 13 章所举的行星之近地球是以不闪光为证（标准页第 78a 第 29 至 35 行）。这一例是从一实例而得到归纳的结论。不论从多少事例而得出归纳的结论，其术可能是简单枚举法，亦可能是科学的归纳法。其分别不在于其事例之多寡，而在于分析之是否深入到事物的本质联系。亚氏在《分析论前篇》第二卷第二十三章所举的马、人等无胆汁，而马、人等皆长寿，故无胆汁的动物皆长寿一例，表面上是用简单枚举的不完全归纳法，也就是黑格尔在其批评归纳法时所指的方法，上文已经讲过。而黑格尔之误解亚里士多德是在百年以前，却法人禅尼（Paul Janet）在其《哲学概论》（Traité élémentaire de la philosophie）一书中，1927 年巴黎第四版、逻辑之部，第一段第七章，亦同样地误解亚里士多德这一点论证。许多逻辑家之如黑格尔、禅尼等人，皆忘记了亚里士多德在其当时，是认为物类的种乃学人所尽知无疑，所以列举的马、人等不是指"无法穷尽的"个体的马、人等，而是指其类之中可穷尽的马、人等种。种既可尽知，则列举可尽其类。类穷，故归纳三段论式的中项（今称中词）在第二个前提中是与其端项相等，因之其结论是全称的。不明乎此，则亚里士多德在其“分析论前篇”所谈的归纳三段论式是有问题的，其结论就是无根据，犯了逻辑的错误，亦即黑格尔所说，“归纳法推理本质上是一种尚成疑问的推理”。恩格斯认为黑格尔高妙之处也是黑格尔所指的简单枚举的归纳法这一点。谁都需要承认简单枚举之为归纳的一种方法，是本质上有问题的。简单枚举法并无经验的积累，加以概括。使其限于所经验的范围，正确的概括，又何可厚非？但以之推而普及于经验范围以外的同类事物，则“今岁之雨晴，何得为明年之成例，此夕之噩梦，自不能期后夜之复然”？（严复译米勒语，见上引文）然而归纳之为法，不限于简单枚举。亚里士多德还在两千年前之言归纳推理亦未尝限于简单枚举。不应从“分析论前篇”第二卷第二十三章所用的完全归纳法来理解亚里士多德的归纳法学说，亦不应从上面所引《论题篇》或《分析论后篇》所用的简单枚举法来理解亚里士多德的归纳法学说。是二法者，皆“未为精审”。“更有精严之涂术”（严译米勒语，见上引文），是在亚里士多德之“分析论后篇”第二卷第十九章。

亚里士多德在《分析论后篇》第二卷第十九章中，主要研究三段论式和科学证明所依赖的基本前提是怎样获得的，亦即研究归纳推理的本质。本章标准页第 100a 页第 15 行至 100b 页第 3 行，有一段话说：“许多逻辑上不易看清楚的特殊事物站住了，我们的心灵中就有了最初的一般了：因为感性的活动虽然是关于某一个特殊的事实，而其内容是一般性的，例如，其内容是一般的人而不是某一个人，在这些初步的一般性的认识站稳了时，认识的过程就继续推进，直至不可分割的概念建立起来，直至真正的一般建立起来才了事。”关于这一点，罗氏在其《亚里士多德》一书有云：“亚里士多德之论归纳推理，其本质是一个人引导另一个人从特殊的知识到一般的知识。用一个事实或几个事实，用许多事实或用所有一切事实，是以研究的对象可能理解的难易为转移。亚里士多德之所以认为科学的最初原理可为人以归纳法来理解，并不是另外有什么基本上特别不同的方法，来认识这些原理。亚氏的说法只是，如果在具体的感性认识中，其原理比较易于寻获，如同在数学的研究中那样，则从一个实例便可认识到其适用于同类一切实例的原理；如果其原理比较复杂，不易从具体的事实马上得出，就需要多数的事实。”① 亚氏归纳推理的根据是一般存在于特殊。“感性的活动虽然是关于某一特殊的事实，而其内容是一般性的。”归纳推理的任务是在特殊中认识一般。故亚氏归纳推理的真谛，不是现代形式逻辑所谓完全归纳法，也不是简单枚举法，而是今日科学归纳推理之在特殊中发现其一般。由于两千年前古希腊奴隶主社会时期，科学尚未发展，为历史条件所限制，亚氏归纳法的方法远非完善，然其归纳推理的本质是科学归纳推理。可见恩格斯在其《自然辩证法》中认为黑格尔判定归纳推理本质上尚成疑问是高妙的，不是指任何归纳法而言的，而是指简单枚举那一种归纳法而言的。简单枚举法所得的结论，当然是有问题的，因为任何时候发现一个和它的结论相反的实例，这结论便被推翻了。“天下乌鸦一般黑”只是经验积累的概括，正如从前欧洲的谚语“天鹅尽是白”一样，而今在澳洲已经发现黑色的天鹅。何时发现非黑色的乌鸦，当然是一个疑问。科学的正确结论本质上有异于“天下乌鸦一般黑”，岂可同日而语？如果因为恩格斯对于简单枚举的归纳法产生疑问，就根据这一点怀疑到归纳法本身，是完全没有理由的。恩格斯只赞同黑格尔之认为简单枚举的归纳法尚成疑问，并未赞同黑格尔之误解亚里士多德。这两个问题不可混为一谈。

恩格斯在《自然辩证法》中除了批评草率的概括和简单枚举法之外，还给全归纳派以严重的斥责。所谓全归纳派，又称归纳万能论者，认为归纳法是唯一正确的方法。这一派人反对演绎推理，而只相信归纳推理。他们要抹杀演绎推理而高抬归纳推理的价值。恩格斯指出，这是

① 译自 W. D. Ross，Aristotle，1945 年伦敦第四修订版第 40 页。按罗氏系英国牛津大学教授，生于 1877 年，专研亚里士多德的原希腊文著作，考察颇为精详，一般理解亦甚确切。

完全错误的。他说：“归纳与演绎正如分析与综合一样是必然相互联系着的。我们不应当在两者之中牺牲一个而把另一个高高地抬上天去，我们应当力求在其适当的地位来应用它们中间的任何一个，而要想做到这点，就只有注意它们的相互关系，它们的相互补充。”① 由此可见，恩格斯所斥责的，不是归纳法的本身，而是歪曲归纳法的归纳万能论者（Den All-Induktionisten），他斥责的，不是在两千多年前研讨归纳推理的亚里士多德，也不是16至17世纪反对中世纪教条主义逻辑而大力提倡归纳的科学方法的培根（按：培根的《新工具论》出版于1620年），而是19世纪上半叶的惠威尔（按：惠威尔 William Whewell 生于1794年，卒于1866年，著有《归纳科学的历史》，于1837年在伦敦出版。与《归纳科学的哲学》，于1840年在伦敦出版）。“归纳法的全部混乱是英国人惠威尔所造成的，归纳法科学包围着纯粹数学的科学，因而设想归纳法和演绎法是对立的。关于这一点，不论新的或旧的逻辑都是毫无所知的。”② 这就更明确地说明恩格斯并未轻视真正归纳法的科学作用。他只反对归纳万能论，反对把归纳与演绎这两者之间牺牲其任何一个，而高高地抬另一个到天上去。他反对把归纳法与演绎法对立起来。他正确地强调它们的相互依赖性，强调它们的相互补充性。恩格斯这指示是完全正确的而且必要的。无归纳推理，则我们的认识仅限于感性阶段，不能提高到理性阶段。归纳固从感性认识始，却不以感性认识终。归纳必在感性认识的特殊寻求中而发现理性认识的一般。无归纳推理，则演绎推理又无所依据。却归纳如果与演绎脱离，则认识之限于现象的罗列，不能将当前的认识和已知的原理相结合而纳之于整个的系统。二者相依为命，缺一不可，犹如车之两轮，相互依赖。恩格斯指出：“依据归纳派的意见（即依据脱离演绎法而孤立起来的归纳法拥护者们的意见），归纳法（即脱离演绎的归纳法），是不会错误的方法。但事实上它

① 恩格斯：《自然辩证法》，人民出版社，1955年版，第189页。
② 恩格斯：《自然辩证法》，人民出版社，1955年版，第189页。

是如此无力，以致它的似乎是最可靠的结果每天都被新的发现所推翻。”① 全归纳法，即与演绎对立的归纳法，如惠威尔之流所提倡的，最多不过是经验累积的简单枚举法，当然是每天被新的发现所推翻。代表经验论的逻辑家米勒尚且能认识到这一点。其言曰：“五十年以往，同非洲内地之土番，人类以何者为正色？彼将曰黑也。十余年以往，问欧洲之民，鹄有不白者乎？乌有不黑者乎？彼将曰，天下无有是也。乃至于今，是二民者，各知其大误。然必以五千载而后悟其非。当其未悟也，彼且以常然者为常然矣。”② 恩格斯亦指出：“归纳法（按：即经验累积，未加分析的归纳法，如简单枚举法）不能证明，世界决不会有无乳腺的哺乳动物。从前乳房是哺乳动物的标志。然而鸭嘴兽就没有乳房。”③ 全归纳法之无力，大都类此。

但是“天鹅尽是白”与“北极熊尽是白”本质上不同。“天鹅尽是白”只是某种限度内经验的积累，只是简单枚举法的一种结论，故往日之常然者不必为明日之常，而“北极熊尽是白”，是生物学根据北极熊之生活习惯与生活环境，通过生物进化的规律而认识到白之为保护色，无之则熊无以生存者。故简单枚举法所得“天鹅尽是白”的结论，只限于现象表面的观察，浮在感性认识上面，而科学归纳法所得“北极熊尽是白”的结论，虽其判断形式与前者无异，而其深入到事物的必然联系，提高到理性的正确认识，则与前者不同。前者是根据恩格斯所批判的简单枚举归纳法，故结论成问题，而后者是恩格斯所强调必和演绎法相结合的科学归纳推理，故为归纳法的真谛。二者本质上大异，不可混为一谈。不明乎此，不足以言恩格斯之论归纳法。望文生义，智者不取。

关于恩格斯之论归纳法，其梗概如此。但还有一点不能已于言者，

---

① 恩格斯：《自然辩证法》，人民出版社，1955 年版，第 189～190 页。

② 严复译《穆勒名学》（三），商务印书馆，篇三，第二节。

③ 引自《自然辩证法》。

就是《自然辩证法》有一段是恩格斯论悟性与理性的。全文是 1955 年版第 184 至 185 页。此段文字原是札记性质，初读未易生解。如“整个悟性活动，即归纳、演绎，以及抽象……对未知对象的分析……综合……以及作为二者综合的实验……是我们和动物所共有的。就其种类讲来，这一切方法——从而普通逻辑所承认的一切科学研究手段——对人和高等动物都是完全一样的。它们只是在程度上（即每一有关的方法的发展上）不同而已”。根据这一段文字的字面上来讲，归纳、演绎、抽象正如分析、综合、实验一样，都是人和动物所共有，只是在程度上有所不同，即发展上不同，而且这些方法都属于悟性的活动。“悟性”是一翻译名词，究作何解？从字义讲，《说文》解“悟”为“觉”，《辞海》则谓“悟性是由普遍概念以认识事物之性能。凡明晓事理，能因甲以辨乙者谓之悟性”（见“悟性”条)。《说文》之义甚泛。据《辞海》义，则悟性已是间接的认识，已属思维范畴，而释氏因明，且以“能立，能破，似能立，似能破，令他得悟。以现量，比量，似现量，似比量，令自得悟”是则悟之为间接认识；属思维范畴类。如悟性不属间接认识的思维范畴，则恩格斯何以将归纳、演绎、抽象等皆属于悟性？如属间接认识的思维范畴，则这些方法既是人类与动物所共有，岂非动物也有抽象思维？如果动物有抽象的思维，何以恩格斯在本段下面又有“辩证的思维——正因为它是以概念本性的研究为前提——只对于人才是可能的”这句话？而且动物如果有抽象思维，而根据斯大林在其卓越的著作《马克思主义与语言学问题》一书的指示，思维是和语言同时发生，语言又是社会劳动的产物，难道在不同程度上而在本质上，动物和人类一样也有社会劳动吗？可知从文字表面上来理解恩格斯是不正确的理解。然而如何理解恩格斯这段札记的文字呢？“悟性”是恩格斯所用的德文的 Verstand 之译，“理性”是其德文 Vernunft 之译。Verstand 译为悟性，毋宁译为认识或分辨。认识中的分辨是人类与动物所共有，如动物之能辨别木石与事物，陆之与水。恩格斯举果核之剖开是分析的开端，又举动物的伎俩属于综合的类型。在狗狄多而言，石与肉之辨别是似类概念的表现，而实非类概念的本质。是皆指感性认识而言。故归纳、演绎、抽象云云者，亦只动作上表现直接感性认识，无与于间接认识的思维。理性（德文 Vernunft）才是我们所讲的思维。据此，恩格斯这段文字才可理解。益见从文字的表面以理解恩格斯，尤其是以此法读恩格斯的《自然辩证法》，难免望文生义之弊，不见其可。明乎此，方可读恩格斯，方可与言恩格斯之论归纳法。

培根的科学方法论与偶像学说

一、培根的科学方法概述

根据马克思的评定，培根是“英国唯物主义的创造者又是近代实验科学的创始者”①。自然科学在其眼中是真正的科学，而依靠从外界所得的感觉为其证据的物理这门科学乃是自然科学的最重要部分②。照培根看来，自然是现在人们面前的一堆现象是复杂的。我们认识的事物每一个都是一个统一整体，是许许多多的质所构成的。这些质有待于分析，而质之在事物中错综纠缠在一起，不加以缜密精详的分析，则花多眼乱，无从看出条分缕析的结构以辨别其主从。自然的这种微妙，不有严谨精确的观察方法加以分析、综合、抽象、概括，必不为功。培根认为这方法就是归纳的方法，是前人所没有用过，必须由他自己来发明提倡的。他认为大自然正像一座复杂的迷宫（labyrinthus），盲目冲撞，无法走出，一定要有引导的线索（filum labyrinthi），才能不失方向。归纳法就是这引导的线索，它能使人揭露大自然的秘密，走出其迷宫的。归纳法是从事物的感性认识开始，首先就要进行观察，搜集材料，因之他的《新工具》开章明义就说：“人是自然的仆役和解释者；他按

① 马克思语，见《苏联大百科全书》的“培根”条。
② 马克思语，见《苏联大百科全书》的“培根”条。

照事物和思维秩序的观察以决定其行动和理解，此外，他什么也不能知道，什么也不能够做。”① 可是，大自然既然是这样复杂，像一座迷宫，人借感观以观察自然现象，由记忆以积累经验，而感官与记忆必须有其帮助的方法，否则所观察的就会是先后倒置，轻重不分，所记忆的也会是紊乱无纪，纲目不明。

在观察过程中，首先要求观察的准确，不为偏见和成见所蒙蔽，培根因之很详细地讨论他所称为的“偶像”（又译“幻想”Idola）这个问题，观察包括实验。但是怎样从观察和实验所得的材料来识别事物的模以明事物发生发展的原因和规律，借以控制事物改造客观，就是新方法的主要问题。这又不只是感性认识的问题，是由感官认识上升到理性调度集中的问题。培根称新方法为新逻辑就是因为这方法不只是关于观察，而且是关于思维的。这新的方法和新逻辑不但是获得知识为其目的，同时，根据培根的看法，知识是为着发明新的技术以满足人们的需求、增进人类的福利的，所以科学的知识和技术的运用是紧密结合，不可分割的。

培根认为在他以前不是没有对于自然的知识，也不是完全没有改造自然的技术，但是过去知识的获得和技术的改进大都是出于偶然而没有一定的计划的，对于自然，大都是主观的猜测和主观的断定，他称之为“自然的预测”（anticipatio naturae）。拉丁文 anticipatio 这名词是由动词 anticipo 而来的，而这动词又是从 ante、capio 两字构成，意即在“事前就提住”。按培根用这字的意思，乃设若无事实根据而对自然作主观断定。虽然获得某些效果，也不过是偶然的事，至少也就是用传统逻辑的简单枚举的方法，观察有限整合，而草率地作出结论，一有相反的整合发现，结论就会被推翻的。培根认为真正的归纳法不是这样，而是“自然的解释”。这个词的原意就是把自然披露出来，寻得自然的秘密，使众周知的意思。

---

① 译自《新工具》第一卷箴言一。

培根的新归纳方法不是简单地由某些观察得到的个别事物概括为一般的原理，“不是让更改从特殊的事物跳到悠远的公理，最一般的公理，再从而依据其认为不可动摇的真理证实其中间的公理。这只是三段论式的证明方式，人们受其熏染，习以为常，形成理性的偏向，于是一直就这样做。可是我们向着公理上升，是循序渐进毫不躐等的，首先是从特殊事物求到较小的公理，再进而求到中间的公理，最后才到达最一般的公理。这样，科学才是有希望的”①。主要的，还是在于运用适当的排斥法（rejectio）和排除法（exclusio），而所排斥的不相干的整合和所排除的不正常的事例，不是否定的事例。培根认为有意义的否定事例正所以显出肯定事例的本质的。必须搜集了充分数目的否定事例之后，才能根据其肯定的事例作出结论。培根并认为这是他的创见，前人并没有用过的一种方法，除非说柏拉图在其早年的对话中，描写其师苏格拉底和论敌辩论时，首先是运用否定事例，来把肯定事例相对比，从而确定一个概念的定义，就是使用这种方法的。运用这种方法，才能寻获公理，构成真正的概念②。《新工具》第二卷反复说明的三表，就是按照这原理而构成的，也是根据这原理从他们的分析而得出关于模的结论的。事物之模③必是有其存在，才有事物之某一性质存在，其不存在则此性质也不存在，而且此性质存在之量的多少，是以模之存在量的多少为转移的。三表就是为揭露事物而定的。因之，培根认为不首先搜集大量有关材料（他称为自然史），把这些大量的材料分别编纂为三种表，则事物的模无从寻获，事物发生发展的原因与规律就无从得知，则“科学研究便要失败”④。培根之被称为“英国唯物主义的创造者”，是因他的世界观乃是以客观的物质事物为基础，而他之被称为“现代实验科学的创始

① 译自《新工具》第一卷箴言一百零四。

② 译自《新工具》第一卷箴言一百零五。

③ 通常译为“形式”，但不如译为模较妥。——作者

④ 培根语，则《英国百科全书》第十三版“培根”条引用自培根：《生平与书信》，第七卷，第377页。参看《伟大复兴》的“作者序言”，第16页。

者”，是因他的科学方法是从事物的观察为其出发点的，而他的所谓观察是有很广泛的意义的，不限于一般人之所谓观察，而是把观察看为通过种种不同的方法，大量搜集中外古今的事物材料，编成各种各样的自然历史，以供各门科学的分析研究，由之而得出事物怎样发生发展的规律，并根据这些科学知识以推进技术，改造世界的。

二、培根的科学方法之认识论的基础

培根是英国经验派哲学的鼻祖，他认为一切知识都要以感性认识为其基础。关于这点，我们在上面已经有初步的论述。可是他又不得不承认，感官的报道带有偏差，感性认识常有错误。基础如果不健全，则知识的正确性与真实性就成问题了。所以我们必须认清其他的科学方法的认识论基础又是怎样的。

培根无疑是强调自然的观察的。“整个工作的最重要原则就是要把视线集中在自然的事物上，并且照他们的真相来接受他们的影响。”①人的心要像“一张没有写字的白纸一样”② 来接受外界的印象。这就好像是和后来洛克的人心“白版”的说法同出一辙，但培根却没有忽略这种说法须要从认识论来检查。光凭感性的认识，正确的知识是无从形成的，“没有更完善地来认识理智和理智的作用与运用的方式，则自然和技术的许多秘密是仍旧不能揭示的”③。认识理智和理智的作用与其运用的方式就是认识论的问题。培根认为经验派的认识论是不健全的。他在《新工具》一书中严重地批评狭隘经验派的认识论，写道：“不过经验学派所创立的教条比诡辩派（或理性派）所建立的还要残缺，还要怪

① 参看培根：《学术推进》第四卷第二章，1901年，英文版，第159～160页。

② 培根语，见《伟大复兴的工作计划》，关琪桐《新工具》中译本《大复兴论》部分第23页。

③ 《伟大复兴》的“作者序言”语，1901年，英文版，第7页。按关译和英译有出入，兹按英译改。——作者

诞。因为它的基础并不在于普通意念（notions）的光亮上（这种光亮虽然微弱浮泛，可是有几分是普遍的。而且是关涉于许多事物的），而只在于少数实验的狭路和黑暗中。”① 感性认识是带有错误的。关于这点培根写道：“感官的失败有两条途径，有时它完全不能给人以报告，有时它只能给人以需要的报告。”② 所以感官不只需要种种的帮助以弥补其缺陷，而且由感性认识而获得的经验，由经验积累总结出的自然科学，还须有自然哲学为之指导，庶几免于偏差和错误。“特殊的科学如果不复返于自然哲学，则人们便不能希望那些科学（尤其是实验的科学）有任何进步。因为要离了自然哲学，则天文学、光学、音乐学……都不能精到深刻，只能在事物的表面上、花样上，闪烁过去。”③ 那就是说，感性的认识必须上升到理性的认识，才能深入到事物的本质去，才能知事物所以然的道理，否则现象罗列，鲜觉有功。但要把经验和理论合理地结合起来虽是不容易的事，可是必要的事。培根写道：“历来研究科学的人，不是单重实验的人，就是只重教条的人。单重实验的，就如蚂蚁似的，他们只图采集，来供实用。爱行推论的，就如蜘蛛似的，他们只是凭着自己的材料织成网子。不过蜜蜂却采取着一种中道，不但从田园的花菜中采集物质，还要以自己的力量来变化它们，消化它们。哲学的真正职务正是这样的；因为它既不专凭人心的能力，而不只从自然历史和机械实验中收集起材料来，照样保存于记忆中；它是把材料置在理解力中，加以变化和消化的。因此，人们的实验能力和推理能力如果有了较密切较纯的结合（自然是一向没有的），则我们的希望正是无穷的。”④

培根对于科学进展的希望诚然是大的，因为他认为世界中虽还有未被人知道的东西，但按照科学的正确途径，却没有什么东西是不可被人

① 见《新工具》第一卷箴言六十四，关译本，第 59 页。
② 《伟大复兴》的《工作计划》，见关译《新工具》的《大复兴论》部分第 22 页。
③ 见《新工具》第一卷箴言八十，关译本，第 76 页。
④ 见《新工具》第一卷箴言九十五全文，关译本，第 90～91 页。

知道的。他是反对不可知论的。他明白地写道："我并不是说事物是不可知的，我是说，若非经过某种途径，事物是不可知的。……主张事物绝对不可知的那些哲学学派，它并不比那些擅长学说的学派要坏些。不过只是不肯照我的样子，给感官和理解以一种帮助，相反的它们竟把感官和理解的一切权威都剥夺了。这是我们的差异之点，无外乎是相反之点。"① 但是我们又须指出，培根对于真理之可知，也有程度上的限制的。在他的《学术推进》一书第三卷第四章，谈到科学知识之逐层向上推进的时候，他这样写道："各种科学部门好像金字塔似的，都是建筑在历史和经验的基础上面，所以一部自然历史是（1）自然哲学的基础；（2）基础上面第一层建筑是物理学；（3）近于塔巅的是形而上学；可是（4）塔巅的本身，'神自始至终所作的工作'，即自然规律的综合，我们就怀疑人类的探求能否达到了。然而其他三个部门是科学的三个阶段，以自己的知识为自豪的人们所采用的，也是一种傲慢的试图吧，却是巨人侵天的三座山呢。"② 这又一次表现他向宗教的让步。可知之外还有神秘不可知的境界，因之科学和神学之间，知识和信仰之间，划出了一道不可逾越的鸿沟，只是在科学范围内，尤其是关于物质的东西，是没有不可知的。只要掌握新的科学方法，只要运用他自己形成的《新工具》，他是有信心来推进科学研究，深入事物的本质，寻得事物各种性质的模，按其规律以控制自然、改造自然，为人类社会增进其福利的。

培根在科学研究的范围中，对于《新工具》所能成就的信心是巨大的。在《新工具》的序言里，他写道："事理究竟能否知道这问题，不是以争辩所可解决的，只有诉之于经验才能有望。"③ 他认为科学的推进，首先要把各部门的科学统一起来形成一种自然哲学以免科学的支离破碎④。果能做到这点，科学的前途是光明的。他的理由就是："过去

① 培根《伟大复兴》的《工作计划》语；见关译《新工具》的《大复兴论》部分第29页。
② 培根：《学术推进》第三卷第四章，见英文版，第140页。
③ 关译《新工具》第31页。
④ 参看《新工具》第一卷箴言一百零七。

许多有用的发明既是由偶然凑成的，而且在发明时，人们既不是有意追求这些发明，只是在从事于别的事物时，间接找到的。因此，我就又想到，人们如果从事于发明，并且以发明为专业，而且应用严整的方法，适当的秩序，而不专凭散涣的冲动，则他们的发明一定会更多些……我们如采应用理性、勤勉从事，而且指导得法，用志不纷，则我们可以在较短时间内希望得到较好而较多的效果。”① 可是新的科学方法只是科学进展的必要条件之一。除此之外，还须给科学工作者以充分的时间，合作的机会，工作的合理分配，和长期的努力。培根写道：“在指出正路以后，人们如果富有时间，并且共同劳作，屡代钻研，那么希望一定会更大的。因为，这条路并不是一个人在一个时代所能决定的（不比在推论的情形下）；在这方面，人们的勤劳操作必须先行分离，随后再集合起来，才能有最好的效果（尤其关于搜集经验是如此的）。因此，人们要想知道自己的力量，不应该多教人做一件事，应该一人管一件事，才能期于详备。”② 培根对于他的《新工具》之能推进科学的发展所具的巨大信心，突出地表现在《新工具》一书第一卷将要结束的那一段。他说雄心有三种类型，“其第一种是想把权力扩及于本国以内；这种雄心是鄙俗的和堕落的。第二种的野心家，是要把他们国家的领土和权力扩张于全人类。这种野心虽然仍是一样贪图，可是发明有较大的尊严③。不过人们如果把人类的权力和领土扩张及于宇宙，则他们的野心（如果可叫作野心）比前两种野心不但是较有利益的，而且是较为高贵的。但是人类在万物上所建立的帝国，又完全建立在艺术和科学上，因为我们若不服从自然则我们是不会支配它的”④。这真是培根的自豪语，表示他对《新工具》的自信心，而且表示他对于人类知识前途发展的期望。

---

① 见《新工具》第一卷箴言一百零八，关译本，第 97 页。

② 见《新工具》第一卷箴言第一百一十三，关译本，第 101 页。我们应注意引文中最后一句话是反映培根的手工业时代的情况。——作者

③ 注意培根时代英国政治和经济向外发展的反映。——作者

④ 见《新工具》第一卷箴言一百二十九，关译本，第 114～115 页。

三、培根的偶像学说

培根并指出感性认识之局限性，不只是由于感官的报道常常有不可靠的成分，同时人们的心里，由于种种的原因，存在着若干的幻像和妄见。“盘踞于人类理解力中的幻像（idol）和妄见已经根深蒂固了；它们不但围攻人心，使真理不得其门而入，而且即在入门之后，人们如不认慎防闲，尽力抵御它们，攻击它们，亦会在科学刚刚复生之时，搅扰我们。”①

“幻像”这一词，在培根的拉丁文著作中，原是Idolum这词。这是一个假借词，原本是一个宗教用语，意即不应受人崇拜而误为人所崇拜的一个对象。这词之借用于哲学，最早见于文艺复兴时代（16世纪）意大利哲学家布鲁诺（Bruno，1548—1600）的著作中②，按照习惯仍应译为“偶像”。

培根在其《伟大复兴计划》《学术推进》和《新工具》等著作中，谈到“偶像”的地方很多，尤其在《新工具》中这个问题所占的篇幅比重很大。根据培根的看法，偶像是正确科学过程中的一种障碍，此而不予清除，则真知识无从呈现，所以偶像与其破除的研究是科学方法的一个组成部分，后人研究培根的科学方法时，也总要提到他的偶像学说。这偶像学说和他的归纳法与科学分类同在哲学方法论的历史中占同等的重要地位，而当时的科学研究实践为时尚短，而积累的经验截至培根之时，尤其实际上为培根所能掌握的，尚属不多，故他的逻辑归纳方法和他的科学分类虽在哲学史中有其相当的地位，却都带有严重的局限性，惟有他的偶像学说论及观察的心理活动，确有许多独到的创见和伟大的价值。

① 见《新工具》第一卷箴言三十八，关译本，第45～46页。

② 见Baldwin's Dictionary of Philosophy and Psychology中的Idol（Baconian）条。

偶像有四种，曰种族偶像（Idola tribus），曰洞穴偶像（Idola specus），曰市场偶像（Idola Fori），曰剧场偶像（Idola theatri）。“这些偶像或要念盘踞人心，其根源有的是后天形成，有的是先天禀受的。后天形成的，有的是由于哲学家的见解而来，有的是从哲学家的派别而来，又有的是由于论证的荒谬法则而来；其先天禀受的则紧紧地粘贴于人的理性的本质，因为理性之为物，常常比感官更为错误，不管人们怎样称赞人心，几乎崇拜人心，而诩诩然自得，可是人心实际上有如一面不平的镜子。由于它的形状之凹凸不齐，其所反映之光线常相互交错，从而歪曲了事物的真相。”①

培根在其《新工具》一书中写道：“以真正的归纳法来形成观念和公理，乃是廓清幻像（偶像）的适当方法。可是把这些幻像指示出来，功月是很大的，因为幻像的廓清对于自然的解释，正如诡辩的驳斥对于普通的逻辑是一样的。”② 在其《学术推进》一书中，他是这样的写的：“关于偶像的破斥，我们认为偶像是人心中最根深蒂固的谬误；因为偶像不似其他的谬误只是眩惑判断，使之朦胧，在特种情况之下进行欺骗，而是由于恶劣的偏向，人心不良的复杂，致使理性的预测都受到歪曲与毒苦。因为人心为其身体的外壳使之幽暗之后，远远不是一面平坦清明的镜子，而是很不均匀，也受光与反射都带有杂质，好像一片幻影镜一样，充满了迷信和幻象的。偶像之附加于理性，其原因有（1）人类的一般性质；（2）每一个人的特殊性质；（3）语言，或交际的性质。其第一种称为种族偶像，第二种称为洞察偶像，第三种称为市场偶像。此外，还有第四种，称为剧场偶像的，乃是由虚伪的理论、哲理，或证论的错谬法则所附加的。现在姑且不谈这第四种，因为它是可加以拒绝，而置之不理的，但是其他三种，牢固地抓住着人心，不彻底根绝，我们便不能希望在这里能提出什么分析论的技术，然而破斥偶像的学说

① 译自《伟大复兴计划》，见英文版，第15页。参看关译本，第23页。

② 见《新工具》第一卷箴言四十，关译本，第46页。

又是偶像学说的第一部分。偶像学说虽然不能归结为一种技术，但可用之于思想中以提高警惕而预防偶像的骚扰。”① 可见培根在考虑实际使用他的科学方法时，很注意偶像的性质与其提防的。兹根据《学术推进》和《新工具》两书分论其四种偶像如次。

第一，种族偶像：种族偶像是由于人类理性的本性的。培根写道：“种族的偶像植基于人类天性中或人类种族中，因为要说人的感官是万物的准绳，那是错误的。恰好相反，感官和心理的一切知觉只是以个人为衡量而不是以宇宙为衡量的。而且人类的理解力正如一面反映不真的镜子一样，它在接受光线时，并不规则；它可以使事物的本质变形，失色，因为它在反映时已经把自己的本质混合进去了。”② 这是种族偶像的概括描述。

详言之，培根描绘了种族偶像的各种表现，指出它是怎样妨碍人们对事物的认识。首先，由于人类理性的特别性质，它很容易过高估计事物中的秩序性和平等性；虽自然中许多事物是自成一类，极端不规则的，而理性还是要凭空杜撰一些平等的关系、联合的关系，相属的关系。因之就有一切天体都是依着完全的圆形而运动的虚构假设，把螺旋形和蛇行的运动形式都排斥掉了（只在解释时才用这些名词）③。

其次，理性每每是只看正面而忽略反面的。“一经命题断定之后……总是强迫一切材料来加强这样的说法，即使反而是最丰富、最有力的事例，它不是置之不理，就是加以鄙视，再不然，则用某些区别来把它们一笔勾销或予以拒绝，虽然这种偏见是强词夺理，危害滋多，可是为了以维持其最初结论的权威亦不惜加以排斥。例如有一次，人们在某庙中指着海船事故后，船沉而被救的人因还愿而献的牌匾，给某人

---

① 译自《学术推进》第五卷第四章，见英文版，第207～208页。

② 见《新工具》第一卷箴言四十一，关译本，第46页。

③ 见《新工具》第一卷箴言四十五，按英文版第391页翻译。——作者

看，并问他能否不承认神的威力的时候[1]，这人就反问说，“还有一些人，虽然也曾许过愿，却都死于海里，那么他们的牌匾又在哪里呢？大凡为占星、解梦、卜兆、谈果报等等迷信，所骗的人都是只看灵验的例子，而轻轻略过不应验的例子，尽管不应验的例是很多的”[2]。培根接着这一段的讨论，就作出结论说：“人类理性中的一种特别而持久的错误，就是由肯定的事例比由否定的整合所受的感动要多得多，所以必须适当地保持其不偏不倚的态度；不但如此，在成立任何一条真正的公理的时候，反面的例证总是最有力的。”[3]

又其次，“各种事物如果同时忽然刺激人心，进入人心，并且充满了人的想像，它们也就最能刺激人的理解力……以后其他事物和心内盘踞着的少数事物，总会有几分相似的，如果没有严厉的规章或强大的权威迫使人转向某些遥远而不同类的事例并加以考虑，人的心理就会变得很迟缓无能，实则这些遥远而不同类的事例是会像火炼金一样来考验公理的”[4]。

而且理智不甘安定，总爱不断地向前推进，达到一个界限，还要越过这个界限，永无停止，这样就有空间和时间无穷的观念。一线之分割为二，各半又加以分割，分割无已时，就有极微的观念，而所谓极微者又可加以部分，直到无穷小。同样一事的发生必有其原因，此因又有其原因，层出不穷，必须达到所谓最后因，亦即最初因。这一些无穷的追求，培根认为都是由于人心共同的种族偶像，“与宇宙的本质无多大关系”。“在最普遍的观念中求其原因，而不努力在较为狭隘范围里求其具体事物所以然之故，是哲学家愚劣而肤浅的表现。”[5] 这都是种族偶像

---

① 在《学术推进》第五卷第四章，培根讲到种族偶像时，也引用过这同一例子，却说明是公元前5世纪末叶希腊哲学家德谟克利特的门人迪亚哥拉斯（Diagoras）海神（Neptune）庙中的故事。

② 译自《新工具》第一卷箴言四十六，英文版，第392页。

③ 译自《新工具》第一卷箴言四十六，英文版，第392页。

④ 译自《新工具》第一卷箴言四十七。

⑤ 参看《新工具》第一卷箴言四十八。

在人的理性中作祟。这种看法，充分地表现培根的科学热情压抑了他的哲学探讨，太过把人类知识局限于目前应用的范围里去了。

可是培根关于种族偶像这种在认识过程中的障碍，又指出人们的意志和感情每每影响其见解。“人们总是容易相信他们所愿相信的，因之，不肯耐心探讨，就畏难苟安；事物与所愿相违，就不能严肃地对待事物；由于执迷，就不深入了解自然；狂妄自大，就拒绝实验的光亮，以为玩物丧志；不信较难理解的事，因为惧怕一般人的意见；总而言之，情感能用无数方法来渲染理性，而且这些方法有时是不易察觉时。”①

总之，理性常以感官的暗弱、无能，欺诈而受到障翳。抽象的偏向过强，就“常以变动的东西为固定的东西”。“以抽象来理解自然，毋宁以解剖来认识自然，这里德谟克利特学派所用的方法，比其他学派之认识自然较为深入。”②

“这便是种族的偶像。这些偶像之所以发生，或则由于人类精神的构成一律是这样，或则由于它的成见，或则由于它的褊狭，或则由于它的骚动，或则由于情欲的骚扰，或则由于感官的无能，或则由于印象的情状。”③

第二，洞穴偶像：培根的洞穴偶像这名词和观念，明显的是柏拉图的《理想国》一书所暗示的。在其《学术推进》一书中，他明白地这样写道：“洞穴偶像是起源于每一个人身心的物质，也是起源于各人所受的教育，所有习俗和一些偶然的际遇。洞穴偶像是柏拉图的一个美好的象征。”④ 这喻言的精美微妙姑且不谈，只说一个人从婴时就在一个黑洞中受教育，到了成年的时候，忽然被带到光天白日之下，眼见诸天与其万物，当然心中就会发生许多离奇古圣的幻想。人们虽然生活于诸天面前，可是我们的心是为身体这洞穴所桎梏的，如果人心忽然离开这洞

① 译自《新工具》箴言四十九，参看关译本，第50页。
② 译自《新工具》箴言五十一。
③ 《新工具》箴言五十二；关译略依英文版修正。——作者
④ 见柏拉图《理想国》第七卷标准页第514a至521b。

穴，即在日光下接触自然为时而暂一定会得到无数错误和虚构的印象。赫拉克利特有一句名言是和柏拉图的洞穴象征相一致的。他说，“人们是在自己狭隘世界中而不是在广大世界中去寻找知识”①。

培根又写道：“洞穴偶像是多种多样的，然而我们只需提出几种，人们对之必须加以最大的警惕，因为它们都具有来污损理性的大力。”②

例如，“有些人醉心于某种特殊的科学和某种特殊的钻研，其原因是他们自己都是这些部门的创作人或发明人，或者由于他们在这些部门里曾经作过最大的努力，因之就习惯于这些部门。到了这些人从事研究哲学或钻研普遍性的东西时，他们就以主观既成的幻想来曲解和腐蚯哲学与普遍性的东西。亚里士多德使他的自然哲学完全造就他的逻辑，以致不适实用而成为争辩的材料，就是最突出的一个例子”③。

其次，培根指出，人们对于哲学和科学的倾向，有的注意事物的差异，有的注重事物的相同，这两种人都容易走向极端，每每想象事物的差异和其相同而本非事物原有的同异。此外有些人极端好古，有些人又癖好新奇，“很少人能持中有度，不偏不倚……这种情形是于科学和哲学有很大的损害的”。“如果只想到自然和物体的个别形式，则会使理性不能集中，渐趋软弱；如果只考虑其一般的结构与形成，则会使理性迷离松懈。拿琉西巴斯和德谟克利特的学派与其他学派来比较，就得到一个好例子。有两人太多从事于特殊东西的研究，而忽略其一般的结构，其他学派则看见一般的结构，因而惊惶失措，未曾深入思考自然的单纯。”④

洞穴偶像既是由于各个人的身心特别情况，其各类自然不能一一枚举。为要防止这一类的偶像扰乱人们的思想，培根总结这问题的讨论时，提出一条原则性的规则说：“概括地说来，我们正可以为研究自然

① 译自《学术推进》英文版，第209～210页。
② 见《新工具》第一卷箴言五十三。
③ 见《新工具》第一卷箴言五十四。
④ 见《新工具》第一卷箴言五十五至五十七。

的人们立一条规则说：‘人心在把握和思维任何东西时，如果特别感到满意，那我们就应怀疑那种东西，而且在处理那些问题时，还更要格外注意，以使理解力（即理性）平整而清明。’”①

第三，市场偶像：市场偶像是由于语文之影响而来的。培根写道：“文字所加于理解力上的幻像（偶像），可以分为两种。它们有时是实际不存在的事物的名称（因为人们在缺乏观察时，就不能以名称给予许多事物，而在另一方面，虚伪的假设，亦能引起与实在不相应的名称），有时虽有事物的名称，可仍是混乱的，没有确当定义的，甚至是从实在方面匆促地局部地所得出的，属于前一种的，例如幸运，原始的推动者，行星的轨道，火原（培根这些例子所反映的，当然只是其当时的流行思想与科学水平，其所谓行星轨道不是我们现在的行星轨道。行星当然有其轨道，而且不是虚构的，但培根所指的行星轨道，乃是‘在旧日天动说的系统中，人们假设天空包含着一些空虚而同心的透明圆圈，那圆圈以不同的速度带着诸星绕行地球。这些动转的圈子都包含在一个确定的大圈中，这个大圈围绕着一切别的圈子，它的范围是无限的。原始的推动者，就是活动圈中的最外一层。有的系统以为它就是包含恒星的圈子，有的系统说它不是。人们以为它可以把一种运动传达到别的一切圈子，并且同它们在每日二十四小时内绕行一次’②。培根这里的‘行星轨道’和‘原始推动者’就是指此而言的。——作者）以及由虚妄常说而来的其他类似的虚构。这一类的幻像是容易驱除的，因为要排遣他，只需把那些常说，一一加以驳斥，认它们是不适用的就是了。至于由错误的不精巧的抽象作用而来的那一类幻像，是很复杂的，而且是牢不可拔的。就以“潮湿的”一个形容词来说，我们可以由此看到，这个词所表示的各种事物是否互相契合。在精密观察之后，我们看到，这个词只是一个标记，人们只是散漫地、纷乱地应用它来表示许多没有恒常

① 见《新工具》第一卷箴言五十八，关译本，第54页。

② 关译本引英文原本注。

意义的动作。"[1] 培根在这里指出"潮湿的"这词通常至少有八种不同的意义，而这些意义是互不相容的。他说："你在用这个词的时候，如果指此种意义则火焰可以说是潮湿的。"[2] 因之就断言说："我们在此，很容易看到，这个意念只是不经证实，由水和普通液体抽象而得的。"[3]

培根在《新工具》和《学术推进》两书中，关于洞穴偶像这一个问题，几乎用同样的词句来肯定洞穴偶像是最难排除的。在《新工具》里他这样写道："这种幻像是最难排遣的。人们虽然相信自己的理性可以支配文字，可是他们的文字亦是以对自己的理解力起反动；而哲学和科学所以成为诡辩的、无生气的，就是因为这个缘故。文字的形成和应用既然根据于俗人的才具，所以他们所遵从的分别界限亦只限于俗人理解力所容易见到的。因此，人的理解力，纵然有了较大的精确性同较勤恳的观察，并且企图把这些分别的界限加以改变，可是文字亦会阻止它，并且不允许那种变化。因之，我们常见学者间崇高的堂皇的议论，结果往往只是一场文字和名相的争辩。实则按照数学家的惯例和技术，我们应当以文字和名相作起点，并且应以定义把它们秩序化。不过在处理自然的和物质的事物时，虽有定义亦不能补救这层缺点；因为定义成立于文字，而文字而会生起别的文字来。因此，我们必须求助于特殊的例证，而且必须求助于有系列、有秩序的例证。这一点，我在讨论形成意念和公理的方法和计划时，立刻就要谈到。"[4]

培根这一段话，是他的学术研究实践中许多具体经验的结晶。学术名词之不能统一，以致以一般语文中带来了许多词同义异的名词，其结果当然是学术讨论的混乱。在其当时这种情况还是存在于自然科学之中，所以他才说，"虽然有定义也不能补救这层缺点"。在我们的今日，

① 见《新工具》第一卷箴言六十，关译本，第 55 页。

② 见《新工具》第一卷箴言六十，关译本，第 55 页。

③ 见《新工具》第一卷箴言，关译本，第 56 页。

④ 见《新工具》第一卷箴言五十九，关译本，第 54 页。参看《学术推进》英文版，第 210 页。

自然科学的许多名词和概念，都是指着实验中观察所得的某一定的现象或具体实验中某一定的动作，符合了培根“求助于特殊的例证，求助于有系统、有秩序的例证”，即以科学实践为标准这一种要求。可是在社会科学和哲学的各部门里，尤其是在这些学术部门里的比较通俗性的报告和文章里，我们今日仍然是和三百多年前的培根一样碰见许多由名词而发生的思想障碍。例如，在谈哲学时，引用某一学派或某一哲学家，而所引用的学派是指这学派在什么关系上，在什么时候，谈到什么问题；引用某一哲学家时，是指他的什么具体思想，这思想表现在他的哪一部著作，著作中的哪一部分，所根据的是哪一个版本，只是囫囵吞枣地、断章取义地人云亦云，形成一种说法，使一般人莫知所云。这就是培根的市场偶像。这是一类。还有一类，我们今日比培根当时更加严重的，就是培根之在 17 世纪初叶，拉丁文还是欧洲各国学术界的通用文字。纵然随着情况的变化，知识的进展，原有的名词不断地改变其意义，但是这改变在当时还是逐渐的。在我们的今日，从各种文字多译的术语日益加多，翻译初期难免有不少的错误，可是某些词语没用既久，虽不正确，还是难于改正，例如“前提”“范畴”“矛盾”“对立”“一般”“普遍”等，不胜枚举，而这只是就逻辑一个部门而言。学术名词的确定和统一是推进科学研究的一种必要条件。

第四，剧场偶像：“剧场偶像是被各派哲学的伪说和谬误的解证规则分明地印入人心灌注人心的。”[①] 培根对于这一类的偶像，并不像对于前三类那样重视。他认为第一、第二类是与生俱来，人所共有，属于人类的本性，因而是无法祓除的，只得对之严加防御。第三类是偶像根源于语言的影响，而语言之于思想有须臾不可离的关系，所以这类偶像之于人心，潜移默化，渐成第二天性，也是难以根除。至于剧场偶像这第四类，既是明显地从哲学的伪说和哲学不正确的解证方法附加在人心上面的结果，我们可得而予以拒绝，随时置之不理，所以培根在其《学

① 见《新工具》第一卷箴言六十一，关译本，第 56 页。

术推进》一书中声明不必去讨论它[1]。可是在他较晚的著作《新工具》一书中，考虑剧场偶像仍十分详细。这类的偶像既是从哲学的派别而来，则哲学派别越多，这类偶像产生机会就必越大，因之培根写道："剧场的幻像，或学说系统，是很多的，而且将来亦会更多的。因为在许多年代以来，人心如果不是忙于宗教和神学，如果政府——尤其是专制政府——不是一向反对各种新奇学说……则一定会已经发生了许多哲学派别，有如希腊古时盛行那些各式各样的学说。……在哲学剧场中，你们所看到的现象，亦同在诗人剧场中所看到的一样，为扮演而发明的故事，比历史上真正的故事，还要紧凑，还要精美，还能如人心意。"[2]

培根反剧场偶像大致分为三种类型：其第一种类型培根称之为诡辩派。诡辩派之产生是由于"哲学取材时，不是在少数事故中取了太多的成分，就是在多数事物中取了太少的成分；因此，哲学都是建立在狭窄的实验基础和狭窄的自然史的基础上的，而且它的判断是依据极少数事物的权威的。理性派（诡辩派）的哲学家只从经验中抓取各种普通的例证，并不加以适当的观察和勤劳的考量，就一任空想和机智来进行其余的工作"[3]。

这第一派中最显著的例子，要推亚里士多德；他曾用他的逻辑把自然哲学淆乱了[4]……接着，培根就对亚里士多德的哲学从各方面作了许多的批评，引用到亚氏不只一种的著作，并把亚氏和其他好几位知名的哲学家作了比较，认为这些哲学家都有自然哲学家的一种意味——都有事物本性、经验和物体等等意味，而在亚里士多德的物理学中，除了逻辑的字面而外，你几乎听不到别的……

他虽然屡次提到经验，可是我们并不能看重这一层，因为他的结论是预先得到的；他并不曾按照规矩先求助于经验然后再来形成判断和公

① 参考《学术推进》第五卷第四章，英文版，第207～208页。
② 见《新工具》第一卷箴言六十二，关译本，第57页。
③ 见《新工具》第一卷箴言六十二，关译本，第57页。
④ 《新工具》第一卷箴言六十三。

理。他只是凭自己的意志先解决了问题，然后再求助于经验。他只使经验契合于自己的同意票（“同意票”是拉丁文 placet 之译，按 Placet 是 Places 这一动词的单数第三人称。投票者如写 placet，即“它满我的意”，就是同意的意思，如写 non placet，则为不同意。培根时代大学中投票常用这些字样[①]）。并且把经验如囚犯似的牵着巡行。因此，他比他现代的信徒——经院学者——之完全抛弃经验更是有罪的[②]。

培根这样责难亚里士多德，未免太过，似乎他并未深入研究亚氏的逻辑著述，只是反映其时大学所讲授的亚氏学说，但他是很肯定而坚决地把亚氏列入诡辩派。在《新工具》箴言七十一有这一段话：“希望人的学术是专尚空谈的，而且和争辩结了不解缘。因此，这种学术是和真理的探求正相反的。因此，一般称为哲学家的人们，虽然以鄙弃的态度、反唇相讥，以诡辩者一名来称呼古代的修辞学者高尔吉亚（Gorgias）、普罗塔哥拉（Protagoras）、希比亚（Hippias）、包鲁（Polus）诸人，实则那个名称也正可以应用于柏拉图、亚里士多德、芝诺（Zeno）、伊壁鸠鲁、提阿弗拉斯特和其他诸人……他们都以争辩来解决事实，并且建立哲学的宗派和异教，而为之奋斗。因此，他们的教条大部分只是乏味的老人向青年的谈话。”[③]

第一种类型的剧场偶像，是从上述这种哲学派别产生出来，眩惑人们的。

第二种类型的剧场偶像是由经验学派所产生。经验学派的哲学家，“在精勤地做了少数实验以后，便勇往直前，演绎出，建立起各种系统，而且生吞活剥使别的一切事情都就范于这些系统”[④]。

以培根之主张必须从民获得的经验来深入事物的认识，其反对经验派的哲学，自然不是因为这派哲学所根据的是经验，而是因为它是局限

① 参看关译本第 126 页译原文注。——作者
② 参看关译本第 126 页译原文注。——作者
③ 见关译本第 67～68 页。译名从现时通行译音改。——作者
④ 见《新工具》第一卷箴言六十二，关译本，第 58 页。

于狭隘的经验。不能跳出这狭隘的圈子而看到更广泛的东西。所以培根批评这派的哲学家说:“他们会看到这种哲学是可然的,而且几乎是确定的。”① 经验派的哲学是经验主义的哲学,片面的、主观的。所以培根认为它“所创立的教条比诡辩派(或理性派)所建立的还要残缺,还要怪诞,因为它的基础并不在于普通意念(notion)的光亮上(这种光亮虽然微弱浮泛,可是有几分是普遍的。而且关涉于许多事物),而是在于少数实验的狂路和黑暗中”②。换言之,培根之反对经验派哲学,是因为它只知有感性认识的狭隘经验,而不知向理性认识来上升,因之和诡辩派一样是教条主义,而这一派的教条主义还更厉害,因为它完全抹煞掉普遍性的原理。

培根在《新工具》箴言六十四把季尔伯③(Gilbert)和炼金家并论,作为经验派哲学家的例子,实在是诬蔑了当代的一名伟大的科学家。季尔伯在16世纪末叶是一位杰出的医师,而且对于物理的磁学和天文学都有重要的贡献④。可是培根之批判科学研究中的仓促概括,是我们应当注意的。他写道:“如果匆促急迫,一直跳到或飞到事物的普遍原则上,则此处所述的哲学的大危险是免不了的。因此,即在现在,我们应当防御这种过失。”⑤ 其实,草率的概括也就是经验主义的教条主义。这是培根提出来叫我们应该加以提防的剧场偶像的第二种类型。

第三种类型的剧场偶像之产生,是哲学家“为信仰和崇敬的缘故,

① 见《新工具》第一卷箴言六十四。

② 见《新工具》第一卷箴言六十四。

③ 关琪桐译姬尔伯。

④ “季尔伯生活于16世纪的末叶,而是女王伊丽莎白和詹姆斯王两朝的宫廷医师。培根在《新工具》第一卷箴言五十四提到季氏的著作,而这本著作中,季氏不断声言实验方法之比诸‘先验’方法在自然探讨中是有利得多,而且当他的非难者,对他的科学工作批评失败时,他用实际的例子证明他自己的原理之适于实用。他的‘磁学论’(De Magnete)涉及该门科学的所有基本部分,讨论问题极为详尽,一直到今天还不能对之有所增加。季尔伯采用哥白尼的天文学系统,认为和这系统相反的说法完全是无稽之谈。他的论证是基于这种说法认为天体运行必须有这样的迅速度是不可想象的”——译《新工具》第一卷箴言五十四英文版原注,见该版第396页。

⑤ 见《新工具》第一卷箴言六十四,关译本,第60页。

把神学和传说掺杂在他们的哲学中；他们有些人竟然狂妄十足，要在神灵鬼怪中来找寻科学的起源”①。

培根对于这一类型的剧场偶像大加抨击。他在《新工具》一书中写道：“把迷信和神学搅和在哲学里面，则更易于引起较大的腐化作用，而且不论对于全部体系或系统的局部，都有最大的危险。因为人的理解不独易受通俗意见的传染，而且易受想像的传染。因为那种好事的诡辩的哲学，固然足以圈套住理解力；可是这些神学的哲学，亦因为是想像的、张狂的、半诗意的，所以它亦能用谄媚来错领了理解力。”②

培根以古希腊的毕塔哥拉斯和柏拉图两学派作为这种把神学掺入哲学的例子。他认为毕塔哥拉斯的作法，即企图用数来说明世界一切现象的说法，是比较粗鲁而难以置信的迷信，而柏拉图学派的哲学，大概由于它的“半诗意”，形象化的说法，是“更为危险”，更为“微妙”，所以它能以“谄媚”来迷惑人们的理性的魔力则更大。这两派哲学，演至末流，支离烦琐的成分固然较多，但是培根在这里提出它们，加以抨击，主要是由于毕塔哥拉斯数的观念，在其运用于具体事物的解释上，失之太过抽象，无补于实际，而柏拉图学派，尤其演变到后期，对于宇宙的解释，完全是一幅“诗意”的虚无缥缈图画，充满着神秘的意味，和培根之在自然现象中探求其发生发展的规律，借以控制，改造自然的科学工作，当然是大相径庭的，所以他把这一类哲学看为毒害理解力的“一种疫症”，应该严加防御，免受传染的③。

根据这条原则，培根不主张在哲学研究上寻找什么“原素”（指当时的地、水、火、风），什么“原始的形式”，什么“隐秘的性质”，这些都是空洞的思想。他主张像医生那样，追求“较坚牢的事理”，研究“物质的第二性质”，如吸力、拒力、稀化、浓化、扩张、紧缩、分化、

---

① 见《新工具》第一卷箴言六十二，关译本，第58页。
② 见《新工具》第一卷箴言六十五。
③ 见《新工具》第一卷箴言六十五。

成熟，等等作用。培根认为当时所谓“原素”“原始形式”“隐秘性质”这一类思想，无非是把具体现象概括为一些观念，并不能说明事物之所以然，无非是“物体产生所依的静止原则”，至多也不过描述事物是怎样，并不是“事物产生时所依的活动原则”。说明事物之何以是这样，说明其所以然。他认为至少知道在什么情况下，一物吸引另一物，又在什么情况下，一物抗拒另一物；知道在什么情况下，一物会稀化、扩张，又在什么情况下，一物会浓化、紧缩，等等。然后人们才能解释自然，了解自然，控制自然，而在自然界中建立人类的统治，否则只流于空谈，不能引起改造自然的实践作用。培根认为“生”“灭”“增”“减”“变”“位置移动”等都是一些名称，只是“描述运动的计量和限度”，并不能说明种种现象之生、灭、增、减、变、动是“借着什么方法”，“由什么根源来的”，“并不曾暗示到物体的倾向，和物体各部分的发展”，而只是述说现象发生后的差异。培根所追求的是事物之理，而不是逻辑的概念。他常有情感地写到这点说：“如果有人抛弃了这些说法，而主张譬如这样说：物体中有一种互相接触的倾向，不让自然的统一被分离了或被破坏了，不让虚空现出来；或者再说，物体中有一种复返于自然体积或张度的倾向，在内受了压迫，或者向外扩张过度时，它们会立刻努力来恢复自己，而复返于原来的体积；或者说，物体中有一种同类集为一体的倾向（类如密度浓的物体倾向于地球，稀薄的物体，倾向于天空）——则这些运动以及相似的运动可以说是**物理**的运动。那些别的运动只是完全**逻辑**的而且有经验派的意味。”[①] 在这一段引文中，我们可以见到，培根的科学思想是受着当时历史条件的限制，可是他的科学态度是极其明显而端正的。他正确地指出，在哲学思维中，急于作出决断，就形成一种专横独断的态度；如果游移不决，就终无所得，流于怀疑。两种极端都是真理寻求的障碍，属于剧场偶像的类型，应在清除

① 见《新工具》第一卷箴言六十六，关译本，第61～62页。着重点都是我加的。——作者

之列。当知“人的感官和理解力（理性），虽然微弱，可是我们只应当供给它们以帮助，究不应当剥夺了它们的威权”，使之不能发挥其应有的作用[①]。

培根总结其偶像论这一段文字时写道：“各种幻像（偶像）和翼从已如上述。我们必须以确定的、庄重的决心，把它们一切都弃绝了，并且供理解力得到彻底的自由和廓清。要进入在科学上所建立的人国……人人必得如婴儿似的（即丝毫不为成见所蒙蔽，一本天真）才行。”[②]

① 参看《新工具》第一卷箴言六十七。
② 见《新工具》第一卷箴言六十八，关译本，第65页。

浅论科学研究的方法[①]

“科学研究的方法”这个题目很大，涉及面很广，我这里仅根据个人体会浅谈两个问题：一是介绍我本人在国外做科学研究的一些经验，二是泛论科学研究的方法、步骤和应注意的问题。

(一)

我大学毕业时（1910年），曾搞过科学研究，但只是一种尝试，很肤浅。后来在欧美留学做研究生时，才算真正搞科学研究，经受了比较严格的科学锻炼。

当时欧美一些发达国家研究生的研究方式主要有三种：①“Seminar”，②教师定期指导下的个人研究，③写学位毕业论文。现按个人经验介绍如下：

1. “Seminar”。

Seminar相当于研究班、研讨班、研究小组等，源出于德国。实际上各国的Seminar都不尽相同，我们现在的“课堂讨论”也是其中的一种形式，是苏联因袭俄国而传入我国的。在德国大学里，每个研究生专业的Seminar都有专设的研究室、资料室和指导教师的个人研究室。我

① 本文是曹方久教授根据韦先生20世纪60年代的一次报告的草稿整理加工而成的，具体时间、地点和对象均无记载。曾发表于《华中师范大学学报》1990年第2期。——整理者注

在柏林大学时由于不是正式研究生，只旁听过一个 Seminar，随后在美国哈佛大学研究院，每学期至少参加一个 Seminar。每个 Seminar 通常有 10 个研究生参加，每周举行研讨会两次，每次 2 小时。研究生轮流提出论文，大家针对论文提出问题讨论、争辩；然后由指导教师作总结。这是一种很好的学习研究和争鸣的方式。我通过 Seminar 初步练习了搜集材料、组织材料和熟悉文献的方法，锻炼了提出问题、分析问题和解决问题的能力。特别要指出的是我学会了鉴别材料真伪，分辨第一手材料和第二手材料的方法，明确了参加学术讨论的基本要求。当我们争论问题时，老师很注意争论时的礼貌和态度。他很反对意气用事，以感情代替理论；要我们培养学术涵养与风度。他说，大家尽可以从不同的角度或方面提出不同的乃至尖锐的反对意见，坚持自己的意见，但同时必须有礼貌地尊重并认真考虑别人的不同意见，如果自己有错误，就要立即承认并修正，不应强词夺理，把维护个人的“面子”置于探讨真理之上。

2. 老师指导下的个人研究。

在美国，一般讲，只有具有一定科研基础的研究生才能开始个人的研究。指导个人研究的教师是在学术上造诣比较深、知识相当渊博的教授。我读哈佛大学研究院时，在一位 70 多岁的老教授指导下从事个人研究，他对我要求十分严格，同学们都认为他很厉害，不容易接近。我听他讲授一年的课后，他才让我搞个人研究。每周对我个别指导两小时，布置一周的学习和研究的任务，指定必读的参考文献，有 200 页左右，读完后，按规定的时间到他的研究室汇报并回答他的问题。他首先要我简要地汇报读书心得和发现的问题，当我谈到某个问题时，他就要我谈这个问题的另一方面或与此有关联的其他一些问题，要我一并分析。汇报之后，他用半小时的时间对我的汇报进行分析、评价；虽然也有肯定，但主要是批评我的不足和谬误，最后布置下一周的任务。

老师布置的下一周的文献资料每每和上一周的不同；或深度不同，

或观点不同，或采用的方法不同，等等。在下周的定时指导时，他就要我指出上下两周文献资料异同之处，如二者观点不同，就问我的观点如何？赞成谁？反对谁？并说出理由和根据。这样一来，每周的定时指导都是一场考试，为了对付这两个小时，我必须天天紧张地学习，刻苦地钻研，反复地思考，兢兢业业不敢稍有懈怠。我正是在这位严师的指导下，较快地掌握了专业知识，锻炼了我对待学问严谨认真的科学态度，提高了独立进行科学研究的能力。可惜的是，由于其他原因我未能在他的指导下写学位论文。我的学位论文是后来在英国伦敦大学完成的。

3. 写毕业论文。

当时英国的大学指导研究生的方式和德、美两国不同，即主要通过写毕业论文来指导。毕业论文与 Seminar 的论文不同，Seminar 也要求写论文，但只是习作性的短篇，一般万把字即可，只解决一个较简单的问题。而毕业论文则是系统性的长篇论文，要求解决前人未解决、甚至未涉及的问题，从而对本专业能作出创造性的贡献。

那时，博士生的毕业论文规定至少要用 2 年以上的时间。研究生从拟定大纲，搜集、整理和组织材料到写出初稿，每一个环节都要送指导老师审阅并照老师意见修正，这样按部就班地下来，通常要 3～4 年才行。如果材料搜集不很棘手，或事先已经大体搜集就绪，其他环节也比较顺当，两年也可能完成。

在伦敦大学时，导师指导我写博士论文的过程中，很注意培养我搜集材料和研究问题的方法与能力。以下几例可见一斑。

在搜集材料问题上，老师只对我进行一般性的提示，而不具体告诉我搜集哪些材料，怎样和到何处去搜集。他认为，研究生是作为专家来培养的，而未来的专家应该了解本专业各方面的情况；如果还要老师指出论文材料的范围、出处以及搜集的方法，那怎能培养出合格的专家？因此，老师指导我搜集材料时，总是让我钻“烟囱”，等我钻得差不多了，他才说，这里不够，那里不行，要我再去钻。开始，我把搜集的材料送他审阅，他说不行，不够。我请教他，应该再如何搜集了，他幽默地说："在这个问题上，你是专家，我是外行，我只代表学术界对你提意见，找毛病，评论你研究成果的价值，你不要依赖我给你更多的东西。"我对老师的这几句话印象十分深刻，使我认识到，独立研究是一个研究生首先的和起码的职责，不具备这个条件就根本不配当研究生。

有次，在我送审的提纲中提到，陶器在公元前约5世纪—前3世纪发明于中国，而后才传入东欧。此问题本与我的论文主题无大关系，但碰巧这个观点同英国一位地质学家和一位陶器专家的观点相左。我的老师对此情况颇感兴趣，乃鼓励我深入钻一下这个问题，搜集更多的材料以证实自己的看法，并敢于向那两位专家挑战。我本是研究哲学的，现在要我去钻陶器的发源地及其传播的历史，不免离开我的本行和研究主题而进入地质、考古的领域了，牵涉面太多、太广。但我必须遵照老师的教导去做，我一头扎进图书馆，广泛搜集资料，访问有关专家、学者，终于写出一份有分量的材料，证明了我的观点，驳倒了那两位专家。事后我体会到，老师并不是要我离开本题去钻牛角尖，搞枝节问题；而是借这个问题培养我独立地广泛搜集各种有关资料的能力，开阔我的视野，扩大我的知识面，同时培养我以严肃的科学态度敢于向权威挑战的勇气和创新精神。

还有一事启发颇大：在写论文的过程中，我发现我国宋代的朱熹和古希腊亚里士多德在一些重大哲学问题上相类似。那么，他们的思想有没有历史的联系？朱熹是否受过亚里士多德思想的影响？但两位哲人在时间上相距1700多年（一为公元前5世纪，一为12世纪），空间上又远隔重洋，何止万里？加上语言文字的差异，决不能因为两位在哲学思想上有相似之处，就轻率地认为有师承关系。虽然，我国和欧洲早在朱熹之前1400多年已开始通商，但物质的商品交换和抽象的哲学思想的交流毕竟不是一回事。所以，对此问题必须作深入的研究，在掌握大量材料的基础上待证据确凿、理由充足，而后才能作出实事求是的结论。

这一问题原来也不是我的论文的组成部分，甚至并无什么直接的联系；但老师却要我作进一步的研究，弄清楚两位哲人究竟有无师承联系，能确证其有固然是成绩，如确证其无当然也是成绩。

在老师的鼓励下，我满怀信心地钻研进去。开始我依据一定的材料，提出了亚里士多德的思想在朱熹以前传入中国的三个可能性。我的根据是，唐太宗时，大秦景教、伊斯兰教和佛教这三派宗教曾相继传入中国，而宗教语言和哲学语言是有关联的。那么，当时在欧洲盛行的亚里士多德的哲学就有可能随着这三种宗教之一而传入中国，这就有了三种可能。我按照科研逻辑的方法、步骤，依次验证这三个假设；重新钻研了亚里士多德和朱熹的有关著作，阅读了上述三种宗教的有关典籍、文献、历史。当时我只掌握了大秦景教和佛教的一些资料，但对于伊斯兰教，我只知一部《可兰经》，特别是对于它传入中国的历史，却一无所知。我不得不请教内行、专家，或登门拜访，或以信函方式求教（英国学者很愿意用通信方式来回答或讨论问题）。我用了半年时间进行钻研、考证，首先否定了其中两种可能性，最后只剩随大秦景教传入这一可能还有一点影子。那时，我到德国请教柏林大学 Franke 教授（我过去的老师），他找到一篇尚未发表的内部传阅的论文，文中提到亚里士多德的著作有可能于 7 世纪时通过大秦景教从叙利亚传入中国，但缺乏具体材料证实。这样，这唯一的可能也不过只是一条据以追查的线索而已，它是不能作为肯定结论的充足理由或论据的。当时，在这个问题上，国内外再没有人比我掌握的资料更多了，因此，我完全可以作出亚里士多德在朱熹以前没有传入中国，因而两位哲人没有师承关系的结论。这是一个消极的否定性的结论，而科学研究中，真正按科学方法得出的一个否定性的消极结论也是重要的，其价值并不亚于一个肯定性的积极结论。而且更重要的不是在这个问题上得出什么结论，而在经过半年时间对这一问题进行钻研，我不仅读了不少书籍资料，掌握了更多的专业知识，而且大大提高了钻研问题的能力，学会了科学研究的方法。

我在国外做研究生的4年生活中，体会到一个研究生的首要任务，不是听课，甚至不是读许多书，而是在有经验的老师指导下学习科学研究的方法。大学毕了业的人应该具备自学的能力，知道读什么书，如何读书，不需要花多的时间去听课。我虽然也听过不少课，读了不少书（每年约读100本专业书，杂志在外），但我收获最大的则是得到严格的科学训练，锻炼了科学研究的方法。

上述国外培养研究生的三种方式主要是根据个人的经历，有很大的局限，且均为资本主义国家的情况，我们可作为参考，批判地吸取采用。

（二）

人们从事一门学科的研究都包含三种不大相同的活动；即学习、钻研和科学研究。三者是蝉联的、交错的，而在性质上则是有所不同的。

“学习”是一种很广泛的活动。人一生下来，从吃奶起，便是学习的开始。婴儿时期的种种活动，对周围事物的逐步了解、认识，都是步步深入的学习。此后，上小学、读中学就更是学习了。进了大学，学习的范围、内容和质量有了很大的变化，走出教科书和老师所教的圈子，要读许多参考书、报纸杂志，还要走向社会考察、实习，到实验室亲手做实验，这就从比较单纯的接受性学习阶段进入高一层的学习，我把这种比较复杂性的学习称为“钻研”。随后，在钻研中每每发现不能解决或不完全能解决的问题或者人们在过去未接触过的新问题；以解决这些问题为目的的再学习、再钻研，并用种种科学方法和科学手段来解决问题的过程，我才称之为“科学研究”。科学研究的结果一定是为本门学科或专业作出了或大或小的创造性的贡献。因此，学习、钻研和科学研究是有机关联着的三种活动、三个阶段。由学习发展到钻研、又由钻研发展为科学研究是一个逐步升高、逐步深化的过程。当然，三者并不是截然分开的阶段，是你中有我、我中有你的互相交错的活动。前面的活动是后面的基础，包含有发展为后面的契机；后面的活动是前面发展的必然结果，并包含前面于自身之中。很明显，离开学习和钻研的科学研究是不可想象的；对于一个研究者来说，也不存在单纯的学习或单纯的钻研，而必须在一开始的学习和钻研中，捕捉将要在科学研究中所要发现和提出的问题，为以后的选题打好基础；否则走了弯路，浪费光阴、事倍功半。

在广泛学习、深入钻研基础上开展的科学研究必定是从发现“问题”开始的，没有“问题”就没有科学研究。确定了要解决的“问题”，也就确定了研究的方向，确定了研究的对象。一般在学习和钻研时会碰到、发现许多问题的，但并不是所有的问题都可以作为科研的对象。我认为，在选题时要作如下的考虑：

第一，确定为科研对象的“问题”不是灵机一动、随心所欲的问题，也不是冥思苦想出来的问题，而是本学科或本专业在继续向前发展中所碰到的障碍或困难；研究的目的在于排除这些障碍，克服这些困难，为科学的发展创造条件；这样的“问题”才有价值、有实践意义。

第二，作为科研对象的“问题”之提出应是合理的、合逻辑的、同已知的事实不相冲突的。

现以康德在《纯粹理性批判》一书中所研究的中心问题为例来说明以上两点。康德认为，当时哲学认识论面临着一个十分棘手的问题：即自然科学知识都是综合经验而来的“综合判断”；按说，经验的知识是没有必然的普遍有效性的，只有“验前的”（或称“先天的”）知识才有必然的普遍有效性；可是，自然科学的公理、定理、定律等在事实上又具有这种必然普遍有效性；这应如何解释？他认为，这说明事实上存在着“验前的（先天的）综合判断”。可是，这种“验前的综合判断”是怎样成为可能的呢？这就是康德在《纯粹理性批判》一书中所要解决的根本问题。这一问题的提出符合哲学发展的内在逻辑，是十分合理和顺理成章的。须注意：他的问题并不是“验前的综合判断有无可能？”

而是"验前综合判断如何成为可能的?"因为事实上存在着这种判断,谁也不能否认;关键是在他以前谁也没有说明这种判断是怎样成为可能的。这个问题的提出和解决在哲学认识论的发展史上有十分重大的意义,这是康德的一大功绩。

第三,作为科研对象而提出的问题应是前人未曾解决或未完全解决的问题。因此,当提出一问题作为研究对象时,就要首先弄清楚该问题是否有人提出过、研究过?解决的情况如何?这就要求广泛深入地查阅有关文献资料,摸清来龙去脉。查阅专业杂志时,其前号越多越好,以自然科学为例,世界上历史最久的杂志是英国皇家学会的《年报》(*Proceedings of the Royal Society*),有200多年的历史。据说,我国藏有完备一套的只有清华大学。虽然为了研究现代自然科学的某一个问题,不一定非要查阅200年前的记载不可,但至少近几十年的资料是要查阅的。我们现在研究自然科学、历史、哲学、宗教等方面的问题,最感头痛的是文献资料不足,每每数典而忘祖。当然,在科学研究中,应该勇于创新,破除对古人的迷信,但是决不应因此而割断历史的联系,不尊重前人的研究成果,干出枉走弯路、白费力气的蠢事。

"问题"正式确定之后,按照一般的步骤就要根据事实和已有的资料,对所提的"问题"设想出一种或几种可能的答案,这就是"假设"。"假设"是对"问题"作出的、有一定盖然性的结论,但暂时还提不出确认这一结论的充足理由。尽管"假设"只是假定的解答,但在知识的发展上却有很大的意义。科学理论最初都是作为"假设"而产生的,都必须经过"假设"的阶段;从而任何科学都是通过合理的科学"假设"而向前发展的。恩格斯说过:只要自然科学在思维着,它的发展形式就是假说。当然,不仅自然科学,而且人文科学也是如此。

提出"假设"时须注意以下几点:

其一,必需"持之有故,言之成理"。所谓"持之有故",即指"假设"的提出须依据事实与已有的科学原理。那些凭主观臆造、任意杜撰的假定不是我们所说的“假设”。所谓“言之成理”，乃指根据这一“假设”所推断出来的东西能得到说明；能说明与解释的现象越多，其盖然性程度越高。当然“假设”所引申出来的现象即使存在，并不等于它已是确实可靠的理论；因为这些引申出来的现象可能是其他原因引起的。所以一个“假设”虽然“持之有故、言之成理”，它仍然只是盖然性的而不是科学理论。

其二，“假设”虽有事实和客观的依据，但它毕竟是人们对于要解决的问题的主观意见。所以，一个严肃的科学工作者就要勇于在事实面前修正错误乃至放弃已判明为不正确的“假设”，改弦更张，提出新的合理的“假设”。如果坚持己见、顽固偏执，就不是科学的态度。所以，主见不可无，而成见则绝不可有。

其三，在某种情况下，一个“假设”表面上似乎和某些事实相违。但事实有简单与复杂、现象与本质、假象与真象等差别。那些没有经过认真观察、分析和筛选的“事实”还不能说就是事实；一般的所谓“事实”之中，常伴有假象等杂质，一经把这些杂质清洗之后，面貌可能大大改观、甚至面目全非了。如有人说他的确看见了“鬼”，他认为这是“事实”。但当真相大白后，他所谓的“事实”已不复存在。因此，如果发现某“假设”与事实相违，就需要首先考察并追究这一“事实”是什么样的事实，是真象还是假象，是现象还是本质；而要做到这一点，就必须下一番苦功夫才行。

其四，一般情况下，提出一个“假设”不应同已知的公理、原理、定律或规律相矛盾。但必须注意两点：① 虽然不应相矛盾，但也不是要求基本同一，不是要求提出的“假设”直接可以从某已知的原理推演出来。因为如果可以直接推演出来，就说明“假设”与已知原理基本上是同一的东西，没有任何创见与新意，因而也不是什么科学的“假设”。如果一篇论文表面上似乎对某个问题提出一个假定、设想，而究其实质不过是对某原理、原则的解释与说明，这就没有什么科研价值。② 如一假设和已有的科学理论发生了冲突，不可过早而轻率地否定和放弃此一假设。爱因斯坦最初提出相对论的假设是和牛顿的定律相矛盾的，但相对论这一假设成了新的科学理论，丰富、发展、扬弃了牛顿的理论。非欧几里得几何学的假设并未因与公认的欧几里得几何学相矛盾而被否定，反而发展了几何学。哥白尼的“太阳中心学说”开始只是一个科学假设，它直接与托勒密的“地球中心说”相冲突，但最终被否定的不是“太阳中心说”而是曾被认为神圣不可侵犯的“地球中心说”。科学正是通过否定，打破旧的、不完备的理论，证实新的、更完备的科学假设而向前发展的。

其五，提出科学的假设固然要有破除迷信、勇于创新的精神，但最基本的仍然是尊重事实、实事求是的科学态度。绝不可借口破除迷信而怀疑一切、否定一切。

“假设”的提出与形成，只是解决“问题”的初步阶段，科研工作要继续下去，还要发展假设、检验假设，最后形成真理性的结论。这往往是个漫长的过程，有时一篇论文即可解决一个问题，有时可能需要很多论文和专著来解决；假设需要实践长期地、反复地检验，甚至经过多少年、几代人才能形成科学理论。

科学研究所经历的道路每每是迂回曲折的，研究工作是十分艰苦细致的工作，要付出极大的心血，要做出很大的牺牲，有时刻苦努力很久却收获甚微；可是科研成果正是这样一点一滴逐渐积累起来的。科学研究中通常是一环套一环的没有止境，一个问题解决了，或者尚未完全解决，就又发现了新的问题；解决了一个小问题又冒出一个大问题；有时一个大问题似乎已经解决，但仔细一检查，原来还有许多小问题尚未解决。往往越钻问题越多，“剪不断、理还乱”，深感自己知道的太少、太少，而未知的却很多、很多。在科研的道路上既要自信，但不能自满；既要虚心，但不能心虚。要充满信心，谦虚谨慎而又大胆地钻进去，走下去，最终一定会出成果的。

逻辑研究的一般性质

任何一种科学著述，通常一起头就讨论这门科学的定义。这种办法固然是可以引导读者的注意力到正当的对象和这门科学所涉及的这些对象的各个要点。这是有其真正好处的，因为像逻辑这门科学，其研究的对象不是五官所能感觉到的，因之平常没有引起人们的注意。但是因为同一个缘故，一方面开头就谈逻辑的定义固然是有好处，然而在这么早的阶段就谈逻辑的定义，会引起一些争议，也没有什么大的补益，其理由是读者在开始研究逻辑的时候，对于所研究的科学内容还不熟悉，无法判定什么定义才是最能表达这门科学的性质，必须等到他熟悉了被下定义的对象之后，才能够彻底地理解所下的定义。在研究开始的时候，定义只能有指导方向的作用而不能有启发知识的作用。如果研究逻辑的人发觉到在其研究的进程中，开头所学的定义能使他在一步一步所继续研讨的各个不同的问题中，看出一条线索贯穿着一切，那么定义就起了良好的作用了。

首先要说，逻辑是一门科学，意思就是，逻辑是要知道所研究的对象之原理。各门科学之不同是因为他们所研究的对象各有不同，例如天文学是研究天体的性质、天体的运动和天体的历史的；植物学是研究植物的构造、植物的生长、历史与其习惯的；几何学是研究空间的线、面、形之属性与关系的。但是每门科学都是找出在它所涉及的诸对象基础上的原理，并且要借助于一套原理来说明其五花八门的对象，人们常常称这些原理为规律。自然科学是有关于变动的，因而在自然科学中这些原理就被称为“自然法律”。“自然法律”一词可能暗示“自然”不是自然界事物的总和，而是一种什么权力，对自然界的事物厘定一些规条，使之在其动作中有所遵循，正如英国国王在国会中厘定法规以规范其人民的行动一样。可是这并非科学中“规律”一词的意义，科学之所谓规律不是像人为法律那样，是颁行而可以置之不理的。科学之所谓规律乃是该门科学范围里面的事实所描述的原理，这原理之存在就是在于它之必然为事实所描述。所以科学的规律或自然律是绝不能有破坏的事例的①。如果发觉什么事例是和我们认为的某一自然律不符，我们就断定我们尚未认识其真正的自然律，并非自然律被破坏了，例如，在勃朗峰高峰上水沸腾的温度低于华氏温计表 212 度，我们就断定说，并不是水在华氏温计表 212 度沸腾这一自然规律被破坏了，而是水在华氏温计表 212 度沸腾不是一条自然律，必须还有其他条件，水才在华氏温计表 212 度沸腾的。自然律所说的乃是必须具备这些条件水才沸腾。自然科学在其各个部门中就是要寻找事物的属性和动作实在上所符合的原理、所遵循的规律。逻辑既然是一门科学，所以它必有其对象，而在这对象中必须找出其原理与规律。

逻辑的对象就是思维，可是思维总是有所思维的。研究思维不能凭空地去研究，不能脱离其所思的东西来研究。但是我们研究运动的规律的时候，虽然是有关于所有物体的运动，却并非凡是运动的物体都研究。同样地我们研究思维的规律，虽是有关于各种各样对象的思维，亦不必研究思维的一切对象。这个对比还可以更推进一步，我们考察运动的规律，首先要有关于运动的经验；同样地，我们考察思维的原则，首先就得要有思想过某些东西的经验。可是关于思维，就要我们自己曾有过思维的经验，因为除非一个人亲自思维，不然是不能有思维的经验的。其次，在我们研究运动的规律的时候，虽然我们并不研究一切运动

① 自然律可能为“神异”所破坏这一问题，这里不必考虑，本书另有论列。

的物体，可是我们总是想到某一物体，其性质是足以代表任何像它的物体的；同样地，当我们考察制约我们思维的原则时，虽然不必研究一切思维过的东西，但是仍然要想到某一件东西使我们理解到我们怎样思想这东西，也就怎样思想任何其他同类的东西。试举一例来说明，按我们思维的一般原理，我们凡是想到什么性质，就必定想到这些性质是存在于某一种实体里面，可是我们也可能想到这些性质是存在于许多的实体里面，例如青绿色这一颜色是一种性质，它不能独自存在，是要存在于草和树叶这一类的东西，同时，青绿色可能存在于许许多多的叶片、草片。青绿色这一性质说明的一般原理对于所有的性质都是一样适合的，但是没有某一种具体性质来说明这原理，我们就不能理解这一般原理的意义。

上面所说的，就可用来驳斥洛克反对逻辑研究的意见了。洛克说："上帝对人并非是这么吝啬，只是把人造成是两足的动物，要等到亚里士多德才把人变成是有理智的。"① 洛克所要论证的是说，远在逻辑思维的原理为人所察觉而予以承认之先，人们早就合理地思维着，早就已经按照逻辑所发现其制约正确思维的那些原理进行思维着了，而且对于每一个人，也仍然是这样，就是说，我们并不需要逻辑来教导我们怎样去思维洛克这种说法是正确的。如果有人认为凡是不研究逻辑的人就不能合理地思维的话，洛克的说法是给以正当的批评的。但是我们要说的逻辑的任务不是将人变为有智慧，而是教人知道人之所以有智慧是在于什么。如果人原本不是有理智的，人们就永远不能由学而知道这条原理。正如人如果不是本来就是习惯于随意运动他的四肢的话，就永远不能研究随意动作的原理一样。如果上帝只是把人造成为两足动物，亚里士多德要教人合理思维，亦莫由施行其教，因为人不会理解他所教的。

逻辑是一种科学，研究我们据之以思想事物的一般原理的，并不管我们思想的是什么东西。可见逻辑的研究，是以我们曾经有过思想什么

---

① 见洛克著《人类悟性论》一书第四卷第十七章第四节。

东西的经验为其先决条件的。至于我们关于什么东西的思想有一部分是出现于日常生活的谈话之中，或者出现于我们内心冥想之中，而又有一部分是有系统地出现于各种科学之中。在各种科学中，人们的思维是极其仔细、明晰、前后一致的，所以是人类关于事物的思维最好的范例。因之，逻辑家在各门科学之中最有条件来研究人们思维的规律，而是在这种意义上，我们还可以接受逻辑是"科学之科学"① 这一条古老的定义。诸星的轨道之于天文学，形、线、面之于几何学，植物之于植物学，新门狱②的日程之于罪犯学者，也就是其他各科学之于逻辑家，是他研讨的材料，摆在他面前的事实，要他从而寻出其中的原理的。逻辑家必须要问知识是什么，尽其所能撇开知识在具体上所涉及的是什么这个问题，因之他就要考察各种不同类的知识来看它们共同的是什么，而各门科学正是所有知识中最好的，正是最好的知识，可是逻辑家并不必枝枝节节问到某一门科学的具体内容，而只关心于人们思维所一致具有的那些形式（当然这些形式不一定是所有各门科学都具备的），但这些形式是最完善地表现在各门科学之中。

必须要理解逻辑是有关于思维形式这句话的意思，因为许多逻辑家强调这种说法而且指出逻辑是一门形式的科学。表面上听来是正确的，但其含义则不止于此，不可不留意。在某一意义上讲，逻辑无疑地是一门形式的科学。所谓"形式"者就是指"质料"上不同的许多个体可能有其相同之点，例如用同一的模所造的不同钱币、各种脊椎哺乳动物的解剖结构、牛津大学各学院按照法律所规定用同一方式公布其账目，都是指形式而言。可以说科学都是形式的，意思就是有关于科学的乃是不同的事例所共同的东西。一个研究科学的人考察过一种标本之后，再不感兴趣于另一个完全相同的标本，他所需要的是新的类型或者新鲜的细

① 原用拉丁文 Dcieutia Dcieutaueiu，是 goavne philosophy，引自亚里士多德的《分析论后篇》卷 a 第九章标准页 76a-5。

② 新门狱是 Newgate 之译，查该狱在英国伦敦。——译者注

节，同一标本的数目增加对于他的研究是不重要的①。逻辑家研究思维的形式，例如把一种性质归之于一具有这性质的实体在其思维过程中所用的形式，但是一经掌握了这种思维活动的性质之后，他对于日常碰见千百次的同一类型的不同思维活动就不感兴趣了。因为这些思维活动的内容尽管不同，都是不同的性质归之于不同的实体，可是形式上，以一种性质存在于一种实体这一思想来说，这思维活动是相同的。逻辑家所研究的就是不同内容的思想所共同具有的形式。

但是坚持最力，说逻辑是一门形式的科学，说逻辑是关于思维形式的规律的那些人们，其意思不只是说逻辑在这方面是和其他科学一样，所研究的乃是有关内容的形式或者说是有关内容的共相②，他们的意思是说逻辑只考虑关于所有一切对象的思维共同所表现的思维形式，而排除其他的思维形式。那就是好像说，植物学家所注意的只是关注所有植物共同表现的规律，几何学家只是关注所有几何形所具有的属性，他们认为我们在逻辑中可以和我们所思维的是什么这个问题完全脱离，可以完全不管它，而仍旧有某些一定的原理是在我们思维到任何东西的时候所必须遵照的。其实，我们思维的对象不同时，我们思维的方式是不同

① 除非他是在做统计的工作以求得各种不同类型的比较频率。

② 重要的一点是要体会到，逻辑的对象是我们关于各种事物的思维，而不是思维所涉及的事物，这些事物乃是所说的思维之对象。一个钱币的形式和内容两者都存在于钱币；同样地，思维的形式和内容两者都存在于思维（如果我们继续保持两者对立的意义的话）。我们不应认为在思维中才有两者在形式上的同一，而在所思维的东西中则有质料上的区别。用一个类比就可更清楚地说明此点。我承认在本书第一版里这一些是有些混淆的。饥与渴在形式上是相同的，都是愿望，而质料上是不同的，因为饥是求食，渴是求饮，但是饥与渴的内容之不同不是在于事物和饮料是不相同的东西，也不是在于事物之为饥之对象和饮料之为渴之对象之间之区别，两种愿望内容之不同是在于愿望的性质，因为所求之不同。因之我们说，一个思想的内容是它的性质，而这性质是决定于它所涉及的某一对象，而不是决定于所涉及的对象是什么。我们并且要附加一点的说明，以免不思的人们发生误会。在各种场合都用形式和内容作为对立的名词，而其对立的意义是各有不同，并非一切都可同日而语的，其用之于思维的意义实质上并不同于用之于钱币或动物之意义。各个不同思想的区别不是在于它们虽同一共相而内容不同，像两个钱币，一个是金币，另一个是银币，虽同一币模，而由于不同质料就不相同，或者像两个动物不同的骨肉和它们的共同的构造两者之间的不同，各个思想之不相同乃是在于它们的结构在同一的类之下有种的不相同，或者是在于它们虽是同一类型而是同一类型的思想之不同的实例。参看下文论“属性”。

的。因之，我们如果要研究贯穿着我们一切思维的原理，就不得不在一定的程度上考虑到我们的思维之由于我们对象之不同而发生的思维中的差异。形式与内容的区别好像是要在不同的阶层上来理解的。在一门例如动物学的科学，其所研究的是列为一定次序的、有感觉的东西，这一点是明显的。在动物学来讲，我们可以说，所有人都具有共同的形式，所有马亦具有共同的形式，而马和人比较则在形式上不相同，但是马和马来比较则所有马形式上都是相同的，虽然每一匹马的身体和其他的马不相同。从另一角度看来，我们考虑的可能不是甲马和乙马、丙马共同的形式，而是人、马、鹰、鳄鱼等都有脊椎这一共同的形式，那么人与马，如果和蛇比较，则形式上是相同的。我们也可以拿现在过时而不用的居维叶氏的分类法把动物界分为脊椎动物、腔肠动物、放射虫类和环节类四目，而将它们看为只是动物这一共同形式的不同实例。从这观点来看，马与蛇是实质上的不同而非形式上的不同。但是在我们达到这个阶段之后，形成了动物这个概念，是表现于互不相同的各种动物之中的一个概念，我们就明白地理解动物的构造是什么，只需看看这构造是如何存在于各种不同的动物的目之中，我们并不必看见哺乳、脊椎的构造是如何存在于每一类哺乳动物，就很可以理解哺乳、脊椎的构造是什么，我们更可以理解马的构造是什么而不必认识所有的马。那就说形式与内容之区别在动物学上，越提高到上面的阶层则越不必结合内容实质的不同而理解其形式。绝不能拿一个动物的目之一实例，譬如拿星鱼来叫我们去体会什么是动物。研究思维的形式也是这样，最一般的思维形式存在于思维之中是依据其思维的不同对象而有不同的变易的。我们不注意动物的性质怎样在不同的目的动物中以不同的方式而出现则不能彻底地知道动物的性质，同样地我们不注意思维的形式怎样在不同的内容中以不同的方式而出现，也不能彻底地知道思维的形式。我们可拿命题为例，指出在一个肯定的直言命题里面，有一个主词是命题所称谓的对象，又有一个谓词是用以称谓的。不管命题是“马是动物”或“头等火车票是白的”，或者是法文的 Londres 就是英文的 London，其结构都是这样的。因为在所有的命题里面形式上都有同样的主词与谓词的区别，我们也可以不管其主词与谓词是什么而用符号来代替它们，而说所有肯定直言命题的形式是“S是P”，但是我们如果要问这形式是什么意思，在什么意义上S是P，明显的其意义是在各个命题里各有不同的[①]。例如法文的伦敦亦即英文的伦敦，但马不就是动物，我们可以说“动物”是马之一种属性，“白”是头等火车票的属性，但是动物之为属性而属于马和白之属于头等火车票，其意义是完全不同的。头等火车票的颜色可能变易而持有头等火车票的人都一样地乘坐头等火车，然而马如果不是动物，则不能称其为马[②]。只把S和P理解为主词和谓词是不足以完全体会“S是P”这公式的意义的，必须理解它们是什么样的主词和谓词，理解它们之间的关系是什么，S是在什么意义上是P。如果这意义在不同的场合中各有不同。正如狗之为动物和星鱼之为动物其意义不同，那么思维形式的研究就包含有考虑思想中内容的差别之必要了。但是强调逻辑的纯粹形式的性质之逻辑家认为在任何一段思维的过程中，把S是P的意义看为总是一样，无异无别的，就可完全了解思维的形式了，这是行不通的，因为思维形式（正如上面例子里面称为命题的那种思维形式）本身就是随它所出现的实例而变更其意义的。另一方面就是，纵然还不能撇开我们思维的特殊对象的区别而研究我们的思想，可是逻辑并不感兴趣于这些区别的本身，而是要明了包含于其中的各种不同的思维形式，而且同一种思维形式在不同的特殊思维的“片断”里面不断地重复着出现，而逻辑的任务只是研究其共同具有的思维形式。

【[③]我们不能撇开内容而研究形式这条真理，也可以用另一种方式来表达，就是说，一般的形式只能在其所表现的这种或那种的特殊形式之中来加以研究，而这些特殊形式又只能在内容各个不同的实例中来表达。“法文伦敦是英文伦敦”这一命题的特殊命题形式可以同样地表达

① 柯克·威尔逊（Cook Wilson）教授在他的讲课中叫人们注意用符号可能有意义含糊的危险。参看下文论概念。

② 严格地说，主词的类不应说为它的属性。参看下文第四章论五公之谈到类与种差。

③ 该符号英文原著中即有，韦先生翻译时保留。——整理者注

于“法文哥隆是英文的哥隆”，这命题正如一匹马是动物，其特殊形式可以同样地在另一匹马之中表达出来一样。所要体会的乃是一种共同的形式，需要在其所表现的不同内容之中而因之有其差异，从而追求这共同的形式。】

读者到稍后一阶段比较习惯于不但想到外物，而且想到自己的思想的时候，再把上面一段讨论读一遍，就可能更觉了解了。在有形的对象中，如动植物，其中的区别是易于看出，但是在于无形的对象中，如思维就不这样容易看见其中的区别。自然人常常想到东西，关于东西提出问题并解答问题，可是要努一把力才能认识到，这些东西为他们所知道，乃是由于对于它们有所感觉，有所思维，然后才把他的注意力转回来，内向着感觉和思维这些活动的性质，然而这些研究新对象即感觉和思维的活动，也不是像有形的东西那样可以保持，可以解剖的。人们不能抓住一个思想，把它装在玻璃瓶里以备研究，如果人们要想到思想，就得要进行思维来制造思想，但是这工作在陌生阶段上是困难的，即使到了熟练的时候也不是很容易的。

【中世纪的逻辑家有时谈到逻辑是研究第二性对象的[①]，这正是本书上一段所指出的。人们的思想首先是指向于物质的东西和这些东西的属性或关系，这就是第一性的对象。此后思想就可能指向于思想在其第一性对象上运用时所表现的方式，所发现的就是第二性对象。例如人们观察动物，各按其类别为之命名，曰“鹿”，曰“牛”，曰“虫”，曰“龙虾”。观察中又发现各类的东西，其类的彼此之间有同有异，同者皆称为动物，而动物之中又有异或称为脊椎动物或称为无脊椎动物。这些都是人们以之命物的名称，是为第一性对象的名称。可是人们又观察到

---

① 第二性对象是英文 second intention 之译，阿拉伯哲学家阿维森纳（Aricenna）（公元 980 至 1037 年）区分出人们所注意的原来外界的东西，称之为 first intention，即第一性对象，和关于东西的思想，称之为 second intention，即第二性对象。英文 intention 是拉丁文 intentio 之直译，中世纪经院学者用来翻译阿维森纳的一个阿拉伯语的名词。于是就发展为第一性对象，指人们思维中首先注意到外界个体东西从而形成的外界东西的概念，如“人”“石头”“房屋”等，第二性对象指那些从第一性对象概括而成的更高级的概念，就是反映思维所形成的思维对象，如“类”“种”“范畴”等。——译者注

思维是怎样对于这些动物进行其活动的。动物所具有的属性，有些是所有动物所共同的，又有些是动物的某些个体所特有的，于是就称一小类的个体为属于一种或以种这名称来称这小类的共同性质，以类来称具有比种更广泛的共同性质，或竟以类来称诸种之总和。种与类是第二性对象的名称。同种的动物或同类的动物之所以为同，是有其相同之点，有相同之点才称为同，则其所同乃是真实在于动物的本身，所以第二性对象的名称，由上一实例说来，是指个体中存在的东西，因之第一性对象和第二性对象的区分是有其某些困难的，就叫我们不得不注意这一事实，就是我们不能撇开所思维的东西的性质，完全不思想到这性质而只思想到思维的本身。】

如果要替逻辑下定义的话，为的是要在下面各章中有一条定义摆在我们面前。我们认为最简单而又最不会引起纠纷的定义乃是说，逻辑是思维的科学，或者说，逻辑是思维的研究，因为如果说逻辑是研究思维的形式原理的，那就会含有这种意思，就是说，有些科学不是寻求原理的，而是可以研究思维的形式而并不去问思维内容之中的差别的，这两件事都是不可能的。

又有人认为逻辑是一种艺术而不是一门科学，至少它是科学同时又是艺术。讨论这个问题时，我们必须记住艺术这一词有两种意义。如果一个人善于驾驶，纵然他不能说明驾驶所遵守的原理，我们仍然可以说他是知道驾驶术的，而我们又可称他为知道驾驶术的，只要他从书本上熟识驾驶的原理，纵然他一向没有驾驶过任何一只船。可知艺术的意义可能是指干某一种事情的实践技能，也可能是指如何用最好的方法来干一种事情的理论知识。从后一种说法，则科学是艺术的先决条件，例如航海的规则是以天文、力学、气象学和物理学定律的知识为其根据，而且是以许多数学和其他科学的知识为其先决条件的。从这种意义来说，逻辑就是一种艺术，于是有逻辑的艺术必先有逻辑的科学，这是明显的，因为必先研究正确思维的性质才能教人怎样进行正确的思维，所以纵然承认逻辑艺术之存在，这种艺术还是和逻辑科学有分别的，不可混为一谈。因之逻辑这名称当有两种意义，可用之以指思维的科学，亦可用之以指思维的艺术，但不可用来指逻辑的科学与艺术。逻辑艺术是存在的，其根据就是逻辑科学。这种说法的论据就是逻辑是解释什么才是关于任何对象的知识，而且揭示论证的某一定的规则是正确辩证所须遵守，违之则犯错误的。但是要构成一种艺术，这一些还是不够，必须有规则规定方法，据之以使思维符合所要有的形式。亚里士多德说："一个艺术人是在他自身之外某一东西发起变化的①，例如一个雕刻家使他雕塑的泥发起变化，一个医生使他的病人身体发起变化，如果他使他自己的身体发起变化，那么他就对待自身如他人的身。使变化之发生是一回事，变化有一定的规律，遵照这些规律才能有变化之发生，而这些规律是另一回事，两者是不相同的。逻辑家的任务不是厘定规则，使他人或自己遵照着来改变其对于事物之思维，改变人们的几何，改变人们的化学或者生物学。逻辑家并不规定什么条件使人能知道一切的对象，这样做就会是逻辑家的狂妄。"上面所引用洛克那种逻辑的意见，对于这种狂妄是适用的，可是逻辑的任务只是要认识到在几何、化学、生物学等科学之中，所进行的思维是什么性质的。正如我们所说，逻辑是研究我们已经在使用来思想种种事物的方法。

虽然如此，逻辑对于我们日常的思维逻辑还是有其功用的。我们所谓思维常常是不连贯，一加审查就会破碎的，当然不学逻辑也能发现这种情况，难道一个经济学家不能纠正他自己在政治经济学方面发生的错误或者纠正前人的错误吗？难道一个数学家不能纠正数学中的错误，必有待于逻辑吗？他们能组成他们的科学就能纠正他们的错误②。然而研究科学家组成其科学所运用的思维，其中是有好有坏的，就可以叫我们

① 作者原注引用亚里士多德的《形而上学》一书标准页（Λⅲ.1070a7），并译为"艺术是他物中的改变，一物的本性质是在该物自身之中"。这话不甚清楚。按罗斯（W. D. Ross）教授主编的《亚里士多德全集》英文译本，这句引文应译为"艺术是运动的原理，存在于被动的物之外的另一物之中，而本性是一种原理存在于该物自身"。这译文又把艺术和本性对比得更清楚，亚里士多德这里艺术的意思是像和天然相对比的。——译者注

② 有时"逻辑"这词被用来不是指思维的研究，如本章所论述的，而是指所研究的思维。

更生动地认识到什么是科学思维应有的性质，什么是科学中的思维有时在实际上所表现的，从而看出两者之间的区别，看出古希腊人所谓真知和意见的区别。在这点上，逻辑就可比之于伦理学，伦理学是探究人类的行为的，是讨论我们对于人们的行动与人们的本身所作出的是非善恶的判断的，是试图来决定我们称一种行动为非究竟是什么意思，说一个人应该做正当的事，究竟是对他要求什么，这一切之成为可能是因为人们所做的事是已经有是非的，而人们是已经曾作出道德的判断的，伦理学并不是教人怎样去作出这种判断，可是伦理学使人更清楚地认识到人们已经具有的标准是什么性质，所已经作出的判断有什么根据，认识到人们所作出的和人们所认为应该作的两者之间常常是不一致的。伦理学告诉我们做什么也仅仅在此，但是伦理学并不能使我们做所应做的。同样的逻辑帮助我们体会到关于一个对象的知识是什么，可是逻辑不能使我们对于所有对象的见解都具有知识所要求的形式。所以逻辑和伦理学在一定程度上都是实践的科学，然而我们不因之而称伦理学为一种艺术，也不认为称逻辑为一种艺术有什么好处①。

大概有人想要证明逻辑研究的实践意义，才坚持把逻辑说成是一种

---

① 也不能认为，在任何一种是非取舍的困难情况下，伦理学都能决定什么是应该做的，或者逻辑是能把各种科学所运用的推理形式尽行列举毫无遗漏的。关于这点可参看勃拉德莱(F. H. Bradley) 所著《逻辑原理》英文原版第 247 至 249 页，近人有把“关于标准的科学”这一名称以称逻辑、伦理学和美学。这名称大概是由于这三门科学具有本节所谈到的那种特征。但是这名称是容易引起误会的，好像逻辑等研究是规定合理的思维、合理的行为、合理的赏美所表现的原则，而不知这些科学只是探求这些原则。逻辑、伦理学、美学好像有一种特殊的性质，那就是在逻辑、伦理学和美学里面，我们以思维、行为、艺术为思考对象的人，亦即在别的活动时，创作出这些对象的人，因之在我们思考中，因为认识到在我们想要我们的思维正确、行为合理、作品美丽的时候，每每不能如愿以偿，就认为逻辑、伦理学和美学的思考是应该纠正这些缺点的。基本上，这种想法是错误的。我们必须成为更好的科学家才能纠正科学中的错误，必须成为更好的人才能纠正是非的判断和行为的取舍，必须成为更好的艺术家才能纠正艺术的出品，而且我们这三种科学的研求，并不是因为认识到在实际所有之二还有什么应有的东西，而不得不去研究它，但是这些科学的研究需要智力的运用，这就预先估计人们原有科学、道德、艺术研究所必需的能力而又因之唤起科学研究等的活动，所以我们可以说，研究生物学和生物品种的改良没有直接的联系，研究力学和动力机的改良也没有直接的联系，但研究逻辑，研究伦理学和研究美学却与科学的思维、道德的思维、美学的思维之改善有直接的联系。

艺术，但是认为除非逻辑能代替“理性活动”作出规定，它就不能有实践意义，这种看法是错误的。它能给予的这种直接帮助是不十分大的。逻辑在一般教育中首先有这种实践意义：它在其自己的内容上要求严谨而准确的思维，因之就形成一种严谨的习惯，照样来对待其他的研究，其对于心力的作用，在这方面亦不过是同任何准确科学的锻炼所能起的作用一样。其次，逻辑叫我们更好地体会到我们习惯于所用的一般语言形式究竟是什么意思，使我们熟练于检查我们的推理，分析推理是否完整。在这方面，逻辑研究的功用不是如同有些其他科学，例如植物学的研究所能在同一程度上预计产生出来的。再次，逻辑的研究正如上面所述，能使人更清楚地认识到知识是什么，从而树立一种标准，以判断我们通常所称为事物的知识，使我们对于日常见解中的缺点更为敏感。其实思想和知识的性质是什么，本身就是值得研讨的一个题目①，又何必一定指出其研究之对于我们关于其他问题的思维有什么作用，才能说明它的必要性呢？如果我们看远一点，逻辑研究的主要意义是在于它有关于涉及真实的性质，人类在世界中的地位与其命运等问题，初看起来逻辑和这些问题可能好像距离很远。约翰·穆勒在其名著的序言里说道：“哈德烈派的人也好，李德派的人也好，或者洛克派的人也好，康德派的人也好，见解尽管分歧，但是在逻辑上是一致携手的。”②“携手”说是对立的学派在逻辑上携手，只是这样的意思。想要有一种“中和”的逻辑，如同自然科学那样是不能实现的迷梦。自然科学都是在某一定限度之内有其公认的原则，尽管科学工作者在次要的论点上争执不休，而在这些原则上是无异议的。然而逻辑则不同，逻辑研究我们对于一切事物的思维，而思维之进行是在某些认定的原则范围的限度之内，逻辑就不能不研讨

① 参看鲍山克（Bosanquet）著《逻辑》原英文第二版第一卷第一页：“我完全同意黑格尔的说法，发现三段论式的一种思维形式，并不比发现鹦鹉的一新种或植物婆婆纳属的一新种的价值低些。”

② 哈德烈（David Hartley）是英国18世纪联想派的心理学家，李德（Thomas Reid）是苏格兰18世纪的常识哲学的倡始人，洛克（John Locke）是英国17至18世纪初的经验派哲学家，康德（Emmanuel Kant）是德国18至19世纪初叶的批判派哲学家，原文引句见穆勒《名学》导论第七节。——译者注

这些原则，因为它的研究对象恰恰就是这些原则。穆勒著作的历史就证明他所说的不正确，因为人们一直攻击最激烈的，正是他的逻辑所认定的最高原则。可是本书的目的，除绝对必需之外，虽并不涉及逻辑所认定的最高原则的争辩，然而阐述逻辑纲要的人，如果不首先认定事物的性质是什么，一定是徒劳无功的。我们固然要把思维和所思维的东西区分开来，但是绝不能研究思维而不涉及所思维的是什么。所有思维都是想到"这关于那"，如果我们要考虑思维是什么的话，就必须考虑"这"和"那"的一般性质是什么，否则我们的对象就成为空洞的。把思维对象的性质完全置之不理，思维活动就会变成没有意义的了。如果要了解欲望是什么，首先就要了解什么是可欲望的。有人所持的意见是，按其性质，欲望是追求愉快。如果如此，我们能够不考虑愉快是什么而了解欲望吗？可见我们不考虑所思维的一般说来是什么，就不能理解思维，所以逻辑既是研究人们对于事物的思维，它就涉及事物一般性质的种种问题①。下面各章所谈到这些问题的地方，可能有些人不会同意，引起的争辩不会按照问题所应受到的注意加以处理，因为毕竟本书不是谈哲学原理的，然而问题发生时，还是要予以指出的。

【我们的思维和我们想到的事物是什么，两者之间的联系在所谓思维规律里面就很好地表现出来。思维规律乃是所有思维所表现的一般原理，而且有人认为逻辑的任务只是在于发展这些思维规律的含义。这些思维规律就是同一律、矛盾律和排中律。同一律可以用公式说明"凡是什么就是什么"，用符号表达就是"A 是 A"；矛盾律的公式是"一件东西不能同时是这样又不是这样"，"两道互相矛盾的命题不能同时为真"，"A 不能同时是 B 又不是 B"；排中律是说"一件东西要就是这样，要就

① 例如符号逻辑充满着关于类和类之间的关系那些讨论。因为符号逻辑认为思维根本就是关于类之间关系的思维。可是依我的看法。把个体成一类和类关系是思维很次要的问题，所以符号逻辑的思维学说是曲解了逻辑的。按，作者对符号逻辑之所谓类未能有正确的认识，故这样说，是曲解了符号逻辑。读者应参阅符号逻辑，即数理逻辑来正确地了解其所谓类究竟是什么。——译者注

不是这样”，或说“两道互相矛盾的命题不能同时为假”，或说“A要就是B，要就不是B”。换句话说，当我们想什么的时候，（1）我们必定要想到它原来是什么；（2）我们不能想到它同时具有某特征又不具有这特征；（3）我们所想到的必须是它具有这特征或者不具有这特征。虽然这些都称为思维规律。事实上我们进行思维时又必须遵照这些，然而这些实在只说明我们关于事物所不得不如此而已。我们所思维的不能是矛盾的命题，因为一件东西明显地不能同时具有某一特征又不具有同样这一特征，所以称为思维所必然的，实在是主观上认识事物本身的必然性。如果我们试问一问，假使这只是思维中的必然性，其结果何如，事情就大白了，因为如果这只是思维中的必然，那么我们纵然不能想这纸同时是白的又不是白的，但纸却可以同时是白的而又不是白的，然而承认这点就是承认在我想到纸同时具有某一特征而又不具有同样这特征的时候，正是我说我不能这样想的时候，这是自相矛盾的，这样一来，矛盾律便是有关于哲学最高原理的，有关于存在论的。同一律的性质亦如此。因为凡是什么就决定它是什么，所以我必须这样想。因之承认绝对改变的真实性是有其困难的，因为绝对改变是说全部改变了，如果这样，我们就不能说什么是在改变，故康德说“只有恒定的才能改变”。排中律①是以选言命题出现的，而选言命题是表达疑惑的，疑惑是属于心而不是属于物的，这样排中律就有些不同了，但是否认这张纸必须是白的或不是白的，就是否认纸之必须是有一定性质的东西，然而决定性含有两种一定的性质之相互排斥的意思，这就是否定的根据，而就是谈到事物了。换言之，除非思维的原始规律事物的规律，我们的思维按其性质就已被注定要曲解事物的性质了。】②

---

① 参看下文第二章关于排中律的注。

② 作者把思维规律看为事物的规律是不正确的。人们思维的规律固然是有其客观的基础，而且必须与客观相一致。可是思维规律是说明思维怎样进行才能是正确的，事物的规律是概括客观事物的发生发展、相互联系、相互制约的方式与过程的，二者不可混为一谈。——译者注

形式逻辑纲要　思维规律

第一节　思维规律的本质

一、思维规律之辩证唯物论的基础

我们在上章最后一节曾讲到，只有遵循思维规律以进行思维的活动才能使思维的进程和结果达到其真实反映客观现实的目的。思维之能真实地反映客观现实，是因为它所遵照而进行的思维规律是与客观事物的规律一致，具有其客观现实的基础的。思维规律不是人所能随意制定，而是从思维长期实践中总结出，并且总结出来乃是不是像这样进行思维就不能得出正确结果的。所以列宁教导我们说，思维规定有着“客观的价值与存在”[①]。他又指出一切人类的思维规律都是徒然的。他写道：“这种哲学（从费希特？）做了一个开头，想从理性自身引出理性的规定来。但是这个尝试的主观态度没有使它得到实现。”虽然这里列宁引用的是黑格尔的话，但他是判定了一切的思维规律的主观说法都是枉费心机的[②]。思维规律必须有其客观性才在实践中证明它是有效的。它是根

① 列宁：《黑格尔〈逻辑学〉一书摘要》，人民出版社，1953 年版，第 42 页。列宁在这里是用赞成的口气引用黑格尔的话。

② 列宁：《黑格尔〈逻辑学〉一书摘要》，人民出版社，1953 年版，第 41 页。

据思维反映客观现实的本质的。列宁写道："逻辑底规律是客观的东西在人底主观意识中的反映。"①

二、思维规律是认识和实践活动的必要条件

客观事物是相互联系，不断地变化、发展着，但是它们也有其相对稳定的一面。事物固然是不断地在变化、发展，但是在某一定时期内，我们对于变化发展的事物是可以认识到某一事物在变化发展着，而不是另一事物在这样变化发展着。譬如一个人由少至壮而至老，不断地在改变，但是在某一定时期内他有其规定性，使我们认识这个人是一个少年或壮年或老年，而且在其整个改变的过程中我们认识到是这一个人而不是别的一个人由少年变为壮年，由壮年又变为老年。必定要这样去认识事物，我们在生产斗争和阶级斗争中才有可能来辨别事物，确定某一事物是具有某种属性，不致对于一切都模糊不清、思想混乱，才能不至于自相矛盾，譬如说了这个人是一个少年，同时又说他是一个老头子。一定要这样，我们的思想才能确定，不致模棱两可；一定要这样，别人才能认识我们所说的是指什么，否则语言就无明确的内容，变成毫无意义的虚话，失掉其思想交流的功用。思维无论是以什么形式出现，它必定要像这样而不能是别样，这就是它最基本规律性的表现。

思维最基本的规律有四：同一律、毋矛盾律、排中律、充足理由律②。兹分别阐述如次。

---

① 列宁：《黑格尔〈逻辑学〉一书摘要》，人民出版社，1953年版，第148页。

② 在亚里士多德的逻辑学说中只谈到同一律、矛盾律和排中律，而没有谈到充足理由律。这第四条思维规律之列为形式逻辑的基本规律，一般认为是莱布尼茨加上的。即前三条规律也不是亚里士多德在其著作中有专题论证的，只是后代逻辑家按亚氏的学说编纂出来的。以这三条规律而论，亚里士多德认为矛盾律（我们译为"毋矛盾律"）是最可靠、"不容置辩的"，是思维最基本的规律而又是最明显的。参看拙著《亚里士多德逻辑》第五章，科学出版社，1957年版，第89～104页。

第二节 同一律

一、同一律是什么

同一律是说，在某一论证或辩论之中，所用的每一个词所指的概念必定保持其同一的意义。

同一律的表述，各逻辑家言人人殊，纷纷其说，不免有些混乱，其混乱的原因大都是由于把事物的同一性，即事物是什么就是什么，和思维的同一律混淆起来。思维的同一律是说，在一个论证或辩论之中，我们所用的词必须有一定所指，其所指必须首先明确，而明确之后则保持其同一内容，如亚里士多德所说："任何一个字必须有其意义……凡是说'这是而又不是'的人实则否定他所肯定的。"① 虽是这已涉及下面

① 亚里士多德在其《形而上学》中说，"进行辩论的人们必须在相当程度上互相理解，否则彼此如何辩驳？所以任何一个字都必须有其意义，指着什么，而且所指的不是指许多东西，而是指一个东西；如果一个字能指的东西不止一个的话，就应该弄清楚这个字用时是指哪一东西的。凡是说'这是而又不是'的人实则否定他所肯定的，那就是说，他认为这字所指的不是这字所指的，这是万万不可的，所以，如果'这是'是有其意义的话，就不能说了这之后又说与之矛盾的话而不犯错误"（《形而上学》，标准页第1062a第12至18行）。上面的一段引文，主要的是"任何一个字都必须有其意义"；这就是同一律的意思。亚氏之后，同一律的表述，纷纷其说，但内容大都是一样的。例如，莱布尼茨表述同一律为"凡百事物是什么就是什么"；耶方斯说，"凡是什么就是什么"；孟塞尔说，"凡思想对象都被构思为其自身"，引自威尔顿（J. Welton）的《逻辑手册》（*A Manual of Logic*）第一册，1912年伦敦版，第31页。威尔顿自己的说法是，"同一律要求在任何一个论证中我们是在一个不变的意义上使用每一个名词"（见同上引书同页）。斯特罗果维契对同一律的定义是："在关于我们思想的某一对象的论辩过程中，必须指的是同一个对象，这对象是什么就应当把它看成什么，不能以另外的对象来代替它。"（见斯特罗果维契：《逻辑》中译本，人民出版社，1953年，北京版，第20页。）我们认为这定义有些模糊，正如莱布尼茨、耶方斯、孟塞尔的定义一样，好像把事物的同一性和词的意义之同一性混淆起来。威尔顿的说法是正确的，而斯特罗果维契在其《逻辑》一书（同上引版第25页）也说"可是要思维正确，就必须使在研究一个对象或争论一个对象中间所应用的概念有着同一的意思，而不在不同的和不相类的意义下应用这些概念。这就是说，在同一思维过程中同一概念应当表示同一思想对象"。苏联科学院哲学研究所1954年出版的康达科夫著《逻辑》一书是说："在某一议论中每一个思想，不管重复多少次，保持其同一的内容。"（译自该书俄文版第47页）这些说法，我们认为是比较正确的，而不能同意于苏联1955年出版的高尔斯基著《逻辑》一书俄文版第148页的同一律之表述："同一律说思想的确定性是关于任何东西的思想之存在的条件。这个或那个思想（概念、判断等）之为思想，是要它具有确定性的性质，就是说，是要它反映现实完全确定性的方面（对象的确定属性，对象间的确定关系，等等），因为这也是把思维的正确反映客观现实和思想在思维中使用的确定混淆起来。两者不是同一事情，而后者才是同一律所要求的。"

将要讲的毋矛盾律，但其对于词之保持其同一意义，确定其所指，其要求是很明显的。

同一律的公式一向是用A是A。这也就是说在我们讨论中如果用到什么一个词A来表达某一个概念作为思想的对象，其内容就是所表达的概念A，而一直在这讨论过程中都保持其同一的内容，即A这概念，而不能是别的概念。可见，同一律所要求保持的乃是词的所指的内容之同一性。即其所表达的概念的同一性，而不是概念所反映的客观事物之同一性。换言之，我们须明确思维的同一律是关于思维的一条规律，而没有涉及客观事物同一性的一条规律。当然，概念的形成是以客观事物之相对稳定状态为其基础。如果没有客观事物相对稳定状态之一面，如果按事物的不断瞬息变化，这刹那的事物不是下一刹那的事物，甚至在同一刹那中都不能有同一相对稳定的事物，而甚至不能说有什么同一的刹那。那么，正如亚里士多德所说，“感性的事物总是在流动的状态之中，人们对之是不能有什么认识的”①。那么，概念就不能有其确定性，名词所指的则不能有一定的内容，我们所说的就不知所云，不为别人所了解，语言也就失去其意义，不能有思想的交流，社会便不能存在。

A是A，就是说，在同一思维过程中，凡说到A的时候，不管是重复地说多少次，总是指原来A的内容，绝对不能指其他，A这名词必定是表达A概念的这内容，绝对不能表达另外一个概念作为其内容。例如，“肃反运动”是指“肃清一切暗藏的反革命分子的运动”。在这运动中，“肃反”总是指这一件事，不会指另外一件事。

同一律在我们思维活动一开始时就起作用的。在思维活动一开始时，就得明确我们所用的词是表达什么样的一个概念，确定我们所想的对象是什么，以后就须一直说它是什么，在同一思维过程中，始终如一，绝不改变这词所表达的概念和这概念所反映的客观对象，这样来保持思维的确定性、一致性。同一律的要求是这样的。

---

① 亚里士多德：《形而上学》，标准页第987a第33行。

更具体地来说明：在同一时间内和同一关系之下，同一名词只有一个意思，不能有两个或更多的意思，否则思想就混乱，语言就模糊不清。

最理想的就是只用一个名词来表达一个概念，用同一个说法来表达一个意思。但是实际上如果大家都很清楚不致引起误会的话，往往也有用不止一个名词来表达同一个概念，来指同一个事物，往往也有用不同的说法来表达同一样的意思的。例如“洋火”和“火柴”是两个不同的名词，但是大家都知道它们是指同一事物，它们是同义词，没有人会因为使用这样的不同的名词而引起争论的。“北京”和“我们的首都”也是一样，它们所指的是同一座城市，不会引起思想的模糊。这是指某一时间而言的。在不同的历史时代，这两个词就不是同义词了。如不同国籍的两个人在谈话，“北京”和“我们的首都”，严格地说，又不能说是同义词了。在一定的时间一定的情况下，这两个词是可以互换而不致有思想的混乱的。但是在严格的科学范围里，名词是确定其意义的，丝毫不容苟且的，我们就更清楚地看见同一律所起的作用。

二、违反同一律就是“偷换概念”

你原来用一个名词是表达这一概念，具有这概念的意思，后来你用同一个名词是指另外一个不同的概念，于是就改变了这词的意思。名词虽同而意思换掉了，偷龙换凤，是同一律所禁止的。

在简短的议论和论证中违反同一律的错误是易于察觉的，例如像这样的一种错误：“物质是永恒不会毁灭的；棉布是物质；所以棉布是永恒不会毁灭的。”明显地，这里是概念的偷换，违反了同一律。前面所用的永恒不会毁灭的“物质”是物理学所讲的物质，物质不灭的物质，而后面所讲的棉布是物质的“物质”是指一种物质的形态。两个是不同的概念。以物质的某一种形态代替了物质的本身便是偷换了概念，而在很简短的一段论证中出现，是易于为人所发觉的。它违反了同一律，所以它的思维过程虽是表面上符合思维的一种形式，在后面称为三段论式的推理形式，但是因为它在用词上违反了同一律这一条思维的基本规律，它所得出的结论是错误的。

在比较更复杂的问题中，思维由一个概念转移到另一个概念常常是不自觉的而且又是不易察觉的。我们就拿同一律的意义来作例子罢。同一律所要求的同一性原来是词所表达的概念在同一思维过程中的同一性而不是概念所反映的客观对象的同一性，更不是这客观对象的"真实的具体的同一性"。因为亚里士多德在其谈到进行辩论时"要弄清楚的是一个字用时是指哪一东西"①，正如上面从他的著作所引的两段文字所讲的那样，而并未涉及客观事物本身，所以就其批评赫拉克利特的学说而言，也不是批评赫拉克利特万物皆变的学说，而是批评赫氏之由于事物之流动而不能为人们认识的学说，批评赫氏因为事物的变动不居以致关于变动的事物什么也不能说的主张②。但是由于同一律里所谈到的同一性这概念从词的所指之同一性转移到概念的反映的客观事物之同一性，就引起形式逻辑的同一律是否是旧的形而上学意义下的同一律的问题，形式逻辑的同一律是否和辩证唯物主义冲突的问题。为要把问题弄清楚，我们不得不讨论一下形式逻辑的同一律和唯物辩证法是否有冲突这个问题。

首先人们必须承认形式逻辑的同一律是以概念的确定性为其基础，什么就是什么是指词之所表达的概念，开头是什么则一直是什么而不得改变的，始终如一到一段议论或论证的结束为止。但是概念的形成是根据其所反映的客观事物的相对稳定性的。一类事物中的每一事物如"植物动物每一个细胞，在其生存的每一瞬间"，正如恩格斯早就正确地指出，"都和自身同一而又和自身相区别，这是由于各种物质的吸收和排泄，由于呼吸，由于细胞的形成和死亡，由于循环过程的进行，一句话，由于全部无休止的分子变化，而这些分子变化便形成生命，其累积

① 亚里士多德：《形而上学》，标准页第1062a第12至18行。
② 参看拙著《亚里士多德逻辑》，科学出版社，1957年版，第91～93页。

的结果一目了然地显现在各个生命的阶段上——胚胎生命，少年，性成熟，繁殖过程，老年，死亡。生理学越向前发展，这种无休止的、无限小的变化对于它就越加重要，因而对同一性内部的差异的考察也越加重要，至于物种的进化就更不用说了。而旧的抽象的、形式上的同一性观点，即把有机物看作只有和自身简单地同一的东西、看作固定不变的东西的观点，便过时了。尽管如此，以这种同一性观点为基础的思维方式及其范畴仍然继续存在。但是，就是在无际的自然界中，同一性本身实际上也是不存在的。每一个物体都不断地受到力学的、物理的、化学的作用，这些作用不断使它发生变化，使它的同一性变形。只有在数学中，即在一种研究思想事物（不管它们是不是现实的摹本）的抽象的科学中，才有抽象的同一性及其与差异的对立，而且甚至这里也不断地被扬弃"[①]。恩格斯在这里把"那旧的抽象的形式的同一性观点"驳斥无遗了，形式逻辑的同一律是否还以这陈旧腐朽观点为依据的？是否建立在这观点上面的呢？如果是的话，它就是反科学的，被抛弃的了。恩格斯又说，"旧形而上学意义下的同一律是旧世界观的基本原则：a＝a，每一个事物和它自己同一，一切都是永久不变的，太阳系、星体、有机体都是如此。这个定律被自然科学在每个场合下逐步地驳斥了，但是在理论中它还继续存在着，而旧的事物的拥护者还常常用它来抵抗新事物：一个事物不能同时是它自己又是别的。但是是最近自然科学很详细地证明了（见上）：真实的具体的同一性包含着差别和变化。——抽象的同一性，像形而上学的一切范畴一样，只有对家事才能应用，因为在这里所考察的只是很小的范围或很短的时间；它所能适用的范围差不多在每一个场合下都是各不相同的，并且是由对象的性质来决定的；……但是对于综合的自然科学，即使在任何一个别部门中，抽象的同一性便是根本不够的；……"[②]

① 恩格斯：《自然辩证法》，人民出版社，1955年版，第176～177页。

② 恩格斯：《自然辩证法》，人民出版社，1955年版，第178页。

恩格斯在这一段引文中指示得很清楚，抽象的同一性虽然是被自然逐步驳斥无遗，但是对所谓家事还能应用。所谓“家事”就是人们经常碰见，范围很小而为时也比较短促的事情，为识别事物起见，只从其相对稳定状态这一面来看问题的事情，而概念的形成也就是根据一类事物的抽象同一性为其客观基础的。如果我们忘记这一点，使用概念时就会忘记概念的本质，认为它能足够反映活生生的具体事物的全部内容，而不是仅只反映一类事物从具体抽象出来的抽象同一那一面作为认识事物的标志，作为思想交流的工具的。形式逻辑的同一律要求在某一段议论中，在某一个论证中，词的所表达之概念保持其同一性，虽是不能脱离概念形成所依据的客观事物相对稳定的抽象同一性，但这同一律所指的不是这个客观事物的抽象同一性，而是议论或论证中所用的词的意义之同一性。如果把这两种同一混淆起来，在讨论形式逻辑同一律时，仅仅以客观事物的同一性为其思考的对象而不去谈所用的词的意义之同一性，岂不就是偷换了概念，违反了同一律吗？

所以我们断定形式逻辑的同一律既是以议论或论证中所用的词意义的同一为其对象而未涉及客观事物的同一性，不管是抽象的同一性或真实的具体的同一性，因之它所谈的就不会和唯物辩证法有所冲突的。固然同一律是根据概念的相对稳定，而概念的相对稳定是以客观事物相对稳定状态这一面为其客观基础，否则就不能有任何概念的形成，但是形式逻辑还是承认事物的相对稳定状态是相对的，惟有事物的不断运动，不断变化才是绝对的，所以形式逻辑的同一律并没有什么东西是和唯物辩证法不相容的。形式逻辑完全承认客观事物的变化，甚至承认概念之承受着它所反映的客观事物之变化而变化，但是在谈到事物的变化时，同一律要求我们一开头就要弄清所谈的是变化而不是其他的状态。所谈的是这个或那个事物的变化，或者是谈一般事物的变化，而不能在谈这事物的变化时，忽然又谈到另外一个事物的变化。关于这一点，我们再一次引用恩格斯教导我们的话。恩格斯写道：“在着手研究过程以前，应当先研究事物。应当首先知道这一事物是什么，然后才可以研究其中所发生的变化。”[①] 认识事物之为这样的事物而不是别样的事物，确定它是什么而在一段议论或论证中保持它是这个什么的内容便是形式逻辑同一律所要求的，而且它所要求的不过如是，并未涉及其他。

可是我们必须指出，同一律既是以客观事物的相对稳定状态为其基础，而客观事物只在或长或短的时间之内才是相对稳定，这时间之长短正如恩格斯在其《自然辩证法》一书中指出，“在每一个场合下都是各不相同的，并且是由对象的性质来决定的”[②]，所以同一律的应用是有其局限性的，因为“抽象的同一性根本是不够的”，因之形式逻辑的同一律只在某一定的讨论或辩论范围中确定用词的意义而不能应用到客观事物的具体研究。

第三节　毋矛盾律

我们在这一节所要讲的毋矛盾律，就是亚里士多德的原文所讲的“矛盾律”。在欧洲各语文中大都没用这个名词作为形式逻辑的一个术语，但是这条思维规律并不谈到客观事物中和人们生活中活生生的矛盾，乃是指思维本身不应自相矛盾，所以不应称这条思维规律为矛盾律，以免和唯物辩证法的矛盾律相混淆。同时，我们译这条规律的名称为“毋矛盾律”，不沿用矛盾这一习惯的名称，因为这条规律是禁止思想的自相矛盾，是人的思想不要自相矛盾，所以称为毋矛盾律比较恰当。

一、毋矛盾律是什么

毋矛盾律是说，在同一时间内和同一关系下，我们不能认为一个东

① 罗森塔尔、尤金：《简明哲学辞典》，人民出版社，1955 年版，第 764 页。原文载恩格斯：《费尔巴哈和德国古典哲学的终结》，人民出版社，1954 年，第 50 页。

② 恩格斯：《自然辩证法》，人民出版社，1955 年版，第 178 页。

西是什么而又是和这不相容的另一个什么。用公式来表述，这条规律是说，A 不能同时和在同一关系下既是 A 而又是 B，其 B 是和 A 不相容的。有时将这条规律的公式写成 A 不能同时是 A 又不是 A。显然是 A 和不是 A 两者是不相容的。例如说人是动物而又说他不是动物，这两种说法是不相容的，既说人是动物便不能又说他不是动物；又如一道墙如果是白颜色的，就不能在同一时间内和同一关系下又是黄颜色的，因为白色和黄色是不相容的，既是白的，就不能同时又是黄的。

亚里士多德认为，毋矛盾律（他称为“矛盾律”）是最基本而又最可靠、无可争辩的一条规律。他写道：“凡是理解存在事物的人所必须把握的一条原则必不是一种假说；凡知道事情的人所皆知道的，也就是一个人进行特种研究的时候所必定已经知道了的。明显地，这样的一条原理一定是最可靠的；这样的一条原理是什么，让我们进行来讲。那就是，同一属性不能在同一情况下属于同一对象而同时又不属于这对象；为了防止辩论中的反对意见，我们必须无条件地这样肯定。这就是原理之最可靠的，因为它是符合上面所下的定义的。”① 他又写道：“……这条原理自然是一切其他公理的起点，因为对这原理有什么错误的人必定是自语相违的。”②

---

① 亚里士多德：《形而上学》，标准页第 1005b 第 15 至 23 行。

② 亚里士多德：《形而上学》，标准页第 30 至 34 行（节译）。在这段引文里，亚里士多德说，“这条原理自然是一切公理的起点”，其理由不过是，“因为对这原理有错误的人必定是自语相违的”。可能有人要问，这就足以证明这么最基本的一条思维规律吗？说到证明，亚里士多德很正确地认定，证明不可能是无终止的，以 B 来证明 A，以 C 来证明 B，而又以 D 来证明 C，一直就必须来到 X，是不能再有什么其他范围更广阔的原理来证明它的，所以，X 或是不待证明而自明，或是不能证明而必须为我们所假定的，但是我们必须假定它，才能在实践中证实它是正确的。在科学研究中，什么是能证明的，什么是不待证明的，什么是不能证明而须假定的，这种识别的能力是十分重要的。亚里士多德这样说道：“不错，有人要求甚至这不可置辩的原理也得要证明，这只是由于他们之欠缺教育而已，因为不知是什么东西可以要求证明，什么东西不可要求证明，正是说明其教育有所缺欠。任何什么东西都要加以证明是不可能的（这是无穷的后退，毕竟还是没有证明）；但是如果有的东西原来就不应该要求加以证明的，这些人就不能说还有什么其他原理比这原理是更加自然明显的了。”（引自拙著《亚里士多德逻辑》，科学出版社，1955 年版，第 96 页；原文见亚里士多德：《形而上学》，标准页第 1006a 第 5 至 12 行。）

具体来说，毋矛盾律所禁止的乃是，在任何一道判断里，以两个不相容的属性归之于同一个主体，或者以一种和主体不相容的属性归之于这主体；或者在表达一道判断的命题里，主词和宾词不相容，或者主词或宾词由于它含有不相容的成分因之就不能成立，所以命题便失去其意义。

例如，在“我们是在上课而又不是在上课”这一判断里，“我们”这主体不能同时有两种互不相容的活动，即“上课”和“不上课”，以命题来讲，“我们”这主词不能同时有两个互不相容的宾词，即“上课”和“不上课”。所谓不相容就是说，既是这样，不能同时又是另一样。这墙既是涂上了黄色，就不能涂上红色，黄色和红色对于这墙来讲是不相容的，正如一个碗装满了水，就不能同时又装豆浆。碗既先装满了水，它就不能同时装豆浆，所以对这碗来讲，水和豆浆是不相容的。但是如果在不同的时候，碗可以盛水，也可以盛豆浆；在不同的时候，就没有不相容的问题发生。如果这碗既盛了水，但没有装满，还有余空，便可以再把一点豆浆倒进去，而不占水原来所占的地位。地位既不相同，也没有不相容的问题发生；水和豆浆混淆在一起而尚有位置在这碗里来收容它们，是说明它们在这情况下不是不相容的。

所谓同一关系是对同一标准而言，可是标准只是一种关系。比方，同一盆温暖的水，放进去一双手，一只手是从很热的水刚拿出来的，而另一只手是从很凉的水刚拿出来的，同一个人的两只手，对于一只手，水是温的，而对于另一只手，水是凉的；同一盆水，两手的感觉有所不同，因为关系不同的缘故。温和凉原是不相容的，但是在不同的关系下，就没有不相容的问题发生。我们不能说，这水是温的而又是凉的，因为这温和凉是同一个人在同一时间内在同一关系的感觉，说这水是温而又是凉，在这种情况下是无意义的，但是如果在前一例子的情况下，说这水对于一只手是温的，而对于另一只手是凉的，这是可以理解的，不是毋矛盾律所禁止的。毋矛盾律所禁止的是，在同一时间内和同一关系下认为一个东西是什么而又是和这不相容的另一个什么。这条思维规律不容许我们说，同一盆水对于同一个人的感觉来讲，是温的而同时又是凉的，因为时间既同，关系又同，这水不能既认为是温的，又认为是凉的，因为在这情况下，温和凉是不相容的，既温则不能是凉，既说它是凉，就不能在这情况下，又说它是温，否则是自语相违。

所谓自语相违，就是前言不对后语，既说是温的，而在同一时间同一关系下又说是凉的。这是以两个不相容的属性归之于同一主体，同一对象，所以是说不通的，使语言失掉其意义的。如果在一个判断里，以和主体不相容的属性归之于这主体，也是自语相违的错误，是毋矛盾律所禁止的。例如说“这地主是不剥削的”是自语相违。不剥削怎能成为地主？地主本身是剥削农民的，以不剥削的这属性要归之于地主这剥削为生的主体，显然就是自语相违，既说这是地主而又说他不剥削，显然是毫无意义的。就命题来讲（命题是判断的表达），我们说这是主词和宾词的不相容。主词“地主”的含义和宾词“不剥削”的含义是互不相容的，故为毋矛盾律所禁止的。

如果一道命题的主词或宾词含有互不相容的成分也足以使命题失掉其意义，致令思想混乱的。例如说，“不剥削的资本家是难得的”，或者说，“这人是一个不反动的右派分子”，都是无意义的。既不剥削怎能成为一个资本家？“资本家”这概念原来就含有“剥削”的意思，否则不成其为正确反映客观现实的一个概念，今说“不剥削的资本家”作为一个主词，这主词所表达的是不能成立的一个概念，故说这种说法是“自毁概念”，一口气就自己打自己的嘴巴，不能自圆其说，是错误的思想，是毋矛盾律所严禁的。以“不反动的右派分子”为一个名词，在上面所举的例子里是作为宾词，也是“自毁概念”的逻辑错误，为毋矛盾律所不容，因为右派分子是反党、反人民、反社会主义的反动分子，而以“不反动的”这属性加在“右派分子”上面，是不能正确反映任何一个具体的人，是无意义的一个空洞名词，是错误的思想，为毋矛盾律所严禁的。

“自毁概念”和“自语相违”，严格讲来，同是自语相违的逻辑错误，为毋矛盾律所严禁，因为都是说者之不能自圆其说，前言不对后语，思想不能一致，以致自相矛盾，但是“自毁概念”的错误是发生于命题中的一个名词、主词或宾词，而“自语相违”在这里是指两个名词含义之不能相容，这两个名词可能是主词和宾词，如“这个资本家是不剥削的”，又可能是两个宾词用来陈述同一个主词，如“这水是温的而同时又是冰凉的”。

相对稳定状态中的客观事物不会同时表现在同一关系下互不相容的属性，所以正确反映在人脑中的概念或判断，从而表达为名词或命题，不能有“自毁概念”或“自语相违”的现象。毋矛盾律所禁止的就是和客观现实相违的这种逻辑错误。

可是须郑重地指出，毋矛盾律所禁止的是以两种或更多的不相容的属性归之于同一判断的主体，禁止命题中的主词同时兼有不相容的宾词，但是并不禁止以相异的属性归之于同一判断的主体，或命题的同一主词同时兼有表达不同属性的宾词，不相容固然是不相同，但是不相同的不一定是不相容的，我们必须把两者区分开来。一朵花的颜色是红的就不能同时又是黄的；红与黄是互不相容的颜色；但是一朵花的颜色是红的而又是鲜艳的，红与鲜艳是颜色的两种不同的属性，但不是互不相容的属性，所以是可能同时归之于这一主体，即这朵花的颜色。又如一个人可能是一位教授而同时又是一位科学家，因为教授和科学家这两种身份可能同时属于同一个人，因为它们不是不相容的，而只是相异的；一个人可能是工商业主兼地主，但绝对不能是中农兼地主，原因是在于相异与不相容之分。

二、毋矛盾律是形式逻辑思维的规律，并不涉及客观事物本身的矛盾，所以和唯物辩证法并不矛盾的

但是有人不十分理解毋矛盾律的旨趣，认为客观事物都有内在的矛

盾，内在的矛盾是事物运动、发展的动力，毛主席根据恩格斯在《反杜林论》里说过的“对立的斗争和对立的解决，是一切发展的动因……”①这正确的原理，曾写过“没有什么事物是不包含矛盾的，没有矛盾就没有世界”②，何以我们有形式逻辑的毋矛盾律，不许思维中有矛盾呢？

当记得矛盾有两种，一种是辩证唯物主义，即上面引文中所说的客观事物中内在的矛盾，另一种，即毋矛盾律所禁止的不正确思维中，前言不对后语，使语言失去其意义的矛盾。前者是自然的规律，贯穿着所有事物的，即在思维的活动中也存在着有其矛盾的，而毋矛盾律不禁止有这种矛盾，并且是它所不能禁止，而又是它所不涉及的。毋矛盾律所禁止的只是对于现实陈述时在语言中发生的自相矛盾使得思想混乱，莫知所云。例如，我们不应该说“矛盾是事物发展的动因而又是和事物发展无关的”。自相矛盾紊乱无次的思想不能正确反映真理，模糊不清的话语也不能表达正确的思想。毋矛盾律是一条思维的规律，它禁止的只是思维中和语言中的自相矛盾，并不否认事物自身中的矛盾，所以和辩证唯物主义不相矛盾的。

三、从上面所说的，我们就可以理解毋矛盾律在思维中的意义了

第一，如果把不相容的东西混淆在一起而构成一个概念，这概念就模糊不清，人们不知它所指的是什么；如果一道命题中的主词和宾词是本质上不相容的，或者一个主词兼有两个宾词，而这两个宾词是不相容的，则是自语相违命题，不能为人所理解，对事物是什么不能表达正确的判断，所以毋矛盾律是要保证词的明确、命题的正确，作为正确思维的一种条件。

其次，在思维中常常有否定的判断，如说，“人非木石”。这种否定

---

① 阿历山大罗夫：《辩证唯物主义》，人民出版社，1955年版，第198页。原文载《反杜林论》，1948年，俄文版，第328页。

② 毛泽东：《矛盾论》，人民出版社，1956年版，单行本，第8页。

的判断是以什么为基础的呢？当我们说，“人是动物”时，我们在思想中是以人类作为一种隶属于动物这一类的。当我们说“人非木石”的时候，我们的思维活动究竟是做了什么？是把人类排除于木石这一类的东西，而其排除的根据是在于事实上人类有其和木石不相容的属性，使人类和木石在这不相容属性的基础上分别开来，故说“人非土木”。正如我们说，“不可与鸟兽同群”，这是指人类讲的。人类和鸟兽都是动物，都在动物这一大类中为其不同的各个种，但是按其相同之点，人类和鸟兽都同属于动物这一大类，然而按其互相差异之点，又分别为各个种，故说“人不可与鸟兽同群”。这差异性是使人类和鸟兽不相容的。同样地，以物质的个体而言，人与木石是相同的，故说“人是物体”，“木石也是物体”，但从其差异性而言，从其分别性而言，“人非木石”，其间差异性之一种就是人是有情的，而木石无情，所以就说“人非木石，谁属无情”。由于两个东西有其互相排斥的差异性，故不相容，故说：“这不是那。”这种否定判断之作出是根据事物的互不相容性，所以说毋矛盾律是一切否定判断的逻辑基础。我们上面所讲的，总起来说，就是我们断定 A 不是 B，是因为我们认识到 A 和 B 是不相容的，不能联系起来的。“美国帝国主义不是我们的朋友。”我们认识到“美国帝国主义”和“我们的朋友”是互不相容的两个概念，如果说“美国帝国主义是我们的朋友”，在这判断中就以一个和“美国帝国主义”这主体不相容的属性，作为“我们的朋友”的这一属性，归之于“美国帝国主义”这一个主体，便是自语相违，为毋矛盾律所禁止，所以按毋矛盾律的要求，我们必须说，“美国帝国主义不是我们的朋友”，这才是对的。因之，不认识到事物的不相容性，否定判断就没有其客观基础，也没有其逻辑的基础。A 不是 B 这判断的基础乃是事实上 A 和 B 的不相容。

再次，毋矛盾律是揭露论敌的谬论之有力武器：论敌的谬论，尤其是无产阶级的阶级敌人的谬论，每每是否认事实，和事实不相容的，所以在其本质上必定是自相矛盾的。例如，在朝鲜停战的谈判中，美国说，同情共产主义的国家不能承认为中立国。那么，不同情共产主义的国家就是同情资本主义的国家，根据美国的说法，也不能认为是中立国，那就没有中立国了！既承认要有中立国，而又认为没有国家是中立的，岂非自相矛盾？这是毋矛盾律所不容的谬论，应该予以揭露而打击的。

以上的三点，说明毋矛盾律在思维实践中的意义。

第四节　排中律

一、排中律是什么

排中律是说，“矛盾之间不能有中间的存在，任何一个宾词之对于一个主词我们必须肯定或否定”①。这是亚里士多德对排中律的表述。

我们首先把排中律和毋矛盾律比较一下：毋矛盾律说我们在同一时间内和同一关系下不能认为一个东西是什么而又是和这不相容的另一个什么，换句话说，不能说它是什么而又不是这样。排中律是说，如果关于什么东西有两种互相矛盾的说法，我们就必须肯定其一种说法而同时就否定其他，二者必居其一，不容有第三种说法；换句话说，非此即彼。例如一个数非奇即偶，没有第三者之可能。

排中律的公式是：A 是 B 或不是 B，二者必居其一，因为 B 和不是 B 是矛盾的，其间没有第三者之可能的。所谓第三者是指两矛盾的，其间没有第三者之可能的。所谓第三者是指两矛盾的东西之间的中间物，因为矛盾的逻辑意义就是不能有中间物存在于其间的，故非此即彼。可见排中律的特征是：

1. 对于某一事物必须有两个相矛盾的判断，其中一个必是真的，而其他一个就因之必是假的；一真，则其他便假；一假，则其他必真。

① 亚里士多德：《形而上学》，标准页第 1011b 第 24 行。参看拙著《亚里士多德逻辑》，科学出版社，1957 年版，第 102～103 页。

例如，这墙是红色的或不是红色的。必红或非红，二者必居其一。这里才适用排中律，因为“红”与“不是红”（即“非红”）是矛盾的。

但是，这墙是红色的或是黄色的不是两个互相矛盾的说法，所以在这里就不适用排中律，因为“红”与“黄”不是矛盾的，只是不相容的，既红则不能是黄，但非红不一定是黄，可能既非红亦非黄，而是白的。“白”就居于“红”与“黄”之间，是其第三者。红与黄之间可能有白，亦可能有蓝，或其他非红亦非黄的颜色，而这些别的颜色统言之为红与黄之间的中间物，所谓其第三者。

2. 由此可见，排中律只适用于矛盾概念，如“红”与“非红”，其中无第三者之可能的，而不适用于不相容的概念，如“红”与“黄”，因为“红”与“黄”之外还有其他颜色为其“第三者”，如“白”“蓝”“青”“绿”等。使用排中律时，我们必须严格认真对于某一东西的两种说法是否矛盾的而不只是互不相容的。矛盾的东西也是互不相容的东西，但是互不相容的东西不一定是矛盾的。不相容而又无第三者居于其间才是矛盾的。例如“老”和“少”是不相容，因为如果一个人是老年，他就不能同时是少年，是少年则不能同时是老年，但是他可能既非老年而又非少年，因为他是壮年的或中年的。可是“男”和“女”是矛盾的，一个人既男则必非女，因“男”和“女”是不相容的形容词，但同时我们可以说，一个人非男则女，不能是非男又非女，二者必居其一，所以“男”“女”是矛盾的。以年龄的各阶段来讲，幼年、少年、壮年、中年、老年，都是不相容的，肯定了一个，必否定其他各个，但不能由否定其中的一个而肯定其他之一个，如说“非老”则必是“幼”。但是“老”和“非老”是矛盾的，因为“非老”是“老”之外所有其他年龄阶段之统称，故无第三者居于其间，我们就可由肯定“老”而否定“非老”，也可由否定“老”而肯定“非老”，例如说：“这人既非老年，则必是非老年。”但不能确定他是“非老年”中的幼年、少年，或其他，这是只有实际了解才能确定，不能由逻辑推出。

二、排中律和唯物辩证法并不矛盾

何以提出这个问题呢？因为恩格斯曾说过："辩证法使固定的形而上学的差异互相过渡，除了'非此即彼'，又在适当的地方承认'亦此亦彼'。"①

这是否和形式逻辑的排中律相矛盾呢？辩证法使固定的形而上学的差异互相过渡，比如使少年过渡到壮年。形而上学是把少年和壮年固定下来，少年是少年，壮年是壮年，本来是不同，永远是不同，绝不能说少年是壮年的。可是事实上随时随地都有少年的人过渡到壮年的阶段。不是说少年即是壮年。这样的说法是违反毋矛盾律的。一个人要就是少年，要就是壮年，不能同时是少年而又是壮年。在我们对于一个人的认识达到某一种程度的时候，是可以说，他不是一个少年就是一个壮年，非此即彼。恩格斯也不否认这点。我们要注意在上面的引文里，他并不否认"非此即彼"，他是说"除了'非此即彼'，又在适当的地方承认'亦此亦彼'"。那就是说，从事物相对稳定的状态来看，非此即彼，因为从这方面看，事物是有其确定性的，一个人确定是少年或是壮年，所以在这情况下，"非此即彼"的排中律是适用的，但是在适当的地方，从事物的发展、变化来看，就得要承认"亦此亦彼"。一个人从少年变成壮年，当我们从相对稳定的状态看他时，他还是稳定在少年阶段，但是他一直是逐渐从少年过渡到壮年。这个过渡的过程不是突然的，在少年阶段上就已经有壮年的萌芽，而在过渡的过程中，少年逐渐衰退而壮年逐渐成长，两者同时并存，一进一退，所以在这种地方，我们得要承认这人的确是少年而又是壮年，"亦此亦彼"。亚里士多德早就指出："同一事物在同一时间之内可能是存在而又不存在——但不是在同一关系之下。因为同一事物以潜在而言是在同一时间内为两对立物，但以实

① 《马克思恩格斯全集》第14卷，俄文版，第432页。

在而言则不能是这样。”[①] 他之所谓“潜在”也可以说从发展看，“实在”是从相对稳定状态看。从发展看，在同一时间之内，“壮年”在这人的少年阶段上是存在而又不存在，是从实在上看，从相对稳定状态上看。

所以“非此即彼”是指事物的相对稳定状态而言的，而“亦此亦彼”是指事物的发展变化而言，指其过渡的过程而言的，因之恩格斯教导我们说，“除了‘非此即彼’，又在适当的地方承认‘亦此亦彼’”，两者不可混为一谈。唯物辩证法并不取消形式逻辑的排中律，可是我们不应该因为形式逻辑而陷入形而上学的泥沼中去，把形式逻辑确定的东西僵化掉了。形式逻辑的排中律在适当的地方是有其作用的。我们试着看斯大林在他的《论目前形势》一篇演说里是怎样使用这条思维规律的[②]。

在这篇著名的演说里，斯大林说：“谁都晓得，在俄国社会政治生活的发展中出现了两条道路：一条是伪改革的道路，另一条是革命的道路。……日益发展的城市中的危机和农村的饥荒使新的爆发不可避免，所以在这里是不容许动摇的：或者是革命走向高潮，那我们就应当把它进行到底；或者是革命走向低潮，那我们就不能，也不应该提出这样的任务……鲁登科在寻找中间路线，他想说，革命又在高涨又在不高涨；应当把它进行到底，又不应当把它进行到底，因为在他看来，辩证法正是要求这样提问题的！我们却不是这样了解马克思的辩证法……”

鲁登科的错误是不是庸俗化了，曲解了恩格斯所指示的“适当地方”而企图这样错误地使用“亦此亦彼”的公式，而不知道应使用的是“非此即彼”的公式呢？斯大林正确地驳斥了他，指出在当时的形势具体情况之下，革命要就走向高潮，要就走向低潮，是适用形式逻辑的排中律的场合，二者必居其一，不得模棱两可，裹足不前，这才是正确了

① 亚里士多德：《形而上学》，标准页第1009a第34至35行。

② 斯大林：《斯大林全集》第1卷，人民出版社，1953年版，第219～220页。

解马克思的辩证法。

可见排中律和唯物辩证法并不矛盾。

三、排中律在思维和实践中起很大的作用，但是必须在我们认识具体的情况发展到某一种程度，问题形成为两种可能性，互相矛盾、非此即彼的时候，才能使用排中律

上面所举斯大林演说中的“目前形势”就是一个典型的实例。当时的具体形势摆在面前，革命要求的任务是明确的：不是这样做就是那样做，是非明显，不容推诿责任，必须坚持原则，否则是犯错误。排中律是这样确切地指出行为的方向。

在阶级斗争中，排中律帮助人们澄清思想，划清敌我界限，要求坚决斗争，正如在“肃反”“反右”历次政治运动中那样。右倾思想和温情主义都是没有正确运用排中律的表现。

以上三节所讨论的同一律、毋矛盾律和排中律，我们可以体会到这三条最基本的思维规律是要贯穿所有一切思维形式的：其中的同一律是说，是即是，非即非，主要是要求名词与概念的明确，不能游移不定；毋矛盾律是说，不能在概念或命题中是非模糊，自相矛盾，必须始终一致；排中律说，非此即彼，在某一定情况之下，具体事情已经发展到某一定的程度，面前只有两种互相矛盾的可能性，没有中间路线，必须选择其一，无可逃避推诿的。

但是毋矛盾律的作用和排中律的作用是要分辨清楚的。当我们论断某一事实的时候，毋矛盾律规定“是与非不能同时并存”，而排中律则规定“或是或非，非此即彼，二者必居其一”。

毋矛盾律适用于不相容的概念，如“黄”与“红”，既“黄”则不能又同时是“红”，但“非黄”，则不一定是“红”，可能是“黄”与“红”之外另一种色，如“蓝”“白”“黑”“青”“绿”等。必先肯定然后从而排斥其他与之不相容的；而排中律，如上所说，是只适用于矛盾的概念的，两个互相矛盾的东西不只是互不相容，而且其间不容有中间

物的存在，不能有所谓“第三者”。因之，比如，是“男”则“非女”，是“女”则“非男”，而且“非男”则必是“女”，“非女”则必是“男”，可由肯定其一而因之否定其他，亦可由否定其一而肯定其他。以“红”“黄”“蓝”“绿”等色而言，“红”和任何其他一色都是不相容，但“红”只有和“非红”（其他各色之总和）才是相矛盾的。如果肯定了“红”，毋矛盾律和排中律同样能起作用，即否定其与“红”不相容之“黄”“蓝”等色，否定“非红”；那就是说，毋矛盾律说，既“红”则不能是任何其他的一种色；排中律说，既“红”，则不能是“非红”，亦即不能是任何其他的一种色，所以排中律在这种情况下是和毋矛盾律起着同样的作用的。但是如果我们否定了“红”，毋矛盾律不能起什么作用，不能因之而肯定什么色；但是在这情况下，排中律却起作用，能因之而肯定和“红”矛盾的色，可是它所能肯定的只是“非红”，而不能肯定“非红”之中的“黄”，或“蓝”，或其他。排中律能从肯定其一而到否定其他，亦能从否定其一而到肯定其他，“非此即彼”，但实际上孰是孰非，不是排中律所能决定，更不是毋矛盾所能决定，必须在实践中根据具体的情况来决定，然而决定了之后，毋矛盾律和排中律在逻辑上就分别起其作用了。

第五节　充足理由律

一、充足理由律是什么

充足理由律是说，任何思想当其具有充足的理由时才能算是正确的。

这就是我国儒家的一句话：“凡天下之事莫不有理。”事物之理就是一事物为什么存在而不会不存在，并且为什么是这样地而不是别样地存在。我们知道宇宙的一切事物都是相互联系着，相互制约着的。凡事物的发生、发展和消灭都有其一定的规律，并且这规律是可以为人所发现、所知道的。知道事物的联系和其怎样联系的规律性就是在思维中正确地反映客观事物的联系，就是不但知其然而且知其所以然。这就是充足理由律的客观基础。

在形式逻辑史上，一般承认，提出充足理由律之作为思维基本规律的第一个人是欧洲18世纪的莱布尼茨①。我们的思想必须有充足理由，才能使人信服，就是说，必须举出充足的理由来证明它是正确的，可见充足理由律在思想交流中的意义。但是不独如此。即使在我们自己进行思维的时候，也要保证我们思维过程的第一步骤是有其充足理由而不是任意的，必须这样，我们的思想才是紧密合理。这是科学的要求，具有充足理由是科学思想的一种特征。

充足理由律以符号来表述是说：A之为C，是因为有B，也可以表述为A+B=C：这公式里的A是代表原来的事物，加上了B这条件，它就成为C这样的结果。这里所说的B是凡A加上了B这条件必定产生C这结果，然后才可以说A有了B这条件就构成C之产生的充足理由，A固然是C的产生之一种理由，因为没有A就不能有C；B也是C的产生之一种理由，因为只有A而没有B，也不能有C的产生；但A或B都不是C的产生之充足理由，必须是A加上B才能算是C的产生之充足理由。所以我们必须把事物的必要的理由和它的充足理由分辨开来。事物的必要理由，无之固不能有这事物，但有之亦不一定会有这事物，因为它不是这事物的充足理由。充足理由是这样的：无之则必不能

① 莱布尼茨在其《单子论》一书第31至38节里有这样的话，“由于这条原理（指充足理由的原理——译者），我们知道，没有充足的理由说明何以它是这样而不是别样，就不能认为什么事实是实在的，什么命题是真实的”。再则，“任何东西的存在，或者说任何是真实的，必须有其充足理由说明何以这东西或这命题是要像这样而不是别样”（译自威尔顿著《逻辑手册》第一册第37页英译引文）。威尔顿说：“这原理还有其他的表述如下：每一个判断必须有其断言的充足根据（孟塞尔）；每一个命题必须有其理由（康德）；只有思想的（逻辑）联系符合于一种（实在的）因果联系时，一道判断才能从另一道（实质上与之不同的）判断而得出（俞勃尔惠）。”

有这事物，有之则必定有这事物，否则不是这事物的充足理由。以必要理由看为充足理由是错误的①。

在形式逻辑教本和参考资料中，我们常常看见这种说法，说充足理由律是客观因果关系在我们意识中的逻辑表现，但是这种说法不是完全正确的。构成充足理由的理由不应和事物发生的原因相混淆。原因固然可以说明事物发生的理由，但是说明事物的理由不一定是事物发生的原因。客观事物的各种各样的联系中有前因后果的关系。根据因果关系，有这样的因，必有这样的果，有这样的果，必有这样的因。但说明事物的一种理由是这样的：如果承认 B 是对的，就要承认 A 也是对的。由 B 可以逻辑地推出 A 来。B 是 A 的充足理由，而 A 就称为从 B 推出来的推断。

但是在思想交流中，对于一件事的说明，使人信服的逻辑上之充足理由不一定是所说明的那件事的原因。譬如，早晨起来，看见某些现象，我说“昨夜下了雪”。如果有人问，“何以知道?”说服问话的人的充足理由可能是，“到处都是白的雪”。但“到处都是白的雪”却不是“昨夜下了雪”的原因，恰恰相反，而是“昨夜下了雪”的结果。两者确是有因果的关系，但是举出来作为“昨夜下雪”这论断的理由的乃是“昨夜下了雪”的结果，而不是它的原因。所以我们说，理由不应和原因混为一谈，不应该把两者等同起来。

二、充足理由律是论证的一条思维规律，其意义是在于举出事物的充足理由来说服他人，当然这并不是等于说在自己进行思维的过程中，我们不需要充足理由来保证我们思维的正确性和科学性，但是说服他人的意义是重要的

可是，对他人也好，对自己也好，怎样进行说服呢？回答这问题，

① 关于充足理由律的 A+B=C 这公式，参看威尔顿：《逻辑手册》第一册，英文原本，第 38 页。

就要说明明显真理与不明显真理。

明显真理是不需要论证而自然明白的。明显真理有三大类：（1）直接的感性认识；（2）众所周知的事实；（3）公理及其有公理性质的规律和原理。兹分别简单地予以说明如下：

（1）直接的感性认识：例如“今天天晴”。如果是天晴，这还需要证明吗？正常的人都能知觉到的。这是明显真理。

（2）众所周知的事实：“北京是我们的首都”，“师范学院是培养中等师资的高等学校”。凡知道我们国家的事情，粗知我国教育制度的人都知道而不待证明的。

（3）公理及具有公理性质的规律和原理。公理是在某一知识领域里面最一般的原理，用以证明其他原理的，例如“整体大于其任何一部分”，“和同一东西相等的东西必是彼此相等”等：这都是公理，一经指出之后，人们都能理解，无需证明的。此外还有在某一定科学部门里面，像“甲大于乙，乙大于丙，则甲大于丙”，“两直线段不能成一几何形”等，不列为公理，但是凡初步知道几何学的人都知道这些原理，把它们看为和公理有同等的作用，故说它们虽不是公理，但是有公理性质的原理。

不明显真理之为不明显，是因为有人不容易接受它们，所以需要拿对于这些人足够明显的真理作为根据来证明这些所谓不明显的真理。拿明显的真理来证明不明显的真理，而证明发生效力，能说服那些不能接受它认为是不明显的真理的人，这就是充足理由律起作用的地方。拿来去证明不明显的真理的明显真理必须是充分可以说明，并充分可以证明不明显的真理的，否则证明是不发生效力的，不成其为充足理由。

理由必须充足才能证明。实践中提出的理由常常其本身还待证明的。例如，我们要向人证明我们的社会主义建设一定会胜利完成的，其理由是我们的社会主义建设事业有马克思列宁主义为其思想的正确指导，有党和人民政府的英明领导，有以工人阶级为领导，以工农联盟为基础的人民民主专政，有觉悟提高了的全国人民的伟大力量，有苏联和其他人民民主国家无私的帮助，等等。但是对于某些人，这些理由虽然是完全充足，可是认为其中某些条款还不够明显，有待证明。那么，我们就须按照那些不完全明了的人的具体情况，根据其现有的知识水平和政治觉悟，拿他们现在认为是明显的真理作为理由以证明他们所不明白的。这就是充足理由律在日常生活实践中的应用。

由此可见，明显真理和不明显真理的分别是相对的而不是绝对的，按各个人的实际情况而决定的。这是教学工作者所应牢记的。教师的明显真理，对于学生可能是很不明显的，学生现在的不明显真理，到了他们认识提高之后可能是很明显的了。因材施教需要首先了解学生承受时的实际情况，其重要性就在于此，充足理由律的意义也在于此。

尤其要指出的，上面所说的第三类明显真理，公理和具有公理性质的规律和原则，不是像有些唯心主义者所说的那样是与生俱来，或者是从天上掉下来，神所指示的。那种说法是毫无根据的。这些公理等都是长期实践中，从重复多少次的经验总结出来而又为实践所证实而后提高到理论上去和全部的人类知识结合起来，为人类认为不是这样就什么都说不通、什么都不能理解的。公理和具有公理性质的规律和原理之源泉是人类的社会劳动实践，这是我们所要肯定的。

三、充足理由律在思维实践中的意义：兹分三点说明

1. 间接知识都是从已知推出来未知的结果。已知就是据以作为推出未知的理由。我们起初可能不知道美国帝国主义是我们的死敌，但是从过去许多事实我们却知道美国帝国主义的战争贩子每每在企图破坏人民的事业，每每企图来阻挠人民政权的建立，我们并知道这些阴谋是由于帝国主义的本质，帝国主义一天不消灭，这些阴谋永远不会终止的。从这些已知的东西，就可以推出我们从前未知的真理，即美国帝国主义是我们的死敌。

2. 从部分之理推知全体之理：全体是由各部分有机地组成的，其各部分都是有机地相互联系，相互制约着而成其全体，而且这种联系和制约是按照其一定的而为人能知道的规律的。因之，了解其一部分之后，就可按图索骥以推知全体之理。例如，如果我们只知道一个圆上面的三点，我们就可以根据几何学的原理作出这整个圆。又如著名的“北京人”只是百万年前一个人的头颅骨，但根据充分的科学知识就能从而推知百万年前生活着的整个“北京人”的身体。这是充足理由律的作用之一种表现。

3. 根据充足理由律以组成系统的知识：我们上面曾讲过，科学就是有系统的知识。人类关于客观事物的知识其所以能够组成为条理分明的系统，是因为“凡天下之物莫不有理”，而天下之物都是有条理地按规律地相互联系着，这部分的事物和任何其他部分的事物都是有条理地按规律地相互联系着，其道理都是相互关联着的。科学研究的任务就是要逐步弄清楚这个道理。既然客观的真理是互相联系着的，科学所反映的知识就可在任何科学研究的领域中把它获得的知识组成系统，知其各部分之如何联系，才能组成这个科学知识的系统，是按照其充足的理由，然后才能根据正确反映客观事物的知识持之而有其故，言之而成其理，才能根据充足的理由使这系统的各部分纲目分明，条理清楚，成为一个科学知识的系统。如果这科学系统的纲目还未臻完备，其条理还未完全清晰，其系统还有缺欠，那就是我们对于客观的事物还未充分地认识“理有未穷，故其知有不尽”（朱熹语），正是充分的理由要求科学更向前推进。

总结思维规律：同一律、毋矛盾律和排中律的相互联系已经在上面第四节最后一段小结过。在结束思维规律这一章之前，我们还得要把四条基本规律总结一下。

首先是思维规律的统一性：思维规律是关于思维的规律，而正确思维是反映客观事物有规律的联系和关系的。客观事物整个说来是一个统一的整体，所以在人的意识中也应该反映为一个统一的整体，这整体可从各个不同的方面来考察。

以客观事物相对稳定状态中的确定性来看，什么就是什么，标明其所然而不容有一点模糊，这就是同一律的意义；客观事物同时也有差异性，什么是什么而不是同时与之不相容的另一个什么，这是毋矛盾律的意义；人们对客观事物的认识深入到某一定程度，就可以断定它不是这样就必定是与之相矛盾的那样，绝无第三者之可能，故须在这和那之间有所抉择，这就是排中律的意义。充足理由律是根据客观事物整体联系中某一事物和另一事物的不可分之密切联系，故能从其一事物确定其他一事物。这种认识是依据充足理由律的。所以四条基本规律都是客观现实整体不同方面的反映，在人的意识中，是相互联系着的，是正确思维所必须遵守的。

这四条基本规律贯穿着全部形式逻辑，那就是说，不论正确思维是以什么形式出现，都不能违反这四条规律，它们所以就称为正确思维的基本规律。

正确思维不仅要服从一定的规律，并且要由一定的形式而活动。所有的思维形式都必须服从上述的基本规律，而同时又有各种正确思维形式的特殊规律，我们在讲到各种思维形式时将要涉及这些特殊规律。

各种思维形式是什么，其特殊规律又是什么，详在下面各章。接着在下面的第三章首先就讨论概念这一种思维形式。

《逻辑学研究》附录六：形式逻辑教学图解的商榷[①]

图解是形式逻辑教学的一种直观方法，形式逻辑沿用瑞士欧拉的图解百余年，形式逻辑家与教师常常感到这一套图解的缺点，虽多方加以修改，但是这不能免除其根本上的局限性，曾提出过各种其他图解的方式，本文不能一一详加论列，只说明作者在多年教学中所采用的一套图解，以就正于形式逻辑教师同志。这一套图解也不是作者所创作，乃是根据别人原来提出的一种图解，而在教学上应用到比较广泛的范围，可能有不合科学的地方，希望大家批评，借以改正[②]。

---

① 《形式逻辑教学图解的商榷》在作为本书的附录之前，曾发表于《华中师范学院》1955年创刊号。高新民先生在选编《韦卓民学术论著选》（华中师范大学出版社1997年版）时再次将其收录。在重新整理本附录时，我们以《韦卓民学术论著选》为蓝本，并对照韦卓民先生的手稿进行整理。——整理者注

② 首先试用几何形图解的是Christien Weise（卒于1708），但通行最早的图解是18世纪瑞士逻辑家欧拉（Ieonhard Euler 1707—1783）所用的实线圆图解，其后有余柏费（Ueberweg）的实线图兼虚线图的图解，又有兰柏特（Lambert）的直线与点的图解，此外同有其他各种各样的图解，皆因不满意于欧拉的图解而思有所改善者。本文采用的图解是创于英国逻辑家范约翰（John Venn），见其《符号逻辑》（*Symbolic Logic*）一书，该书出版于1881年，其后这种图解多为数理逻辑家所采用。——参看路易士著《符号逻辑》（*Symbolic Logic*，1932，pp. 40-177），但本文所述是将范氏图解30余年来广泛地用于形式逻辑的教学并以之解决某些疑难问题，本文作者当负完全责任。

第一节　判断的图解

传统的形式逻辑认为主谓判断是判断最典型的形式①。根据亚里士多德的定义，判断是对于什么肯定或否定什么②。对之肯定或否定的什么称为主词，这概念以 S 来表示，以之肯定或否定的那个什么称为宾词，这概念以 P 来表示（S、P 都是符号，源于拉丁语，不是亚里士多德所原用的）。

我们在形式逻辑考察一个判断的两个概念的联系，可从两个不同的方面来看：（1）把概念的外延作为代表概念的东西；（2）把概念的内涵作为代表概念的东西。用图解时，逻辑家大都着重外延方面，欧拉的图解是其一例。

“所有人都是呼吸空气的”，这是一个全称肯定判断，即 A 型判断。欧拉的图是（见图一）：

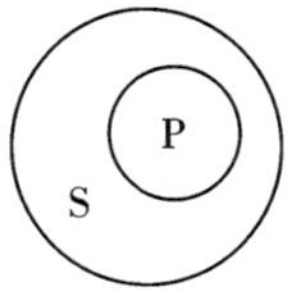

图一

图一很能表示 S 与 P 的关系，S 即“人”，这主词是完全包括在 P“呼吸空气的”之内而为其一部分。

但图一不能概括所有 A 型判断。例如“人是能制造劳动工具的哺乳动物”这一判断中，主词和宾词的外延是相等的。严格地讲，这种判

① 最近苏联出版的康达可夫著《逻辑》（苏联科学院 1954 年 3 月版（Н. И. Кондаков, Логика）仍主张主谓判断为最典型的形式。П. С. 波波夫在其《判断与其结构》一文中并否认其他判断的形式（参看 Философские Записки. VI. п. С. Попов，Сужцение и Его Строение Стр，92.）

② 亚里士多德著 *Analytica Priora*（参看苏联科学院《哲学志》1953 年第 6 卷，波波夫著《判断与其结构》一文第 86 页）。

断有别于上面的第一个例子，因为第一个例子的判断是涵蕴关系，而第二个例子的判断是相等关系。但传统形式逻辑将这两种判断都看为A型的判断，那么，A型判断就不能只用上面的图一来表示。“人是能制造劳动工具的哺乳动物”的主词和宾词既相等，就必须用两个完全重合的圆如：

这里表示S的圆和表示P的圆无异无别，故是重合，看来是同一个圆，因之，有图二。

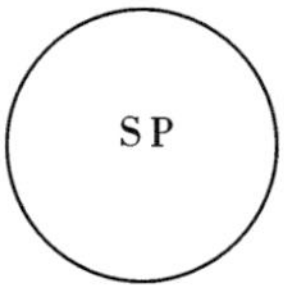

图二

I型判断，即有些S是P，通常按欧拉的图解可用图三。

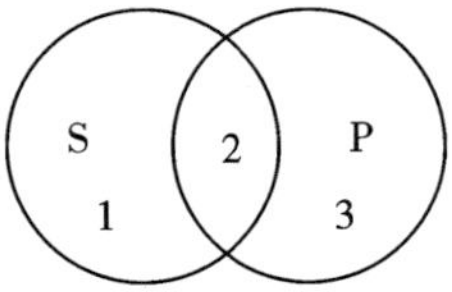

图三

这样两个交叉的圆以其部分2表示。如果I型判断只是像“有些学生是青年团团员”那种形式，这I就能够用了。却I型判断的“有些”尚未确定是多少，可能是主词外延的一部分，但又可能是全部，而意义未定，故云“有些”与“只有些”大异。就“有此”指概念外延一部分而言，上面图三亦不能完全表示I型判断。例如“有些动物是人”这判断须用下面图四来表示。

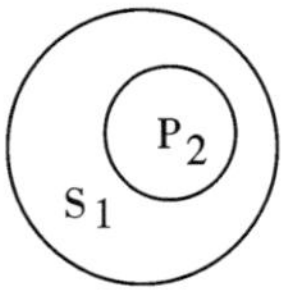

图四

这里宾词则完全包含在主词外延之内为其一部分，因为“人”只是动物的一部分，即图四之部分 2。如果“有些”含有全部的可能，则 I 型判断须用图一、图二、图三、图四这四种图才能穷尽其义。

同样地，O 型判断，即有些 S 不是 P，也不能只用一个图来表示，因“有些”尚未确定为概念外延的一部分或其全部，而“不是”这否定系词是指判断对象 S 不具有宾词 P 所指的属性，即 S 和 P 完全隔开，通常是用欧拉下面的图即图五来表示。

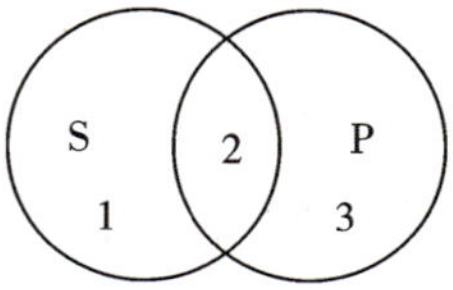

图五

这里图五中是指交叉两图的部分 1 和 P 圆隔离，即部分 1 在 P 圆之外，但也可能有一种情况，P 完全包含在 S 圆之内而为其一部分，则有些 S 仍在 P 图之外，如图六。

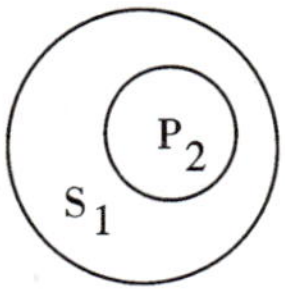

图六

这实质上就是上面的图四，却所指的不是部分 2 而是部分 1，即有一部分的 S 是和 P 隔离的。

如果“有些”是未定之词而可能是全部的话，则需用下图七才能表示。

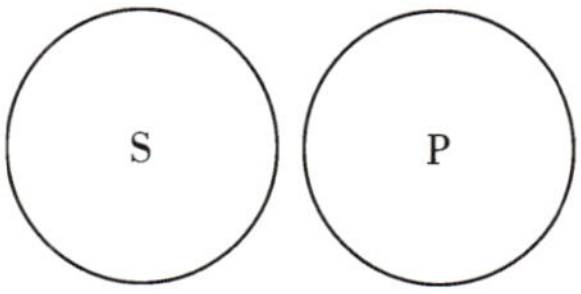

图七

图七表示S和P彼此完全隔离，这正是欧拉E型判断的图，故O型判断须用图五、图六、图七这三图，唯有E型判断只需图七就可表示其义。

由此可见，欧拉的图解，意义模糊，失掉图解的作用，而且这百年来沿用的图解只能勉强用之于判断，在判断之外，它是不能超任何作用的，所以是不正确而又限于很狭隘的范围的。（欧拉的整套图解可参看Paul Janét，Histoire de la philosophie，1927. pp. 427-432。繁复不适用，兹不论列。）

图解的正确性有下列三个条件：

（1）作图的原则一经说明，则每图的意义当一目了然。

（2）每一个图只能有一个意义。

（3）每一类型的判断只需一图来表示。

思维各种形式是相互联系的，所以表示判断的图解应该可按其原来的原则用于各种思维形式，如直接演绎推理与三段论式等。

我们的图解是按上面的三个条件和原则拟定的。

兹先说明直言主谓判断的图解：

为表示判断中主词与宾词的关系，我们在一正方内作两个交叉的圆如下（见图八）。

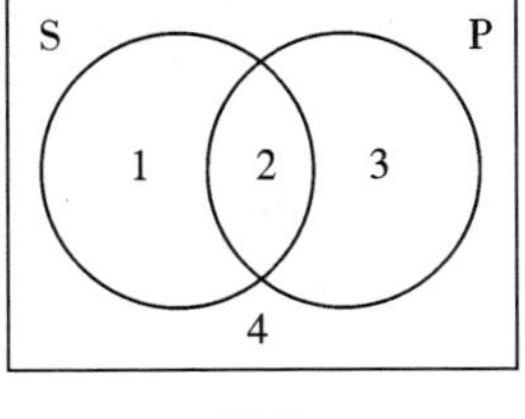

图八

S圆与P圆交叉，正方表示S与P所隶属的极限，即范畴。正方为两交叉圆分成四部分，即1、2、3、4，其中的1显然是在S之内而在P之外，2是在S之内，同时也在P之内，3是在P之内而在S之外，4是同在S与P之外。

如果凡在 S 之外的用$\overline{S}$（即“非 S”）来表示，凡在 P 之外的用$\overline{P}$（即“非 P”）来表示，那么，上图的 1 即 $S\overline{P}$，意即属于 S 而非 P，同样地，2 是 SP，3 是$\overline{S}$P，而 4 是 $\overline{SP}$①。

拿“所有人都是呼吸空气的”这一判断来作例子，则其中两个概念是“人”与“呼吸空气的”，S 表示“人”，而 P 表示“呼吸空气的”，$\overline{S}$ 表示“非人”，$\overline{P}$ 则表示“不呼吸空气的”，故图八中的四部分所指的是：

1 即 $S\overline{P}$，指“人而不呼吸空气的”。

2 即 SP，指“人而呼吸空气的”。

3 即$\overline{S}$P 指“呼吸空气的而非人”。

4 即$\overline{SP}$ 指“即非人而又不呼吸空气的”。

现在我们看看“所有人都是呼吸空气的”这一 A 型的判断该怎样用图来表示（见图九）。

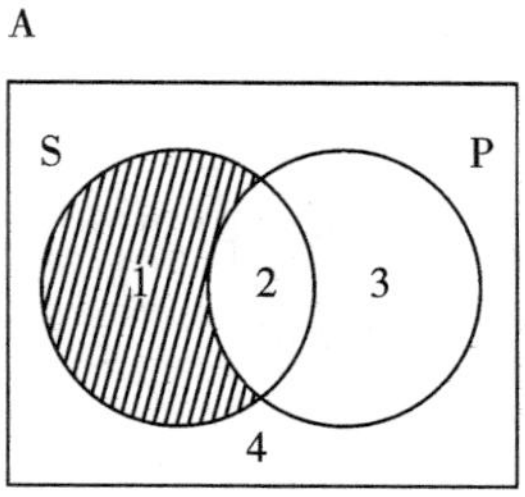

图九

“所有人都是呼吸空气的”这一判断是指“没有人而不呼吸空气的”，也就是说，“人而不呼吸空气”的东西是不存在的，也就是说，根据我们的认识，这种东西在客观现实中是没有的。如果我们用 H 来表示不存在，我们就可以说图八中 1 部分，即 $S\overline{P}$，“人而不呼吸空气的”等于 H。凡不存在的在图中用的斜线划掉（见图九），故 A 型判断既是

① 参看上引波波夫的《判断与其结构》一文，见苏联科学院《哲学志》1953 年第 6 卷，俄文版，第 88～90 页，路易士：《符号逻辑》原文，第 51～54 页，牟宗三：《逻辑典范》第 3 卷，商务印书馆，第 2 页。以上原稿未注明版本、版次，现又无从考察。——编者注

“所有 S 都是 P”，乃是说“S 而不是 P”是不存在的，其公式便是 $S\overline{P}=H$①。

故“所有 S 是 P”应意为 SaP，公式是：$S\overline{P}=H$。

E 型判断的图如下（图十）。

E

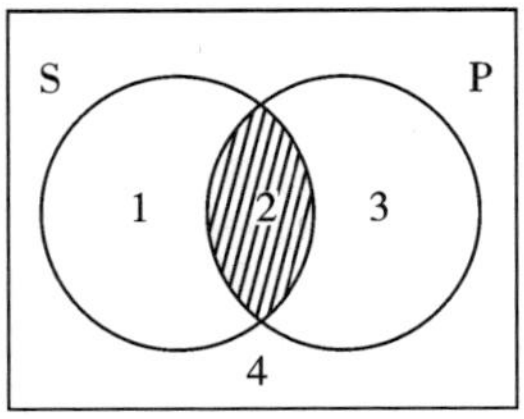

图十

E 型判断是“没有 S 和 P”，（即任何 S 都不是 P，）简写为 SeP，其公式是：$SP=H$，意即 S 而又 P 是不存在的。

I 型判断是“有些 S 是 P”，简写为 SiP，其公式是：$SP\neq H$，那就是说 S 而又 P 不是不存在，因为“有些 S 是 P”显然是说，有些存在的东西是 S 而有 P 的属性的。

“不是不存在”即“存在”我们在图十一中用一星来表示，即“有些 S 是 P”，即 SP 在图十一中是部分 2。我们把 * 放在 2 那一部分，如图十一。

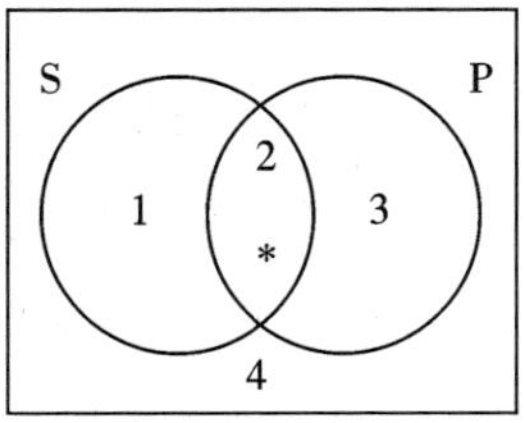

图十一

这 * 不论放在 2 任何位置都可，既有 * 在这部分则绝不能再把这部分用斜线划掉表示它的不存在，否则自相矛盾。

① н 是俄文字母代表 Нуль，本书拉丁文的 Nihil 字，意即“乌有”。

O型判断是“有些S不是P”，简写为SoP，其公式是：$S\overline{P} \neq H$，意即S而不是P这类东西不是不存在，即是存在的，因为“有些S不是P”，显然是说“S而不是P”是有的。这类型的判断可以用图十二来表示。

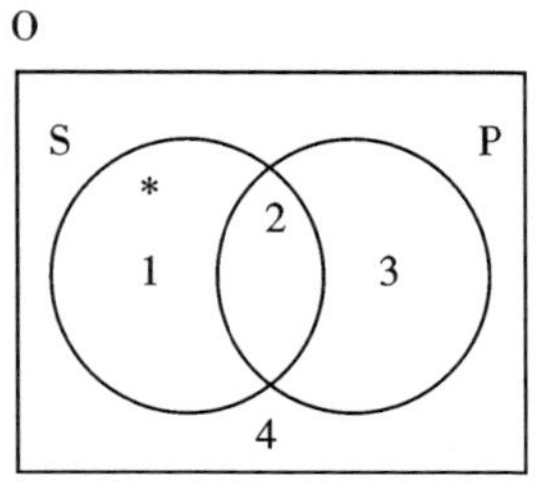

图十二

图十二中所表示的只是$S\overline{P}$部分即1还存在的，故有*在其内。

由上图九至图十二可以看出：

（1）A与O，即图九与图十二，是矛盾的，这就是说，如A真则O假，O真则A假；如A假则O真，O假则A真。

（2）同样地，E与I，即图十与图十一，是矛盾的，二者不能同时真，亦不能同时假，其一必真，果尔，则其另一必假。

由上面图九与图十又可看出：

（1）A真则E必假，因为图九中1部分既经划掉（即A是真），那么，再不容把2部分又划掉（以表示E的真），如果1部分既已划掉而又划掉2部分，则S全部都被划掉，就是S不存在，但S是主词，表示判断的对象；我们绝不会对于不存在的东西有所肯定或否定。

（2）同样地，如果E真，图十中证明A不能同时亦真，即A必假。

（3）但是如果A假，则图九中的1部分不能划掉，就是说这部分所表示的不是不存在，而是存在的，故必须划上*，却1部分有*并不能因之而划掉S的一部分即2部分以表示E的真，但亦不能因之而确定2部分是代表什么存在的东西，所以由A的假，图九中没有什么可证E之真或假，A假则E是不定的。

（4）同样地，如E假，即图十中2部分不能划掉而须放上*，亦不能在图十中看出 A 的真或假。

传统形式逻辑从判断的关系对于 A 和 E 所得的结论正如上述。A 与 E 既有对立关系，两者不能同时真，但可能同时假。

由图九至图十二又可看出：

（1）如果 A 真则 1 部分划掉，这部分既划掉以表示其所指的是不存在的，故 2 部分必存在，否则 S 全部不存在，故 A 真则 I 亦必真，却从 A 之假，即从未划掉而有 * 的 1 部分不能知 2 部分划掉与否，故从 A 之假不能由图九中看出 I 之真或假，这也是传统形式逻辑的结论。

（2）同样地，从图十中，可见由 E 之真而知 O 之必真，却不能由 E 之假而得出对于 O 的任何确定结论。

（3）反之，如 I 真，图十一中 2 部分有 * 以表示 SP 的存在，但不能由此而看出 1 部分是怎样，所以 A 的真假是未定的，但如果 I 是假，即 2 部分不能有 *，则需划掉，故 E 必真，而 E 假，则 1 部分是划掉或不划掉莫由决定，故 O 真假未定。

（4）同样的，图十二中亦可看出，如 O 真，E 的真假未定，I 的真假亦未定，如 O（或 I）假，则 A（或 E）真，故 I（或 O）亦真。

总之，传统形式逻辑正方形的从 A、E、I、O 四判断中任何一种的真或假所得关于其他三种判断的推断，都可由图中直接看出。

以上是直言主谓判断的图解。以下再简单地说一下选言判断和复合判断的图解。

S 是 P_1 或 P_2 这一选言判断用图十三表示如下。

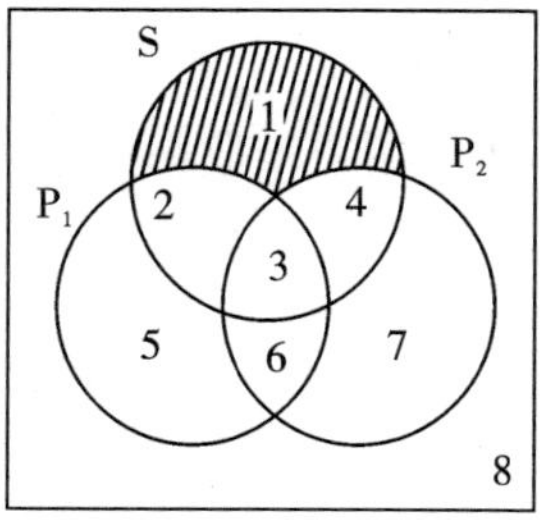

图十三

图十三中1部分划掉，则S所余的是2、3、4之和。这三部分之和是存在的，但＊可能在2、3、4三部分中之任何之一部分，而不失圆的意义。如＊在2，则“S是P_1”而又“S是P_2”；如＊在4，则“S是P_2”而又“S不是P_1”；如＊在3，则“S是P_1”而不是“S是P_2”；所以图十三是表示一个相容的“或”。

如“或”是不相容义，则需用图十四。

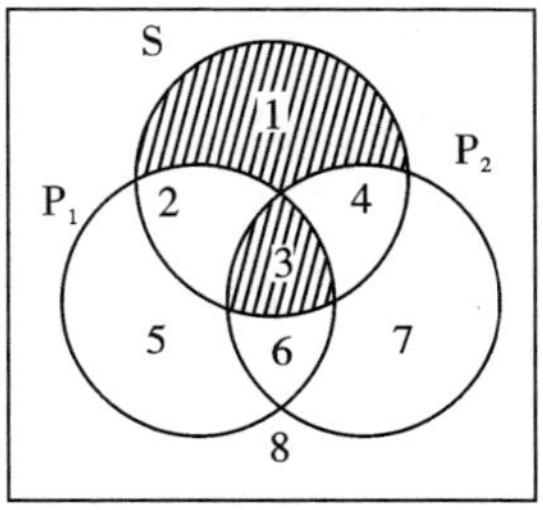

图十四

在图十四中所划掉的是1与3两部分，所余的是2与4，其中应有＊以表示其存在，如＊在2则“S是P_1”而不是“S是P_2”；如＊在4则“S是P_2”而不是“S是P_1”。

S同时是P_1，而又是P_2，这是复合判断，用图表示如下（见图十五）。

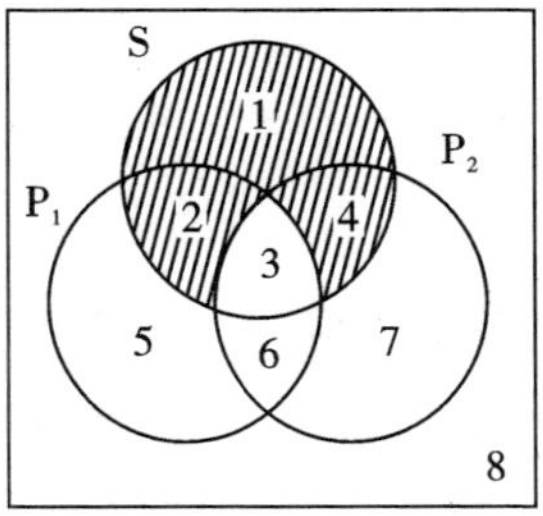

图十五

图十五中1、2、4部分都划掉，S只剩下3部分，故当以＊表示其存在，而3部分是P_1与P_2所共同的，故S是P_1同时S又是P_2。

第二节　判断变形的图解

判断变形有换质与换位两种形式，但由这两种形式亦可得其他形式，故这两种形式是主要的形式。

我们考察 S—P 这判断，这是判断的一般公式，其主词是 S，宾词是 P。S 的相反词是$\overline{S}$，P 的相反词是$\overline{P}$。S、P、$\overline{S}$、$\overline{P}$ 两个两个地配合得下列八种判断：

（1）S—P

（2）S—$\overline{P}$

（3）P—S

（4）P—$\overline{S}$

（5）$\overline{P}$—S

（6）$\overline{P}$—$\overline{S}$

（7）$\overline{S}$ —P

（8）$\overline{S}$ —$\overline{P}$

形式逻辑称（1）为原判断，（2）为换质，（3）为换位，（4）为换位的换质（又称全换位），（5）为换质位（又称对置），（6）为换质位的换质（又称全换质位或全对置），（7）为戾换，（8）为戾换的换质（又称全戾换）。

如果原判断是 A，则有上列各直接演绎推理形式或与其推出过程：

（1）SaP，原判断，换质便得。

（2）Se$\overline{P}$；由原判断（1）的限制换位便得。

（3）PiS；（3）的换质便得。

（4）Po$\overline{S}$，（2）的换位便得。

（5）$\overline{P}$eS；（5）的换质便得。

（6）$\overline{P}$a$\overline{S}$；（6）的限制换位便得（8）。

（7）$\overline{S}o\overline{P}$；因$\overline{P}$的相反词是P。

（8）$\overline{S}i\overline{P}$；再由（8）的换质才得（7）。

如果把这8个判断用SP的形式运用，就有下列各式；

（1）SaP：$S\overline{P}=H$.

（2）$Se\overline{P}$：$S\overline{P}=H$.

（3）PiS：$PS\neq H$.

（4）$Po\overline{S}$：$P\overline{\overline{S}}\neq H$. ［即$PS\neq H$；（3）与（4）相同。］

（5）$\overline{P}eS$：$\overline{P}\overline{\overline{S}}=H$. ［$\overline{P}S$即$S\overline{P}$；故（2）与（5）相同。］

（6）$\overline{P}a\overline{S}$：$\overline{P}\overline{\overline{S}}=H$. ［$\overline{P}\overline{\overline{S}}$即$\overline{P}S$；故（5）与（6）相同。］

（7）$\overline{S}o\overline{P}$：$SP\neq H$.

（8）$\overline{S}i\overline{P}$：$\overline{S}\,\overline{P}\neq H$.

由上面概括起来8个式只是三个式，即：

（1）$S\overline{P}=H$

（2）$SP\neq H$

（3）$\overline{S}\,\overline{P}\neq H$

从上面A型判断的图，即图九，我们可以直接看出$S\overline{P}$是不存在，故$S\overline{P}$等于零（H）。S圆的$S\overline{P}$部分即1部分既等于零，则SP部分，即2部分，不能等于零，即它所代表的必是存在的东西，故SP不等于零，否则S全部不存在，判断便无对象，是则违反亚里士多德对于判断唯物的看法。

由此可见图九说明了上三式的（1）与（2）。

至于上三式之（3），即$\overline{S}\,\overline{P}$不等于零这结论，是怎样可由图九中看出呢？这问题便比较复杂了。这也是传统形式逻辑一向未能解决的一个问题，甚至许多形式逻辑家好像并未注意的问题，我们不可不加以解答。

问题是：A型判断的形式是SaP。在这全称肯定判断里，宾词P是未周延的，而根据换质换位的变形，我们得出上面（7）的$\overline{S}$oP，即原判断 SaP 的戾换，却这$\overline{S}$oP 的宾词 P 是周延的，怎样可以由原判断未周延的 P 即得出$\overline{S}$oP 的周延的 P 呢？

要弄清楚问题以求其解答，我们就回到原判断 SaP 来考察一下。SaP 即 $S\overline{P}$ 等于零，就是说，“凡 S 而不是 P”是不存在的，即是不可设想的。那么，在正方形所表示的范畴里面，“不是 P 的东西”划分成两部分，其一部分是“S 而不是 P”，另一部分是“$\overline{S}$ 而不是 P”，即$\overline{S}\ \overline{P}$。今 $S\overline{P}$ 既不存在，则$\overline{S}\ \overline{P}$ 必定是存在的，那就是说$\overline{S}\ \overline{P} \neq$ H，否则整个$\overline{P}$ 不存在，故有些$\overline{S}$ 不是 P，即$\overline{S}$oP［上面八式之（7）］是正确的。

从另一个角度看，P 存在于一个范畴之中，不可想象 P 之外无它物，所以$\overline{P}$ 必存在，而原判断既是 $S\overline{P}$＝H，则$\overline{S}\ \overline{P}$ 必不等于零（H），故$\overline{S}\ \overline{P}$ 必存在，故“有些$\overline{S}$ 不是 P”即$\overline{S}$oP 是正确的。

上面所提出 P 在 SaP 未周延而在$\overline{S}$oP 周延的问题之所以不易解答，是因为只考虑到 P 而未考虑到$\overline{P}$，尤其是$\overline{S}\ \overline{P}$ 部分，我们的图解在解答这问题时是能起作用的。

传统形式逻辑从 E 型判断的变形得出下列 8 个判断：

（1）SeP 原判断

（2）Sa$\overline{P}$ 换质

（3）PeS 换位

（4）Pa$\overline{S}$ 全换位

（5）$\overline{P}$iS 换质位

（6）$\overline{P}$o$\overline{S}$ 全换质位

（7）$\overline{S}$IP 戾换

（8）$\overline{S}$o$\overline{P}$ 全戾换

其变形过程，初级的形式逻辑教本皆言之甚详，且参考 A 型判断变形自易明了，兹不赘述。

这 8 个判断可写为：

（1）SP＝H

(2) $S\overline{\overline{P}}$=H 即 SP=H。[与(1)相同。]

(3) PS=H 即 SP=H。[与(1)相同,因 PS=SP。]

(4) $P\overline{\overline{S}}$=H 即 PS=H,亦即 SP=H。[与(1)相同,因 PS=SP。]

(5) $\overline{P}S \neq H$

(6) $\overline{P}\,\overline{\overline{S}} \neq H$,即$\overline{P}S \neq H$。[与(5)相同。]

(7) $\overline{S}P \neq H$

(8) $\overline{S}\,\overline{\overline{P}} \neq H$,即 $P \neq H$。[与(7)相同。]

由上面概括起来八个式只是三个式,即:

(1) SP=H

(2) $\overline{P}S \neq H$

(3) $\overline{S}P \neq H$

从上面图十,即 E 型判断的图,我们可以直接看出,SP 部分为斜线划掉,表示它的不存在,故 SP 等于零(H)。$\overline{P}$S 即圆之 1 部分,因 S 划分为两部分,即 SP 和$\overline{P}$S,今 SP 部分既不存在,即 2 部分不存在,则 1 部分不能不存在,故$\overline{P}$S 不等于零(H),同样地,P 圆划分为 2 与 3,即 SP 与$\overline{S}$P。今 SP 既不存在,则$\overline{S}$P 部分不能不存在,故$\overline{S}$P 不等于零(H)。

由此可见图十直接说明了上三个式。

传统形式逻辑说明由 I 型判断即 SiP 之变形只能得出另外三个判断,连同原判断如下:

(1) SIP 原判断

(2) So$\overline{P}$ 换质

(3) PIS 换位

(4) Po$\overline{S}$ 全换位

其他四种变形在 I 型判断而言是不可能的。原因详见一般形式逻辑教本,兹不赘述。

上面 4 种判断可写为:

（1） $SP \neq H$

（2） $S\bar{\bar{P}} \neq H$，即 $SP \neq H$，［与（1）相同。］

（3） PS（$=SP$） $\neq H$，亦与（1）相同。

（4） $P\bar{\bar{S}} \neq H$，而 $P\bar{\bar{S}} = PS = SP$，故（4）与（1）亦相同。

上面四式皆相同，即 SP 不等于零（H）。

我们看图十一，就可直接知道这正是该图所指出的。

传统形式逻辑同时也证明由 O 型判断，即 SoP，之变形，只能得出另外三个判断，连用原判断如下：

（1） SoP 原判断

（2） $SI\bar{P}$ 换质

（3） $\bar{P}IS$ 换质位

（4） $\bar{P}o\bar{S}$ 全换质位

其他四种变形不能得出，理由详见形式逻辑教本，兹不赘述。

上面四种可写为：

（1） $S\bar{P} \neq H$

（2） $S\bar{P} \neq H$，与（1）相同。

（3） $\bar{P}S\bar{P} \neq H$，亦即 $S\bar{P} \neq H$，［与（1）相同。］

（4） $\bar{P}\bar{\bar{S}} \neq H$，亦即 $S\bar{P} \neq H$，［与（1）相同。］

所以四式皆同，即 $S\bar{P}$ 不等于零（H），即图十二所指出的。

由此可见，判断的各式变形，皆可由图直接解释。

第三节　直言三段论式的图解

直言三段论式由两个前提在一定形式的结合上推出其结论。两前提中有三个不同的概念，故表示三段论式的图必须用三个圆，其每一圆代表一个概念，三段论式的图解就是根据前提以决定圆的互相关系从而看出其应得的结论。

我们用几个例子来说明图解的用法。先拿第一格的 AAA 作例子。这式的形式如下：

$$\frac{\begin{matrix}\text{MaP}\\ \text{SaM}\end{matrix}}{\therefore \text{SaP}}$$

能否由两前提的圆而直接看出结论呢？MaP 可写为 $M\overline{P}=H$；SaM 可写为 $S\overline{M}=H$。

作三个相交的圆在方形内如下图（见图十六）。

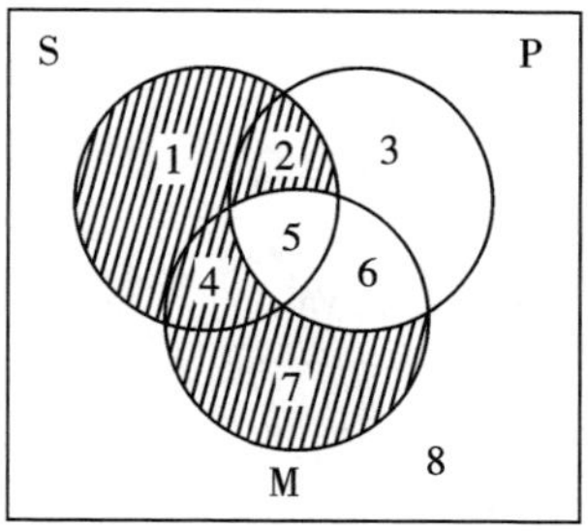

图十六

相交的三个圆将方形面分成八个部分：1、2、3、4、5、6、7、8。在图十六中可以看出 $M\overline{P}$ 是 4 和 7 两部分之和，而 $S\overline{M}$ 是 1 和 2 部分之和。$M\overline{P}$ 等于零（H），$S\overline{M}$ 亦等于零（H），所以我们首先在图十六中将 4、7、1、2 各部分用斜线划掉以表示 $M\overline{P}$ 与 $S\overline{M}$ 之不存在。

再看图十六中关于 S 与 P 部分。这部分共三小部分，即 1 与 4，代表 $S\overline{P}$，2 与 5 代表 SP；3 与 6，代表 $P\overline{S}$；只有 1 与 4 部分是划掉了的，其他两部分，即 SP 与 $P\overline{S}$（即 2 与 5 和 3 与 6）都无明确的表示，所以结果是 $S\overline{P}=H$，即 SaP 是结论，亦即是传统形式逻辑用直言三段论式的规则所证明的结论。

我们再拿另一个三段论式为例子：

“所有青年团团员都是拥护将革命进行到底的政策的；这一班同学有些是青年团团员；所以，这一班同学有些是拥护将革命进行到底的政策的。”

我们试用圆来检查这结论的正确性。

在这三段论式里面，大名词 P 是“拥护将革命进行到底的政策的”，小名词是“这一班有些同学”，中名词是“青年团团员”。

这三段论式的两前提可写为：MaP，SiM。

在这里需指出，我们所采用的图十七是不必区分大小前提的顺序的，但需在一个三段论式的三个判断中决定哪两个判断是前提，再由图十七而得出结论。

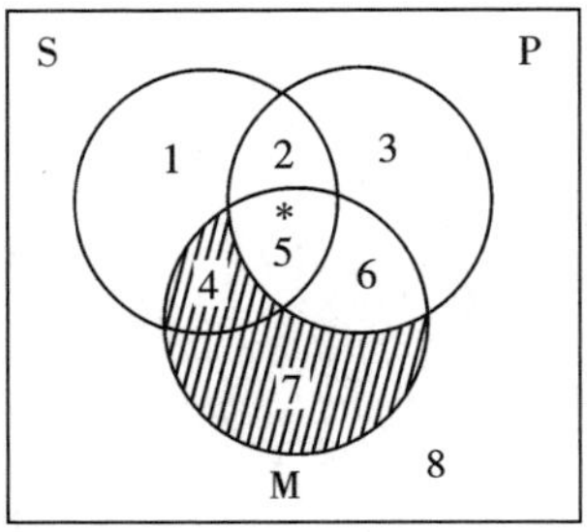

图十七

同时，我们这图解也不管所考察的一个三段论式的格与式是什么，而只按图十七而直接看出结论。

上面的两前提是 MaP，SiM. 可写为 $M\overline{P}=H$，$SM\neq H$。由 $M\overline{P}=H$，我们便将 4 与 7 部分划掉；由 $SM\neq H$ 我们就把 * 放在 4 与 5 部分（详见前述），却 4 已被划掉，故 * 必须放在 5 部分里面。

再检查图十七中有关 S 与 P 联系部分。这部分分为三小部分，即 $S\overline{P}$（1 与 4），SP（2 与 5），$P\overline{S}$（3 与 6）。

注意，在图解这阶段，可不理会 M 圆的曲线而只看 S 和 P 相交的圆。

图十七中可以看出，结论是 2 与 5，即 SP，不等于零，所以 $SP\neq H$，即 SiP，就是说“这班有些同学是拥护将革命进行到底的政策的”。这结论正是传统形式逻辑用常用的方法得出的。

下面的第三个例子是要说明在某种情况下，图十八中是表示某一个直言三段论式不能有正确结论的。

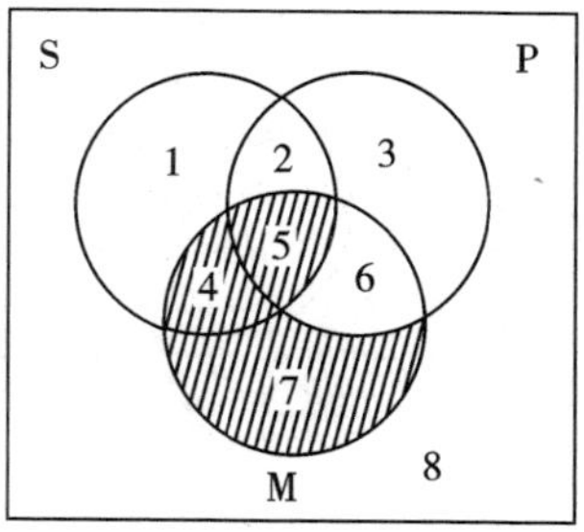

图十八

例如这样的两个前提："所有苏联人都是热爱祖国的；中国人不是苏联人。"

我们假定都一个前提是大前提，它的形式是 MaP，那么，第二个前提便是小前提，它的形式是 SeM，另一方式写出便是：$M\overline{P}$＝H，SM＝H。

$M\overline{P}$ 是 4 与 7 部分，既等于 H，则划掉，SM 是 4 与 5 部分，既等于 H，亦划掉。再看图中 S 与 H 关系部分，即三小部分 $S\overline{P}$、SM 与 $P\overline{S}$（1 与 4，2 与 5，3 与 6)，这三部分都无确定的表示，因 4 虽划掉，而 1 无表示，故 1＋4 部分不能确定；5 虽划掉而 2 无表示，故 2＋5 部分不能确定；3＋6 部分更是毫无表示。

从图十八上看来，上面两前提不能有什么正确的结论。传统形式逻辑按直言三段论式的规则，也是说这两前提不能有正确的结论。

我们要指出，我们不能因之就说"中国人不热爱祖国"，这是另一问题，但由上面两前提不能得出这一结论，亦不能得出结论说，"中国人热爱祖国"。

我们用第四个例子来说明看图十九时，有一种特别情况是不可不指出的。例如这样的两前提：大前提是"所有共产党员都是反对帝国主义的人"；小前提是"所有反对帝国主义的人都是前进的"。

这两前提可写为 $P\overline{M}$＝H，$M\overline{S}$＝H。

图十九中的 $P\overline{M}$ 是 2＋3 部分，划掉了；$M\overline{S}$ 是 6＋7 部分，也划掉了（详见前述)。图十九中好像看不出关于 S 的两部分，即 $S\overline{P}$ 和 SP 有

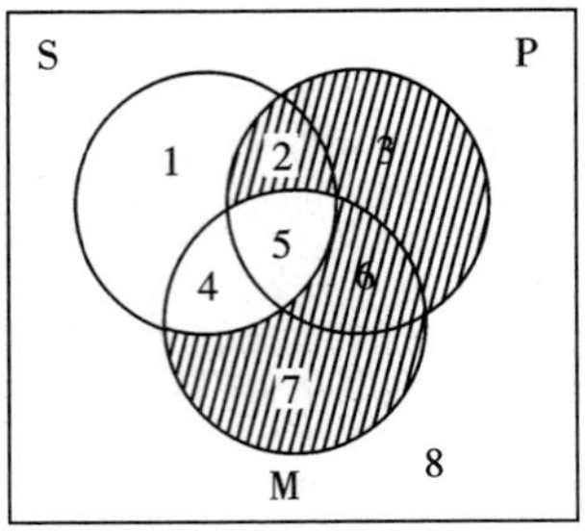

图十九

什么明确的表示，但结论可用直接和间接两方法得出。（1）直接方法：P圆在图十九中分成四小部分，即2、5、3、6。其中2、3、6都划掉了，而5无表示，但P不可是完全不存在的，故2、3、6既不存在（因等于零），则5必存在，故SM，即2＋5，不等于H，故SiP，即“有些前进的人是共产党员”。（2）间接方法：图十九中可看出的结论是$P\overline{S}$即3＋6部分等于零，故$P\overline{S}=H$，即PaS，这是以P为主词的一个判断。如果我们要知道从这判断能得出什么样以S为主词的判断，我们只需将PaS换位（限制换位，因判断是A型），便得SiP，同直接方法所得结论是一样。

上面在几个例子大体上说明了我们所采用的图是怎样应用到直言三段论式的演绎推理上的，这也说明我们的图解之作为形式逻辑直观教学方法不像有些其他图解只限于应用在判断的解释，而是一贯地应用到直言三段论式的解释。假言推理和选言推理形式上都可改变为直言三段论式，而简略式的推理和复杂式的推理更是以简单直言三段论式为其基础，故我们的图解对之都可应用。但归纳推理不易列为公式，我们的图解就不适用了。

论中国文化和道德在形势变化条件下的保存*

随着西方思想和风俗在义和团起义爆发后向这块土地的涌入，本世纪初以来，保护民族文明的呼声就没有停止过。无论它是否具有实际确定的含义，“保存国粹”已成为我国文化界的一个口号。最近几年，这种感情在报刊文章或演说中的确不像从前那样虚张声势地表现出来，但是它毫无疑问地仍然深深地扎根于许多人的思想深处。因此，“保存国粹”的问题应当为那些主管知识阶层的人士，尤其是那些负责青年人教育的人士认真对待。

中国是一个有文字记载的文明古国。早在公元前 6 世纪，即孔夫子时代，中国已在许多方面创造了成为当今中国文化的基础的古代文明。至于中国文明的起源，科学的考古发现将会使我们惊叹不已，因为它向我们表明，古代中国人的思想和社会组织形式可以从苏美尔人那里，或者其他一些更加古老的中亚地区的人们那里，或者从遥远过去的黄河流域的人们那里找到其渊源。但在目前材料尚且不足的情况下，我们暂且不论这些，还是认定是他们自己创造了自己的文明。在几百年，甚至几

---

* 该文为韦卓民于一九二四年八月六日在牯岭召开的华中基督教教育协会教育会议上的讲演稿。原文为英文，篇名为 The Preservation of Chinese Culture and Morality in the Face of Changing Conditions，刊于 *Educational Review*（《教育季刊》），卷十六，一九二四年第四期，页 395-404。文章由贺然译，张宝明校，收录于张宝明选编的《致中国人的演讲》（三），北京：华夏出版社，二〇〇八年。——编者注

千年的时间里，中国人是在一种有利的环境中去发展他们自己的文明的。历史学家告诉我们，中国人一直与世隔绝，因为他们的周围是群山和荒漠，以及原始的游牧部落，加上语言的障碍，十分封闭。这种情况至少持续到马其顿的亚历山大大帝时期。因此，在这种封闭和极其孤立的状态中，中国人建立了作为世界原始文明之一的黄河文明。

中国的这种文明历经许多世纪的考验，在遭受许多磨难之后，最终得以延续下来。但是在最近，这种文明能否在本世纪形势变化的情况下继续延续下去，则成了一个令人怀疑的问题。世界上许多古代文明都陨落了，悠悠的岁月使那些曾经是世界文明先驱的古代文明变成了路旁一堆堆荒芜的废墟。关于这一点，我们还是看一看 H. W. 威尔斯是怎么说的："像苏美尔人和埃兰人这些民族被吞并了，他们的语言也消失了，他们在民族融合中失去了自己。亚述人融合成了迦勒底人和叙利亚人，赫梯人雅利安人化了而丧失了其独特性，闪米特人吞并了苏美尔人后又让位于雅利安人的统治者，米堤亚人和波斯人出现于埃兰人的领土上，雅利安波斯语是帝国的官方语言，但后来被雅利安希腊人从官方语言中清除出去。"人类文明的历程就是如此。这听起来的确令人发指，如同在一个人口稠密的中国城市近郊浏览一座山坡一样，映入眼帘的除了凄凉的坟墓外别无其他。中国文明在世界文明兴衰的规律面前是成为一个例外呢，还是最终不能摆脱这种规律，重蹈其他文明衰亡的覆辙呢？这就引发了中国文化的保存问题。对于中国文化，我们总不希望它完全从这个世界上消亡。

人们对于古人所留下来的最后的遗产自然怀有一种亲切的感情。崇古心理不只是中国人才有，而似乎为全人类所共有。一个步履蹒跚的老者无论在哪里都会激起人们的某些同情心，得到人们友好的相助。中国文化的保存之所以会引起国内国外的人们的广泛兴趣，这种情感上的因素至少是部分的原因。

但是中国文化本身必定具有某种内在的价值，因而在这个进步的时代里，我们保存中国文化的愿望才能有其正当性和有效性。我们必须抛弃种种感伤主义，尽可能公正客观地面对这个问题。我们是为中国和中国人谋福利而去保存这种古代文化呢，还是最好任其自然，让它自生自灭于世界文明的生存竞争之中呢?

对于这个问题，有两种截然相反的回答。激进的改革者认为，中国古老文化是文明进步的障碍，因而它越早地消亡越好；而保守的感伤主义者则呼吁要保存这种文化，认为我们过去已经从中吸取到了精华，我们应当永远保留这份古人留下的珍贵遗产。

前一种观点的倡导者是达尔文主义的忠实追随者，他们看到的仅仅是世界生存竞争的一面。对他们来说，当今中国的基本问题是如何使自己适应这种竞争。要在竞争中求得生存，必不可少的是在政治、教育、工业、社会组织形式，乃至影响人们生活的——无论是个人生活的还是集体生活的一切方面，都进行革命的变革。改革者希望造就的是一个崭新的中国，一个彻底地变了样的中国。旧的东西不能被容许存在，因为它已过时，不能使国家适应现代世界的潮流。在他们看来，过去的都已过去了，眼前的却是一个腐败的局面，因此除非有一个迥然不同的新的开始，中国的前途便没有希望可言。我们必须和过去一刀两断，越坚决越彻底越好。腐朽事物是会传染的，必须对之施以切除疗法。因此，古老的中国文化应该被放入禁止之列，保存国粹的观点也应作为最危险的一种观点予以彻底地抛弃。

对持这种观点的人，我们需要指出的是：一个新的国家不可能以那种方式建立起来，一种新的文明也不可能以那种方式创造出来。它们不可能以裁缝制衣的方式诞生。国家及其文明是历史的产物，有一个发展的过程，绝不是什么人一下子造就的。在一种完全新的基础上建立一种文明，就如同在沙漠上建立这种文明一样。不把根深深地扎在过去是不牢固的，历史的连续性是一条不容忽视的法则。

就我个人而言，我很难想象中国人怎么可能在完全放弃了自己的传统而全部采用新的东西时还叫作中国人；而一旦他们不再是中国人时，他们就丧失了作为一个民族而存在的理由。很难想象，一个有着悠久历史和灿烂文化的民族，一旦从封闭中走了出来，面临的竟是同样灭亡的境遇，如同一滴水融进了奔腾不息的大海，重复着世界其他民族兴衰的历程。一个占世界人口四分之一的民族在理智和精神领域过着一种只有索取而无奉献的寄生生活，这本来就是咄咄怪事，再奔放的想象力也难以把这一点与我们对宇宙的普遍理性的信仰协调起来。如果说这五千年的累积的文明在人类文明中毫无价值，那么就违反了我们对天意留美的坚定信念。一种不仅能够维持国家稳定，给人们带来满意和幸福的生活，而且孕育了一代又一代仁人志士的文明，肯定蕴含着极其有价值的东西，人们是不愿让它就此消亡的。

这并不意味着我们从一个极端走向了另一个极端。企图将中国文化统统地保存下来如同将它们彻底抛弃一样，都是十分荒谬的。文化的保存不能像保存广州生姜一样。如果我们决意要保存，就必须把它当作有活力的东西加以保存，允许它不断地发展和进步。

什么是文化呢？在我们作进一步探讨之前，先弄清楚这个问题。在《鲍德温哲学词典》（*Baldwin's Dictionary of Philosophy*）中关于文化的条款对文化作了如下的定义："凡是直接或间接地影响人们理性面貌的东西都可称之为文化的要素。"由此看来，文化是一个涵盖面很广的概念，任何一种对文化的界定都不免会有过于狭窄或过于宽泛的危险，没有哪一种规定会使每个人都满意。根据我们刚才引用的条文，文化包括"艺术和科学，语言和文学，教育和国政，社会风俗，伦理及宗教"。另外，"实用工业，交通和通讯手段，以及使人们生活舒适的事物"也可算在此列。

现在的问题就是：我们是不是将中国文化的全部要素都保存下来了呢？它们值得我们将这一切都保存下来吗？

曾经有一个时期（并非很久以前），一些中国学者试图在中国古代文明中找到能与西欧每一项机械发明和每一处民主创举相媲美的成果，他们想要证明的是中国文明在每个方面都和其他文明一样好。我记得在上大学时读过一本书，作者在书中要向读者表明，现代的国际法准则早在中国的春秋时期，亦即公元前 6 至 5 世纪，就已在中国完全实行了。这种雄心勃勃的企图只会使富有批判精神的、学历史的学生感到好笑。

大概大家都会承认，我们笨拙的交通工具和落后的通讯方式无论怎样都没有保存的价值。划船、手推车和马背上的送信人毕竟大大逊色于汽船、卡车、现代化的邮局和电报。因而在这里，保存就是不可能的。

一位并不太愿意过分夸耀中国人长处的博学学者在其《中国人的特点》一书里，认为中国人的烹饪技术，达到了世界第二流的水平。大概除了烹饪之外，中国人在创造使生活变得舒适的事物方面并没有多少值得骄傲的地方。还是这位学者，特别指出了中国人“对于舒适和方便的漠不关心”的态度。也许正是由于这种特点，中国人才十分轻视自己文化的这一方面。

在这里，我们并不是在宣扬禁欲主义。中国人不是禁欲主义者，如果他们能很容易地得到舒适和方便，他们也不会拒绝。但是对于他们，这并不是生活中最重要的，“吃饭是为了生活，而生活不是为了吃饭”，这是他们的格言。他们在生活上很简朴，这使他们能够从物质生活资料的束缚中解脱出来。简朴是一种美德，在今天这个奢侈享乐之风盛行的世界，我们最好不要将它置诸脑后。

就智慧的发展而言，中国在科学上仅仅处于原始阶段，对于诸如现代科学之类的成就，我们没有什么可谈的。但是，以经验为根据的知识我们却有很多。我们在农业和医药方面的知识为研究科学的学生们进行探索提供了信息全面的宝藏。系统的研究将会极大地造福于全人类，并促进这些科学的发展。我们的教育制度和政治体制远远落后于世界先进水平，但我们的以经验为根据的知识是不应被蔑视的，更不用说我们的古代典籍中的一些好的准则。在这些典籍中，最有名的大概是《孟子》

这本书。在所有这些典籍系列中，我们没有看到关于现代科技的知识，但是我们旧的教育制度和政治体制却是以其中的某些原则为基础的，而这些原则又完全应该受到现代学生的高度重视。

我应当更加着重地谈一谈中国的艺术和文学。这又是个经常谈论的话题，所以我只想随便地说一说。在艺术的发展中有两种因素，即天才和欣赏。作为教育工作者，我们不仅肩负着鼓励所有的初露头角的天才脱颖而出的责任，而且更重要的还肩负着教育孩子们欣赏他们自己的艺术和文学中美好东西的责任。现代的教育过于实际和呆板，在发展这种欣赏能力方面工作做得太少。真正的教育难道不是不仅教会我们去创造，而且教会我们去欣赏吗？如果创造出的东西不是为了享用，那我们何必要去创造它呢？即使我们自身并没有努力去创造什么，生活和自然中已经存在着许多可供我们享用的东西。按东方人的思维方式，生活中只有创造而不留闲暇去享受是不可思议的。必须承认，关于天才的问题也有许多话要说一说，但是现在，欣赏的问题更值得我们去注意。

中国的风俗、伦理和宗教需要进一步认真细致地加以研究，粗略的观察只会导致误解，甚至有害的结论。毫无疑问，中国人的风俗习惯沉重地背负着过去历史的沉淀物，将它们全部抛弃是一件再容易不过的事，但是这不免太轻率了。在这些风俗习惯中，有大量有意义的东西，至少对中国人自己来讲是这样，因为他们毕竟是这些风俗习惯的承载者，如果我们把它们抛弃了，必然会严重地影响整个社会的组织结构。关于这个为古人所崇尚的风俗习惯的微妙话题，我想就说到此为止，虽然我还有很多要说，但此刻我不打算再说什么。让我再举一个更加浅显易懂的例子。鞭炮和喧闹的音乐声伴随着行进于街道上的婚礼队伍，有时很是吵人，常常显得没有意义，但这却是在将正在举行的婚礼以正式的形式向公众宣告。同时还要举办宴会，大宴宾客，这使婚礼得到了公众的认可。这种风俗的形式可能会改变，但它的意义和精神必须保存下来。这种风俗使婚礼庄重而令人难忘。一个冷清的婚礼对中国人来说未免有些不合常理，并且太拙劣因而不合他们的口味。

说到这里，我得简短地讲一讲中国人的家庭。不可否认的是，中国人的家庭还有许多需要提高和改进的地方。我们可以讲出无数的中国家庭的耸人听闻的故事。但世界上的事实可以用来证明任何理论，正如《圣经》的经文可以用来证明任何一种神学一样，这取决于我们要从中找到什么和如何选择我们所需要的东西。事实一经从事物的因果联系中拿取了出来，它原本的意义就至少丧失了一半。公正起见，我们必须认识到中国的家庭生活存在着两个方面，除了较阴暗的一面外，还有较光明的一面。我们在这里只讲较光明的一面。在中国的家庭中确实有非常美好的东西。无私奉献的母亲和甘于自我牺牲的父亲，兄弟姊妹间的手足之情及其相互间的责任感，所有这些都使得中国家庭比世界上任何其他国家的家庭结合得更加紧密。当然，很少有同一个家庭同时具有所有这些上帝恩赐的礼物，但只要有了其中一种就已经足够令人感激了。据说日本妇女作为妻子是贤惠的，我相信，中国妇女作为母亲是最好的。如果学校教育不改变她们的民族特点的话，接受了更好的教育和更新知识的中国妇女必将为创建一个美好的国家起到积极的作用。丢掉了中国妇女的民族特点正是今天中国妇女教育中的一种危险的做法。现代受过教育的妇女似乎将太多的时间和精力用于衣着打扮、自我表现和社交活动上面，在家庭生活和照顾孩子方面投入太少。对中国的风俗习惯的忽视只能产生已提及的、现代中国妇女文化中的那种后果。

中国道德在世界上享有盛誉。在这个变化的时代，保存这种道德是必然的要求。严格来讲，并没有所谓的“中国”的道德，因为道德是普遍的，中国人没有独一无二的至善的方法。至于中国人的道德完善，仍有漫长的过程，真可谓任重而道远。维持现状无异于毁灭进步。众所周知，在道德方面的滑坡比在其他任何方面的滑坡更要容易。古代圣人关于道德的崇高理想和谆谆教诲以及中国人优秀的道德准则是世界人民的一份财富。我们务必认识到，这份财富的丧失是件令人痛心的事。崇高的理想和高尚的思想不容易变成现实，但它们却有特殊的韧性，这使它们幸免遗弃而得以流传下来。使道德在生活中有实际意义的是某些超乎理性的感情。在这个思想和规范混乱的时期，中国人一旦丧失了这种感情和他们恪守的崇高的道德规范是非常危险的。理性推理大概只会使道德成为一种纯粹的算计。但是中国人的道德建立在人对人的关系的需要上面。中国人直到最近还不问父亲为什么应当爱儿子和儿子为什么要服从父亲。他们在关系之网中长大，对于别人的要求作出回应从不问为什么。在他们看来，作为一个人就应该按照这些要求而生活，这是天经地义的事。因此，他们往往特别重视道德教育的发展。如果这种道德为其他东西所排斥，那将是一件令人遗憾的事。

没有哪一个基督教徒愿意倡导保存中国的原始宗教。在传统的上帝概念中不可能找到原本的一神论。中国人的传统宗教和荷马教或婆罗门教一样，都是多神论的。但是中国人有自己本土的宗教观念，经过它，基督教可以得到很好的阐释。中国人宗教生活的高尚的道德风气，宗教机构和行为对于非道德因素的自主性，以及所有中国人对宇宙理性的基本信念，在文化发展的相同水平上没有哪一种宗教可与之相比。

讲到这里，我们只是研究了中国文化的外在的、浅层次的特征，还未提及更为重要的特征，即中国人的性格。中国人的性格集中表现了中国独特的文化特征，因此的确值得加以研究。

中国人的某些特征，即使那些最粗心的观察者也会注意到，彬彬有礼、温文尔雅大概是最突出的特征。受过教育的中国人都是些特别有教养的人。在社交活动中，首先注意的就是要彬彬有礼。熟悉中国人的人们表达了他们对中国人的赞赏之情和在最无法忍受的环境中产生的对中国人的好感。这种禁欲主义式的生活态度不仅使具有这些品质的人的生活变得更加快乐，而且还将这种快乐传给了周围的人。友善好客、不爱争吵的性情以及遵守法律的态度使所有那些和中国人接触的人感到十分愉快。

怎样为中国人和世界各国的人们保存中国文化中所有这些好的东西呢？真、善、美，这些是希腊人用以表达有价值的事物的术语。真的和善的东西并不只等着中国人去保存它们，整个世界都对它们有很大的兴趣。举几个例子：华盛顿的一个政府机构对中国农业方面的中文书籍正在进行仔细的研究；日本学生对中国的文学、哲学和艺术有着浓厚的兴趣；中国宗教在德国、法国同在中国一样，受到学者们的高度重视。仅就中国文化的学术研究而言，我们在世界各地都有着许多积极的合作者。这些研究无论如何会继续进行，不管我们是否注意到。但是，中国学生和中国高等学术研究机构自然地应该起领导作用，作出最大的贡献。在基督教学院和大学里，中国和西方的学者并肩工作，促进了学术上的合作和思想上的交流，我们期待着这种交流与合作有更大的进展。

但是，有些事情只能由中国人自己去做。中国人且只有中国人能够建立自己的家园，能够最合理地保存他们性格中好的特点。其他国家的人，如果他们愿意的话，可以去模仿。但是他们不可能以相同的组合与比例再造它们。

在认识和表达真理方面，中国人也有某些独特的方法。这是中国人作为一个民族均衡地享有的方法。没有这些方法，世界将会变得贫乏，因此，我们不想摒弃它们。这些方法使我们看到了别人在完全相同的条件下无法看到的东西，使我们做了别人在完全相同的方式下没有做的事情。

但是，文化太复杂了，所以不能详尽无遗地加以描述；同时又太微妙了，所以不能套入一种固定的公式。它是一种洞察力、一种性情、一种生活的态度。它不可能通过学校教育而形成，也不可能从书中学到。它必须在一种适宜的环境中通过伦理训练，通过和具有这种文化素养的人的交往才能被培育出来。

因此，正规的学校教育在保存中国文化方面的作用是有限的，但它还是有一定作用的，它帮助孩子们在小学和中学阶段领略到中国的传统思想，打下中国文化的基础。如果我们把中国文学和历史的课程仅仅当作是传授那些在需要的时候很容易地从参考书中获得的知识的工具，那将是一个错误。设置这些课程的目的，就是使学生们能接触到中国文化的光辉思想和中国历史上伟大的民族品格，给他们的思维建构一个鲜明的中国文化背景。在大多数教会学校和学院里，国文的学习往往被忽视，这的确是可悲的。虽然最近有所改进，但还远远不够。常常有这样的借口，说学生们对国文课不感兴趣。但是即便如此，那也只是因为教授这些课程的方法不得当。我们可以设想，国文可以和其他任何课程一样有趣，它的商业价值绝不比数学或法国大革命的历史小。但是，大多数基督教会学校不希望在国文系投资，有些人自欺欺人，认为学生们来这里是为了学习西方知识，而不是为了学习国文。他们完全忘记了基督教教育工作者来这里是教育中国人的，不是来教中国人西方知识的。时间不允许我老谈这个问题，我得停下来。

我已经说过，学校的课程对于中国文化的保存的作用是有限的，而中国家庭中真诚坦率的氛围才是根本的。我诚挚地相信家庭的现代化，这是十分必要的。但实现家庭现代化的方式多种多样，我们既可以采取完全西化的方式，也可以在不丧失民族特色的情况下引入现代的特征使家庭现代化。恰如其分地从事这一工作在很大程度上取决于中国的妇女。因此，最重要的是要在中国制定妇女教育政策，以便培养出受到良好教育的“中国”妇女，而不是洋化了的时髦女士。

在非基督教徒的大众看来，基督教教会和基督教教育机构是反对保存中国文化的力量，是传播西方文明的宣传机器。但是，在我们这些善于从内部体察事物的基督教徒看来，在这些日益壮大的组织中，有中国人自己的才华得到展示的极好机会。保存中国文化的最好方法是：给中国文化一个有价值的激励，使之在新的时期、新的条件下展现自身、发扬光大。这就是为什么我们在教会工作的各系统中设置本民族领导人员的主要原因。我们希望给中国的精英们以自由地运用才智的机会，以便使基督教通过中国文明得以阐释，从而使它的伟大真理得到更为圆满的表达。只有将中国文化作为一件完美的礼物奉献给上帝，它的目的才能够达到，它的价值才能够得以保存。这不仅是为中国人谋福利，而且也是为世界各国的人们谋福利，同时也是对他——所有真善美的创造者和保护者的赞美。

古代中国人之宗教信仰及其对中国民族性之影响*

古代宗教之研究，不仅是一种好奇。对研究比较宗教的人来说，这是一个很重要的领域，因为，除非把宗教的发展与生长的历史，追溯到它的存有之原始阶段，任何现代宗教系统，都不可能充分了解。但这种研究，并非专为神学家之事。这种研究兴趣，正好由历史学家或政治学家参与，因为这对阐明一个民族的历史与特质，都有莫大帮助。英儒喀莱尔（Carlyle）说："一个人的宗教，就是关系到他本人的主要事实。一个人的抑或这一个人的国家。因之，吾人首先要问，一个人或一个人的国家，他们是什么宗教？解答这个问题，就不啻提供吾人关于一个人或一个人的国家的历史之灵魂。他们所作所为的，都孕育于他们的所思所想，而他们的所思所想，复孕育于他们的感受与情怀，就是这种不可见的精神的力量寄寓其中，来决定外在而真实的行为；所以我说，他们的宗教，是对他们的一种主要事实。"我就在证验喀莱尔这一说明的真实性的目标之下，来从事古代中国宗教之研究，至若本研究之其他方面，有时亦受到重视，乃是由于在研究中之目的的需要。

本研究绝非易事。若干民俗，即是存在于古中国文献之中，而我们所需求的大部分资讯，早经散失。这散失的原因或由于孔子删订五经所

---

* 原文为英文，由华中大学校友万先法先生翻译成中文，刊于华中大学韦卓民纪念馆编印的《韦卓民博士教育文化宗教论文集》，台北，一九八〇年。——编者注

致。我们现行研究的唯一来源，唯有就现有之经典，因之，在本文中之各种阐释，亦唯有依据诸经典之权威注疏。

首先，我们可以确认在经典里，我们找不到有关古中国任何有组织的宗教制度或任何具体僧侣之类的资料。在经典之外，也没有任何“神典”（sacred book），只有经典中涵摄着中华民族的古代宗教思想与信仰。古中国，有没有过积极的宗教？对于这一问题，我们可以毫不迟疑地回答说没有。但是当我们把宗教意味着“一种事物，为人们实际上所信类，所全力以赴，所了解对于神秘宇宙于他有重要的关联，抑且为其责任与命运之所系”，那么，在古代中国文献中，尤其是在《书经》与《诗经》里，也有不少指证，很显明地表明中国人的古代宗教。

对这一广泛论题，予以反复论证，将超出我这篇短小论文范围之外。充分地讨论，很容易地占有相当的巨帙，而且非数年之钻研莫办。本文将仅就两点予以探讨。此即：一，上帝的观念。二，祖先崇拜。

一、上帝的观念

我们要对古中国上帝（Shangte or Supreme Lord）观念的源起，有一种相当的认识途径，就必须简略地检讨一下古代中国的地理环境。史家们大体上都相信中国民族之祖先是乌拉阿尔泰语系（Turanian）之一支，这一支和它在西方的主干分离，移殖到黄河流域。这一群阿尔泰人，在多年游牧以后，最后定居在今河南省附近，在那里形成中华民族的核心。这很容易看到该区域地理和气候的特质，早期吸引起那原始的中国人的探奇心灵，去探究这奥妙宇宙的意义。在他们目所见的，处处都是雄伟的山脉，那山脉提供他们燃料和田猎；处处都是肥沃的土壤，那土壤虽不能像热带森林，不耕而能供应他们水果和栗类，但也能保证他们，只要劳作，就有适当的报酬；黄河之水天上来，怒吼着流注于海，有时吞没无数的生命和两岸无数的财产；这些都必定感应于古中国人之心灵深处。不仅如此，这一地域的气候，是这样一种特质，天体的观察，很早便引起了黄河一带古代居民的凝神倾注。太阳给予以温暖，并使果实成熟；当他们坐在茅屋前聊天，享受一日劳动后之悠闲，月亮照耀着他们；而且我们须记着，在火把尚未发明之前，当黑夜来临，这是光之唯一重要的来源，最后，星辰在天空散布闪烁，吐出奇异神秘之光；这些更强烈地吸引原始之心灵，好像这样多的力量之泉源。然后四季代序，含笑的阳春，花开鸟鸣，有活力的炎夏，酷热而阳光普照，肃穆的清秋，风声萧飒，以及可怖的严冬，满面凛冽，这些景象也都以一种新奇的意象敲击他们。因此，古代中国人崇拜这些自然物体，是不用惊奇的。我们可以在《礼记》中找到先民供祭山川、日月、星辰、河流、林谷、气候及季节。

崇拜自然物体，其意义何在？此一问题，我们必须加以回答。我们不大同意这种意见，说这些是对上帝的供奉（a service of God）。当古中国人埋少牢于泰昭，或当古中国人奉祭于王宫或夜明的时候（译注，参见《礼记·祭法》第廿三，有谓“王宫、祭日也，夜明、祭月也”），说这些都是为了供奉上帝，未免有些牵强。但我们于此需要公平地指出，古中国之祭日与月，并不像迦南族之奉太阳神与月神。当他们崇拜自然物体的时候，亦仅当作物体而崇拜而已，并没有当作许多个人神，有如其他民族，设想这些自然物体之有主宰权。《礼记》中有一段可把这种情况予以厘清。“及夫日月星辰，民所瞻仰也。山林川谷丘陵，民所取财用也”（《礼记·祭法》第廿三）。

但是，为了获致先民崇拜自然物之真实解释，我们还须深一层渗入古中国人的心灵情绪。在经典里有好多例证，他们有感于超越力量之存在，他们应对之崇敬与感恩，崇敬者，他们仰观俯察这种自然力运行于宇宙之中，感恩者，自然物在各种方式之下，使他们获致幸福，如太阳之热，明月之光，以及山河大地之财富。但是他们的想像力，还不能强烈地带得他们更进一步，俾能用一个很明确的观念，去认识这种超越力量。因此，他们乃停留于崇拜自然物体上，这些自然物体，固感应了他们的心灵，但这些自然物体，在他们内在感觉中，仅是在神秘宇宙运行中一种力量的媒介，还不是真正的泉源。

这种从超越力量存有的模糊与不甚清晰的观念，进而具有一种人格与精神存有的概念是由一种不同的途径而形成，其形成，并非来自想象或理性，乃来自常识。古中国人缺乏希腊人心灵的想象力，但具有罗马人相当的秩序意识和法律观念。季节的顺序运行，天体有秩序的运动，以及宇宙间的大和谐——这些都无法说明，除非有一种控制力量的存有，这种力量为万物之主宰。这样便产生了上帝的观念。上帝之名，常用之于古代经典，虽说在后代的文献中，罕见其辞。依照《礼记》，"是月也，天子乃以元月祈谷于上帝"。这是非常具有说明性的辞句。雨水与土壤，在中国都为丰收的重要因素。但经典资料，都说古中国人祈于上帝，而非"雨神"，或"土壤神"。山川灾祸，在中国历史上当记载为一种灾异。但并未解释为山川之神之愤怒，而视为上帝之天心示警。

然则古中国这种上帝的性质如何？是不是一种人格神有如耶和华（Jehovah）或者他仅被视为与自然相等，有如一个泛神论者看他的神性呢？对这个问题的回答，要在古经典中。在我们讨论之前，我们必须审慎地把在古中国文献中所使用"天"字的各种意义予以区别，俾以获致古代中国人对于上帝的一种确切而清楚的观念。

首先，"天"表识着散布地球上可以看得见的苍苍者天，譬如《中庸》上有一段："今夫天斯昭昭之多，及其无穷也，日月星辰系焉，万物覆焉。"（第廿六章）其次，用以表示自然本身。《易经》上说"天生万物，圣人则之"（《系辞上》）。第三，用以表示命运，有如孔子所宣称"天丧予"（《先进》）。最后，用着超越存有之代表，如孔子之友人所说："天将以夫子为木铎。"（《八佾》）圣人自己也用这一语辞表示同样的意思，当他忍不住地对他一个爱好虚荣的门弟子说"吾谁欺，斯天乎"（《子罕》）。

由此显然可知，菲博（Faber）以为中国“天”字，完全不允许具有一种人格神之含义的说法，是没有好多根据的。中国人没有用清晰的思想，予以识别。他们既不习于确切而断然的观念，也没有对那些用以表示各种意义的名辞，予以特殊化。所以当“天”字，用在经典中具有许多不同意义的时候，对于一位这样幸运地拥有希腊人心灵的西方学者，那也是西方的共同传统，在他初次接触中国文献，要他来下结论说古中国人对上帝的观念，是不具有人格神，而只是泛神的或自然神的，那是不用惊讶的。我们必须摆脱文字字面的桎梏。文字常常误引人。我们要尝试，在每个例证上，要去获得那些字所欲表达的真正意念，而不是造成那些字的本身。把这点牢记于心，我们然后才能毫无偏见地进而追询什么是应归于古代中国人之对上帝，他们崇拜之并事之若宇宙之主。

使得学习中国经典的人第一个印象，就是古代中国人把上帝看成一位完全不可见的存在。在经典里，上帝很少有人形的迹象。这是一个很好的说明，在古代中国文献里，较之其他民族的宗教典籍，人神同形论（anthropomorphism）很少，希伯来人也不例外。幻想经常是人神同形论的根源。中国经典中缺少人神同形论，部分地可归因于古代中国人较少想象力。这种想象力之缺乏，也是中国艺术迟缓发展的原因。但这也不过是一部分解释而已。要是不承认中国人有一个信仰上帝的高贵观念，那是不公道的，这个观念，于初民中，是不常见的。

但上帝纵不可见，也并非“无限的空白”，也并非全然不可思议，有如新柏拉图主义者。古代中国人不是神秘者。他们心灵，不趋向于那个方向。上帝虽然不可见，但并非不可思议。上帝被视为庄严光耀。在《诗经·大雅·皇矣》篇里，上帝被描述其伟大与显赫。“皇矣上帝，临下有赫。”同书，《周颂·臣工》之什，又有数行：“明昭上帝，迄用康年。”

抑且，在现代科学家之间，也常有一种思想——都说上帝是机械律的主人，他做完他的工作，而且用许多力量，把必要的弹簧配置于机械之中，使工作妥适地运转，然后上帝远离于这世界，再不关怀世人——这类说法，在古代中国人找不出一样。照古中国人想法，上帝是“临上有赫”的。

“上帝临汝，无贰尔心”（《大雅·大明》篇）。这又是在《诗经》里两句最显著的词句。综上所述，可以显知上帝是不可见的、庄严的、荣耀的和无所不能的。但有些人并不满意以为中国对上帝是泛神的观念。我们怎样把泛神论中之神与上帝加以区别？抑上帝是否人格神或仅仅是一种非人格的盲目力量？简言之，从“上帝”这个名词之称呼，就显明可对其问题之回答，上帝一辞，对中国人来说，便是至高的存有。“帝”（te）很显明地含有人格意义。所以这并不需要展开辩论，来说明中国一神论，是十分摆脱任何泛神论的痕迹。虽然已有显著的证明，而为了有些人仍持异议，我们仅需引述《书经》中的一段，让他们自作判断。《书经》上云“闻于上帝，帝休”。这能说有任何泛神之神吗？

至如上帝之性质，古代中国人特别强调他的公正无私。“惟上帝不常，作善，降之百祥。作不善，降之百殃。”（《伊训》）但上帝之慈爱，也未有漏。上帝爱民。《书经》上说“惟天惠民”（《泰誓》）。同书又说“天矜于民，民之所欲，天必从之”（《泰誓上》）。

最值得注意的，便是中国人观念中之上帝，从未代表报复。他是准备惩恶。但他之所以如此做，他全在奉行道德律。《诗经》上诗句“匪上帝不时，殷不用旧”（《大雅·荡之什》）。上帝是公正，是无私。但想像上帝会因激怒而报复，想像上帝会由于具有破坏性的情欲，显示出人类弱点而遭降贬，以及这情欲会带来这世界灾难的毁灭，这些都远不在古代中国人的心灵之中。

于今，述及另一点——上帝与人民之关系——我们开始可引述《汤诰》，这是商朝第一位君王，《书经》有如是之记载：“惟皇上帝，降衷下民，若有恒性。”《诗经》中也表达了同样的观念。“天生烝民，有物有则。”（《大雅·烝民》）这同样的观念，我们也一再见之于《中庸》首章：“天命之谓性，率性之谓道，修道之谓教。”所以天或上帝是人道德意识的泉源。天以性，命之于人，人率性而行，但是尽天之命。《尚书》把这个道理更加引申。有谓“天叙有典，敕我五典五惇哉。天秩有礼，自我五礼有庸哉。同寅协恭和衷哉。天命有德，五服五章哉。天讨有罪，五刑五用哉。政事懋哉懋哉”（《皋陶谟》）。最后，上帝是人类的君王，有如《诗经》上说“荡荡上帝，下民之辟”（《大雅·荡》）。在古中国人心目中，就上帝这名词之字义来说，上帝便是人类之统治者。实际上政府被认为由上帝而来。国家之最高领导是构设实操之于上帝之手。在世间，君王不过是被派为上帝之代理人。所以周朝开国之主的武王说“作之君，作之师，惟其克相上帝，宠绥四方”（《泰誓上》）。这使得我们对于上帝之与统治者之关系，需有一较为详细的讨论，这一观念，在中国历史上颇有分量，因而值得我们密切地考察。

古中国的统治者，用神权来治国。他之得其位，完全由于上帝之派命。既没有所谓社会契约说，也没有任何政府乃是使被统治者成为统治者之主人的说法，这些学说，都和古中国人的观念毫无渊源。但是我们必须不要误于“神权”一词，了解它，有如英国斯图亚特王室（Stuart Kings）所竭力主张，把它当成具有毒素的学说，使得查里斯第一（Charles Ⅰ）送命，使得在第17世纪初叶英国人民与国王之间冲突无已。古中国人的神权真实意义，理雅各布（Legge）教授把它表达得很好，有谓“统治者之职位，并没其他之神权，有之，厥为尽其职责。某一朝代之统治，不能获致人民之幸福，即失其王位之权利”。“惟天惠民，惟辟奉天。”（《泰誓中》）这是统治者最适当之功能。只要他一旦在职位上失去其功能，他即失去为人民之统治者。“四海困穷，天禄永终。”这是记载于《书经》中，对帝王们的训诫（《大禹谟》）。夏之亡，可供作一个具体史例。“夏王有罪，矫诬上天，以布命于下，帝用不臧，式商受命。”（《仲虺之诰》）当天命之下达，顺从天意，乃变为新统治者之职责。所以商汤说“夏氏有罪，予畏上帝，不敢不正”（《汤誓》）。同样情况，也见之于武王伐纣，会诸侯于孟津，武王誓师，有云“商罪贯盈，天命诛之，予弗顺天，厥罪惟钧”（《泰誓上》）。

关于中国人的上帝观念，尚有一点，颇堪一提。中国人之上帝，不是一族或一部落之上帝。古中国人视上帝为其统治者，但他的统治领域，远由中国达于四裔。他不属一个地域之主，乃人类共主。他惩罚苗族，有如惩罚夏代帝王一样。大禹征苗之时，誓师时便谓“济济有众，咸听朕命。蠢兹有苗，昏迷不恭，侮慢自贤，反道败德，君子在野，小人在位，民弃不保，天降之咎”（《大禹谟》）。

这就是古代中国人在经典里所提供的上帝观念。即使在本文篇幅里予以简略省察，已足够表明中国人曾一度有过宇宙中之上帝的高贵观念。这观念并不完善，缺点亦多。但在大体上，作为一个初民状态，以及在若干方面，跟世界上有宗教系统的上帝的高级观念相较，古代中国人，仍是有足称者。所以不怪一些人，当他们一方面从经典中研究上帝的观念，另一方面转而研究现在的迷信与偶像的状态的时候，觉得惊奇甚至厌恶。这种宗教退化的原因何在？确是一个饶有趣味的问题。

或者我们应该说，上帝这观念，开始时就太模糊与太深奥。不管这观念对古代中国人是真的太模糊难以把握，或者太深奥难以了解，这不是一时可以解决的微妙问题。无论如何，这需要一种高层次的宗教心灵去把握它或培养它。我们试把三千年前中国人对这一观念的性质与发展予以省察，我们可确知这个上帝观念之发展，不出两种途径之一。要就发展而为神人同形，以适应那仍在发展的萌芽时代的人民，或者就此更为模糊，从缺乏灵感中逐渐消逝。中国人发生在后一途径。究竟在何种情况之下以及这种变迁发生，经过了好多阶段，我们不拟闻说，因为此一时期文献缺乏，不足以提供我们易于追索中国神学的历史。但也不难想像那时中国人对自古相传下来上帝观念的态度。上帝对他们，仍是宇宙之主宰与人性之给予者。但是上帝所要求于“下民”者，仅在个人德性之诚挚的修养。“天命之谓性，率性之谓道，修道之谓教。”因之，人之止于至善，系由于顺天命而率性。不必追求有关上帝的太多知识，因为既不可能，也不必要。在皇朝下，做一个善良老百姓，并不需要熟识北京的天子。同样，做一个君子或过着有德性的生活，也不需要有对上帝太多的知识，虽然上帝为人之道德意识之泉源。这种精神，在孔子时代即已流行，这位至圣本身，便是他时代的范型。有如《论语》所载，有一项为孔子所不语者即为神怪（《述而》）。所以，在中国人中间，伦理替代了宗教。在孔子以后的载籍，我们很少找到上帝一辞。但是人总是宗教动物。因之，当他们古宗教荡然无存的时候，中国人很自然地群而沉溺于道教与佛教的迷信，用以适应他们的宗教本能的需要。

但是，虽说上帝的观念，注定了不能在中国有充分的发展，而在镕塑民族性方面，仍有其地位。当孔子开始其志业，作为一位道德大师的时候，上帝观念已不存在，或即使存在，也是批判地予以修正。纵然如此，但这种中国民族性的标记，早经烙印，历许多世纪而不磨灭。虽然自这位至圣之逝，经二千四百多年，而其痕迹，在今日中国仍可找到。在约莫十六年之前，博尔格（Boulger）著《中国历史》（*History of China*）一书，他说：“今日之中国，在许多要点方面，仍和孔子时代相同，我们没有理由去怀疑，在孔子以前，中国民族性，即已完全塑成现在的型态。”只要粗浅地研讨中国人的性格，即可确认这种说法。或者考察若干发源自上帝古代观念而来的中国人的主要性格，是颇有兴趣的。

我们已经说明古代中国人视上帝为仁慈、公平与无私之神，上帝爱民，没有他事，只为着人民的幸福。从这种对善良上帝的信赖，产生一种知足的心理，知足就是中华民族性。乐天知命，被视为一种美德。怨尤命运与生活烦躁，都不能成其为君子。与命运委蛇，也就是乐意工作并乐意承当为生活的每一困苦，这主要地是由于完全信任上帝之善意，这位宇宙间的舵手。

从社会观点看，古代上帝观念的影响，也同样值得注意。上帝既为全人类之主宰，所以在上帝之前，人人平等。我们不能于此宣称，人类全体同胞爱，在这个国度里，已有充分发展。但这个观念，绝非外来，确是中国人自有的。“四海之内，皆兄弟也”（《论语·颜渊》篇），常常被指责为在应用上有些狭隘。但是试察那时地理知识的茫昧，以及说出那类观念那时文明的一般情状，我们必须断定，有其值得赞美之处。另一方面，我们可以确说，在中国，从没有类似令人可厌的卡斯特阶级（Caste system）之组织，这种卡斯特组织，以一种或他种方式，几乎存在于每个其他原始民族之间，构成他们历史上之污点。在华族历史上，不知有所谓既得利益阶级。每个人都有机会升迁。这些例证，对研究中国历史的人，太熟悉了，不必赘引。

我们转而探寻古代的上帝观念其对政治上的影响，有两大特色，可以勇敢地站在国史之前。

第一，是在早期帝国的建立。这一定很多可能借助于这种深植于古代中国人的心灵信仰。那就是上帝不是部落之上帝，但扩大为全人类之上帝。这在拙文其他部分，已有充分的说明。这里须说明的事实，即是当统治者被视为上帝在人间的代理人的时候，自然有一种趋势，将所有居住在黄河流域的小村落联结而为一个政治体。记着宗教在团结人民方面所占的重要地位，在历史上屡见不鲜，我们可确切地了解，上帝崇拜的影响，所及于建立古代中华帝国的可能性。

其次，或者是在中国历史上最显明的特色之一，那就是中国人革命理论，远在三代的时候，就实现了。“汤放桀，武王伐纣。”（《孟子·梁惠王下》）假若《书经》上的记载是真实的话，我们必须说，这些革命运动的发生，并不是由于汤武的野心，但他们是在现代意义下的真革命。确实，革命的精神弥漫于汤武出师誓词之中。这种精神，直接地源自统治者和上帝的关系的意识。“天命靡常”（《诗经·大雅·文王》篇）。他把他的代理人派在世间。当代理人不能顺从天意，他就丧失了神授的王位，一位新主，被派替代他。这就是孟子对齐宣王所讲的道理："闻诛一夫纣耳，未闻弑君也。"(《梁惠王下》) 在这后者的政治革命的例证，我们不能说那全是由于这种信仰的具体化，但是也很明显的，这种信仰给予每个政府很大的力量，诱使其推翻朝代，假若这朝代不能使人民获致幸福，因而丧失其王位的权利。

最后，在中国人心灵中，现世界的优越，也是上帝观念的结果，古代中国人的信念，有如今日中国人的信念，那就是善人，上帝降以百福，恶人，上帝则降以百殃。但是上帝只被视为这个世界的统治者。这也有这个观念的不好的一面，显出这观念的弱点。由于这一原因，祸福可降至作善者或作恶者本人，或他们的后代，再没有其他办法来显示这样判断。假若这报应不落在本人的生前，那对其本人将发生怎样情形呢？这个问题，中国人常找不着好的回答。这将导使我们走上中国人来生观念的讨论，那来生观念，便给予祖先崇拜的兴起。这次一点，在本文里，将予论述。

二、祖先崇拜

那么，祖先崇拜，是怎样由中国人来生观念转变而来呢？要回答，就须对来生观念本身以密切地省察。关于来生观念，中国古代文献，比较地沉默，缺乏记载。仅仅有少数地方，似乎接触到这点。在《诗经》中，文王的神灵，被描述列在帝左右。所以《大雅》首篇《文王之什》就咏道："文王在上，于昭于天。周虽旧邦，其命维新。有周不显，帝命不时，文王陟降，在帝左右。"

再者，在《书经》里，我们也有一章，似乎有些殷代贤哲之君，可进入天国。"天既遐终大邦殷之命，兹殷多先哲王在天。"(《周书·召诰》) 不过这些记载，仅谈到一些贤哲之君在死后，拟想可进入天国，在帝左右，以作为他们在地上德性生活的报偿。但一般人民的灵魂归属情形怎样？或者当他们肉身已灭，而灵魂是否存在呢？这个问题，我们迄未讨论过。在经典里，没有任何死后赎罪与受难的描述，也没有地狱的任何迹象。古代中国人没有死后复活与末日审判的观念。但肉身毁灭后，灵魂继续存在，是相信的，不管是善魂或恶魂。它存在于奥秘处，称之为鬼。在《礼记》中，孔子关于鬼，对他的门弟子（译者按，指宰我）说："众生必死，死必归土，此之谓鬼。骨肉毙于下，阴为野土，其气发扬于上，为昭明。"（《祭义》）"鬼有所归，乃不为厉。以其无归，或为人害。"《礼记》上又记载古之人供祭泰厉、公厉、族厉，以其死去无后（译者按，祭法，孔颖达疏："泰厉者，谓古帝王无后者也。……公厉者谓古诸侯无后者，诸侯称公，其鬼为厉故曰公厉。……族厉者谓古大夫无后者鬼也。族，众也。大夫众多，其鬼无后者众，故言族厉。"故原作者英译为"the discontented ghosts of kings, princes, and ministers"极合古意）。因此，厉鬼不会安息，当他们没有后嗣，岁时供祀。

这是很自然地说明为什么祖先崇拜之实行，或者是由于肉体死后、灵魂的来生观念而来。简言之，灵魂是被信为是在鬼之状态下继续存在，而且具有较高的官能，以致能够意识到子孙的行动。不仅如此，它的安静，全赖于生者的岁时供祭。在这种信仰之下，一种纯粹的职责感，已足够导致古人供祭死者，作为一种对已去世的成员的家庭责任。因而我们可试说祖先崇拜的发源，在于对鬼的信仰，这种信仰通常盛行于初民之间，至今尤为迷信所支持。但仅仅鬼的信仰，尚不足以阐明祖先崇拜的整个系统，而且这也不是最主要的因素。中国人时常唾弃这种信仰。但这些人依然维持祖先崇拜。确实，受教育的人和饱学之士的祖先崇拜，确具有一种十分不同的情怀。《礼记》一书，一般认为汉代所出，在解释祭祀祖先的意义和目的方向，鬼的因素，很少有地位。这不需要太琐细来研讨该书，就可深信祖先崇拜，代表着两大情况：（一）作为生者怀念逝者的手段。（二）作为父母去世后，儿女孝心之表达。

我们现即就此阐述。

一，祖先崇拜，为一种追思行为——在《礼记·祭义篇》第一章首节便显明地说“祭不欲数，数则烦，烦则不敬。祭不欲疏，疏则怠，怠则忘。是故君子合诸天道，春禘秋尝，雨露既降，君子履之，必有悽怆之心，非其寒之谓也。春，雨露既濡，君子履之，必有怵惕之心，如将见之”（《祭义》）。大体说来，中华民族是一个具有深挚感情的民族。季节的变换，最易于联想到死去的朋友。在中国诗里，我们可以找到这是一种最丰富而引人共鸣的题材。因之，春秋以时祭祀，这两个季节，一为正当严冬告退而为明朗的春天，一为正当骄阳隐藏而为萧飒秋风之再起。

二，祖先崇拜，为一种孝道——这是很明显的一点，因而有详细论证之必要。中国人以孝道著称。孝以事亲，是人生一大幸福与快乐。这种幸福，照孟子所说，君子有三乐之一，而王天下不与存焉。（译者按，《孟子·尽心上》原文谓“君子有三乐……而王天下不与存焉。父母俱存……一乐也”。）亲死，以祭祀来表达其孝思。《礼记》上说“夫祭者所追养继孝也”（《祭统》）。就因这一原由，你告诉中国人不要祭祖，那是何等侮辱。在中国人想法里，对死后父母的祭祀与对他们生前的奉养，都是同样的尽孝。《礼记》又说“孝子之事亲也，有三道焉，生则养，没则丧，丧毕则祭”（《祭统》）。

考察一下这些论点，我们对祖先崇拜这一行为，究应属于伦理或宗教范围，亦殊难言。不过，有一件事可勿争论，那就是中国人之崇拜他们的祖先，是不与我们崇拜上帝同一意义。这是确实的，在祭礼进行时，表现出极大的孝敬，甚至极为过分。但我们必须牢记于心，在中国，孝敬视为大德，须经常由君子人来实践。“毋不敬”这是《礼记》的首章首句。由于如此着重敬之为德，所以中国人在祭祖方面，很自然地把这一德性，实行得淋漓尽致。《礼记》上把这一理想的祭祀，给予如下琐细的描述：

孝子将祭，虑事不可以不豫。比时具物不可以不备，虚中以治上。

宫室既修，墙屋既设，百物既备，夫妇齐戒，沐浴盛服，奉承而进之。洞洞乎，属属乎，如弗胜，如将失之，其孝敬之心至也与！荐其荐俎，序其礼乐，备其百官，奉承而进之。于是谕其志意，以其慌惚以与神明交，庶或飨之，庶或飨之，孝子之志也。（俱见《祭义》）

我们不惮烦地引录全段，意在说明，即使在这样一种繁细的理想祭祀或甚至正统祖先崇拜之中，还是找不出一点所供祭的祖先神化的迹象。祖先崇拜的目标，依照传统的中国人看法，一开始以及现在，都不在为生者求福，仅是对死者履行适当的责任。《礼记》上说“贤者之祭也，必受其福，非世所谓福也。福者备也，备者，百顺之名也。无所不顺者之谓备，言内尽于己，而外顺于道也”（《祭统》）。这就是中国人的祖先崇拜。它的来源，很清楚地是来自对鬼的信念，对正统中国人来说，这是一种追思行为，也是孝心的表现，但是这从不神化了祖先。这不是偶像崇拜，但对孝敬的夸大，是有的。

但在这世界上，无法免除腐败。今日中国人的祖先崇拜，已不是在经典中所代表的祖先崇拜。纯笃的孝思，诚挚的恭敬，再不多见于祭祀行为之中。没有什么，只有冗长而乏味的礼节。由于道教佛教的散布，已穿上可惊的迷信外衣，其真实意义，只有少数人所能知道。

这种祖先崇拜的退化型态，非本文范围，我们将转而检讨，除了后来发展的迷信以外，祖先崇拜所给予中国人民族性的影响。

祖先崇拜，经过多少年在这个国度存在之后，必定会使这个人民的民族性格烙上若干不可磨灭的标记。第一而且首要的，便是它对中国人的道德影响。它培养出这种孝敬和服从的习惯，无疑地，这些都是实践上最优良的德性。它赞助一个目的，使后嗣生活，可以荣宗耀祖。“君子生则敬养，死则敬享，思终身弗辱也。”（《祭义》）

最后，祖先崇拜，还有一种很大的影响，就是可以对过去维持相当程度的尊敬意识。这样说，不会离谱，就是借此尊重过去的意识，使中国的制度，维持相当的稳定，但尊重过去的意识，也未免太夸大和过于发展。驯致中国的保守主义，多少世纪以来，遏制了国家的繁荣和进步。“三年不改于父之道，可谓孝矣”（《论语·学而》）。孔子这句话，经常被误用，给国家许多的伤害。直至最近，由于西方文明的冲入，保守主义的庞然大物，终于推翻。

从社会与政治的观点，祖先崇拜的影响，可进一步透过宗族制度来看。宗族判决，非中国人所独有。它以一种或他种方式，存在于其他民族之中，譬如说，北欧的萨克逊族以及古印度的部落。但中国人的宗族制度，都自有其特征。它不像存在于其他民族的，中国人的宗族制度，不是起于战争时，联合力量的需要。它的发源，是在祖先崇拜。祖先崇拜，很显明地肇始于家庭。但家庭的生长和成员扩大，在实践过程中，发展而为宗族，宗族之祖，不是在某一特定的家里来祭祀，而是在那宗族的人，专为此祭祀目的而建立的祠堂。祠堂有如社会中心。它是全族的公所。有关族里一切事务或族人间的纷争，都提到祠堂来解决。有了血缘纽带的联络，很自然地聚族而居，形成村落，其村落名称，一般以宗族之姓命名。在这种方式之下，于是祖先崇拜，在中国社会结构里，自有其重要的地位。

还有宗族不仅是一个社会集团，也是一个政治单元。实际上几乎是一种地方自治的形式，施行于宗族之间。宗族中老者有权可以驱逐宗族中的成员，或者取消他为族人的权利，因为他的行为，玷辱了或伤害了宗族全体。政府也利用这种机构，来运行这种相互责任的原理。在若干事例上，近亲犯罪，分受其惩罚。假若是一件严重的案情，被判为牵连到祠堂有关，那祠堂之门也要遭政府封闭，那在中国被认为是对宗族的奇耻大辱。无疑地，在政府手中，这是一个非常有效的工具。

另外一种由于祖先崇拜而来的民族性，是国家的膨胀的人口。我们已经知道，祖先之鬼的安息，相信靠着后代子孙正常地供奉。死后无后代之鬼，易成厉鬼。基于这种心情，中国人视婚姻为一种义务。孟子说："不孝有三，无后为大。"（《离娄上》）

基于同样原因，不育，为七出法条中之第一条。能够绵延祖先的祭祀，在中国人心灵中，是唯一重要的。不仅此也，一夫多妻，获得了认可。容许纳妾，就在延续家系。俗语说，一个人到了四十而无子，他有责任纳妾，这在中国许多省份，是相当普遍的。婚姻的唯一目的，是家族香火的继承不断。当这种意念再和祖先崇拜只能由男性后裔来行使的信仰相结合，那么自是坚强地趋于妇女地位的低落。

这些都是在中国祖先崇拜的主要结果。把这些和古代的上帝信仰的影响，合并以观，我们可易于了解前述喀莱尔所说关系一国的主要事实，便是它的宗教，去了解一个人民的宗教，便是开启了了解一个人民的历史之钥的话，是何等确切。

现在，一个新宗教的时刻，即将降临于这一老大帝国。新宗教观念，正在涌进，新宗教力量，已经工作。这些迟早确将有它们的影响。不过同时，那样将是最睿智而最适当方式，以与古老宗教观念以及土生土长的信仰的人民相调适，这确是一个重大的问题。本题的讨论，过于复杂，乃正于此。这已足够说明，对一个国家古代宗教的同情而智慧的探讨，将可提供对问题的解决很多的真相。

上文英文原名为 *Religious Beliefs of the Ancient Chinese and Their Influence on the National Character of the Chinese People*，系武昌华中大学韦故校长卓民博士就读于文华大学（Boone University）时所撰之学士论文。先后发表于《文华评论》（*Boone Review*），继由《教务杂志》（*The Chinese Recorder*）于一九一一年转载。韦氏依据古代经典，尤其是《礼记》《书经》两书，就（一）上帝观念，（二）祖先崇拜两点，说明此种先民信仰给予民族的影响，剖析精实，语语有据，而祖先崇拜信仰之深远悠久，实具有伦理社会及宗教之多重意义。在世界文化前途迷失的今天，仍多参考之价值。爰经译出，以飨读者。又韦氏行文时，于所引经籍，并未注明篇章，亦经分别补注各篇篇名，以期取便读者稽考及进一步了解云。

译者　谨识于一九七九年八月

抗战时期中国的教育*

多少世纪以来，中国人就秉承了古圣先贤的教诲：深信人活着不只是为了饮食，而是为了国家的生存必须竭尽所能去维护吾人从古到今所积聚的经验。他们体会到国运是依存于一个有教养的领导阶层，基于邦国之服务乃是凭借学识，而且经由其服务不但可以光耀门楣，更且沾益了其据以崛起的社会。主要的是基于此一传统，方使学识之炬，代有传人，教育工作从未中断，而无视于国运的振疲。

此一值得中国人骄傲的教育传统应追溯到公元前一千年。古时生计简朴，教育即可于阅读先人遗留下来的书籍中获得，故尔教育事工即使在战时也不受干扰。当时只要有一位塾师和几本书就足够推行教育下一代的工作了。可是过去半个世纪中，中国的教育制度乃是因袭西方的，教育不再是一个简单的事情了。校舍更精美，设备更昂贵而且不易搬动，不像以前的只要一位塾师和少数的学生。现在我们拥有不少教职员和人数相当庞大的青年学子需要我们去照顾。像这样的一个教育机构及其工作，很容易因为任一严重的社会或政治的动乱而致中断或遭干扰。因此，当日本于1937年发动侵华战争以来，中国采取了抗战政策，政府所面临的一个问题就是在这个存亡绝续的全面战争中，如何继续我们的教育计划。

---

* 此文原为英文，1940年发表于重庆。后经作者的学生蓝乾章译成中文，刊载于在台湾出版的《湖北文献》第54期（1980年）。

1932 年的沪战乃至 1931 年东北同胞所遭受的惨痛经验在告诫我们，敌人对于我们的教育设施是毫不留情的。只要有机会，第一个受到攻击和破坏的就是学校。面对此一情况，如何保全我们的教育力量，实在是一个很大的课题。战争持续而我们的军队继续诱敌深入，教育工作不可能停顿下来等待战事中止。另外还有一个更严重的问题，是要计划陷于敌后的人民的教育。敌人当然会榨取沦陷区青年人的心智。面对此一可能，吾人应否将学校和学生统统迁往后方？或是干脆关闭学校，而将在学青年送上前线作战？中国不是一个富庶的国家，国库的每一分钱都应当用于战争，以保卫国家。我们就让这些青年人的心智随着战争的持续而呈休耕的态势呢，还是用各种方法勉励在极端困苦的环境下仍能继续我们的教育工作？过去三年在战争中的中国教育是一部史诗，将为中国人民子子孙孙永志不忘。

大专院校的迁徙

自从 1937 年夏季以来，中国教育所发生的事情，要言之，当诿因于中国文化的富饶淳厚以及中国人民真正喜爱和平的德性。仅就高等教育的机构而言，在抗战以前即设立的 108 所大专院校中，目前只有 14 所还能在外国租界中或是为敌军侵占的城市中（如北平）勉强维持，这些机构在外国教会主持下还能继续办理。77 所原来设立的大专院校都从战区迁往大后方，俾使弦歌不辍，其中包括国立的、私立的和基督教会所办理的。

任何人若体验过一个机构的被迫搬迁，将知这实在是一件不愉快的事。房舍当然是搬不动的，所有的家具也不得不丢弃，科学仪器和设备大都是易脆或是过于笨重而无法搬运，图书要装箱而且沉重。在战时，运输困难，就算能够运送，搬运整座图书馆甚或小部分的图书，所需运费之高昂，实足惊人。可是搬迁一所学院或一所大学而抛弃其藏书和教学设备，那还有何用！在敌人封锁了大部分的海港后，避处内地的学校如欲补充图书仪器，即使可能，也是昂贵的。其次是搬迁教职员及眷属和学生的问题。这77所机构中，每一单位平均有100位教职员，而每一位教职员的家庭约为四人到五人。跟随学校迁移的学生人数平均为300人。此一概略而低微的估计（由于缺乏精确统计，我们只能做此估计），意味着38500位教职员及其家属和同等数目的学生，总计是77000人的迁入内地，而这个数字还不包括国民小学。

我们到底为什么要搬迁？这当然不是为了校产，那些都是搬不动的，但是战争初期在上海、苏州、南京和旁的地方，经验告诉我们，当地的妇女和儿童处于敌骑之下是不安全的。敌人对于知识分子和学生是不友善的，如果这些人不幸陷入敌人之铁蹄，撇开身体所受的折磨不说，其精神上的痛苦将是无法忍受的。不是为了崇高的目的而牺牲性命更且牺牲人格，是无法辩白的。

国外的友人时常问我，何以这些学生不去从军或是参加其他战时工作以保卫国家，反而将他们迁入内地接受教育？难道政府不需要大学教授在战时提供技术的知识吗？这个说法可以说对，也可以说不对。在1937年以前，中国尚未充分备战，欲将我们的生产力一夜之间转入备战状态，谈何容易？而且我们的军械多自国外输入，大学教授不能立刻变为工厂的专家，然而许多教授都参加了战时工作，而且成千成万的学生也参加了陆军和空军。有一件事中国不虞匮乏，那就是人力。政府认为将所有的学生派赴前线，其代价终究是太高了。试想把他们培育到大学程度需要十几年的时间，而且全国的人口中，大学生仅占万分之一。他们若都在战场上被屠杀，那么战后国家的精神生活中势将出现严重的缺口，斯时重建的工作将对全国的才俊责以重任，似此情景曾于第一次世界大战结束后英、法两国的经验充分昭告世人。我们当前的口号是“抗战建国”，假使我们的抗战忽略了复兴，那不啻自毁立场。中国现代化的伟业始于抗战前不久，必须于战争结束后完成，所需的长期训练绝对不可中止或遭到严重的阻碍。主要的是基于此理，使得高等教育的机构向内地迁徙，绝非逃避战争，而且配合政府抗战的计划以为战后国家的重建。这个代价是高的，而且所受的苦痛也是很大的，但是为了这场自卫和自保的圣战，这只不过是一部分的牺牲而已。

中日战争爆发之前，全国有108所高等教育机构，其中有42所为大学（每校至少设有三个学院）、34所独立学院和32所专科学校，其分配如次：

	国立	省立	私立	小计
大学	16	7	19	42
独立学院	5	8	21	34
专科学校	6	16	10	32

中日战争爆发以后，沿海各省以及扬子江下游和中游的教育机构都受到威胁，甚至于这些地区的城市在尚未被敌军占领以前，由于日以继夜的空袭，任何教育工作都无法进行。然而有些学校在如此困难的情况下继续上课，一直等到必须撤离的时候方才停止。

由于残忍的空袭和敌军于占领沿海和扬子江中下游城市后的暴行，教育机构的校舍和教学设备所受到的损失是无法估计的。纪录和手稿被破坏，校舍被焚毁，若干珍贵的善本书籍甚至被敌人掳去作为战利品。不幸的是40%的独立学院和大学，不论其为纳税人或他种情形所支持的，都设在上海、北平、南京和广州。这些大专院校都在战争爆发后的一年半的时间内全部沦陷敌手；其中有42所被迫选择是否迁往内地，或是在外国势力保护下和严重阻碍下继续办理。究竟是选择了迁校所遭受的苦痛大呢，还是选择了留在原地忍辱苦撑的苦痛大？实在难以判定。

然而高等教育机构的迁入内地并不是一种灾难。他们是迁移到了文化落后的地区。知识和技术意念的普及帮助了内地的迅速现代化。这些外地高等学府的迁入，促使落后地区的学校在教学水准上和效率上都获得改进。大专院校的师生大都是在沿海大城市中长大的，有机会和本国落后地区的生活接触，使他们能于亲身体会的经验中学习到重视祖国所面临的问题。许多教授由于环境所迫，要去应付新的问题，而这些答案绝非仅为西洋人使用的课本中所能觅得，更非彼等携归的欧美各大学课堂中所讲所做的笔记。简单而欠精确的设备也非全然无益，基于此理，教学也许更有兴趣而且更有实效。

可是，虽然政府已尽全力去减轻学生在战时刻苦求学所遭遇到的困难，情况依然很严重，而且战争若持续下去会更加恶化。许多青年势须离乡背井徙入自由地区。他们的家庭已丧失了收入，因此不能够接济他们。物价不断上涨，仅就膳食费而论，许多地方都昂贵得惊人。值得注意的是处此情景，91 所大专院校 1938 年春季注册学生的总数占了战前 108 所院校注册总数的 74%。1938 年一年中，有 6 所院校复校，使这 97 所院校的注册总数达到了战前总数的 95%。1939 年有 102 所院校开课，可是本年的统计还无从获致。这一点充分说明了中国高等教育大无畏的精神以及中国政府及人民的决心——不让敌人攻破其文化前线。我们的抵抗是坚忍的，而且我们深信最后的胜利必属于我们。我们继续培育青年人，因此一旦战争结束，我们就可立即展开重建的计划。由于战争扩大，政府需要更多有学识的人去担任不同的工作，我们的愿望是在自力更生、在薪火相传中供给政府所需的人才。

失业教师的征用

政府和私人团体虽然已竭尽所能支援教育，但是仍有少数学校被迫停办，而且那些还能勉强支持的学校不得不减少教职员的名额，并紧缩开支，因此大专院校的教师遂大批失业。政府在 1937 年秋初就面临这一难题。教育部着手登记这些失业的教师，并且负责分配他们的工作：（1）“群众运动”或“青年文艺运动”的编辑；（2）国立编译馆担任译书工作；（3）在继续办理的学校充任临时教员，由教育部发给薪金；（4）充任偏远地区的地方教育主管。以前担任过大学教授的教师每月津贴法币 100 元至 120 元，视当地的生活程度而定；至于以前是大学讲师或专科学校教师者，每月津贴法币 50 元。截至 1938 年 7 月中日战争爆发一周年为止，报告中指出有 447 位大学教授接受政府此项周济。

另外还有流亡学生的问题，他们逃离了入侵的敌军，可是他们既无工作，又兼身无分文，远离家乡，无依无靠。于是政府通过教育部向他们伸出援手：依照年龄和各人以前所接受过的训练，有些被安置在不同的战时工作中，其他则发给旅费回到他们原来就读的学校，由于学校内迁，致关山阻隔。更有一些遣送到邻近的学校，认做流亡学生或寄读生。

然而这些流亡学生和许多其他学生，由于家乡陷敌，接济中断，或因战争的关系未能全力供给其子弟，必须获得资助始能入学。政府乃给予彼等膳食贷款，每月自 7 元至 14 元不等。1937 至 1938 学年度，有 4256 名学生领受此种贷款。1938 至 1939 学年度增为 5372 名，而 1939 至 1940 学年度增至 6384 名，此一数字表示大约有 13.5％的大专学生领受政府的补助。

对留学生的援助

政府也关注海外的留学生。当然他们也因为战事而使来自家中的接济受到了影响。许多留学生实际上完全得不到金钱上的接济。1938 至 1939 学年度在北美洲的留学生总数为 1872 名，其中有许多人是自费，可是他们的收入由于外汇的调整和家庭的财务不振，都受到了影响。政府补助每人法币 700 元作为返国的旅费，或让他们暂时渡过 3 个月的难关，直到他们能够重新做必须的安排。有 300 位留学生曾经接受了政府此种金钱上的援助。

从1938年起本国学生不准出国留学。政府只核发护照给那些到外国学习军事学、医学或工程学的学生。战前几年，教育部曾指令出国留学只限研究生。国内大学几乎各个学院都有大幅度的改进，如果还要送青年学子到外国去念大学，无异浪费金钱。他们应该先在国内念完大学，然后到外国去仅就他们认定的专门学科继续攻读，并选定何校可以获得最佳的训练，以便日后从事该项工作。如果出国只是为了炫耀，那简直是愚蠢，而且在战时这种事情是应该停止的了，尤其是此种炫耀如今似乎已迅速消失了。即使在今日的战争情况下，我们许多的大专院校仍旧能像西方一般的大学一样，各种学科都能给予青年很好的教育。一个学生在他心智尚未成熟以前就出国留学，其于中国文化背景的丧失，有胜于他可能在国外旅行而与另一文化接触所获得的益处。战争唤起了政府当局的注意，认为我们大量派遣留学生的政策必须重新厘订。

高等教育所受战争的另一影响是公立大专院校的合并。像北平的北京大学、清华大学和天津的南开大学3所大学合并起来，由北徙南，首先迁到长沙；继以战争持续而且华中地区受到威胁，复迁昆明，改称国立西南联合大学。同样的，其他在北平的国立大学迁到陕西，合并成为国立西北联合大学。由于3所工业专科学校的合并，新成立1所工学院。另有3所医学院也合并起来迁入内地上课，以避战火。这些院校的合并，全是为了我国高等教育的延续，如果不是为了战争，决不会想到更不会实行合并的办法。

当此战火弥漫之际，政府新开办了6所师范学院。以前国内有5所高等师范学校，培育中等学校的师资。后来这些高等师范学校，除了设在北平的一所外，不是关闭了就是并入了一所大学，成为一个学系。此后，我国的中学师资就委由大专院校培育。战前不久，教育部指令大学生之欲充任中学教师者，必须修习若干教育科目方为合格。1938年教育部制定了一套新的培育中学师资的计划。根据这一计划，政府有责任和权利培育中学师资。在新设立的6所师范学院中，5所是附属于国立大学的，第6所则系设于湖南的一所独立学院。前此设立的师范学校和大专院校的教育学科系（不论是由政府或其他情形设立的）全部停办，只留下两所私立大学所设立的和一所省立的师范学校。这说明了政府的政策是尽可能将大学程度以下的教育掌握在政府手中。这不仅是一个试图使中学教育标准化因而提高其水准的措施，而且也是必须的和我们所渴望的，这个措施实际上乃是达到了集中管理中等学校的一个步骤。这个办法只能在战时行之有效，斯时一般民众，尤其是教育工作者都极愿支援政府在抗战期间全力创造一个联合一致的阵线，其结果更是足以说明战时中国的知识分子是坚决支援政府的。

新课程

这次中日之战也使政府能够公布大学及独立学院各学系的部定课程标准。在此以前，高等教育机构实际上是可以随心所欲地讲授，在大学四年中所有的学生只有三民主义、体育和卫生三科在每学年度中每周必须上课一次，男生接受每周二小时的军事训练，为期一年；而女生则接受每周二小时的护理，否则不准毕业。对于这些必修科目，姑且无论你如何看法，它们并未干涉到大学安排课程的自由。自然会有滥用此种自由的情形，但是对于那些以高水准和良好训练传授学生为职志的机构——而且他们都诚恳地办到了，此种自由应是吾人想要达成目标的最好途径。

政府下定决心要使高等教育维持一个高水准，甚至于尽可能地提高其水准。多年来中学生都必须通过政府所举办的毕业会考。此种毕业会考本质上是一个使全国的中等学校达到大约一致的水准的量杯，进而改进中等教育。

迄至今日，大专院校的水准，距达到一致的目标尚远。多年以来政府一直想施行若干改革，但是直到一年以前，才使大专院校有了一个部定的标准。本年政府鼓励学生去参加大学所授各种科目的甄别考试，而且同一地区高等教育机构的学生得竞选品学优良奖，吾人愿观其成。毫无疑问，这些考试如果适当地执行，对于我国的高等教育一定会产生良好的影响。我们切盼标准化，但绝非统制，因为高等教育，一经统制，将丧失活力。应该允许有变化和实验，尤其是现代教育的全盘计划在今日来说，对于我国还是很新颖的，只有凭借我国悠久的文化，及其特殊的和多样的需要，在长远使用不断试探的过程中，才能为我国的高等教育求得正确的政策和方法。

导师制度

教育界在战时的另一个创举，乃是教育部于 1939 年春颁布了中上学校导师制的施行。兹将有关导师工作的部分译成下文：

（1）为了改善当前过分着重知识传授的教育制度，并促使师生的关系更趋密切，教育部计划采行古老的导师制，于我国的中上学校内仿效英国牛津大学和剑桥大学的实施办法。

（2）一校中每一班级分为若干小组，每组应由学生 5 至 10 名组成，并由校长指派专任教师一人负责督导。校长尚须派定主任导师或设立训导处（组），以负责全校导师和科际间的事务。

（3）导师应注意各生在学习过程中心智与品格的进展及其身心的发展，给予指示与劝导，以保证该生之正当发展，进而培育其健全的品格。

（4）除了个别指导以外，导师应利用闲暇时间和假日，集合其负责的一组学生举行会议或野餐，施以参与团体生活的指导。

加强职业教育

这次战争显然使教育主管当局集中注意力于职业训练的重要性，而这或许是我国现代教育中最弱的一环。不过，在过去 3 年间，中央政府创办了 9 所职业学校，而且由教育部直接管辖。所授科目包括造纸、制革、染整、养蚕、电讯、汽车工程、畜牧和农业经济。会计、兽医和卫生行政也有讲授。此举旨在提倡轻工业，并且开发本国资源，以应付战争的需要。

职业学校是让学生接受较长时间的课程，而又不致拖长他们的结业年限。以前职业学校的课程是属于所谓的美国“短期大学”的标准，修业时间是两年或三年，而且这些学校只收高中毕业生，那就是说，在他们接受职业训练之前已经读过 12 年书了。1938 年教育部施行了一个新方案，使职业学校可以招收初中毕业生，即是说他们已经受过 6 年的初等教育和 3 年的中等教育，他们以后得受 5 年的职业训练。这种较长时间的专门训练应能产生较好的效果。不过，有一个困难却是希望这些只有 15 岁年龄的学生能够决定他们愿欲接受的专业训练。若能于职业学校的 5 年中多讲授一些基础科目，而使专业训练逐年增加，如此或可排除此一困难。

根据我国的教育行政制度，中学是由当地（省、市或区）政府拨款和管理，虽然这些地方的主管是透过教育部所派任的省政府教育厅长而接受中央政府教育部的一般监督。当战事蔓延到某一省份时，省立、市立或区立的中学就纷纷迁往后方恢复上课。如此当可照料不少学生，可是许多家庭自沦陷区迁徙到内陆各省去，虽然远离敌人的铁骑，但是当地的教育并不发达。成千成万的中学男女学生背井离乡地徙入内地的城镇，他们的父母将子弟送到自由地区，一方面是为了安全，另一方面则是继续他们的学业。自由中国的中等学校，特别是一些离国军阵地不远的城镇的学校，所收容的流亡学生几乎到了人满为患的地步。其中有几所私立学校，尤其是基督教会所办的中学，有办法迁往内地，并可对于此种拥挤而又必须充分收容的现象提供部分的解决。但是像这样的学校并不多，而且需要救济的情形不断增加。为了应付这种急迫的需要，中央政府开办了 13 所国立中学，分别设立于河南、四川、陕西、甘肃、湘西、贵州和江西各省。根据最新的报告，这些国立中学总共收容了 3 万名学生。

沦陷区的教育

中国历史上从来就没有发生过人民因为逃避入侵敌寇而大批迁徙的现象，可是这一次的数量之庞大却是空前的。然而大部分的人仍旧留在沦陷地区。许多人由于种种原因无法迁移，经济困难使他们必须留下来，这只不过是其中的一个原因而已。若干中学的适龄儿童可能很幸运地能够到距离国军阵地不远的学校就读。即使敌人限制人民离开沦陷区，也无法阻止聪明机智的中国人千方百计地设法克服这些困难，遣送青年人逃离魔掌。然而事实上有许多男童和女童，特别是国民小学的适龄儿童，他们年纪太小，不能离家，敌人一日不撤去，他们只有被迫失学。有些儿童或能在家中得到父母的教导。这个古老的私塾制度乃是延聘一位老师到家中来，但只教导几名学童，如果能够不让敌人干扰而有效施行，或可拖延沦陷区青年的教育，直到抗战胜利。除此以外似乎别无他法。让有组织的教育受制于一个怀有敌意的势力，而其整个的意向和宗旨乃是在摧毁中国人的民族精神，这简直是不可思议的。我们为儿童未能获得学习阅读和习字的机会这一事实而感到悲愤。但是学习读和写，本身并不是教育，而且只为了获得求生技能也不能认做是教育。千百年以前我们先贤留给我们更好的教训：我们必须不计任何代价去阻止敌人假教育之名榨取我青年人的心智。榨取人类心智的行为是违反教育的基本原理的。因此在沦陷区惟一可行的方法是无需试图实施任何有组织的教育，只要让青年人在家中接受教育，并使国族的理想在家庭中生生不息。当儿童长大到可以回到自由祖国，重新呼吸到新鲜空气的当儿，政府应给予照顾并使彼等继续求学的机会。因此，教育部修订了以前的入学规程，使意欲升学的学生经过甄别考试而无需如前的提出较低学校的毕业证书。假如此一方案经正常施行，而且为环境所迫留在沦陷区的人民与政府合作，我们深信他们定能合作，将能使我们下一代的学龄儿童免除敌人有毒的影响——其目的乃在从根本上感染中国人，破灭国家的生命。

际此生死存亡之秋，中国人民的教育实系我们抵御外侮的文化前线。本文限于篇幅，未能对遍及全国的社会和大众教育提出详尽的报道。贴在墙壁上的报纸，战争的影片，新闻卡通，战讯的广播，战歌的教唱——这一切都是爱国教育的本质，而且深具有利的效果。本文纯系对战时中国的正规教育而论，更重要的是抗战三年，吾人虽然遭受横逆处于极端的困苦中，仍能完成许多因应措施。

孟子之政治思想

自　序

拙文今问世者，原为一年半以前，用以完成我在武昌文华大学修满文学硕士学位部分规定之论文。

所有引述《孟子书》以及其他经典之引句，俱采自理雅各［布］博士（Dr. Legge）之英译四书五经。由于拙作或将为许多不常接近古书原典或无充分时间用于中国经典之读者所能阅，作者深以刊入大量原书原句，当属适宜。

文华大学 T. R. Ludlow 牧师指导我关于政治学方面的课业，以及 E. Walker 牧师极其仁爱地审阅原稿并提供英语上改进意见，作者俱愿于此深致谢忱。

韦卓民（F. C. M. Wei）
文华大学武昌一九一六年六月

各章纲领

一、导言

孟子在中国为一经典哲学家。孟子在中国革命以后。

二、孟子传略

姓名。渊源。诞生地。孟子生年之各家争论。纪年之考察。纪年之认定。孟子生平之三时期。早期，孟子与孔子之孙子思之关系。第二期，公职时期。当时政治与道德状态。孟子态度及目的。在魏。在齐。孟子归鲁葬母。二次在齐。孟子对齐王影响力之减弱与去齐。在齐。三次在齐。孟子应鲁侯之请。致仕。

三、《孟子书》

十一篇或七篇。《外书》四篇之迹痕。《外书》四篇之真实性。七篇之著者。

四、孟子教义之一般

整个系统基于人性论。人性发展过程。孟子与蒲特勒（Bishop Butler)。德性之社会面。伦理与政治之关系。孟子之不宽容精神。以次各章之纲领。

五、孟子之国家观念

国家为人性之自然产物。国家之经济基础。国家之三要件。国家神授说。统治者之神权。政府为天之付托。天意在民意。王位世袭，只能由天所命与由人民所认许。昏君之革除与诛暴君。天听自我民听。贵戚之卿之职责。天吏。孟子学说与煽动主义。人民，国家中之最重要因素。孟子民主教义。孟子之国家观尚非民主。非神权。但一种专制政体类似于柏拉图之皇室。

六、政府之形式与组织

政府基于经济需要。与柏拉图学说之比较。孟子之理想政府，求之于尧舜与三代之黄金时代。孟子政府，乃一封建专制体。土地井田制。王政要素，不在土地大、兵力强，而在有为之君辅以有为之臣。贤君品性。有德大臣。吏有四等。良吏职责。

七、国家之功能

照顾人民物质幸福。四种贫困无告者之施救。教育及其对国家之关系。国际政治。孟子之和平政策。国防。

八、结论

孟子之逻辑方法。保守但不独断。道德与法律之混淆。孟子教义中，缺少宗教。孟子教义之实际目标。永恒价值之伟大原理。孟子政治思想之经典渊源。孟子对中国历史与实际政治之影响。孟子政治原理，在今日中国之实用性。基督教之需要。

第一章　导言

孟子（Mang Tze）西方人以拉丁语译成 Mencius，在中国人心目中所占之地位，仅次于孔子（Confucius），孔孟之名经常并称。孔孟合一的表达，正显示着中国学者，以孔孟子之教为其国家全部之正统教义，到处都受到最高的崇教。

孟子非亲炙于孔子之门，但尝被认为孔子学说的主要阐述者，享祀于孔庙，为四配之一，与孔子最得意与勤奋之两高弟[①]以及圣人之曾孙子思同列。确实地，孟之与孔，其重要性，很易于被称为孔门中之圣保罗。

在目前，中国好学深思之上，都多少论及政治，因而孟子之政治思想，应该获得他们密切的注视。四年以前，当中国正显现革命。激进分子正醉心于极激烈的民主意念，许多人意见，以为孟子之崇敬地位，须取孔子而代之。自然，这自是时代狂激主义之结果，但从不为清醒人士严肃地予以考虑。不过，在同时，这种意见，却验证出孟子教义之一重要部分，即《孟子》一书，确实呼出民主的气息，在这方面，和孔子意识颇有径庭。

孟子虽没有提供世人像柏拉图的“共和国”（Republic）或亚里士多德的“政治学”（Politics）那样有系统的政治论者，但吾人细读其

① 指颜子、曾子。——译者注

书，可谓孟子政治思想，诚如Legge博士盛称孟子哲学，即与孟子同时代的希腊诸大哲相较，可以昂首正视，并无逊色。

第七章　国家之功能

国家之功能，自是由国家目的而来。就吾人所知，孟子之国家目的，乃人之德性之发展。但必须不误解，以为孟子赞成国家进行一般干预，可以对人民各方面生活的侵犯。实则孟子所主张者乃国家是在其义务下，造成有利环境，便于人民道德之发展。

首要者，国家须为人民获致其物质福利，道德之发展，即仰赖于此，因而，尽可能用各种方法以增进之。孟子云："民非水火不生活。昏暮叩人之门户，求水火，无弗与者；至足矣。圣人治天下，便有菽粟如水火，菽粟如水火，而民焉有不仁者乎。"① 欲达成此一效果，荒地开垦，辟山泽以利民居，驱逐鸟兽之害，疏浚诸海，抑洪水之横流②。然后土地分工之井田制，得以施行，家给人阜。为求渔牧免于缺乏，订立渔牧业管制办法。桑树之培植，牛羊之畜养，俱予鼓励，致使全民衣食丰赡。遇有灾荒，国家施行救济。但重要者，在平时照顾人民之经济生活，几致灾荒不致发生。故孟子云："不违农时，谷不可胜食也；数罟不入洿池，鱼鳖不可胜食也；斧斤以时入山林，材木不可胜用也。谷与鱼鳖不可胜食，材木不可胜用，是使民养生送死无憾也。养生送死无憾，王道之始也。"③ 孟子继云："五亩之宅，树之以桑，五十者可以衣帛矣；鸡豚狗彘之畜，无失其时，七十者可以食肉矣；百亩之田，勿夺其时，数口之家，可以无饥矣。"④

上此种方法下，大多数之物质福利，已经获致。但是，仍有少数贫

---

① 见《孟子·尽心上》第二十三章。
② 见《孟子·滕文公上》第四章、《孟子·滕文公下》第九章。
③ 见《孟子·梁惠王上》第三章。
④ 见《孟子·梁惠王上》第三章。

困，国家须予适当之照护。孟子云：“老而无妻曰鳏，老而无夫曰寡，老而无子曰独，幼而无父曰孤——此四者，天下之穷民而无告者；文王发政施仁，必先斯四者。”①

但孟子以人皆具有道德天性，“饱食暖衣，逸居而无教，则近于禽兽”②。教育因而重要。在孟子，教育确为国家生存之所系。在《离娄篇》上，第一章有谓：“上无导揆也，下无法守也。朝不信道，工不信度。君子犯义，小人犯刑。国之所存者幸也。故曰：城郭不完，兵甲不多，非国之灾也。田野不辟，货财不聚，非国之害也。上无礼，下无学，贼民兴，丧无日矣。”孟子全然同意于柏拉图，柏氏谓教育为国家之最高关怀。无教育，法律固废；有教育，法律作用不大。或即基于此种原因，孟子于法律，言之殊少，而置重点于礼义之培育。野蛮之国，固不能立足于世界。未受教育者，甚至不合于从事野蛮战争。孟子谓“不教民而用之，谓之殃民”③。简言之，政府乃建立于教育基础上，此不仅由于教育能增进政府作业，抑且由于能使人民发生在属于品质上不同之影响，此则政府，力有所不足者。故孟子云“善政，不如善教之得民也。善政，民畏之；善教，民爱之。善政，得民财；善教，得民心”④。在此种缘由下，舜于国家福利经已获致之后，随即转注心力于教育。“使契为司徒，教以人伦，父子有亲，君臣有义，夫妇有别，长幼有序，朋友有信。”⑤ 三代重视教育。夏有校，殷有序，周有庠。学则三代共之。孟子谓“皆所以明人伦也”⑥。

由于前所引述，孟子显明而坚强主张国家教育。至于国家教育之方法如何，乃属教育专家之事。但堪予指陈者，当孟子视教育为国家之主

① 见《孟子·梁惠王下》第五章。

② 见《孟子·滕文公下》第五章。

③ 见《孟子·告子下》第八章。

④ 见《孟子·尽心上》第十四章。《中庸》末章引有孔子语：“声色之于以化民，末也。”孟子可称善承孔子之教。——译者注

⑤ 见《孟子·滕文公上》第三章。

⑥ 见《孟子·滕文公上》第四章。

要功能时，孟子并不完全排斥个人之活动范围。相反者，孟子力主才德之士，应以道德义务，授于年幼者与庸碌者。孟子云："中也养不中，才也养不才，故人乐有贤父兄也。"[①] 不仅此也，仁义之教之传授者，亦应受到社会上之支持与尊敬；因为此类儒者，虽仅周游四方，若无事事，实则其于人民，具有默移潜化之功。依孟子意，此类功能，与其他方式增进社会福利，具有同等之功效，应获同等之酬庸。孟子与其门弟子彭更之问答，孟子云："子不通功易事，以羡补不足，则农有余粟，女有余布。子如通之，则梓匠轮与，皆得食于子。于此有人焉，入则孝，出则悌，守先王之道，以待后之学者，而不得食于子，子何尊梓匠轮与，而轻为仁义者哉。"[②] 孟子于此，颇多阐发。不过孟子失于体认个人创造性之重要。孟子书中，于此点，言之殊少。但吾人亦当牢记于心，即在现代欧洲人民，亦直至最近，始觉醒个人创造之重要。中国哲人，生于二千年前，其时国家父权观念坚强，自不能苛责其在教育事业上，未能适当地阐述个人创造之价值与重要性。

兹吾人转而论孟子之于国际政治。在此范围内，此位哲人以最大热诚，主张和平政策。侵略性战争，从不为孟子所许可。孟子谓"春秋无义战。彼善于此者则有之矣。征者上伐下也。敌国不相征也"[③]。孟子于此显然谴责假人类福祉之名为外衣，以从事于自我扩张之侵略政策，此种政策，即在今日，亦尝为今日国家引为自傲地予以支持。柏吉斯（Burgess）教授说明一大真理，柏教授谓条顿民族自以为是，以自己为政治天才，可领导建立及统治少数民族，并以为如是，可帮助改善世界经济。但此种立场，执行趋于极端，即为不宣而战，为侵略他国事务之藉口，而他国并未准备作战，此诚降最大灾祸于世界文明。孟子洞察其弊，有谓国家有权以解救邻国被压迫人民于暴君暴政之下。但所采取方

① 见《孟子·离娄下》第七章。
② 见《孟子·滕文公下》第四章。
③ 见《孟子·尽心下》第二章。

法，决不能导致不必要之流血或持久战争，以致生灵涂炭，财物荡然。“我善为陈，我善为战。大罪也。国君好仁，天下无敌焉。”① 抑有进者，干涉之权利，仅属于天吏，且为人民所承认，其目标为解放之战。不然，则纯如孟子所说“以燕伐燕”之又一例证耳。

寻求和平政策，孟子有答齐宣王之问，宣王问孟子：“交邻国有道乎？”孟子答：“有。惟仁者为能以大事小，是故汤事葛，文王事昆夷。惟智者为能以小事大，故太王事獯鬻，勾践事吴。以大事小者，乐天者也；以小事大者，畏天者也。乐天者保天下，畏天者保其国。”② 当人民福祉有需要时，土地可以让，有如太王为救人民于狄人之侵而去邠。但若遇某种危机，此种退让，仍不足以有救于情况时，亦宁愿英勇抵抗。当时滕为侵略之邻国所威胁，孟子言于滕文公“凿斯池也。筑斯城也。与民守之，效死而民弗去”③。因之，在诉诸国际和平之高贵目标时，孟子并不忘国防的重要。

第八章　结论

研究东方之学者，习于西方语言，关于东方国家，每流于有过于笼统之泛论。此类泛论，对东方国家尊严，绝非赞美，东方国家于此，一遇机会，自当予以驳斥，尽管对泛论作者在他方面常予以甚高之崇敬。下列一大段，即出之于一位政治学权威学者之手笔，可为一例。

“兹者④宁诉之于教条甚于理性；诉之于信仰甚于逻辑而有根据之信念，此曾为且仍为东方文明之一特质。在最早东方人之心灵，事实之存在，其本身即足显示其应当存在。因而，关于社会与政治制度事实上存在之比较圆满与合理性之可能探究，概予排除。

① 见《孟子·尽心下》第四章。
② 见《孟子·梁惠王下》第三章。
③ 见《孟子·梁惠王下》第十三章。
④ 指东方国家。——译者注

所有社会风俗，政治义务，全从茫茫遽古以来之固定风俗，陷于僵化——此类固定习俗，既为一种不可究诘之束缚力量，抑或即是究诘，亦被答以，此乃为一种原始神论之认定。因之，以僵化之规律宰制其行为，实为亚洲文明之主要性格。在社会、政治，以及宗教之每一方面生活，传统与风俗，俱有最高之统治。此种传统与习惯，其对东方人心灵之涵义，如此其绝对与不可磨灭，以致对之批判其有效性，其本身即视为有渎神明。对习俗对权威一种不用思考之服从（unthinking submission）约略为个人之全部责任。”①

前节所引述，概括东方人心态之言论，如以之适用于孟子这位哲人，实欠允当。观于本书以前各章所阐述内容，足资证明。通观《孟子》全书，吾人面对孟子一种探奇追根之精神，此种精神，即是为社会或政治之每一制度，寻求合理化，此种精神，亦即追根到底以求达到事物之理性化。在若干事证中，孟子所表现之见解，若以现代心灵探照之，吾人自承，或属短视，或属理性力薄弱。但孟子生于二千多年前，其经验与学识仅限于单一国家之历史与制度，因而若干见解，在孟子视为当然者，或为今人所嘲笑，诚不足异。但孟子有一种追求真理到底，不断而真诚之努力，以及对与其理性之有矛盾之每一事物，加以追问，此则至为明显。

孟子哲学，确涵有保守意味，但在其心中，教条主义，绝无地位。孟子对古帝王尧舜及其他圣王，俱极尊敬，为中华民族古史中最灿烂之一页。但亦不须误解孟子，以为孟子之尊古帝王，即纯由于对古代一种不用思考而顺从之态度，勿宁阐释孟子之立场，一为媒介其对当时政治衰败之敏锐体认，二为媒介其势须追慕吾族以往成功经验之深刻信念。所构成孟子之特性者，非其对古代之盲目崇拜，乃对历史教训之睿智欣赏。孟子善解诗书，此两经为中国历史上黄金时代精神之所寄。但孟子之为一大师，勿畏于直率之面对问题，亦勿畏于当需要批评时之批评。

---

① 见 Willoughby 著 *Political Theories of the Ancient World*，第 14 页。

在《尽心》下篇第三章，发现颇为注目之一章。孟子云："尽信书，则不如无书。吾于武成，取二三策而已矣。"孟子即以如此批判精神以读史，亦即以如此批判精神以崇拜古代，大声疾呼返回古之黄金时代，但并不带任何不经思考而顺从之意味。

在另一方面，孟子亦如古代政治思想家，颇有道德与法律混合之倾向。孟子以为道德与法律乃交替之名词。吾人所知，孟子视国家之存在，乃存乎道德，以故违背道德，亦即违背国家，因而受国家之惩罚，道德之号召，乃在国家职掌范围以内，因而付予法律之强制力。不仅如此，孟子道德哲学之出发点，在乎人性善之信念。孟子乃认为，只要有一有利之环境，人不会缺乏为善之意志。故为国家者，不需缜密之法律系统。国家之要诀，乃在导人民培养内在于人之道德天性。任何需要法律时，统治者之道德意识，应多有作用。诚然，就孟子言，公平与正义不可无，法律则否。

但孟子有不同于古代政治哲学家者，即在孟子哲学中，殊难寻宗教之迹。孟子不具有宗教意识。孟子之教义，固显有皇皇上帝之模糊观念，但在古代诗书中，许多显著有关上帝之高尚理想，孟子并未随而发挥，而诗书载籍，固孟子思想在其他方面与之有密切之渊源。道德义务，不是表达任何外在之意志，而是内在意志，此内在意志，乃由内在于人之德性中迸出。事天即所以尽人之道德之性。最后，所有孟子之政治学说，俱有一实际之目的。孟子实非一在安乐椅上之哲学家，坐而沉思，埋首撰述，以博后人之追慕，勿宁在满足将伯呼救者之需要。孟子之生活与所教，都在不断注视当时时代之情况。孟子不仅是一位道德大师与政治哲学家，最要者，乃是一位热心改革者。孟子诚为一位有不忍人之心之仁人。孟子深切体会到一种事实，即其国家需要团结与和平。孟子对其时之社会、政治与道德情况，不仅只有其意识。在孟子时代之中国，有类似于 Machiavelli 时代之意大利。马基维利主义（Machiavellism），则正为此中国哲人所深斥。孟子之目的，不仅是国家团结。团结仅为达成目的之手段。人民之福祉与快乐，乃为孟子梦寐以求者。“救民于水火之中”，是孟子之号召。时代需要之意识，使得孟子之尊周室，大不同于孔子。孔子尽力以维护周王权力与尊严。迨至孟子时，周室衰微，孟子已放弃先圣所仰慕已久以疆固周室之期望，因而在人民之前，有一共主，给国家以和平与秩序。若诸侯果能善治其国家，孟子固以诸侯可代天子。在孟子，盲目之忠于不顾人民利益，而日益式微之王室，亦无德性可言。在此方面，孟子可列为世界从古以来一位伟大政治家与爱国者。

虽说孟子政治思想，是为其时代而发，但其中所阐发之若干原则，亦自有其永恒价值。现代政治哲学，多赞同孟子之若干大原则，如政府之存在，乃为人民之福祉，政府有神授之根源，亦根于人之天性，以及政府之存在，无论何时，均仰赖于人民所明白认可或默认。自孟子以来，政治思想家，不断证实其学说，即国家功能，在于人民物质幸福之获致与人民教育与心智增进措施之提供。自私，在政治上是一种灾祸，此说在今日为然，亦如在孟子之时代，正义，需要之迫切，在今日，亦如二千年前，当其时此位哲人，周游于列国之间，为其目标而辩护。多少世纪以来之政治经验，证实若无良好官吏以执其法，给法律以活生命与力量，良好法律，终归无效。讲求国际和平之大运动与裁军之呼吁，远在现代欧洲国家出现于历史舞台以前，甚至当前充满罪恶与恐怖之欧洲战争，亦为孟子所预料，实显示出中国圣人之睿智。

同时，吾人亦须承认，孟子自我创发之思想殊不多。孟子之民主观念主要来自《尚书》，《尚书》为孟子所熟读。在《尚书》经典中，关于国家起源，政府性质，统治者职责以及人民之重要等观念，但已明显表露。少数的引述，即足以显示此一经典之一般精神，此精神，孟子本身，即证明为一最大说明者。

《尚书》中所显示之革命精神，吾人仅举列《汤誓》之语即足。汤曰：“格尔众庶，悉听联言，非台小子，敢行称乱。有夏多罪，天命殛之。今尔有众，汝曰我后不恤我众，舍我穑事，而割正夏，予惟闻汝众言，夏氏有罪，予畏上帝，不敢不正。”①

人民在国家中之重要以及人民为天所特别关怀之对象。此类意念，首见于《五子之歌》。“皇祖有训，民可近，不可下。民为邦本，本固邦宁。”

《皋陶谟》：“天聪明，自我民聪明。天明畏，自我民明畏。达于上下，敬哉有土。”

《泰誓》：“惟天惠民，惟辟奉天”“天矜于民，民之所欲，天必从之。”

孟子对于国家功能与政府组织之观念，亦可溯自《尚书》。禹言于舜：“于帝念哉。德惟善政，政在养民。水火金木土谷惟修。正德、利用，厚生惟和。九功惟叙，九叙惟歌。戒之用休，董之用威，劝之以九歌、俾勿怀。”②

《周书》谓：“（武王）列爵惟五、分土惟三。建官惟贤。位事惟能。重民五牧。进会丧经。惇信明义。崇德报功，垂拱而天下治。”

甚者性善之说，为孟子在人类道德大师中所占地位之高者，亦胎息于《尚书》。《汤诰》中有云：“王曰嗟尔万方有众，明听予一人诰。惟皇上帝、降衷于下民。若有恒性克绥厥猷惟后。”③

孟子之受教于孔子、曾子及子思，自属深厚，而于政治与道德，其范围与应用之认同，此等观念，尤见其师承。若谓孟子全部哲学，约而为《大学》一书中孔子经典之表达，亦非过言。大学之教——“明明德，在亲民，在止于至善。”孟子于大学之教，守之甚坚，修身、齐家、治国，以及平天下，其卒也，乃为同一过程，不外正心、诚意、致知、格物。孟子于其书中，阐明大学之教，一篇之中，三致意焉。《大学》

① 见《汤誓第一》。

② 见《大禹谟》。

③ 《尚书》孔颖达疏，于“降衷于下民”句注“衷，善也”。——译者注

有谓“故君子不出家，而成教于国。孝者所以事君也。弟者所以事长也。慈者所以使众也”。

孟子视国君之影响力，在其政治哲学中，至为明显。此种情怀，亦即反映《大学》一书之精义。《大学》有云：“一家仁，一国兴仁。一家让，一国兴让。一人贪戾，一国作乱。——其机如此。此谓之一言偾事，一人定国。尧舜率天下以仁，而民从之。桀纣率天下以暴，而民从之。其所令反其所好，而民不从。是故君子有诸己，而后求诸人。无诸己，而后非诸人。所藏乎身不恕，而能喻诸人者，未之有也。故治国在齐其家。”① 同书第十章“上老老而民兴孝。上长长而民兴弟。上恤孤而民不倍”。又谓“未有上好仁，而下不好义者也。未有好义，其事不终者也。未有府库财，非其财者也”。

大学之教与孟子之教，吾人须见其暗合处。吾人读孟，当能忆及孟书首章，此位哲人如何劝喻梁惠王！亦有仁义而已，何必曰利。此一意见，亦正《大学》传末章之结语：“此谓国不以利为利，以义为利也。”

《中庸》一书，一般俱信作于孔子之孙子思，而孟子私淑之者。《中庸》第廿章，引孔子语：“子曰，文武之道，布在方策。其人存，则其政举。其人亡，则其政息。人道敏政，地道敏树。夫政也者，蒲芦也。故为政在人。取人以身，修身以道修道以仁。”类似之语，亦见于同书同章，有谓“凡为天下国家有九经，修身也。尊贤也。亲亲也。敬大臣也。体群臣也。子庶民也。来百工也。来远人也。怀诸侯也”。

但孟子之最有得于《中庸》者，应为性善说。《中庸》首章首句即谓：“天命之谓性。率性之谓道。修道之谓教。”以故《中庸》继谓：“道不远人。”② 此语最为孟子所共鸣。

孟子若干思想，亦源于《诗经》。《诗经》之为孟子思想之源泉，其重要性仅次于上述诸经。孟子尝引《诗经》语，以证其说。限于篇幅。

① 见《大学》第九章。

② 见《中庸》第十三章。

不拟多所引述，以显示《诗经》中之观念与孟子哲学之相关联，但仅引述一二点，以实吾说。

在位者所给予人民之影响，可于《小雅·节南山什》见之：

“节彼南山，维石巖巖，赫赫师尹，民具尔瞻。”

在《诗经》中，政府权力之为神授，亦如《尚书》《大雅·文王之什》，亦显然可见：“殷之未丧师，克配上帝。宜鉴于殷，骏命不易。”

孟子从诸经籍，结集而为其本人之思想。但此种借用之思想，并非仅为原有之复制，孟子却给予一种新精神。孟子承继古代经典之传统，吸收贯注而成为新生命。在此种方式下，此类由经典时代递嬗相传之思想，经由孟子深密的逻辑，及罕与伦比的辞令，发挥其影响力，激荡而为新力量、新活力，同时此类思想，若给以力量，必能产生影响，其影响之在，必远甚于此类思想之任其古墓埋葬。

但当吾人探寻孟子思想在中国历史上真正之影响，恐不如其所预期。吾人已知此位哲人怅怅然从公职生活中隐退，期望受挫折，努力显已化为灰烬。在孟子去世后，国家之社会与政治情况，更形恶劣。不断的战争，乃为当时之秩序。孟子著作，似不为人所重，直至数百年后。吾人至少可以断定，第一次之《孟子》注，乃在孟子死后约五百年；《孟子》被称为经，直待宋代——较之孟子之书，又后千余年矣。

孟子致力于仁义之实现，周游各国，以期见用于时君，使时君乐于成为被压迫者之救主，并解救人民于暴政罪恶之下。简言之，孟子所遑遑以求者为有德之君。此有德之君，在孟子生时不得见，孟子亦不能用于时。当现存政府令人浸假不能忍受时，尽有人起而革命，于是只有从孟子权威中，寻其革命行动之依据。但新朝甫兴，而孟子之教，旋又弃若敝屣，自私自利之极权统治，一如往昔。但是孟子著作之原理，经已确定并普受认定，如谓政府之存在，在为被统治者之福祉，当政府不能行使其适当功能时，即排斥其存在之权利。如又谓革命在中国，被视为神圣权利，不仅如此，实乃道德责任，使人深觉此种权利与责任，可获致其成功。由于对革命的顾虑，革命只抑制政府专制主义与减轻国家独裁尖锐化。因而，孟子只能间接影响，只是属于消极性。在某种限度内，由于孟子影响，每一新朝开始时，大体上俱推行新政，以增进人民福利，但不是全心全力以赴，有时减税，有时宽刑，以表示政府之仁，但是基本上，未有实心作为。持平以论孟子，吾人可谓孟子之教，并未有过公平之试验。

中国在今天，正寻求每一新观念，以期有助于国家建设之艰巨工作，理应对国家载籍有密切之研讨，也使中国对自己圣哲之宝贵教义，能予遵循。为作政府之健全基础，孟子之学说，其功能足可比拟我们所能学习于西方之政治哲学者。诚然，廿世纪之中国，不能被劝告采取封建制之政府形式，其在二千年前被孟子所视为模式者。在今日，亦不可能实行井田制，此制亦曾被孟子深信为一个良好政府之必要条件。但处于今日政治学说充斥纷纭之时代，吾人应将此位哲人之教，常记于心，自有价值，如谓政府乃由于人性之需要，以及天之生人，人性中即深植国家观念。当吾人被告以国家仅是一种俗套；政府乃不可免除之罪恶；以及人生而自由，因而人须欢乐地返回自然状态，在那种状态下，没有国家或政府可剥夺人之自然权利诸学说时①，吾人应以极大之审慎，谨防其所惑。设孟子复生于今日，闻如许轻率，采用陈腐之政治观念，其充满愤懑，可以想见。孟子之心将痛斥今日之无政府主义与虚无主义，正如孟子当时之力辟杨墨。孟子将再一次大声疾呼：“生于其心，害于其政，发于其政，害于其事。”②

另一方面，吾人发现孟子大部分哲学，均可涵摄于近日经已采用政府新形式之中。人民之权力，政府之功能，君主之责任，以及百官之职责——所有孟子之意念，都可藉现代政治制度之助，发生效能。因而回顾孟子之民主思想，吾人可以体认此一正在推行之伟大政治试验，在中

① 此系指西儒霍布思、卢梭诸人政治思想。——译者注
② 见《公孙丑上》第二章。

国人心灵中，理论上毫无陌生。此一民主思想之基本理论，多少世纪以前，即为我哲人所构想。一个国家之政治经验，一经锢蔽，极难予以突破，并深入了解其实际状况。现在正是一个以之作公平试验的好时机及寻求其充分表现。

不仅如此，须知一个国家之最大目标，当在保持和平、秩序与团结。所有分散力量，必须消除，所有反叛倾向必须压抑，有如孟子所指陈，不能仅恃有效之行政力量，徒为民畏，但须良好教导，善教得民心。对外言，国际友谊自须培养，战争尽可能避免。吾人或会反对孟子和平政策，以为用之于今日中国，殊非其时其地。反对者继谓今日年青中国所遭遇之问题，为国防、为自卫。中国必须为随时可来到之战争而准备，因为此类战争乃强迫而来，颇难逆料，且不管愿意与否。但孟子需要吾人所认知者，其备战之最好办法，不是一个国家花费能力于建造重组级战舰上，或训练大批常备军上，虽说此等事物，自须重视，但藉教育与良好政府以赢得民心，因而需要人民为保卫国家时，人民或已准备为国家奉献其生命。“未有义而后其君者也”① 这句话即在今日，无异往昔。当公民责任，深入民心，一级战舰与军队，将自然迸出，其威力之大远胜于用强迫征税而来者。此即孟子所表示之意念，孟子告梁惠王，有云“可使制梃以挞秦楚之坚甲利兵矣”②。

抑有进者，孟子除教吾人政府第一责任应为增进人民福祉外，今日中国所能更受教于孟子者为何？中国经常被提醒，应如何采取措施，使用未耕之良田以扩大耕地，又如何需要从事于河流堤防之疏建，河流泛滥，尝为害于人民生命与财物，远甚于尧舜之世，禽兽繁殖，有如孟子尝所描述者。在防止瘟疫饥荒上，诸多待办，瘟疫灾荒，每年从良好土地中，吞没了千万生命，悲惨万状。医院、贫民院、贫民工艺所，以及

① 见《孟子·梁惠王上》第一章。
② 见《孟子·梁惠王上》第五章。

其他慈善机构，必需由国家设建。如此，有如孟子称道文王“四民之无告者”，必先斯四者，民间疾苦，可以减轻。学校在各处设立，但最佳学府，尚待建立。更多注意力，应导向于人民之道德教育，此最为孟子所强调者。教人民如何尽其道德之性以及如何辅导其职业。最重要者，使人民知其修其“天爵”，而非修其“人爵”之重要，役于人，而非役人之重要，换言之，善为储备自己身手于生命之剧场，非仅在政府得中一官半职而已。

最后重要之点，即是中国必须加强官吏之道德品性，必须在派任时，道德条件重于学识与技能。国家之解救，正于此寄以最大之期望。吾人须知，政府机构，不要被侍候于“公乡之门”之辈所填满，但需要真正官吏，此官吏乃一大丈夫，在寻求国家之安谧。吾人不需要徒拥有权力者，当其获有“人爵”，乃弃其“天爵”。政府之新形式可尝试，新法可以实施，新观念可以引进，新制度可以介入，但中国将贫穷与无救如故，中国政治将腐败如故，中国前途之黯淡如故，苟政府中人，仍然以其职位，不视为人民付托以增进福利之种种责任，而视为达到名利，自私目的之机会。

但如何实现所有效果呢？吾人所知，法律徒劳，制度无力。依孟子意，吾人等待王者之兴①。据孟子推测，此王者之典范可创造奇迹，此王者之影响，可改变万物。孟子一生在等待中。吾中国自孟子以来，亦已等待逾二千年之久。但王者不作，仍未显现于中国之政治舞台。孟子失望了，因为子人性论虽接近于真理，但孟子过于信赖人为善之内在力量。中国也失望了，因为人总有失落，总需要外在力量以复其初。孟子之作为道德大师与政治哲学家，而于此等处觉察不足，是其一大缺失。纵使就物质福利环境而论，国家能部署为此项发展之每一有利条件，但亦非每个人皆能尽其道德之性，顺从其最高我（high self）之命令，以期能止于至善。诚然，国家并不能在此方面大有作为，因

① 韦师之意，来自《公孙丑下》第十三章，孟子谓“五百年必有王者兴”。——译者注

为道德是在国家范围以外，国家行动是强制性。同时，若说就人类经验论，个人之人的影响，即能产生奇迹，有如孟子所期望于王者，亦不甚真确，除非此王者有超越于人者。因而当吾人发现前人之赞仰孟子甚于步趋其教义，前人之崇敬其学说，甚于其实践，吾人亦不能全部归咎于前人。

谁能不仰慕孟子？即使粗读孟子之书，亦能显出其原理之宏伟与理想之高尚。只是当吾人欲求实际实行其原理与理想时，乃开始知道孟子之原理与理想与在伦理及哲学领域里之其他种种行为规范以及美好箴言，亦同样未臻圆融。吾人完全同情公孙丑之问："道则高矣美矣，宜若登天然，似不可及也。何不使彼为可几及，而日孳孳也。"① 此确为人性之弱点与依赖性之真诚表露。孟子似未全然体认出此点，若孟子体认出此点，孟子必自承不能有何助力。孟子回答门弟子，只说"君子引而不发，跃如也。中道而立，能者从之"②。但此类言论，对于自感力有所不足以及必须求助之人而言，实不啻言之未言。孟子在他章云："梓匠轮与，能与人规矩，不能使人巧。"③ 但孟子并未觉察在此方面，一位道德大师或政治哲学家较之梓匠轮舆并没有更大之力量。孟子给予中国人许多政治上高尚理念及宏伟原理。但孟子却未给予力量而使其理念与原理付诸实施。孟子之教，施之于实际政治，此固所有国人以及爱护中国之人士，所共同乐观其成者。但不可能有所效能，直至吾人接受一种超自然力量，为此种超自然力量，吾人必须转而皈依主，主给予吾人以力量或威权，以践踏蛇蝎之属以及敌人的力量，皈依主，主用慰藉之词，向吾人每一位说"凡尔服劳负重之人，其咸来就我，我当与尔安息。尔其承我之轭；效我之谦逊克己，则尔必得安息，盖吾轭易而吾任

① 见《公孙丑上》第四十一章。
② 见《孟子·尽心上》第四十章。
③ 见《孟子·尽心下》第五章。

轻也”[1]。总之，中国需要宗教，宗教付予古来圣哲之教以生命，中国将发现宗教，仅有基督教，此乃上帝独生子耶稣基督所建立。耶稣基督乃神而人，是真主，即孟子所预言必有王者之兴，亦即孟子所等待而终归徒然者。

① 参用吴经熊译《新经全集》福音《马窦传》第十一章，廿八—三十节译文。——译者注

中国文化改变中青年应有的态度*

我国自五四运动后，文化确实是大大地改变了，我现在不是要来讨论它的改变或是怎样地改变，乃是要和大家讨论："青年们对于这种大改变当抱什么样的态度?"站立在旧的观点上不动?或是随着潮流作个"随波逐浪"的呐喊者?我觉得这是值得我们研究的。

未讨论这个问题之前，让我们把什么叫作"文明"先弄清一下。"文明"这个名词不是代表许多飞机、战舰、大炮……的代名词，不是拥有无数的黄金就算文明的王国，也不是教育普及了就叫作文明，到底什么叫作文明?文明的高低的标准是什么?文明是人类拥有的支配自然界的能力。支配自然界的能力大，则文明的程度高，反之，支配自然界的能力低，则离开野蛮原始时代近。再换句话来说，文明是人类和自然界奋斗的结果，它能减少或消灭自然界给予人类偶有的灾害，如水、火、旱、涝、疫症等灾祸，而增加人类控制自然、支配自然的能力，享受在自然界中所取得之利益或幸福。这是一般学者公认的所谓文明。

科学确实是发达了，60年来的科学发明比60年前数千年中所发明的还多，但是科学的结果是怎样?是不是增加了人类的幸福?是不是提高了人类的人格?不幸得很，由观察所得的结果，科学发达而人类的痛苦也跟着增进，这无疑说明一切物质的文明倒是提高了人类的物质欲，

---

* 原载于《金陵神学志》，卷十四，南京，金陵神学志社，一九三二年。本文是韦卓民的演讲词，由黄敬三笔录而成。——编者注

而且是无穷的物质欲，而无穷的物质欲使人类沦于自私、阴险、奸诈、谋杀、战争等野蛮的行为，因此人类愈感痛苦了，人格也愈向下堕落了。可见科学发达的结果虽是增进了物质的文明，而物质的文明多半是直接或间接地引导人类走向野蛮的痛苦的国土里去。

我们中国人素以中国的精神文明自豪，许多外国的学者也多说中国是富有精神方面的文明的，而且我们中国的历史确实是一部精神文明史。不过，到了现在还保有精神文明的疆土没有？这不能不使我怀疑起来了，我国的精神文明跑到哪里去了？跑到坟墓去了吗？我们不再需要这骷髅了吗？今日的中国基督徒，实在是缺乏精神文明还是缺乏物质文明？我想恐怕还是缺乏精神文明的多些。为什么有这种出人意料的结果？为什么这么注重精神修养、精神文明的基督徒，又住在素以精神文明自豪的国土中，还会缺乏精神文明呢？原因是服务、贡献之类说得多，结果把自己忘却了。为了要服务、要贡献，而把自己的个人忘却，不知道还有一个自己是需要修养的。

说到修养个人心性，实在是不可轻视的，是一个关于个人一生的大事。试看古今之大宗教家的生平或伟人成功的历史，他们对于个人的修养是何等的重视。耶稣40昼夜的旷野生活，保罗在大马色的3年静默，是都无意义的吗？是徒耗光阴的吗？我们可以说耶稣之能完成十字架的伟功，保罗传道异域的成绩，都和他们的修养没有关系吗？

由此看来，我们都应该暂时离开繁冗复杂的社会，拨开簇拥着的人们，一登高山，凝神专注地看清楚应走的方向，尤其是预备将来肩任伟大事业的我们不能不这样，否则，盲从着潮流东游西撞是很危险的，从未有自己已是迷了方向，还能有什么成就！

人类的知识是否日增，也是一个疑问，科学影响我们的，是使我们容易失掉方向，使我们坠入五里雾中。这确是事实，为着五花八门同时并进的科学，使我们忘却自己，忘却自己是一个有人格的人，那是没有什么可稀罕的了。我们由科学所得到的知识竟失掉了自己，这能说人类的知识随着科学的进步而增加了吗？

我们所有的一切物质的文明，是别人给予我们的，我们现在可以不用再点煤油灯了，更用不着燃烛或桐油灯了，因已有人给我们发明了电灯使我们可以享用，但是别人虽是给了我们这样那样的物质文明，而我们则失去了自己，把自己沉沦于物欲的深渊里。此为今日基督徒学生的最大危机。许多许多有用的青年基督徒这样被卷入漩涡里湮灭了，这是一个很可悲哀的事。

世界各国的青年学生，最忙不过的要算中国和德国的了。他们除了课务外，还有许多什么运动，什么组织，开什么会，结什么社，整天不是忙着这样就是忙着那样，对于他们个人的灵性的修养却没有空暇留意，甚至没有时间去想一想：除了服务和贡献之外，还有一个自己是需要修养的。

因此希望大学的职员们，当设法使学生每日有四分之一的时间可以拿来做修养的工夫。“到民间去”那口号确实是应当高呼的。不过个人还未有充分的力量，下到民间去，也是不会有多大的成就的。欲充实“到民间去”的力量，欲到民间去建设伟大的事业，那就不能不于未到民间去之前就作充分的准备，就进行个人长时间的修养。把自己的人格修养好了，到民间去干起事来才不至于偾事，才有真的成功。

虽是这么说，但我不是说人人都要上山学佛去。须知我之所谓修养，不是消极的为着自己去修养，或是消极的为修养而修养，我所说的修养是积极的修养，是为人类的幸福、世界的和平而努力的必须的修养，不是“各人自扫门前雪，莫管他人瓦上霜”的那种自私自利的修养，而是为着牺牲自己以谋国家社会的幸福的修养。

因此基督徒应该认清楚基督教运动在世界的地位，认识自己在基督教运动中所占的是一个什么位置，并须认清我个人在该运动中应当努力的是什么？为着我们所负的使命是整个运动中使命的一部分，我们所努力的工作是全体运动中的工作一部分，所以我们不能不和大家同向着一个目标跑去，使我们所努力的工作不是违背时代需要的工作，不至脱离时代而和时代需要相矛盾，真正使基督教整个的工作富有成就。

末后的话，我希望所有的青年基督徒，不要为了物质的文明失去自己，不要为着服务和贡献忘却自己的心灵的修养，在这科学发达物欲强盛的时代，尤当认识方向，认识基督教整个的运动，认识自己在这整个的运动中所占的地位和所负的使命，然而这都是个人有了相当的修养才可能做到的。

论东西文化的融合*

我很荣幸地呈现给大家的这个题目是一个高贵的题目——我们的文化的融合。

文化这个术语可以在多种不同的意义上使用。有时用来概括一个民族的整个社会传统，以及它的艺术、科学、语言、文学、教育、政治、风俗、制度、伦理和宗教。在另一些时候，它又意味着优美的个人修养，他出入上流社会的优雅的举止，他遇事随机应变的能力。然而，在这篇文章里面，我们认为文化指的是个人所拥有的以及通过他的一般心理和精神所体现在个人身上的社会传统，他对一定风俗习惯和制度的态度以及他使同胞了解这些态度的方式。

这样被理解的文化的社会意义是深远的。它是把社会联结在一起的纽带，是一种共同的语言，通过它使个人的行为为他人所理解；它还是一种工具，使集体智慧和社会价值得以储存、保存和传播。因此，当我们讨论一个民族的文化时，我们所讨论的这些东西不仅有重大的社会价值，而且具有重大的精神意义。

在这种意义上理解文化，我们就能说明，为什么在当前许多国家的民族主义的浪潮中，有这么多的人如此热衷于民族文化的整体性，并且

---

* 原文为英文“Synthesis of Cultures of East and West”，是韦先生1928年应伦敦基督教团体之请发表的系列演讲“China Today Through Chinese Eyes”中的一讲，原文载于《教育评论》1928年第18卷。本中文由殷筱译，编者校。

很容易对任何可能影响民族文化纯净的因素采取敌视的态度。

然而，从更广阔的视野来看，怀有这种恐惧是不必要的。世界文化发展的历史提供的丰富的例证表明，对于民族的繁荣昌盛来说，文化的改变是一种促进而不是障碍，文化的改变并不一定危及反倒是常常丰富了民族的生活。实际上，这也是各种有机生命的一条根本性的规律，有机体必须从它的环境中吸收并消化一定的要素，而且只有这种吸收和消化的过程持续不断时，生命才是可能的。

我们自己的文化目前所接触到的文化就是这种吸收和消化过程的产物。只要稍微研究一下就会发现它的构成要素有着不同的起源。比如，历史名城南京的城墙，它的砖来自不同的地方，但这不仅没有削弱其坚固性，反而增加了它的丰富性。

文化的每一次撞击迟早会导致两种文化的融合，这是无法逃避的普遍规律。在中国，这种文化的融合正在我们眼前发生。让我们看看像上海这样的通商口岸的生活，并看看那儿所发生的变化，无论我们愿意还是不愿意，中国人正在吸收外国文化的成分。这样的事我们只能引导却不能阻止它。

但是，在其他方面有更深更大的潮流沿着同一方向行进。每年有大批的学生出国留学和留洋归国，每个月有大量的外国书籍翻译出版，每天都有新思想在传播。西方文化的接触在我们国家已产生了不可避免的影响，就像其他同样的文化的接触在不同时间不同地点所做的那样。

我们对中国人良好的辨别力及民族生活的稳定有足够的自信，从而相信，现在席卷全国的文化的改变不会使他们处于风雨飘摇之中。但是，难道我们仅仅只希望中国人民能站稳脚跟吗？难道目前文化的撞击不正是启发全人类的大好机会？我们岂能不加利用就让它轻易地溜掉吗？难道我们仅仅满足于表面的任意的改变和机械性的融合？我们怎能不尝试做一些更深层次和更有建设性的事情呢？我们的目标不是做一些贴贴补补的工作或纯粹的融合，而是一个系统的、深思熟虑的和全面的融合。

综合这个词是值得注意的。它的意思是，我们应该对我们应综合的两种文化进行全面的分析，比较它们各自的优缺点，然后形成一种保留了每种文化之精华的有机的整体。我们必须这样做，并且按照这样的方式把母体系统作为新的结构的骨架。这是一个精神性创新的任务。把人类两个最大的组成部分——盎格鲁-撒克逊及中国——的精神产品联结起来，这是一个多么大胆的设想！排除目前分隔我们的所有屏障使东西文化联结起来，这是一幅多么壮观的景象啊！然而，研究、评价、选择，以便于明智地保存、周密地建构，这是一项多么了不起的任务啊！

但是，这是一项富有挑战性的工作。这项工作已发展到我们这些从事基督教高等教育这样的国际创新事业的人身上。在基督教学院里，西方和中国的学者以同志般的精神，为着共同的志趣肩并肩地工作着，这就是为新中国培养领导人才。在基督教学院里，我们这些外国人和中国人，不仅一起工作和思考，而且共同生活，以最亲密的关系相互承担彼此的重担。因此，在我们的工作中有许多机会打破那些通常把具有不同文化背景的个人和群体分开的界限；也有许多有利条件，使我们能够通过仔细的观察和耐心的研究去认真探讨我们文化的根基，而不是仅仅做一些表面的工作而已。这样的机会并不是永远都存在的，因为对一个学院来说，大量的外籍教授任教不可能是中国教育永恒的特征；但是，只要目前的情形还存在的话，我们就应该尽我们最大的可能去利用它。

这种融合文化的工作在另一方面也向我们提出了挑战。它迫使我们注意到这是一个教育的难题。在学院里，无论我们给学生自由的教育还是专门的训练，我们都会有意识或无意识地向他们的大脑灌输一些属于西方文化构成因素的观念和理想。这种做法是正确的也是必需的。从西方来的教授应该在中国学生面前展示西方文化所能给予的最好的东西，当他们把他们文化中最好的观念和理想呈现给学生时，他们便在为中国的教育作出最大的贡献。但是，这些西方的观念和理想怎样适应具有中国社会传统的那些观念和理想呢？难道不是有大量的调整性和吸收性的工作要做吗？我们有多少学生认识到了这个问题的严重性，仔细思考过并得出了令人满意的结果呢？这个难题当然是一个终身的问题。它不可能在学院里完全得到解决。生活中的其他每一个难题也是这样。问题在于，在基督教学院里我们是否在训练学生为此作准备。如果没有的话，恐怕将会有许多从我们学校毕业的青年男女不会进行这种必要的整合。他们从老师那儿获得的不相关的文化要素就会成为他们生命中的永恒的斗争，或许是一个灾难性的结局。因此，文化的融合对于我们来说是教育的一项必不可少的工作。

另外，我们不正是在培养学生的领导能力吗？难道我们不是希望他们肩负中国社会的领导重任吗？除非他们深受中国观念的熏陶，并能追寻中国的理想，理解中国的困难，他们就不能站在领导中国人民的位置，甚至不能获得人们的尊敬，相反，他们会被归入那被鄙视地认为是“洋化”了的那一派。

但是，这种融合的工作怎样才能成为我们教育工程的一部分呢？最重要的是，我们必须了解彼此的个性。一个有教养的中国人通常是沉着、保守，似乎是自我满足的。这和西方人的精神饱满、积极热情形成了鲜明的对比。但是，在这个飞速发展的时代里，难道中国人内心的平和和自制一点价值都没有了吗？难道自我控制和对物质环境的适应一样重要吗？这些中国人的特性在中世纪也曾是欧洲人所拥有的，但当欧洲人离开中世纪的时候，它们似乎被抛在后面。因此，我们不仅必须欣赏每个民族的特质以避免社会交往中的误解，而且当中国在目前变得日益现代化的时候，我们还需找到一种保存这些更恬淡的美德的方法。

然而，我们不能把中国人归于像印度人那样的冥想的那一类。我们相信，人即是一个微观宇宙，那是一个充满了平和和快乐的世界，只要需要，人在任何时候都可以退隐其内。但是我们也相信对宏观世界的客观的研究，我们同样看重物质的进步和社会的发展，就像我们重视智力的进步及内心的启蒙一样。中国思想的发展就可以证明这一点。在先秦时期，孔孟的学说而不是老庄的学说得到大多数人的认可，而后期是程朱学说而不是陆王的学说。这里面或许有些政治性的因素，但是，没有一个专制的君主能够迫使人民接受与民心完全相悖的东西，在这里，我们可以看到一种同西方对科学的态度十分相近的态度。

接下来，让我们看看西方的冒险精神与自信和中国的宿命论的态度之间的对比。很显然，它们是不相称的，但是，它们不是可以相互补充吗？难道中国的宿命论不正是对宇宙的道德本质的信任，而作为同一生命哲学的另一方面，西方人则以冒险精神出现吗？

因此，以这种方式，和谐的观察和耐心的研究将会揭示在中国的民族特质里面的很多东西与西方的虽然在本质上不一样，但是可以调和的。当然这需要认同的眼光和欣赏的心境才能发现他们的真正本质。在一起亲密地生活和工作的我们是否注意并理解彼此所继承的民族特质，以便更好地相互欣赏，并给学生树立一个国际友谊的榜样？我们对自己的民族特质是不是持有过分的骄傲？或者我们是否通过从我们的那些来自另一民族因而有不同的文化背景的同事身上学习去修补和改正它们？如果我们不给学生指出方向，我们怎么能期望学生对具有个性特质的文化因素进行综合呢？

现在，让我们转到非个人的领域。首先我们注意到的就是中国人的一个臭名昭著的处理公务的方式，通常被称为“徇私”。这肯定是公务效率的最大的障碍，必须迅速加以纠正。西方胜过中国的地方在于有效的方法和科学的管理。但是，如此强调技术以至于完全无视问题的人性的一面不是也有危险吗？难道牺牲个人的感情和观念给机械、僵硬的血腥之神永远是正确的吗？如果不对这些极端加以调适，不相互矫正的话，那么还有任何综合的可能吗？这些难题应受到我们的新兴的社会福利和人际关系研究者的注意。

我们的社会学系和伦理学系将会发现其他的有待注意的问题。中国的婚姻习俗很不令人满意，尤其是年轻人的幸福在这件事情里像赌注一样。结婚几乎变成了家务事，几乎不管与此事关系最直接的年轻人的喜欢或不喜欢。然而即使是在这种显著的不幸事情上仍然还有好的因素。通常情况下，负责牵线搭桥的父母亲总是不遗余力地尽量促成一桩幸福美满的婚姻，并且他们的经验以及他们的冷静的关于细枝末节的询问常常被证明是有极大价值的。在西方，没有经验的年轻人往往在盲目感情的魔力下仓促成婚。这绝不纯粹是好的，可以将其与中国的某些家长制作风结合而使之得到很好的弥补。

中国的孝道已失去了往日的神圣性，但是这是一种美好的感情，一种感激之情的动人的表达方式。这种感激之情是很自然、很贴近人心的。然而，实际上它却最终意味着每一代依次成了下一代的负担。当教育的过程简单化和未来容易被对付时，人类劳动的产品就会很好地分配成过去生存急需的物品和现在日常的需求品。但是，由于生活越来越复杂，以及为生活所作的必需的准备过程越来越长，因此要把年轻人装备自己的一部分精力转移去满足老年人，这肯定是个错误。但是孝道可以找到新的表达方式，父母在精力旺盛的时候应尽可能节约，以便在年迈时不成为孩子们的负担，而孩子们表达感激的方式就是把父母投资在他们身上的投资到自己的孩子身上去。

这些只是对中国人的某些习俗和制度可以由之而得以保存和综合的方式的举例说明。许多中国的社会文化或个人文化需要以这种精神同情地对待。在基督教学院里，我们可以为中国现时代所需要的观念和理想的重新解释作出贡献。在这里，我冒昧地提出一些实用性的措施，作为我们学院工作必须立即注意的事项。首先，一些在他们自己专业中受过良好的训练并且具有良好的中国文化背景的中国学者应被吸收为学院教员，尤其是充实到社会科学的教学中。他们应该不仅仅是向中国学生介绍在西方发现了什么，而且要向他们展示它们在解决中国问题中有什么样的影响，这些人应该被放在帮助某机构制定教育政策并指导行政的位置上。其次，外籍教授应在研究和理解中国的观念与制度方面投入更大的注意力，而不要延迟这些重要的研究，以免太迟。除非他们掌握了中国学生和中国同事一般的态度和文化背景，否则他们珍贵的援助就会被误用，他们的好意就会被误解。第三，在学院课程表上，中国科目应该占有更为显著的位置，并且尽最大的努力教好它们。如果我们做一个这样的调查，那将是饶有兴味的，即看看现在在基督教学院中有多少学生主修中国文学，假如只有写论文才能毕业的话，又有多少人选择那些需要研究中国文学的论文题目。单纯的学术研究不足以让我们的男女学生拥有真正的中国文化。我们应该鼓励他们按照中国的观念思想，按照与中国人情趣相一致的举止去行动。我们学院的建筑和博物馆的收藏无疑培养了中国学生对中国艺术的审美，但是只有在给出了更为系统的教育之后，我们才有望看到曾经给中华民族带来了荣誉和荣耀的中国审美创造力在我们的学生身上再生。然而我们在任何一所基督教学校里都找不到中国美术的课程。

关于这个题目，还有许多可以说的，但上面所谈的或许只能算作一个开头。时代的需要使这个题目呈现在我们面前，这不仅仅是教育的需要，也是一种对我们的挑战，我们必须挑起时代的重任，实现这个国家的基督教高等教育前辈们的期望，我们对世界和在我们管理之下的学生负有仔细解决这个重要难题的责任。

附录 1：韦卓民著述目录

本目录是在 1997 年出版的《韦卓民学术论著选》附录部分的“韦卓民著作目录”（高新民老师作为编者整理）的基础上整理而成。高新民老师整理的“韦卓民著作目录”按照韦卓民先生研究的主要领域进行编排，完整准确地反映了韦卓民先生在西方哲学、逻辑学与科学方法论、宗教学、教育学、中西文化及其比较等方面的学术成就。1997 年至今，经过后继学人的不断努力，韦卓民先生的研究成果陆续出版或再版，特别是华中师大出版社于 2016 年推出了 11 卷本的《韦卓民全集》，全面展示了韦卓民先生的学术成就。基于前人的这些工作，我们整理了这个“韦卓民著述目录”，其中收录的是韦卓民先生已经正式出版的论著。

英文著作

1. Viewpoints on the Present Situation，In *The Chinese Recorder*，March，1927.

2. Looking Towards the Future Policy of Our Mission in China，The substance of an address delivered before the presiding bishop and officers of the National Council on January fifth，1928.

3. Training Educated Leadership for the Church in China，February 27，1946.

4. Confucianism in the Coming Days in China, In *The Chinese Recorder*, 1928, 2.

5. Confucianism in the Coming Days in China, In *The Chinese Recorder*, 1928, 2.

6. The College Conference Impressions and Suggestions, In *Educational Review*, 1930, 22.

7. What Makes a College Christian, In *The Chinese Recorder*, March, 1938.

8. As China Regards Christianity, In *Christian World Mission*.

9. Missions in This Age, Presented at the Triennial Meeting of the Woman's Auxiliary to the National Council Atlantic City, New Jersey.

论文

1.《古代中国人的宗教信仰及其对中华民族性的影响》（学士论文），1908 年《文华评论》（*Boone Review*）刊用，1911 年《中国纪事报》（*The Chinese Recorder*）转载。

2.《佛教净土宗以信得救的教义及其与基督教的关系》（The Doctrine of Satvation by Faith as Taught by the Buddhist pure Land Sect and its Alleged Relation to Christianity），1920 年 6 月《中国纪事报》刊载。

3.《要使基督教在中国有活的生命力》（Making Christianity Live in China），1926 年 2 月《中国纪事报》刊载。

4.《一个中国基督徒的佛教观》，1928 年 7 月《教会国际评论》。

5.《中国文化改变中青年应有的态度》，《金陵神学志》，1932 年第 14 卷第 13 期，金陵神学院编。

6.《华中大学及其向我国政府办学之经过》，《教育评论》（上海），中国基督教教育协会，1932 年 7 月。

7.《华中大学》,《教育评论》(上海),中国基督教教育协会,1934年1月。

8.《抗战初期中国的若干问题》,《耶鲁评论》,1938年6月。

9.《基督教学校应循之途径》,《教育评论》(上海),中国基督教教育协会,1939年10月。

10.《抗战时期中国的教育》,1940年重庆中国新闻出版社出版。

11.《学者在战时的任务》,《战时中国杂志》,1941年5月。

12.《中日战争对中国文化的影响》,《基督教杂志》,1941年春季号。

13.《基督教差会在中国的制度化工作》,《教会国际评论》,1938年6月。

14.《抗战三年来中国之检讨》,《教会国际评论》,1941年4月。

15.《中国基督教育的前途》,1943年8月。

16.《让基督教会在中国土地上生根》,《协和神学院评论》1945年10月。

17.《信奉基督教会者谈信仰基督》,《时代周刊》,1946年4月。

18.《四大中心教会在中国——中国教会组织的一个建议》,《教会国际评论》,1946年7月。

19.《本校复原之经过与前途之展望》,《华中通讯》,1947年。

20.《今后基督教中学应取的政策》,《文华月刊》,1947年第7号。

21.《我若不得福音,我便有祸了?——圣保罗受感化日在汉口圣保罗堂讲教会自养》,1951年元月12日,《天风》第11卷,第2期。

22.《形式逻辑教学图解的商榷》,《华中师范学院学报》1955年创刊号。

23.《恩格斯论归纳法》,《华中师范学院学报》1955年第2期。

24.《对法朗士·培根关于科学研究问题的贡献和他的逻辑归纳法的估价与批判》,《华中师范学院学报》1957年第1期。

25.《康德〈纯粹理性批判〉的主要内容及有关问题的提法》，《华中师范大学学报》1989 年第 1 期。

26.《浅论科学研究的方法》，《华中师范大学学报》1990 年 4 月（根据遗稿整理）。

27.《关于逻辑史研究中的几个问题》，根据《答中国人民大学逻辑教研室的几个问题》通信底稿整理。《华中师范大学学报》1993 年 4 月。

著作

1.《孟子之政治思想》（硕士论文），1916 年上海长老会广学会出版。

2.《使徒信经十讲》，香港基督教辅侨出版社，1955 年 6 月。

3.《亚里斯多德逻辑》，1956 年科学出版社出版。

4.《纯粹理性批判》（译著），55 万字，1962 年商务印书馆约译，1991 年华中师范大学出版社出版。

5.《康德〈纯粹理性批判〉释义》（译著），59 万字，1961 年商务印书馆出版。

6.《康德哲学讲解》，20 万字，1963 年商务印书馆出版。

7.《康德哲学原著选读》，22.8 万字，1963 年商务印书馆出版。

8. 康德《判断力批判》下卷（译著），1964 年商务印书馆出版。

9.《基督教的基本信仰》，1965 年 5 月香港基督教辅侨出版社出版。

10.《自然科学的形而上学初步》，1965 年，9 万字，1991 年华中师范大学出版社出版。

11.《韦卓民博士教育文化宗教论文集》（台湾），1980 年华中大学韦卓民纪念馆编印。

12.《韦卓民学术论著选》，韦卓民著，高新民选编，1997 年华中师范大学出版社出版。

13. 约翰·华特生《康德哲学讲解》(译著)，2000 年华中师范大学出版社出版。

14. 斯密《康德〈纯粹理性批判〉释义》(译著)，2006 年华中师范大学出版社出版。

15. H. J. 裴顿《康德的经验形而上学《纯粹理性批判》上半部注释》(译著)，高新民整理，2009 年华中师范大学出版社出版。

16. 康德《纯粹理性批判》(译著)，2000 年华中师范大学出版社出版。

17. 约翰·华特生《康德哲学原著选读》(译著)，2000 年华中师范大学出版社出版。

18. 黑格尔《精神哲学：哲学科学百科全书纲要第三部分》(译著)，储昭华整理，2006 年华中师范大学出版社出版。

19. 康德《纯粹理性批判》(译著)，《韦卓民全集第一卷》，曹方久、唐有伯、储昭华整理，2016 年华中师范大学出版社出版。

20. 裴顿《康德的经验形而上学——〈纯粹理性批判〉上半部分注释》(译著)，《韦卓民全集第二卷》，高新民整理，2016 年华中师范大学出版社出版。

21. 康蒲·斯密《〈纯粹理性批判〉解义》(译著)，《韦卓民全集第三卷》，高新民整理，2016 年华中师范大学出版社出版。

22. 康德等《判断力批判》及《〈判断力批判〉解义》，(译著)，《韦卓民全集第四卷》，熊桂玉、高新民整理，2016 年华中师范大学出版社出版。

23. 康德等《判断力批判》及《〈判断力批判〉解义》(译著)，《韦卓民全集第四卷》，熊桂玉、高新民整理，2016 年华中师范大学出版社出版。

24. 华特生《一切未来的形而上学导论》《自然科学的形而上学初

步》《康德哲学讲解》（译著），《韦卓民全集第五卷》，高新民、刘占峰等整理，2016 年华中师范大学出版社出版。

25. 康德等《逻辑学译著》（译著），《韦卓民全集第六卷》，李艳鸽等整理，2016 年华中师范大学出版社出版。

26.《黑格尔〈小逻辑〉讲稿》《黑格尔〈小逻辑〉评注》《精神哲学》等（译著），《韦卓民全集第七卷》，刘明海、赵小芳等整理，2016 年华中师范大学出版社出版。

27. 韦卓民《康德哲学研究》，《韦卓民全集第八卷》，王世鹏、陈丽等整理，2016 年华中师范大学出版社出版。

28. 韦卓民《逻辑学研究》，《韦卓民全集第九卷》，张卫国、张舟等整理，2016 年华中师范大学出版社出版。

29. 韦卓民《教育实录》，《韦卓民全集第十卷》，余子侠、郑刚整理，2016 年华中师范大学出版社出版。

30. 韦卓民《宗教文化研究》，《韦卓民全集第十一卷》，马敏、刘家峰整理，2016 年华中师范大学出版社出版。

附录2：韦卓民学术思想研究相关著述目录

期刊报纸

1.《韦卓民：杰出教育家和西方哲学研究专家》，李良明、申富强，《华中师大报》，2016年10月17日。

2.《韦卓民高等教育思想及其现代启示》，李宇阳，《湖北文理学院学报》，2019年3月15日。

3.《西方哲学处境化的四个范例》，刘金山，《外国哲学》，2019年1月31日。

4.《韦卓民：学者的素养》，王世鹏，《光明日报》，2017年7月20日。

5.《融合与创新：韦卓民论东西方文化交流——基于罗尔斯和伽达默尔哲学思想的一种解读》，马一冰、李晓进，《世界哲学》，2016年11月2日。

6.《中国近代教会大学华人校长的教育理念述评——以华中大学韦卓民先生为例》，贺鹏丽、申国昌，《教师教育论坛》，2015年5月15日。

7.《〈纯粹理性批判〉翻译与研究中的若干问题》，俞吾金，《复旦学报（社会科学版）》，2014年7年25日。

8.《历史文化名人信仰系列之二：韦卓民》，包兆会，《天风》，2014年2年15日。

9.《百身嗟莫赎——有感〈韦卓民全集〉即将出版》，李良明，《书屋》，2013年4月6日。

10.《从韦卓民先生看中国基督教会的历史和现状》，徐以骅，《基督教学术》，2011年3年31日。

11.《有关韦卓民思想的一件档案之解读》，黄岭峻，《民国档案》，2010年11月25日。

12.《“为谁辛苦为谁忙”》，张元章、陈娇屿，《珠海特区报》，2010年8月16日。

13.《韦卓民生平与思想的真实记录》，陈金龙，《书屋》，2010年8月6日。

14.《春蚕萦绕千千缕 只为兴学吐尽丝——忆韦卓民先生的办学精神》，段锐，《中国高等教育》，2002年12月3日。

15.《韦卓民与康德哲学——〈韦卓民：康德哲学著译系列〉简介》，曹方久，《华中师范大学学报（人文社会科学版）》，2001年4月27日。

16.《“师范”是我们的宝贵财富》，吴柏春，《出版广角》，1999年7月15日。

17.《一部具有永恒价值的翻译名著——评新译增注〈纯粹理性批判〉》，张玉能，《华中师范大学学报（哲学社会科学版）》，1995年3月30日。

18.《卓越的基督徒教育家——韦卓民教育思想初探》，周洪宇，《华中师范大学学报（哲学社会科学版）》，1994年11月30日。

19.《一丝不苟的学者 诲人不倦的长辈——为韦卓民先生遗著出版而作》，王元化，《华中师范大学学报（哲学社会科学版）》，1991年6月30日。

著作：

1.《韦卓民教育思想与实践》，丰春光，华中师范大学出版社，2014年3月。

2.《韦卓民与中西方文化交流："第2届珠奥文化论坛"论文集》，珠海市委宣传部、澳门基金会、华中师范大学，社会科学文献出版社，2011年9月。

3.《韦卓民纪念文集》，章开沅、马敏，华中师范大学出版社，2010年8月。

4.《韦卓民年谱》，李良明、张运洪、申富强，华中师范大学出版社，2010年7月。

5.《离异与融会：中国基督徒与本色教会的兴起》，刘家峰，上海人民出版社，2005年12月。

6.《跨越中西文化的巨人——韦卓民学术思想国际研讨会论文集》，马敏、周洪宇、方燕，华中师范大学出版社，1995年3月。

7.《中西文化与教会大学》，章开沅、［美］林蔚，湖北教育出版社，1991年5月。

華中師範大學
CENTRAL CHINA NORMAL UNIVERSITY
1903 - 2023

华中师范大学120周年校庆丛书

华大经典文库

HUADA
JINGDIAN WENKU

韦卓民论著选

ISBN 978-7-5769-0135-1

9 787576 901351 >

定价：129.00 元